Alan Bowness

Die Kunst der Moderne

Aus dem Englischen von Anne Vonderstein

Lichtenberg

Titel der Originalausgabe: Modern European Art
Originalverlag: Thames and Hudson Ltd, London

Umschlaggestaltung: Casa nova corporate communications, München
Umschlagabbildung: Ernst Ludwig Kirchner, *Selbstporträt mit Modell,* 1910.
Kunsthalle Hamburg. Foto Kleinhempel Fotowerkstätten.

Satz: Ventura Publisher im Verlag
ISBN 3-7852-8418-7
Printed in Singapore by C. S. Graphics

5 4 3 2 1

Inhalt

Vorwort

Im folgenden unternehme ich den Versuch, die Entwicklung der modernen Kunst narrativ nachzuvollziehen. Mir geht es darum, dem Leser den Eindruck eines organischen Wachstumsprozesses zu vermitteln, der meiner Ansicht nach der Fortentwicklung und Erneuerung auf dem Gebiet der Kunst zugrunde liegt.
Kunstwerke sind, wenngleich von einzelnen geschaffen, doch stets Ausdruck der Zeit und des Ortes, an dem sie entstehen. Es scheint mir daher nur konsequent, die Geschichte der modernen Kunst am Beispiel einiger herausragender Figuren zu schildern, deren Werk einen Diskurs über die Bedeutung der Malerei bildet und deren Lebensläufe sich vor dem Hintergrund der sozialen, ökonomischen und kulturellen Entwicklung der letzten hundert Jahre vollziehen. In dieser Zeit entstand die Idee der »modernen Kunst« und wurde unter revolutionären Erschütterungen wie heftiger Kritik weiterentwickelt. Geht man aber noch einmal an die Anfänge der modernen Bewegung zurück und verfolgt ihren Fortgang Schritt für Schritt, so ergibt sich selbst noch bei den radikalsten Beiträgen ein Bild von erstaunlicher Kontinuität.
Der Verständlichkeit und Lesbarkeit zuliebe habe ich mich auf einige besonders wichtige Künstler und Themen sowie weitgehend auf solche Kunstwerke beschränkt, die auch durch Illustrationen veranschaulicht werden konnten. Das Buch nimmt daher auch nicht für sich in Anspruch, einen Gesamtüberblick über die Kunst der letzten hundert Jahre zu liefern. Anders, als der Titel »Moderne europäische Kunst« erwarten lassen könnte, habe ich, wo immer es erforderlich schien und vor allem in den letzten Abschnitten, auch die amerikanische Kunst mit einbezogen. Die zeitgenössische Kunst nach 1940 hingegen rechne ich nicht der »Moderne« zu und behandele sie dementsprechend hier auch nur sehr flüchtig. Damit will ich keineswegs behaupten, die Kunst sei an ihr Ende gekommen, sondern lediglich verdeutlichen, daß die von mir geschilderte Entwicklung zu einem gewissen Abschluß gekommen ist und in eine historische Perspektive gerückt werden kann.
Mein Hauptthema ist die Entwicklung der modernen Malerei, doch beschäftige ich mich auch, allerdings in gesonderten Kapiteln, mit Plastik und Architektur. Es wäre zu verwirrend gewesen, alle drei Kunstrichtungen nebeneinander in ihrer chronologischen Abfolge darzustellen. Im Kapitel über Architektur bin ich vornehmlich auf die Verbindungen mit der Malerei eingegangen, weil diese nur selten deutlich herausgestellt werden und ich ohnedies nicht aus der Perspektive des Architekturhistorikers schreibe. Die Lücken, welche in diesem (und anderen) Kapiteln klaffen,

sind mir durchaus bewußt, aber sie sind in Büchern wie dem vorliegenden nun einmal unumgänglich.

Den fortlaufenden Text habe ich von Anmerkungen freigehalten, nenne in der am Ende angefügten Bibliographie aber meine Quellen und verweise auf weitere Werke zum Thema. Natürlich schulde ich vielen anderen Büchern großen Dank, was jeder sofort erkennen wird, der sich in dem jeweiligen Sachgebiet auskennt. Es versteht sich von selbst, daß ein Buch wie »Moderne europäische Kunst« nur mit Hilfe anderer verfaßt werden kann. In dieser Hinsicht möchte ich besonders meine Lehrer, Kollegen und Studenten am Courtauld Institut hervorheben, denen ich zu großem Dank verpflichtet bin.

1 Manet und der Salon des Refusés: Die Geburt der modernen Malerei

Im Frühjahr 1863 präsentierte der junge Edouard Manet (1832–1883) der Jury des offiziellen Kunstsalons ein Gemälde, das neben einigen hundert anderen Kunstwerken abgelehnt wurde. Verärgert wandte sich der Maler an Napoleon III., den Kaiser von Frankreich, der seine Zweifel an der Kompetenz der Jury ausdrückte und den Künstlern gestattete, eine eigene Ausstellung mit den abgewiesenen Gemälden und Skulpturen zu organisieren: den Salon des Refusés. Diese Ausstellung wurde zu einem Wendepunkt der Kunstgeschichte und kann als Beginn der Geschichte der modernen Malerei bezeichnet werden.

Die im Salon des Refusés ausgestellten Werke erscheinen aus heutiger Sicht nicht als sonderlich aufsehenerregend. Von den Bildern Manets und ein oder zwei anderen Malern abgesehen, unterschieden sich die dort ausgestellten Gemälde nicht merklich von denen im offiziellen Kunstsalon: In der Mehrzahl handelte es sich um technisch gut ausgeführte, jedoch künstlerisch wenig anregende Landschaften, Porträts und Figurenbilder, die überwiegend in recht dunklen, matten Farben gehalten waren. Nicht anders als heute oder zu jedem beliebigen Zeitpunkt seit Beginn des 19. Jahrhunderts, als die Kunstproduktion sprunghaft anstieg, orientierte sich damals der Großteil der zeitgenössischen Kunst am populären Geschmack und blieb seiner Zeit verhaftet.

Bedeutung erlangte der Salon des Refusés aus verschiedenen Gründen: Er stellte in den Augen des Publikums wie auch in denen der Künstler selbst die bis dahin unangefochtene Autorität des offiziellen Salons in Frage. Mitte des 19. Jahrhunderts hatten der Pariser Kunstsalon, die Royal Academy in England und vergleichbare Institutionen in anderen Ländern eine Machtstellung inne, die rückwirkend betrachtet kaum noch vorstellbar erscheint. Die von diesen Institutionen ausgerichteten jährlichen Kunstausstellungen waren für die Maler die einzige Möglichkeit, ihre Werke der Öffentlichkeit zu präsentieren. Ein Künstler, der es abgelehnt hätte, im Salon auszustellen, wäre auf unsere Zeit übertragen mit einem Maler vergleichbar, der sich weigert, seine Bilder zu verkaufen oder in Museen zu zeigen.

Der offizielle Kunstsalon büßte mit der Ausstellung im Salon des Refusés endgültig seine uneingeschränkte Vormachtstellung ein. Die Künstler begannen eigene Ausstellungen zu organisieren (wie etwa die Impressionistenausstellung im Jahre

1874) und – was mit noch größeren Konsequenzen verbunden war – gewannen private Kunsthändler zusehends an Einfluß. Das sich im Anschluß an diese Ausstellung schnell entwickelnde System zur Verbreitung von Kunst hat sich bis auf den heutigen Tag in der kapitalistischen Welt erhalten: Kunsthändler agieren als Vermittler eines Künstlers, vertreten dessen Geschäftsinteressen und organisieren die Ausstellung seiner Werke. Dieser Bruch vollzog sich innerhalb einer einzigen Generation. Während Manet zeit seines Lebens künstlerischen Erfolg im offiziellen Salon anstrebte und nie ganz mit ihm brach, war der um nur acht Jahre jüngere Monet darauf bereits nicht mehr angewiesen, da er sich auf die Unterstützung von Kunsthändlern wie Paul Durant-Ruel verlassen konnte.
In der zunehmenden Unabhängigkeit der Künstler liegt dann auch der zweite wichtige Aspekt des Salons des Refusés. Jahrhundertelang hatten Künstler im Auftrag von Mäzenen für den Hof, die Kirche, Aristokraten oder wohlhabende Kaufleute gearbeitet. An die für heutige Künstler selbstverständliche künstlerische Freiheit war für sie nicht zu denken. Zwar hatten einige Künstler wie etwa Michelangelo und Caravaggio schon früh nach größerer Unabhängigkeit gestrebt und sich gegen die Beschränkungen des Mäzenatentums aufgelehnt, aber tiefgreifende Verände-

1 Edouard Manet, *Das Frühstück im Freien,* 1863

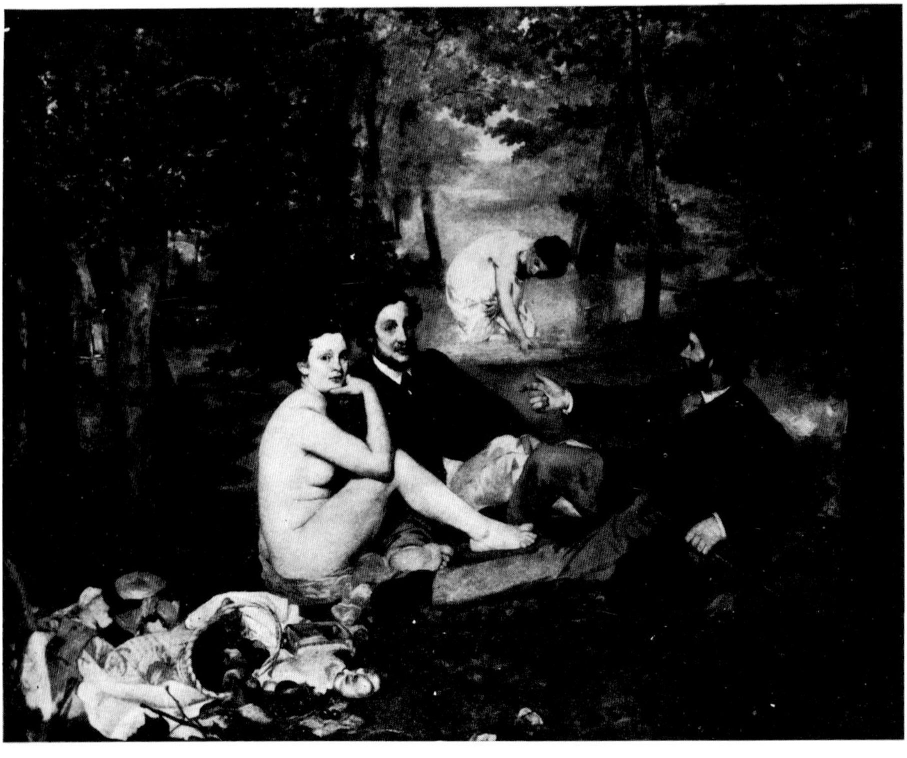

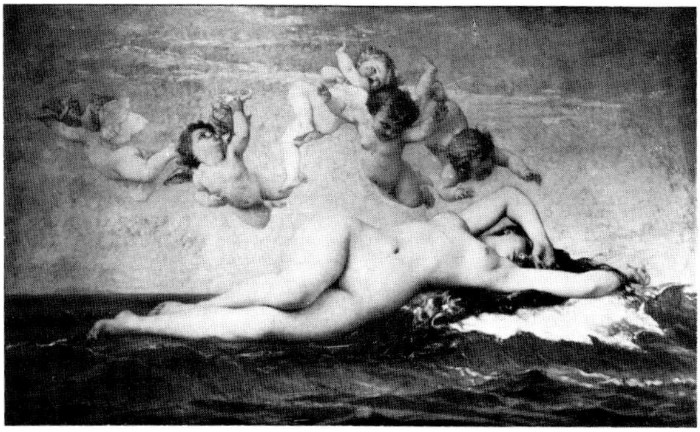

2 Alexandre Cabanel, *Die Geburt der Venus*, 1863

rungen setzten sich erst ganz allmählich durch. Im 18. Jahrhundert, der großen Epoche der Akademien, orientierten sich die Künstler zunächst noch am Urteil ihrer Kollegen, und Persönlichkeiten wie Joshua Reynolds genossen bei den Malern wie beim Publikum große Autorität.

Der im Jahre 1863 in Paris entstandene künstlerische Konflikt läßt sich teilweise durch die Bestrebungen einer wachsenden Anzahl von Künstlern erklären, die sich auch diesem Diktat entziehen wollten und sich sogar weigerten, ihre Arbeiten anderen Kunstschaffenden vorzulegen. Sie wollten frei sein und ihre eigenen Vorstellungen verwirklichen. Oft war diese Freiheit eher eine theoretische, nicht umsetzbare Forderung, die mit Ansprüchen einherging, die nur ein Künstler wie Michelangelo einzulösen vermocht hätte. Dennoch ist sie ein Charakteristikum der modernen Kunst und einer der wichtigsten Faktoren für ihre Entwicklung der letzten hundert Jahre.

Damit kommen wir auf den dritten und schwerwiegendsten Grund für die Bedeutung des Salon des Refusés zu sprechen. Der Salon machte Edouard Manet zum führenden jungen Künstler in Paris und rückte ihn in eine Position, die zuvor Gustave Courbet (1819–1877) ungefähr fünfzehn Jahre lang innegehabt hatte. Manet hatte im Vergleich zu seinen Zeitgenossen neuere und modernere Ansichten über die Kunst. Am anschaulichsten läßt sich dies anhand jenes Bildes verdeutlichen, das im Salon des Refusés für Aufsehen gesorgt hatte. Wir wollen den Gründen nachspüren, aus denen das Publikum so verstört darauf reagierte.

Das Frühstück im Freien (Abb. 1) zeigt zwei nach der zeitgenössischen Mode gekleidete junge Männer in Begleitung zweier nackter Frauen, die auf einer Waldlichtung ein Picknick abhalten. Zwar waren Aktdarstellungen in den Salons durchaus nichts Ungewöhnliches, und die *Geburt der Venus* (Abb. 2) von Alexandre Cabanel (1823–1889) zählte zu den am meisten bewunderten Bildern im offiziellen Kunstsalon von 1863. Anrüchig erschien Manets Darstellung indes durch das Nebeneinander von nackten Frauen und elegant gekleideten Männern. Eine der Frau-

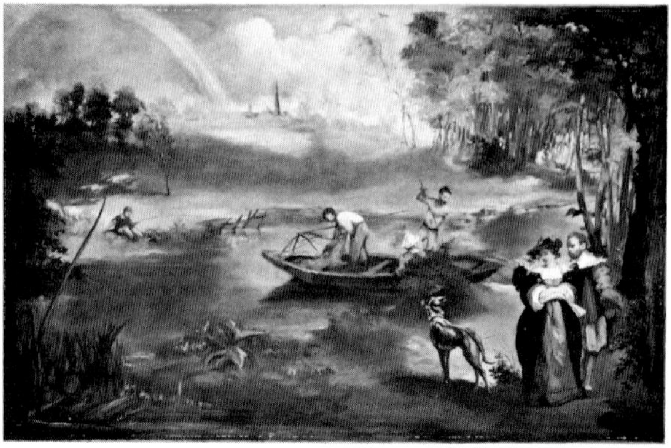

3 Edouard Manet, *Der Fischfang*, 1860/61

en blickt zudem provokant auf den Betrachter. Dieser Blick sollte jedoch nicht als verführerisch mißverstanden werden: Er dient vielmehr dazu, darauf aufmerksam zu machen, daß man auf ein Kunstwerk schaut.

Es ist zu vermuten, daß Manet selbst die Bedeutung und das provokative Potential seines Bildes nicht erkannte. Da er nicht zu den Künstlern gehört, die ihr Werk ausführlich theoretisch erläuterten, sind wir letztlich allein auf seine Bilder angewiesen. Die Reaktion des Publikums scheint ihn jedenfalls aufrichtig überrascht zu haben, hatte er sich doch sowohl in der Bildkomposition wie vom Sujet her an traditionelle Vorlagen gehalten: Eines der beliebtesten Gemälde im Louvre, das *Concert Champêtre,* zeigte eine ganz ähnliche Szene, und für den Bildaufbau hatte Manet einen bekannten Stich nach Raffael als Vorlage benutzt.

Und es ist in der Tat nicht falsch, in Manet einen – allerdings eigenwilligen – Traditionalisten zu sehen, der sich nicht so sehr an der Kunst des Salons oder wie seine unkonventionelleren Künstlerkollegen am Naturalismus orientierte. Vielmehr versuchte er bestimmte Qualitäten der von ihm bewunderten alten Meister, vornehmlich Velásquez, Rembrandt, Rubens und Tizian, für die moderne Malerei fruchtbar zu machen. Eines seiner frühen Landschaftsbilder, *Der Fischfang* (Abb. 3), ließe sich auch als ein Pasticcio im Stile Rubens' bezeichnen, und in *Atelier eines spanischen Malers*

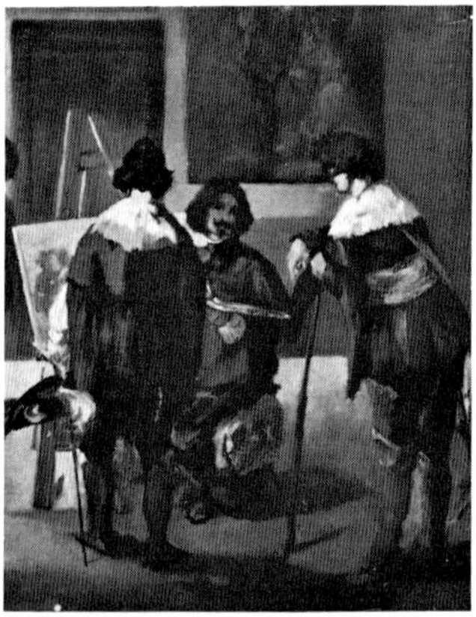

4 Edouard Manet, *Atelier eines spanischen Malers,* 1860

(Abb. 4) verbindet er ganz offenkundig Elemente der Malerei von Velásquez und Vermeer. Diese Bilder zeigen, daß der junge Manet durch die Imitation der alten Meister lernte und zugleich schon sehr früh einen ganz eigenen und unverwechselbaren Stil entwickelte.

Denn bereits an seinen ersten Werken zeigt sich eine besondere Form der Selbstreflexion: Das junge Paar in der rechten Ecke von *Der Fischfang* stellt wohl den Maler und seine Frau dar, deren historische Kostümierung uns auffordert, die Authentizität der Figuren in Frage zu stellen und den Kunstcharakter des Bildes wahrzunehmen. Die Grenze zwischen der Welt des Betrachters und der Welt des Bildes wird auch auf dem *Atelier eines spanischen Malers* durch den Blick des Künstlers, der auf den Betrachter gerichtet ist, durchbrochen. Es ist, als wolle Manet die Kunstlichkeit seiner Gemälde unterstreichen und so den Betrachter darauf hinweisen, daß die Welt der Malerei von der Realität unabhängig ist.

In dieser Hinsicht ist Manets Interesse an Bildern von Malern in ihren Ateliers auch von besonderer Bedeutung. Hätte er Velásquez' *Las Meninas* gekannt, auf dem das Thema der künstlerischen Selbstreflexion erstmals zaghaft anklingt, es wäre für ihn fraglos eines der bedeutendsten Gemälde überhaupt gewesen. Die Stellung des Künstlers zu seinem eigenen Werk wird auch auf dem monumentalen Gemälde *Das Atelier des Malers* (Abb. 5) von Courbet thematisiert, das Manet 1855 noch als Student im Atelier von Thomas Couture (1815–1879) sah. Die meisten Zeitgenossen und auch viele Spätere konnten die subtilen und schwierigen Andeutungen dieses Bildes nicht verstehen und sahen in ihm lediglich den unverhohlenen Ausdruck der

5 Gustave Courbet, *Das Atelier des Malers*, 1855

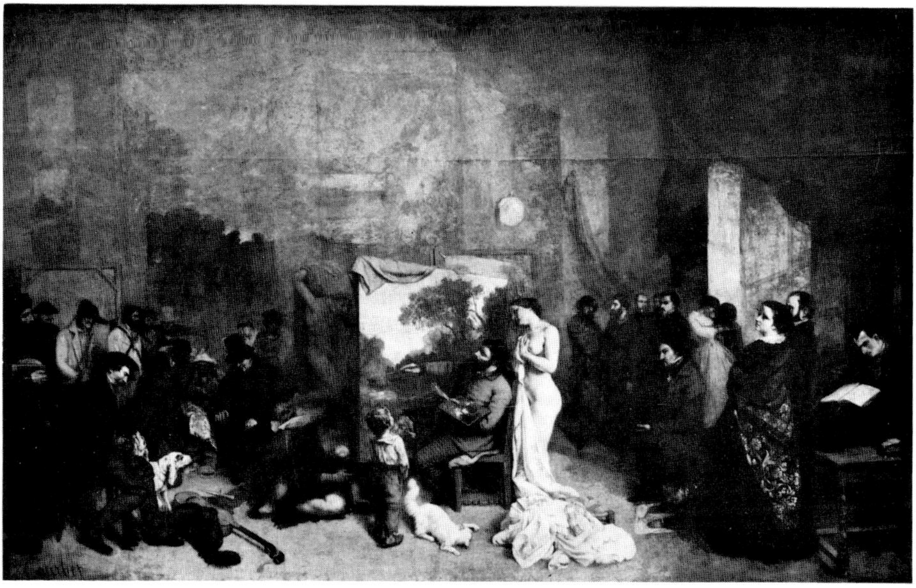

Eigenliebe des Künstlers. Doch selbst wenn man gelten läßt, daß Courbet ein egoistischer Künstler war, läßt sich nicht leugnen, daß es ihm ebensosehr um die Freiheit anderer ging wie um seine eigene.

Courbets *Atelier* hatte auf Manet einen enormen, nicht ohne weiteres zu definierenden Einfluß. Courbet, der für seinen Realismus berühmt war, bediente sich dieses Etiketts, wann immer es ihm von Nutzen war. Das *Atelier* ist indes kein realistisches Bild: Es zeigt keineswegs, wie das Atelier des Künstlers aussah, während er dort arbeitete, und Courbet will uns auch nicht glauben machen, es wäre jemals eine solche Menschengruppe dort versammelt gewesen. Darin unterscheidet es sich von den Bildern wie *Die Steinklopfer* oder *Ein Begräbnis in Ornans*, mit denen er sich einen Namen gemacht hatte und die ohne Rücksicht auf Bildkonventionen oder soziale Implikationen genau das zeigten, was er sah.

Worum es Courbet in seinem *Atelier*-Bild ging, vermag vielleicht der Untertitel *Eine realistische Allegorie* verdeutlichen. In ihm weist der Künstler darauf hin, daß er auf verschiedenen Bedeutungsebenen, die der Interpretation des Betrachters offenstehen, Rechenschaft über sieben Jahre seines Künstlerlebens ablegt. Im wesentlichen zeigt das Bild, daß ein Künstler nur auf seine eigenen Erfahrungen zurückgreifen kann und die Menschen in seiner Umgebung – die Modelle, seine Freunde und Förderer – seinem Schaffensdrang untergeordnet sind. Im Zentrum des Bildes, das zugleich Mittelpunkt des Ateliers ist, steht ein Landschaftsgemälde, an das der Künstler noch die letzten Pinselstriche anlegt. Die Landschaft scheint eine höhere und dauerhaftere Realitätsschicht zu repräsentieren und wirklicher zu sein als alles, was im Atelier vor sich geht.

Die Beschäftigung Manets mit diesem Gemälde Courbets hinterläßt deutliche Spuren in seinen anspruchsvollen Frühwerken *Der alte Musiker* und *Die Musik in den*

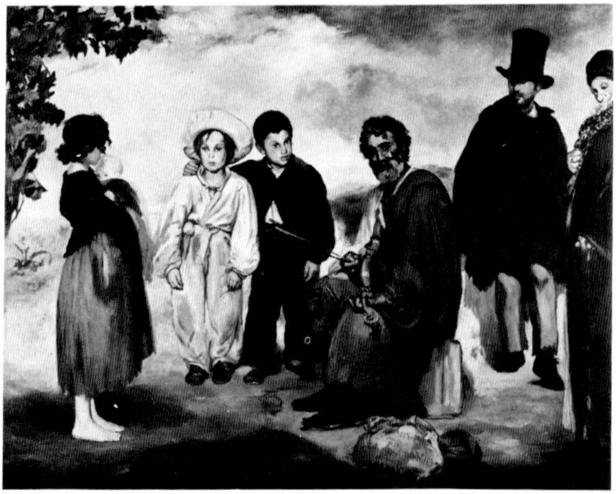

6 Edouard Manet,
Der alte Musiker, 1862

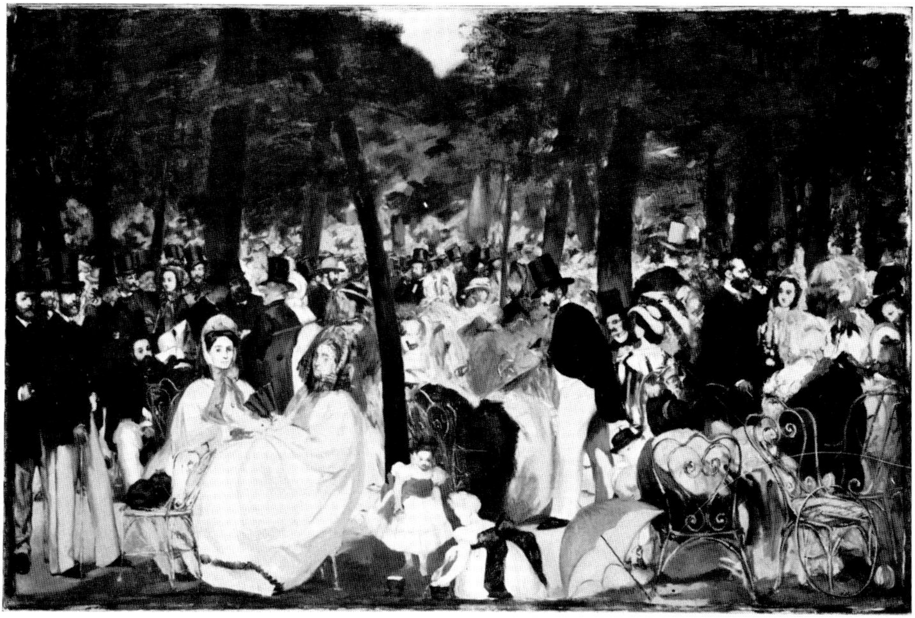

7 Edouard Manet, *Die Musik in den Tuilerien,* 1862

Tuilerien, die sich in ihrem Aufbau jeweils auf die linke und die rechte Bildhälfte von Courbets *Atelier* beziehen. In *Der alte Musiker* (Abb. 6) gruppiert Manet wie zufällig und ohne ersichtliche psychologische Begründung beliebige Modelle, die ihm zur Verfügung standen – ein Zigeunermädchen, einen Absinthtrinker, einen Philosophen, der dem Figurenrepertoire Velásquez' entnommen ist, und ein Kind im Stil Watteaus. Sie dienen Manet als bloße Staffage, genau wie Courbet den bunt gemischten Figurenvorrat auf der linken Bildhälfte des *Atelier* als »die anderen, auf deren Leben es nicht ankommt«, verwarf.

Die Musik in den Tuilerien (Abb. 7) zeigt demgegenüber am äußersten linken Bildrand den Maler selbst im Kreis seiner Freunde im modernen Paris der sechziger Jahre des 19. Jahrhunderts. Auf den ersten Blick scheint es sich dabei um eine mehr oder weniger realistische Darstellung einer Szene zu handeln, doch bei näherem Hinsehen erschließt sich die hochartifizielle Komposition des Bildes. Zu den dargestellten Personen zählt bei Manet wie bei Courbet der befreundete Dichter Baudelaire.

Charles Baudelaire (1821–1867), seit 1858 zeitweise mit Manet eng befreundet, übte mit seinen künstlerischen Vorstellungen einen prägenden Einfluß auf dessen Kunstauffassung aus. Für Baudelaire hatte die Kunst vor allem »ein Bild des modernen Lebens« zu liefern. Damit war gemeint, daß sie sich Szenen aus dem mo-

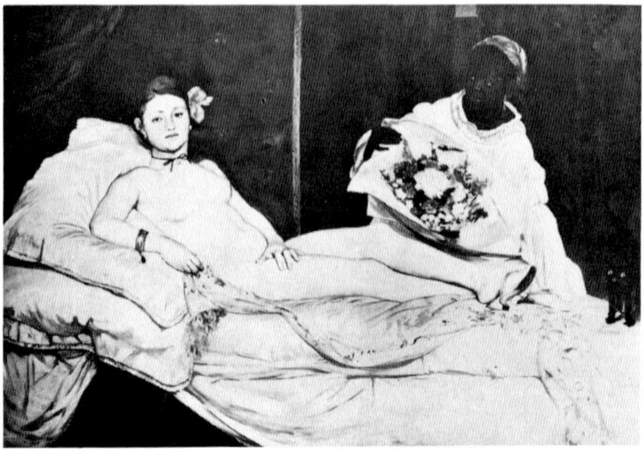

8 Edouard Manet, *Olympia,* 1863

dernen Paris zur Vorlage nehmen, die Menschen in zeitgenössischer Kleidung (welche für die Malerei und Skulptur damals noch als unziemlich galt) darstellen und anspruchsvolle Figurenkompositionen aus Situationen gestalten sollte, die man in Cafés oder im Theater beobachten konnte. Dies bedeutete nicht weniger als einen Entwurf zur Modernisierung der Kunst – und dieses Unternehmen nahm Manet in Angriff.

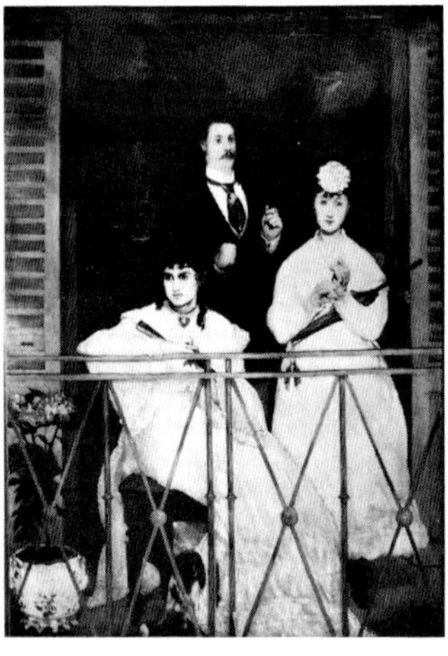

9 Edouard Manet, *Der Balkon,* 1868/69

Die Modernität Manets ist aber noch auf eine andere Weise mit Baudelaire verbunden. Manet folgte dem von Baudelaire ins Leben gerufenen Dandykult, kleidete sich als junger Mann stets äußerst elegant und verlagerte im Alter sein Interesse (das er übrigens mit Dichter Mallarmé teilte) auf die Damenmode. Dabei ging es Manet weniger um die Eleganz an sich als vielmehr darum, daß der Dandy sich darauf verstand, eine Rolle zu spielen und seine Gefühle hinter oftmals extravaganten Kostümierungen zu verbergen.

Als künstlerisches Anliegen mag die Vermeidung eines authentischen persönlichen Gefühlsausdrucks zunächst befremden; es spielt jedoch in der Kunstgeschichte zu gewissen Zeiten immer wieder eine wichtige Rolle. Dazu gehören die sechziger Jahre des 19. Jahrhunderts ebenso wie das gleiche Jahrzehnt ein Jahrhundert später. Ähnlich wie ein Übermaß an abstraktem Expressionismus eine kühle, unpersönliche Gegenbewegung auslö-

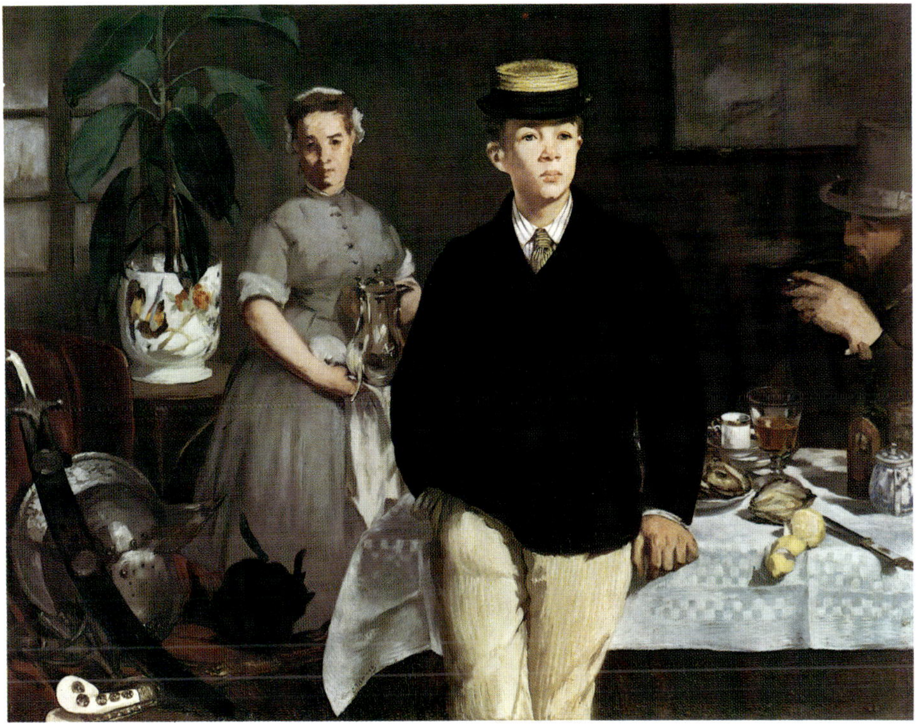

10 Edouard Manet, *Das Frühstück im Atelier,* 1869

ste, so wußte auch Manet, daß er die Romantik eines Delacroix und eines Ingres nur überwinden konnte, wenn er in der Kunst eine Distanz zwischen sich und seinem Publikum schuf. So erklärt sich der distanzierende Blick von Victorine Meurent, die ihm für *Das Frühstück im Freien*, aber auch für *Olympia* (Abb. 8) Modell stand, also für jenes Bild im Geiste Baudelaires, mit dem Manet seine Position als Führer der Pariser Avantgarde im Salon von 1865 festigen konnte.

Die kühle Distanzierung der Manetschen Bilder läßt sich noch klarer an seinen Hauptwerken der späten sechziger Jahre vergegenwärtigen. Im Bild *Der Balkon* (Abb. 9) sind beide Paare in eine komplexe Komposition von in die Länge gezogenen Rechtecken eingebunden, welche von Diagonalen gekreuzt werden, die sich schon im Balkongeländer ankündigen und in den Fensterläden sowie in den Fächern der beiden Frauen wiederholen. Für die Frauengestalten standen die asiatisch aussehende Jenny Class und die schöne Berthe Morisot Modell, für die Manet mehr als nur eine vorübergehende Leidenschaft empfand: Ihre in sich selbst zurückgezogenen Blicke suggerieren dem Betrachter verborgene, tief empfundene Gefühle. Auch im *Frühstück im Atelier* (Abb. 10) aus demselben Jahr, 1869, sehen wir uns einer Bildwelt gegenüber, die verschiedenen Interpretationen offensteht: Was bedeuten diese Figuren – die grau gekleidete Frau, der ältere pfeifenrauchende Mann und der Junge, der uns anschaut und gegen den Tisch gelehnt dasteht, auf dem ein ungewöhnliches Mittagsmahl bereitet ist? Diese aus kalkulierten, unrealistischen Elementen zusammengesetzte Komposition demonstriert Manets meisterhaften Umgang mit Farbe, Ton, Stofflichkeit, Form und Raum.

Ein weiteres wichtiges Bild von Manet, *Die Erschießung Kaiser Maximilians von Mexiko* (Abb. 11), nur wenige Wochen nach dem historischen Ereignis im Sommer 1867 entstanden, widerlegt mit seiner emotionalen Distanziertheit die gelegentlich vertretene These, es handle sich dabei um ein politisches Bekenntnis Manets. Wie Manets *Der Balkon* ein Nachklang von Goyas *Maja auf dem Balkon* ist, so steht auch hier ein Gemälde Goyas Pate, *Die Erschießung der Aufständischen am 3. Mai 1808 in Madrid*, das Manet auf seiner Spanienreise 1865 gesehen hatte. Maximilians Tod lieferte Manet nur den Vorwand zu einer Neuinterpretation.

Mit dieser Reihe von außerordentlichen Gemälden begründete Manet in den sechziger Jahren des 19. Jahrhunderts eine neue Malweise. Das größere Maß an Freiheit, das die Künstler nun genossen, nutzte er zur Erweiterung seiner künstlerischen Ausdrucksmittel. Die große Kunst der Vergangenheit war der Verherrlichung Gottes gewidmet, versuchte sich dem Ideal der Perfektibilität des Menschen oder der möglichst getreuen Naturnachahmung anzunähern. Manets Kunst hingegen scheint sich vorwiegend nach innen zu wenden und mit der Kunst selbst auseinan-

11 Edouard Manet, *Die Erschießung Kaiser Maximilians von Mexiko*, 1867

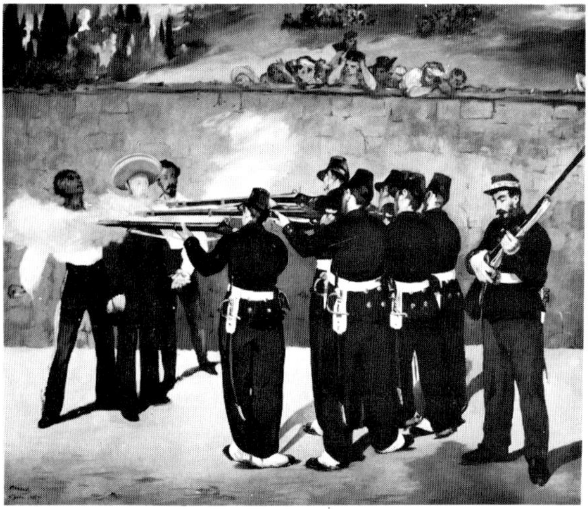

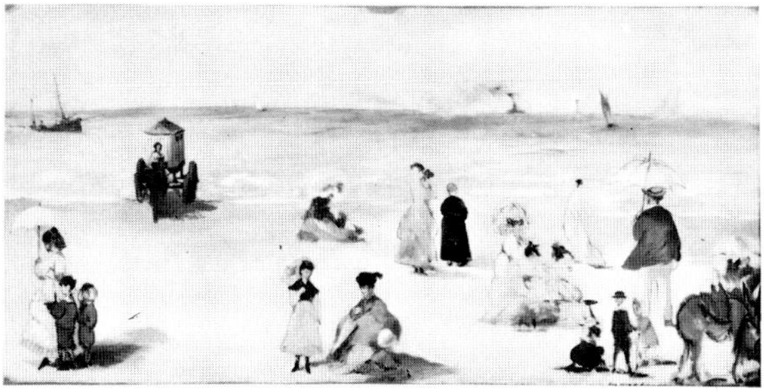

12 Edouard Manet, *Am Strand von Boulogne*, 1869

derzusetzen. Seine Malerei entwickelt sich aus der Kunst der Vergangenheit nicht nur in dem Sinne, daß er von seinen Vorgängern lernte. Sie beschäftigt sich darüber hinaus mit Themen, die für das Wesen der Malerei selbst zentral sind, und setzt eine Denkbewegung in Gang, die geradewegs zu den radikalen Experimenten der Malerei im 20. Jahrhundert führt.

Zu seinen Lebzeiten blieb die Bedeutung von Manets Gemälden weitgehend unbemerkt. Er selbst scheint in den siebziger Jahren das Vertrauen in sich verloren und sich an jüngeren Malern wie Monet orientiert zu haben, was in seinem Werk deutliche Spuren hinterlassen hat. Sein letztes großes Gemälde *Bar in den Folies-Bergère* (Abb. 13) besitzt den Ernst und die Endgültigkeit einer Äußerung, die erst nach einer längeren Phase der Unentschlossenheit ausgesprochen wird. Allerdings stieß Manet bei einigen wenigen Zeitgenossen, die die Bedeutung seiner Bilder aus den sechziger Jahren erkannten, auf Verständnis. Zu den wenigen, die begriffen, worum es ihm ging, gehörte Paul Cézanne, der in seinem Bemühen, einen Weg für die angemessene Darstellung der Natur in der Malerei zu finden, auf Manets Grundlagen aufbaute. Ein anderer Anhänger Manets war der Dichter Mallarmé, der die Dichtung nach Baudelaire in ähnlicher Weise revolutionierte wie Manet die Malerei. Stéphane Mallarmé (1842–1898) schloß Ende der siebziger Jahre eine enge Freundschaft mit Manet und besuchte diesen täglich in seinem Atelier.

Mallarmé, ein großer Bewunderer Manets, sah in dessen Bildern seine eigenen Versuche zur Erneuerung der poetischen Sprache bestätigt, denn auch er strebte nach einer eher objektiv-nüchternen als subjektiven Repräsentation der Innenwelt. Er betrachtete das Verfassen eines Gedichts als den einzig dauerhaften und sinnvollen Akt in einer ansonsten gottlosen, irrationalen Existenz. Sein Ziel, Erfahrungen gleichsam poetisch zu destillieren, war allerdings so hoch gesteckt, daß es kaum erreichbar war. Seine Bekanntschaft mit Manet fällt in eine schöpferisch unfruchtbare Phase Mallarmés, während der er kein einziges Gedicht zu schreiben vermoch-

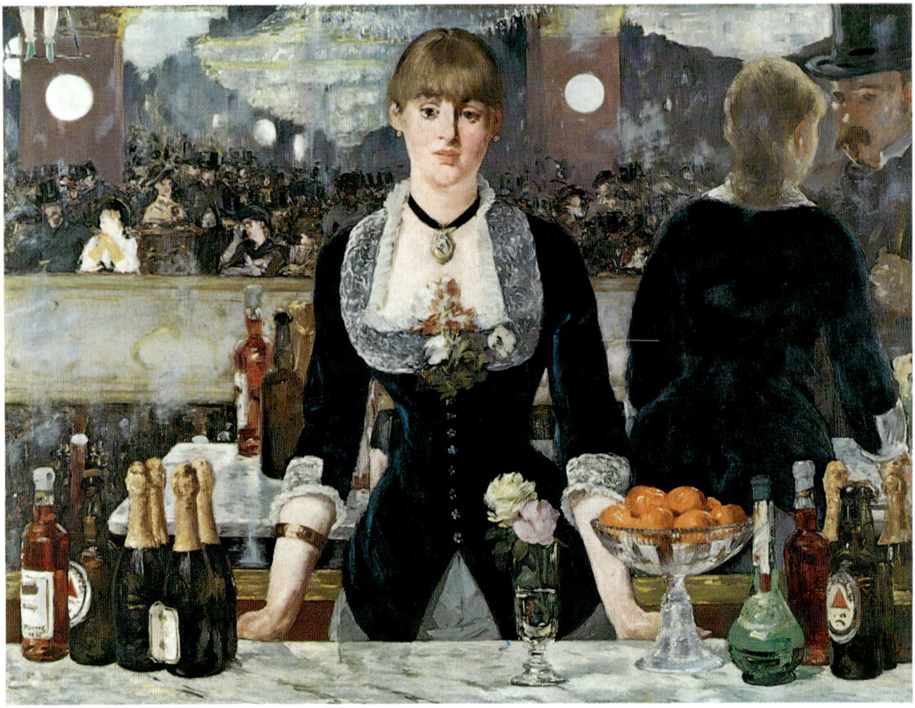

13 Edouard Manet, *Bar in den Folies-Bergère*, 1882.

te. Seine ersten Gedichte nach dieser Unterbrechung waren abstrakter als zuvor und befaßten sich wie Manets Bilder vornehmlich mit formalen Fragen. In seinen Essays über die Kunst legte er dar, daß ein Bild nicht als Abbild von Gegenständen zu betrachten sei, sondern aus Farbauftrag und Farbwerten bestehe.
Bedeutend für Mallarmé war auch die Tatsache, daß Manet das Moment des Zufalls in die Malerei eingeführt hatte. Einige Frühwerke Manets – *Der alte Musiker* beispielsweise – lassen sich nur von der Annahme her erklären, daß er die Komposition einem Zufallsverfahren überließ. Die Figuren berühren sich, ohne sich zu überschneiden, woraus sich eine rein zufällige und mehrdeutige Zweidimensionalität ergibt. Gelegentlich nähern sich Manets Bilder unserer Seherfahrung an – etwa im *Strand bei Boulogne* (Abb. 12) –, ohne allerdings die Szenerie naturalistisch abzubilden. Die Konstruktion des Bildes hat etwas Sprunghaftes, Unlogisches, Absurdes, als hätte der Künstler sie dem Zufall überlassen.
All diese innovativen Elemente sollten weitreichende Konsequenzen haben, wie wir auf den folgenden Seiten sehen werden.

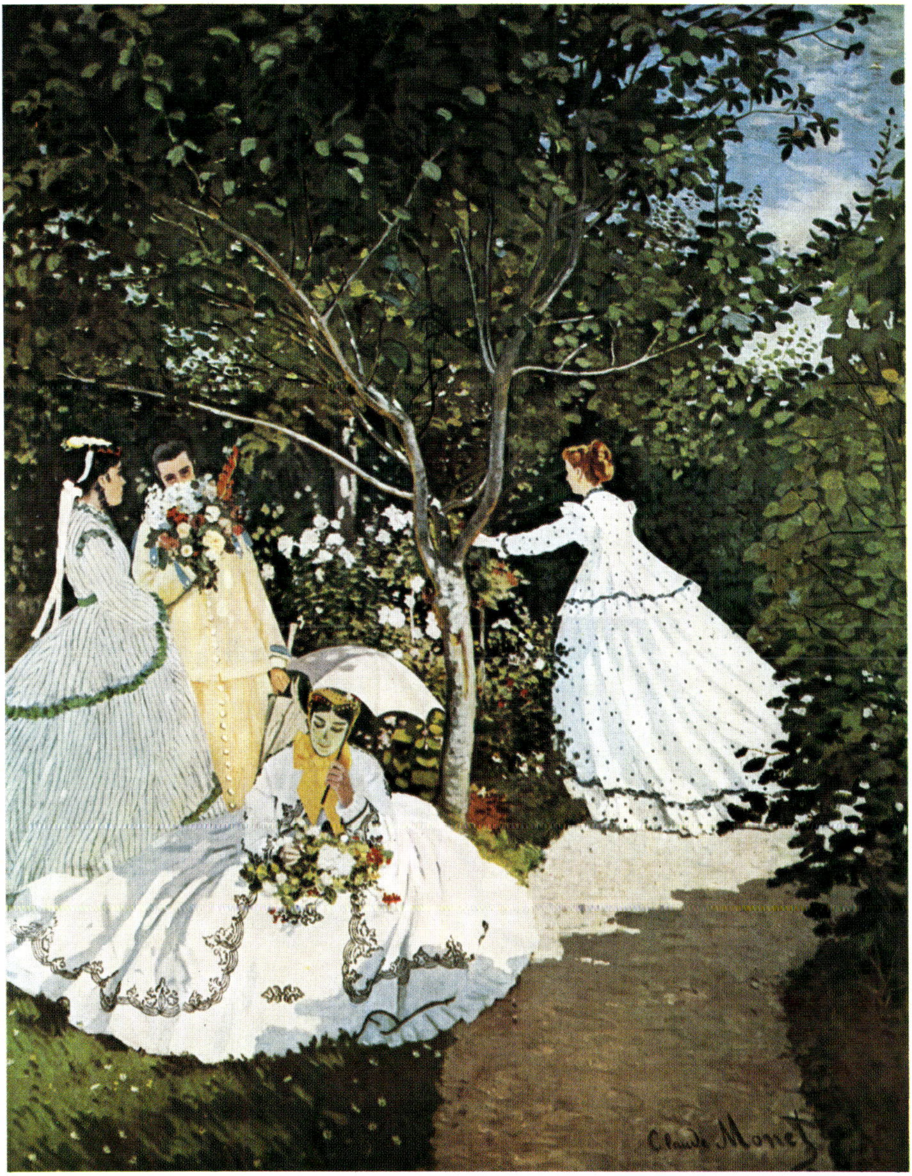

14 Claude Monet, *Frauen im Garten,* 1866/67

2 Der Impressionismus

Bis zu seinem Tod im Jahre 1883 galt Manet in der Öffentlichkeit noch als die Leitfigur der fortschrittlichen Malerei, wenngleich er diese Stellung (sofern es sie überhaupt gab) in Wirklichkeit bereits fünfzehn Jahre zuvor eingebüßt und einem jüngeren Künstler überlassen hatte: Claude Monet (1840–1926). Die Namensähnlichkeit gab Anlaß zu einiger Verwirrung und führte dazu, daß beide Maler im Bewußtsein der Allgemeinheit zu einer einzigen Kunstfigur, dem ikonoklastischen Künstler schlechthin, verschmolzen. Während Manet jedoch noch zu jener Generation gehörte, in der es selbst für innovative Künstler noch üblich war, ihre Arbeiten einer breiten Öffentlichkeit vorzustellen, arbeiteten Monet und seine Freunde schon nicht mehr für die Salons, sondern für ein kleineres, sachverständigeres und ihnen wohlgesinntes Publikum.

Wenn die von Monet und seinen Freunden von 1874 bis 1886 in Paris selbst organisierten Impressionistenausstellungen auch rückblickend eine äußerst wichtige Rolle einnehmen, beschränkte sich deren Wirkung zu ihrer eigenen Zeit doch auf einen sehr kleinen Zirkel. Im Vergleich zu dem Skandal, den die Bilder im Salon des Refusés 1863 verursacht hatten, erreichten ihre Werke nur einen begrenzten Bekanntheitsgrad. Nicht einmal Vincent van Gogh hatte als junger Kunsthändler in Paris 1875 bis 1876 von den Impressionisten gehört: Moderne Maler waren für ihn Millet, Corot und deren Anhänger. Erst als der Louvre widerstrebend Werke aus dem Vermächtnis von Gustave Caillebotte 1897 auszustellen begann, wurden die Impressionisten einer breiteren Öffentlichkeit bekannt.

Zu diesem Zeitpunkt waren die Maler, die sich 1874 zu einer Ausstellung zusammengetan hatten – Monet, Renoir, Degas, Cézanne, Pissarro –, bereits ältere, einigermaßen erfolgreiche und anerkannte Künstler. Jüngere und kompromißlosere Talente waren nachgewachsen und hatten ihnen ihre Stellung als Anführer der Avantgarde streitig gemacht, die sie dann endgültig mit dem Erscheinen des Fauvismus und Kubismus Anfang des 20. Jahrhunderts einbüßten. Cézanne galt für lange Zeit als der Gründungsvater dieser modernen Kunstbewegungen des 20. Jahrhunderts; Monet hatte es schwerer, als ihm ebenbürtiger Maler anerkannt zu werden. Heute wissen wir, daß es diese beiden Künstler waren, die, auf Manets Grundlagen aufbauend, die Sprache der modernen Malerei entwickelten.

Monets Schaffenszeit währte mehr als sechzig Jahre, und das Werk eines Künstlers läßt sich wohl nie recht beurteilen, bis es abgeschlossen ist. Im Falle Monets kommt noch erschwerend hinzu, daß er unbeirrbar von äußeren Einflüssen an einem Kurs festhielt. Seine Bilder bauen in ungewöhnlich starkem Maße aufeinander auf. Sie alle setzen sich mit einem einzigen künstlerischen Problem auseinander, für das Monet beharrlich eine Lösung suchte und mit dem er sich immer intensiver auseinandersetzte.

Dieses Problem läßt sich als die Suche nach einer bildlichen Entsprechung für seine Gefühle angesichts der Natur beschreiben. Er beginnt als naturalistischer Maler, dem die Lösung greifbar nahe zu sein scheint, und endet in den zwanziger Jahren des 20. Jahrhunderts mit einer nachgerade abstrakten Kunst, in der das Malen selbst eine geheimnisvolle, unsagbare Geste geworden ist. Der Weg dorthin ist von einer unerbittlichen und zutiefst eindrucksvollen Logik geprägt.

Es bietet sich die Überlegung an, wie wohl Monets Reaktion auf Manets *Frühstück im Freien* ausgesehen haben mag, das er mit Sicherheit im Salon des Refusés gesehen hat. Wir können davon ausgehen, daß er Manets Versuch, die Tradition wiederzubeleben, nicht begrüßte. Monet war kein Maler, der die Museen besuchte. In Le Havre aufgewachsen, war er von dem jungen Landschaftsmaler Eugène Boudin (1824–1898) zur Freilichtmalerei ermutigt worden, die seinen künstlerischen Ambitionen vollends zu genügen schien. So eindrucksvoll Manets *Frühstück im Freien* auch sein mochte, nach Monets Maßstab fehlte ihm etwas Ausschlaggebendes: Es wirkte nicht wie eine Menschengruppe im Freien. Allzu offenkundig hatte Manet Figuren und Landschaft getrennt voneinander gemalt und durch seinen bewußten Verzicht auf alle Halbtöne die Flächigkeit des Bildes verstärkt sowie die Schattenwerte um die Gesichter auf harte Konturen reduziert.

Der fünfundzwanzigjährige Monet teilte Manets Gespür für diese Stilmittel in der Malerei nicht. Als Vertreter der naturalistischen Ästhetik, nach der ein Bild darzustellen hatte, was man in der Natur sah, machte er sich daran, ein Bild von Menschen im natürlichen Tageslicht zu malen. Sein erster Versuch – eine Gruppe Pariser Bürger, die im Wald von Fontainebleau ein Picknick abhalten – blieb unvollendet, weil sein Ziel zu hoch gesteckt war. Die erhaltenen Fragmente (Abb. 15) bezeugen Monets entschiedenes, eigensinniges Talent.

Sein zweiter Versuch, die *Frauen im Garten* (Abb. 14), auf der seine Geliebte Camille Modell für alle Figuren stand, war erfolgreicher. Monet arbeitete ausschließlich bei Sonnenlicht im Freien und erreichte eine zuvor in der Kunst unbekannte realistische Wiedergabe des Lichteinfalls auf menschliche Figuren. Dieses Bild, kurz vor dem Werk seines engen Freundes und Kollegen Auguste Renoir (1841–1919) *Lise mit Sonnenschirm* (Abb. 16) fertiggestellt, ist das erste seiner Art. Renoirs Bild wurde 1868 im Salon ausgestellt, wo Monets *Frauen im Garten* im Jahr zuvor abgelehnt worden war.

Wie besessen beschäftigte er sich in seinen Bildern mit Lichteffekten und bestimmten Problemen der Abbildung, die kein Maler zuvor behandelt hatte. Allenfalls die

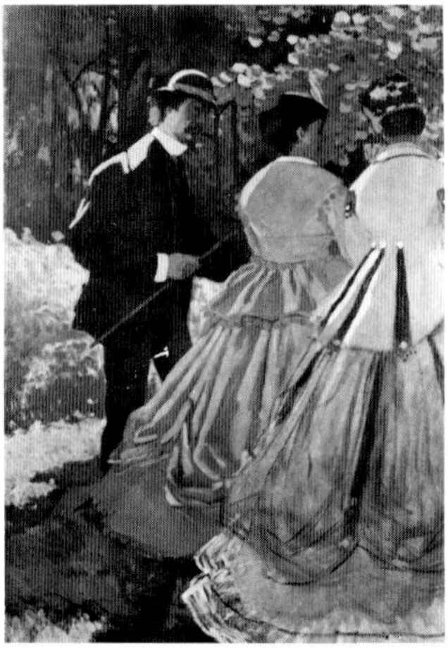

15 Claude Monet, *Frühstück im Freien*, Fragment, 1865/66

16 Pierre Auguste Renoir, *Lise mit Sonnenschirm*, 1867

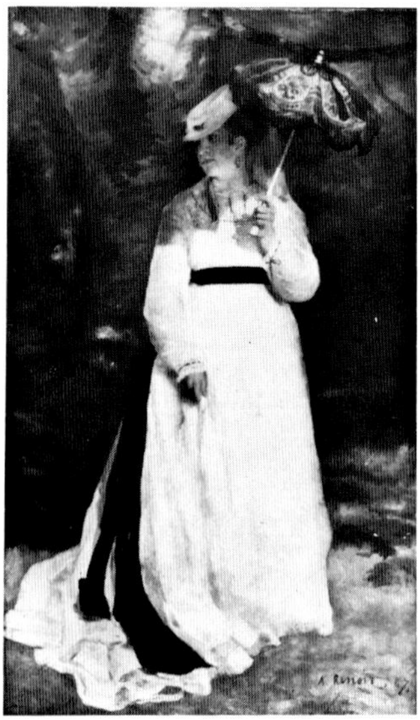

englischen Präraffaeliten hatten Landschaften in flutendem Sonnenlicht gemalt, doch deren Arbeiten dürfte Monet mit höchster Wahrscheinlichkeit nicht gekannt haben. Im Sommer des Jahres 1869 arbeitete Monet gemeinsam mit Renoir in La Grenouillère, einem Bootsanlege- und Badeplatz am äußeren Stadtrand von Paris. In ihren Bildern (Abb. 17, 18) vom Spiel des Lichtes auf dem Wasser verwendete Monet große Farbflecken, Renoir hingegen einen feineren, federleichten Pinselstrich. Unverkennbar kommt in diesen Bildern eine Vertrautheit mit Courbets Landschaftsmalerei zum Vorschein, in der die Stofflichkeit der dargestellten Gegenstände (Steine, Bäume, Gras, Wasser) in die Beschaffenheit der Farbe selbst übersetzt und die Lokalfarbe beibehalten wird. Hatte Courbet sich zuvor noch damit begnügt, daß Gras grün war, sahen Monet und Renoir, daß es je nach Lichteinfall auch grau, gelb oder blau wirken kann, und revolutionierten mit dieser Beobachtung ihre Malerei.
Das Ausmaß und die äußerste Präzision ihrer Naturbeobachtung enthüllt sich bereits bei näherer Betrachtung eines Bildausschnitts, auf dem Schatten dargestellt werden. Die freie Pinselführung wirkt wie abrupt und ist stark akzentuiert, was eine Nebeneinanderstellung von reinen Farben ermöglicht. Monet hatte wie Delacroix Reisen nach Nordafrika unternommen, wo extremere Licht- und Schattenverhältnisse als in Frankreich herrschen. Dort hatte er erfahren, daß sich auch der Schatten aus verschiedenen Farbtönen zusammensetzt und nicht wie in konventionellen Darstellungen nur aus Brauntönen besteht. Dort wurden ihm außerdem bestimmte optische Effekte bewußt, die sowohl den Ton als auch die Farbe betrafen, und vor allem, daß die reinen Farben ihre Komplementärfarben hervorbringen. Monet versuchte diese Beobachtungen, die sein jüngerer Malerkollege Georges Seurat wenige Jahre später systematisieren sollte, malerisch wiederzugeben.
In den siebziger Jahren des 19. Jahrhunderts setzte Monet seine neu gewonnenen Einsichten in mehreren Serienbildern von Landschaften um. Ungeachtet seiner finanziellen und persönlichen Sorgen, machte er sich mit

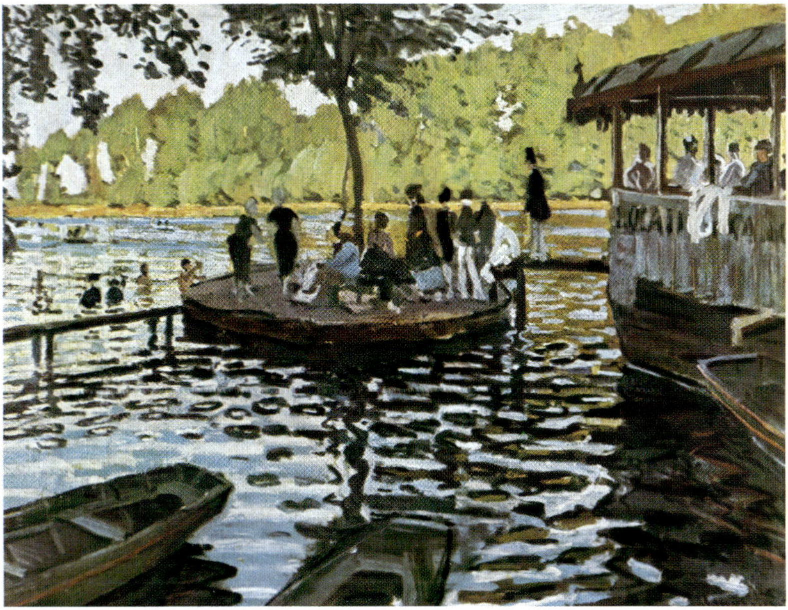

17 Claude Monet, *La Grenouillère,* 1869

18 Pierre Auguste Renoir, *La Grenouillère,* 1869

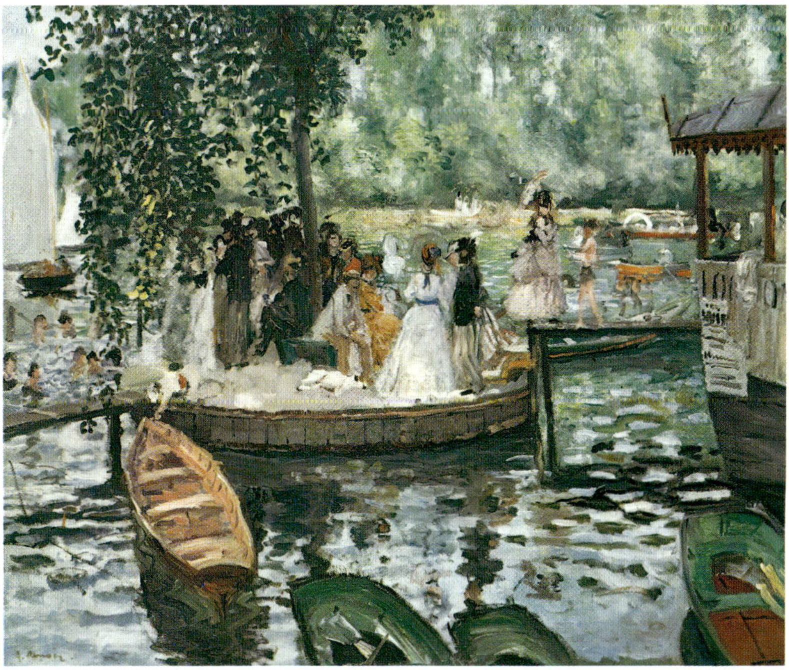

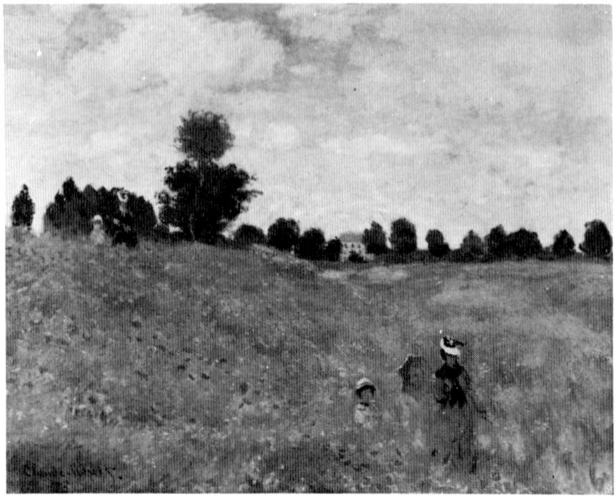

19 Claude Monet,
Die Mohnblumen, 1873

großem Optimismus und Selbstvertrauen an die Arbeit, gleichsam in dem Bewußtsein, eine endgültige Lösung für die Probleme der Malerei gefunden zu haben. Zum Thema wählte er sich stets heitere und Szenen – Blumenwiesen, Boote auf dem Fluß, lichtdurchflutete und in hellen Farben gehaltene Landschaften. Ockerfarben und schwarze Pigmente sind von Monets Palette verbannt. *Die Mohnblumen* (Abb. 19) sind mit ihren roten Farbtupfern auf grüner Fläche, dem schlichten Bildaufbau und der Atmosphäre der flirrenden Luft ein Bild, das den Betrachter in seinen Bann zieht. Und doch wurde gerade dieses Werk bei der ersten unabhängigen Ausstellung im Jahre 1874 als unbedeutend, trivial und »impressionistisch« verunglimpft.
In den späten achtziger Jahren war Monet zu Ruhm gekommen, obgleich er sich immer vom traditionellen und inzwischen zusehends an Bedeutung verlierenden Salon-Establishment ferngehalten hatte. Er hatte mit dem Impressionismus einen der einflußreichsten Kunststile in der Kunstgeschichte überhaupt begründet, der den Höhepunkt der naturalistischen Malerei und zugleich eine Sackgasse für den vitalen Fortgang der Malerei darstellte. Doch die von Manet bereiteten Grundlagen sollten bald Früchte tragen.
Je länger sich Monet damit beschäftigte, nichts anderes wiederzugeben als die Erscheinungen der Natur, um so unlösbarer erschien ihm dieses Problem. Es ist keineswegs so einfach, wie es zunächst klingen mag, nur zu malen, was man sieht, denn in die Wiedergabe der Sinneswahrnehmung geht auch die Gefühlslage des künstlerischen Subjekts ein. Das erkannte Monet in den achtziger Jahren, als er gelegentlich depressive Tiefs durchlief und entdeckte, daß seine Gefühlsverfassung durchaus Einfluß darauf hatte, wie und was er sah. In den großen Wasserlandschaften dieser Schaffensperiode (Abb. 20) zeichnet sich bereits ab, daß er den dem Im-

pressionismus inhärenten Subjektivismus zu überwinden trachtete. Vielmehr versuchte er die hinter den realen Erscheinungen wirkenden Kräfte abzubilden. Wie bei Cézanne ist in diesen Bildern ein Bewußtsein der kosmischen Bewegung spürbar, das sich in der Pinselführung von beinahe kalligraphischem Charakter verkörpert und somit eine neue Struktur in der Malerei begründet. Die Farbe selbst bleibt darin höchst real und löst sich nie in der Landschaft, die sie abbildet, auf. Sie formt vielmehr ein auf der flachen Oberfläche der Leinwand hängendes Farbnetz.

Monet suchte sich nun Motive wie Morgennebel über dem Fluß, die er immer wieder in verschiedenen Lichtverhältnissen abbildete: Heuschober, eine Pappelreihe, die Fassade der Kathedrale von Rouen (Abb. 21). Inzwischen sah man in seiner Begeisterung für die Darstellung von Licht und Atmosphäre eher eine Form der Indifferenz gegenüber den Motiven. Immer ausschließlicher beschäftigte sich Monet mit seinen eigenen Reaktionen: »Ich werde zusehends von dem Bedürfnis angetrieben, meine eigenen Empfindungen darzustellen«, schrieb er 1890. Die Westfassade der Kathedrale von Rouen bot ihm ein unveränderliches, objektives Material; ständiger Änderung unterlegen war dagegen seine persönliche Wahrnehmung. In den zwanzig Bildern, die er von der Kathedrale anfertigte, liegt uns in George Heard Hamiltons Worten »eine neue Art der Malerei vor, die eher das Wesen der Wahrnehmung darstellt als das Wesen der wahrgenommenen Dinge«.

Wie zutreffend diese Aussage ist, wird nirgends deutlicher als in den Wassergartenbildern, die Monet in seinen letzten dreißig Lebensjahren vornehmlich malte. Abgesehen von seinen zwei »Architekturserien« von London und Venedig hat er nichts anderes mehr gemalt. Das Thema hatte sich Monet im buchstäblichen Sinne selbst gesetzt – er hatte den Wassergarten mit eigenen Händen angelegt, so wie

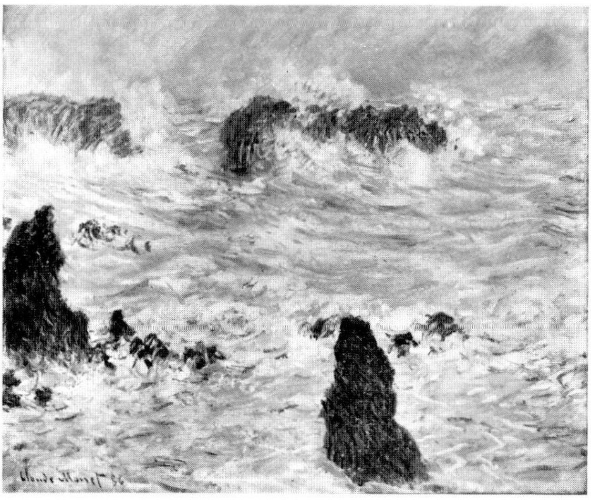

20 Claude Monet, *Sturm bei der Belle-Ile*, 1886

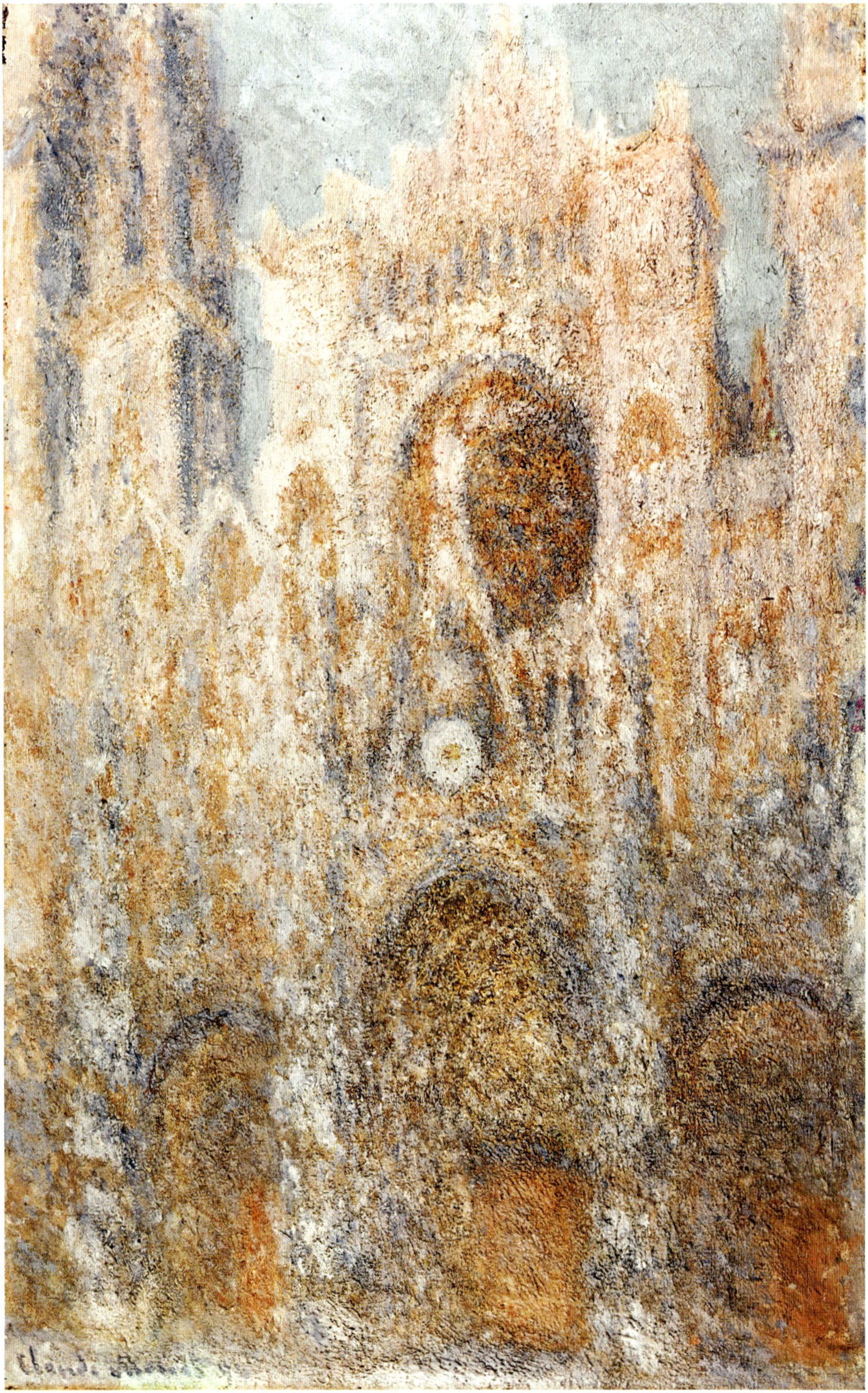

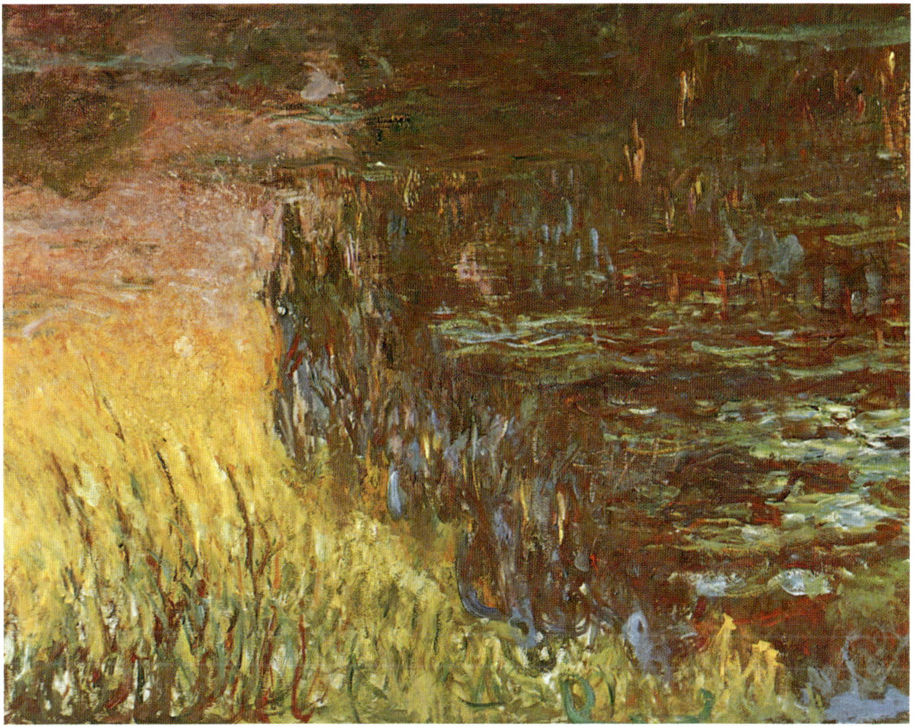

22 Claude Monet, *Seerosen,* Ausschnitt

23 Claude Monet, *Seerosen,* Gesamtbild, entstanden zwischen 1916 und 1923

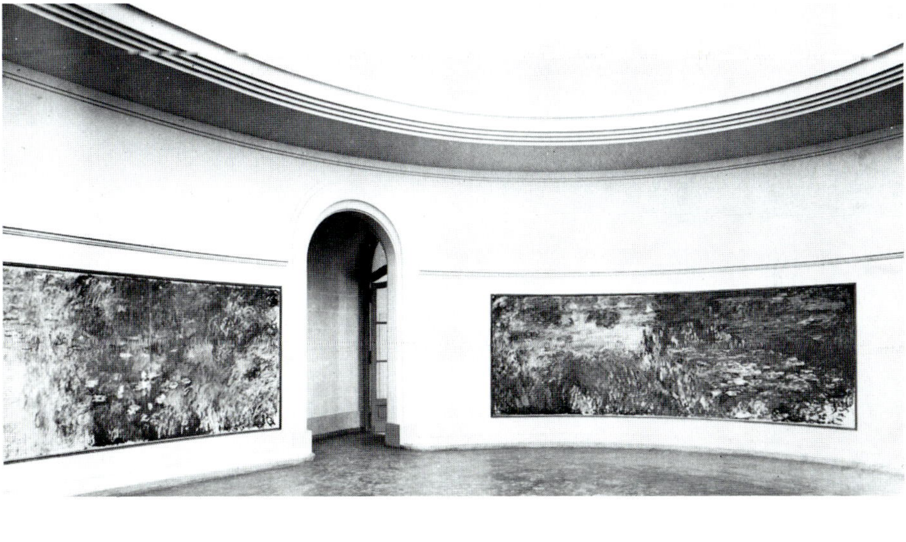

21 Claude Monet, *Rouen: Kathedrale bei Sonnenaufgang,* 1894

Cézanne seine Stilleben selbst anordnete. Monet malte die *Seerosen* – Wasserlilien und Blumen, die auf der Wasseroberfläche schwimmen, die ins Wasser hängenden Trauerweiden und ihre Spiegelung, die sich mit dem Widerschein der vorbeiziehenden Wolken am Himmel vermischen –, als dächte er eigentlich über das Wesen der Wirklichkeit selbst nach, und scheint schließlich zu einer Realitätsebene vorgedrungen zu sein, die jenseits der physischen und sichtbaren Wirklichkeit liegt. Damit verwandelt sich Manets Naturalismus in eine Art kosmischen Symbolismus, der bereits der abstrakten Kunst sehr nahesteht. Und in der Tat verdanken Mondrian und Kandinsky, die beiden Pioniere der abstrakten Kunst, Monet äußerst wichtige und spezifische Einflüsse.

Während der Arbeit an den *Nymphéas* gelangen Monet bedeutende künstlerische Durchbrüche und Neuerungen. Die Wasseroberfläche und die Oberfläche der Leinwand weisen bestimmte Entsprechungen auf. Dem Bildgegenstand entsprechend wird die Beschaffenheit der Farbe weniger greifbar und verschwommener als in der flächenhaften Gestaltung der Kathedralenbilder. Der Raum vor und hinter der Bildoberfläche tritt zunehmend deutlicher hervor, während die Tiefe des Wassers und das Himmelsgewölbe auf der Oberfläche des Teichs zusammentreffen.

Bislang waren Bilder wie Fenster gewesen, durch die der Betrachter auf einen Raum hinter der Bildoberfläche schaute, und der Rahmen war ein notwendiges Mittel, um eine Grenze zwischen Gemälde und der realen Welt zu ziehen. Monet war der erste Maler, der auf einen Rahmen verzichtete und die Leinwand in der Breite auf das gesamte Sehfeld ausdehnte. In den beiden Räumen der Orangerie in Paris (Abb. 22, 23) umgeben die gebogenen Bilder den Betrachter im runden Raum vollständig und saugen ihn gleichsam in die Bildwelt hinein. Die Formen scheinen auf der Wasseroberfläche vor- und zurückzugleiten, und die Grenze zwischen der Welt des Bildes und der des Betrachters ist aufgehoben.

Es ist wahrscheinlich kein Zufall, daß etwas Vergleichbares auch in den späten Bildern Cézannes und den kubistischen Gemälden Picassos und Braques geschieht, die alle in den ersten beiden Jahrzehnten unseres Jahrhunderts entstanden. Monets besonderer Beitrag liegt in der neuen Dimension seiner Bildtafeln der *Seerosen,* die sechs bis acht Meter breit und alle circa einen Meter achtzig hoch waren. Ähnliche Bildformate sollten erst wieder Mitte des 20. Jahrhunderts gebräuchlich werden, als New Yorker Maler sie mit erstaunlichen Resultaten auszuprobieren begannen.

In viel stärkerem Maße als zunächst vermutet, ähnelt die künstlerische Laufbahn Paul Cézannes (1839–1906) derjenigen Claude Monets. Beide kannten einander nur flüchtig und betrachteten sich als Rivalen. Von durchaus verschiedenem Temperament, fanden beide Künstler höchst unterschiedliche Lösungen für das Thema der Wahrnehmung, mit dem sie sich beide auseinandersetzten.

Cézanne sagte über Monet, er sei »nur ein Auge«, weil er sich nicht mit dem von

Cézanne für vordringlich gehaltenen Problem des Bildaufbaus beschäftigte: die Uminterpretation und Übertragung der dreidimensionalen Welt auf ein flaches, zweidimensionales Bild. Cézanne interessierte sich wie Manet für die Kunst vergangener Epochen und wurde bis zu seinen letzten Lebensjahren nicht müde, aus einem Besuch im Louvre zu lernen; Monet hingegen nahm die Arbeiten anderer Künstler kaum zur Kenntnis. Während Monet 1869 die Lichteffekte auf der Wasseroberfläche studierte, erkundete Cézanne auf den Spuren Manets eine neue Form der Bildkomposition.

Cézannes frühe Versuche galten allgemein als kindisch und verworren, und nicht einmal sein enger Freund Emile Zola (1840–1902) glaubte an sein künstlerisches Talent. Doch zeigt schon eines seiner ersten Bilder, die *Idylle* oder *Pastorale* (Abb. 26) eine von Baudelaire propagierte Naivität, die die Voraussetzung für jede radikale Erneuerung der Kunst ist. Das Bild zeigt ein erotisches Fantasiestück, welches sowohl psychologisch als auch formal um die nach hinten gelehnte Figur des Künstlers herum angelegt ist. Wie auf Manets *Strand von Boulogne* (Abb. 12) finden sich auch hier unmotivierte Leerstellen und Figuren, die nicht in Proportion zueinander stehen. Auf den ersten Blick erscheint der Bildaufbau bei Cézanne noch willkürlicher und stärker dem Zufallsprinzip überlassen als bei Manet. Erst bei genauerem Hinsehen lernt man die Logik, die hinter der Bildkomposition steht, zu würdigen.

Cézanne setzt nämlich bei der Sinneserfahrung an, die wesentlich verworrener und komplexer ist, als die Maler vor ihm anzuerkennen bereit waren. Unser Blick ist unruhig, Nähe und Tiefe können wir nur durch schnelles Hin- und Herblicken erkunden. Wir sehen alles deutlich, was sich in der Mitte unseres Sehfeldes befindet, alles undeutlich und verzerrt, was sich am Rand bewegt.

Diese Erkenntnis setzte Cézanne in Bildern wie *Idylle* um. Die Bildecken sind leer, und unser Blick fällt auf den in der Bildmitte liegenden Künstler am Ufer. Die übrigen Figuren sind halbkreisförmig um ihn herum plaziert. Für Cézanne war der Raum an sich gebogen, denn in der Natur kommen keine geraden Linien vor. Sie sind lediglich Hilfskonstruktionen und Kompositionslinien, mit denen der Maler sich die Bildfläche und das Rechteck des Bildes strukturiert und mit deren Hilfe sich die Komposition oberflächlich zusammenhalten läßt. Der Kopf der Künstlerfigur befindet sich genau an der Stelle, an der die Linien von Horizont und Ufer aufeinandertreffen.

In *Idylle* werden zudem noch andere für Cézannes Malerei typische Elemente deutlich: Diskontinuität und Zusammenführung. Diese Prinzipien beruhen auf zwei einfachen Regeln: Wenn in der Natur eine gerade Linie – zum Beispiel eine Tischkante – gegeben zu sein scheint, wird sie im Bild gebrochen. Umgekehrt müssen Objekte, die außerhalb des Bildes nicht in Zusammenhang stehen, insbesondere wenn sie sich auf verschiedenen räumlichen Ebenen befinden, bildlich mit-

24 Paul Cézanne,
Blaue Vase, um 1888/89

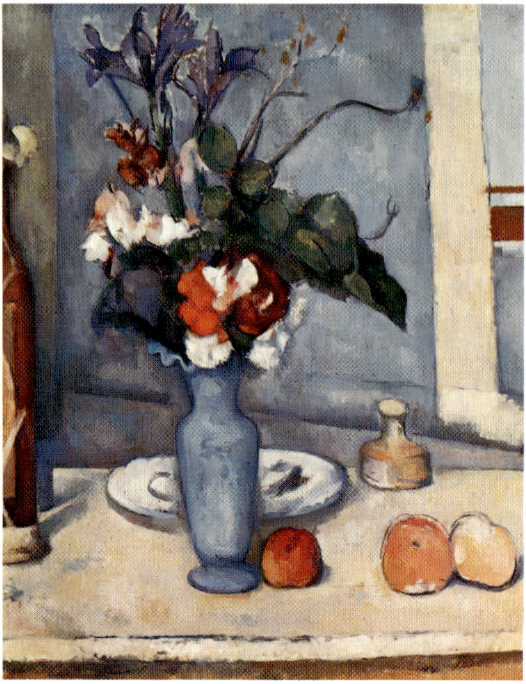

25 Paul Cézanne,
Mont Sainte-Victoire, entstanden zwischen 1904 und 1906.

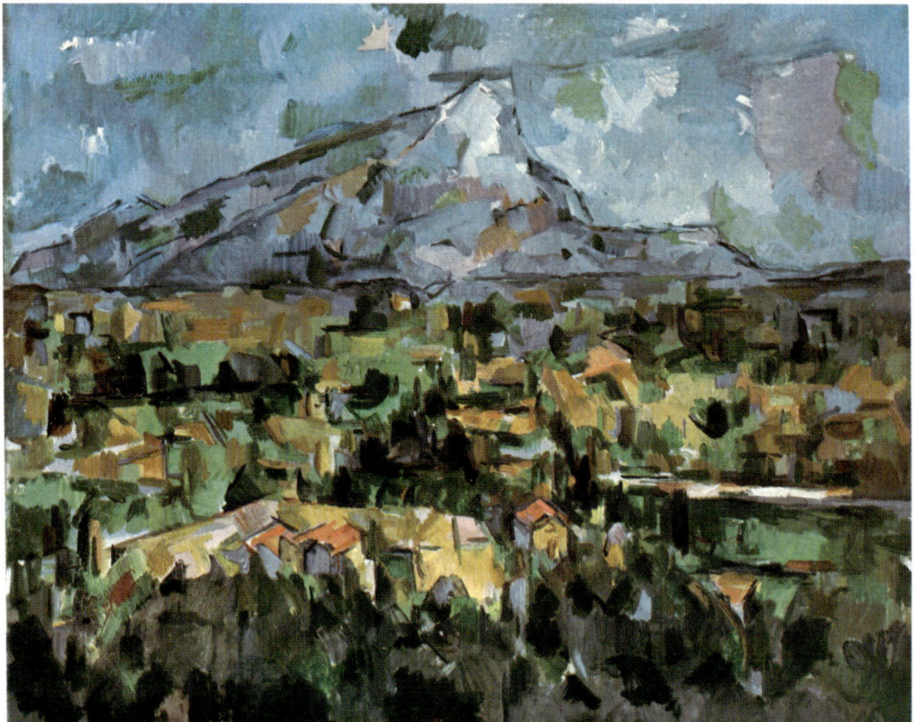

einander verknüpft werden. Ein Beispiel dafür ist in *Idylle* die Flasche im Vordergrund, die direkt in den Baumschatten im Bildhintergrund weitergeführt wird und damit ein optisches Verbindungsglied bildet. Für diese Bildprinzipien lassen sich in Cézannes Werk zahllose Beispiele finden.

Kein Wunder, daß Cézanne das Florentiner System der Linearperspektive verwarf, bei dem alle Linien auf einen Fluchtpunkt hin zusammenlaufen und der Bildraum als eine Art Trichter behandelt wird, der nach Ansicht Cézannes ein Loch ins Bild reißt. Er zog demgegenüber das Farbtonsystem der venezianischen Maler vor, das ein Bild wie eine flache Schachtel behandelt, bei der sich verschiedene Raumebenen unter der Oberfläche verbergen. Ein hervorragendes Beispiel für diese Methode des Raumaufbaus ist Cézannes erstes größeres Landschaftsbild *Der Bahndurchstich* (Abb. 27). Es kommt ohne Fluchtpunkt aus und besteht aus mehreren parallelen, schichtförmig angelegten Bildgründen, die durch Farbnuancen voneinander abgehoben sind. Die Formen verringern sich nicht in ihrer Größe, sondern wiederholen sich durch das Bild hinweg. Es gibt nicht einmal eine Luftperspektive: Der Berg im Hintergrund behält seine scharfen Konturen und steht in Kontrast zu den vieldeutigen und abstrahierten Formen im Bildvordergrund, bei denen nicht klar ist, ob sie noch Gras, schon Mauer oder bereits die Seitenwand des Abhangs darstellen.

Auch wenn Cézanne es auf dem *Bahndurchstich* bereits versteht, eine gewisse Raumwirkung zu erzielen, so sind doch die Farben hier noch matt und Lichteffekte kaum durchgeführt. Diesen Schwachpunkt versuchte Cézanne auszugleichen, indem er sich 1872 von Pissarro zeigen ließ, wie die Impressionisten die Farbe einsetzen, um neue Licht- und Raumeffekte hervorzurufen. Camille Pissarro (1830–1903) war zwar im Vergleich zu seinen Zeitgenossen kein sehr origineller Maler, aber – vielleicht eben weil er sich seiner eigenen Kreativität nicht ganz sicher war – ein hervorragender Förderer von Talenten wie Gauguin, Seurat, van Gogh und Cézanne, deren Größe er sofort erkannte. Pissarro verband Ende der sechziger Jahre des 19. Jahrhunderts für kurze Zeit in monumentalen Landschaftsgemälden bestimmte Elemente der Kunst von Corot und Courbet, wie etwa auf dem Bild *La Côte du Jallais, Pontoise* (Abb. 28). Bereits ein oder zwei Jahre später änderte er seine Farbpalette und Kompositionsmethoden grundlegend unter dem nachhaltigen Eindruck, den Monet bei ihm hinterließ. Pissarros Werk strahlt Großzügigkeit und Überzeugungskraft aus, weil er ein glühender Anhänger des Landlebens war, das er als Inbegriff des idealen Lebens darstellte. Im Gegensatz zu seinen Freunden, die sich daranmachten, eine neue Bildsprache zu formulieren, spielte er bei der Erneuerung der Malerei eher eine untergeordnete Rolle. Alfred Sisley (1839–1899) ist ein weiterer Maler, der zwar schöne Bilder schuf, aber dem Impressionismus Monets nichts Neues hinzuzufügen vermochte – außer eine beinahe an Constable erinnernde Nuancierung von Wolkenwirkungen.

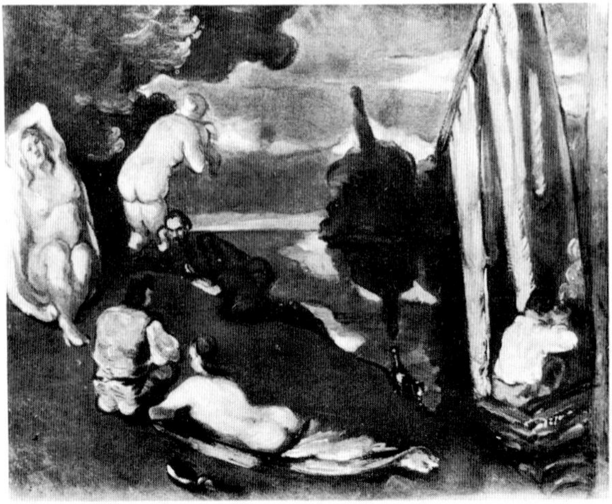

26 Paul Cézanne, *Idylle (Pastorale)*, um 1870

Wenn auch ganz außer Frage steht, daß Cézanne in den zwei Jahren, die er bei Pissarro in Pontoise verbrachte, eine Menge von ihm lernte, so brachte er umgekehrt auch ihm viel bei. Vergleicht man die in dieser Zeit entstandenen Bilder der beiden Maler, so tritt ihr unterschiedliches künstlerisches Temperament überaus deutlich zutage. Pissarro benutzt in *Straße nach Voisins* (Abb. 29) weiterhin erdwarme Farbtöne und konventionelle Kompositionsformeln. Cézannes *Haus des Gehängten* (Abb. 30) erkundet hingegen, wenn auch in gewisser Hinsicht unbeholfen, neue Wege und ist von einer Radikalität, die Pissarros Bild fehlt. Vergleichen wir nur die Vordergrundbehandlung der beiden Bilder: Pissarro malt die Straße, wie sie sich von seinem Standpunkt aus darstellt, und fügt sie in eine linearperspektivische Konstruktion ein. Cézanne hingegen weigerte sich, diese bequeme Lösung zu übernehmen, und formte den Vordergrund zu abstrakten Formen um, auf denen das Bild aufbaut.

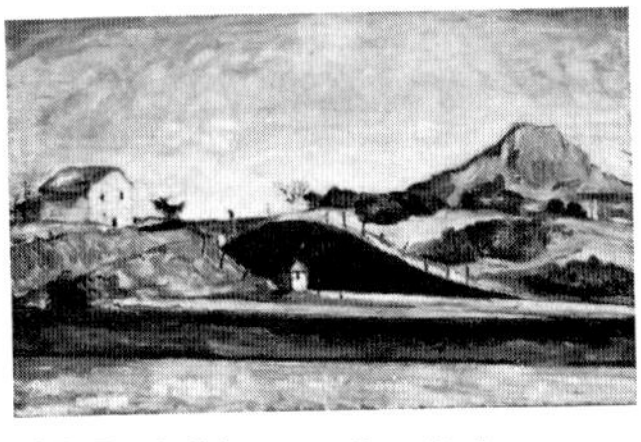

27 Paul Cézanne, *Der Bahndurchstich*, 1869/70

Cézanne erkannte bald, daß der impressionistische Malstil für ihn nicht geeignet war. Seine Arbeitsweise war zu langsam, als daß er wie Monet flüchtige Lichteffekte einzufangen vermochte. Cézanne ging es eher darum, die Welt der Erscheinungen auf ihre grundlegendere

Realität hin zu untersuchen. Seine Bilder der achtziger und neunziger Jahre lassen sich als Strukturierungen verworrener Sinnesdaten, die er im Laufe dieser Zeit gesammelt hatte, bezeichnen. In ihnen setzte er zeitliche und räumliche Erfahrungen in bildliche Konstruktionen um.

Dieser Prozeß zeigt sich am deutlichsten in seinen Stilleben, in denen er sein Motiv nach rein formalen Kriterien und mit größerer Freiheit anordnen konnte, als es bei Landschaften oder Porträts möglich ist. Ein Bild wie die *Blaue Vase* (Abb. 21) zeigt, zu welch komplexen Darstellungsweisen Cézanne 1890 bereits vorgedrungen war. Das Bild enthält ungewisse Vieldeutigkeiten: Wie läßt sich etwa der Hintergrund erklären? Er ist ein markantes Beispiel für Cézannes Methode, mehrere Blickwinkel gleichzeitig in einem Bild zu vereinen. Die beiden Hälften des Tellers hinter der Vase werden getrennt behandelt und fügen sich nicht zusammen. Damit will der Maler den Betrachter darauf aufmerksam machen, daß er den Teller nicht als Ganzes, sondern immer nur Stück für Stück, zu verschiedenen Zeitpunkten und von verschiedenen Blickwinkeln aus sehen kann.

Die *Blaue Vase* veranschaulicht außerdem, daß Cézanne Linie und Farbe voneinander trennt. Für ihn stellen Konturen, die in der Natur schließlich nicht vorkommen (ein Apfel wird nicht von Linien umrandet), eine Einschränkung und Beengung dar, die ausschließlich auf malerische Konventionen zurückgeht: Nichts anderes spricht dafür, ihn zunächst in Umrissen zu zeichnen und diese dann mit Farbe auszumalen. Cézanne wollte diese Methode überwinden und benutzte – aus Gründen, auf die noch eingegangen werden soll – eine dünne, blauviolette Farbe, um schwache und unbestimmt wirkende Linien zu ziehen. Sie verdeutlichen zwar die Lage der Objekte, engen diese aber nicht ein.

Nicht weniger verabscheute Cézanne das Modellieren in der Malerei, eine Methode, die Courbet anwandte, wenn er Äpfel malte, indem er von dunklen zu hellen Farben überging und ihre Form sogar in einem Flachrelief aus Farbe modellierte. Cézanne benutzte die von

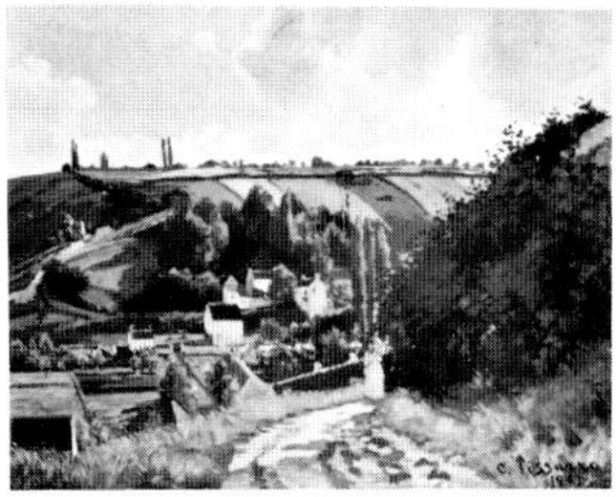

28 Camille Pissarro, *La Côte de Jallais, Pontoise*, 1867

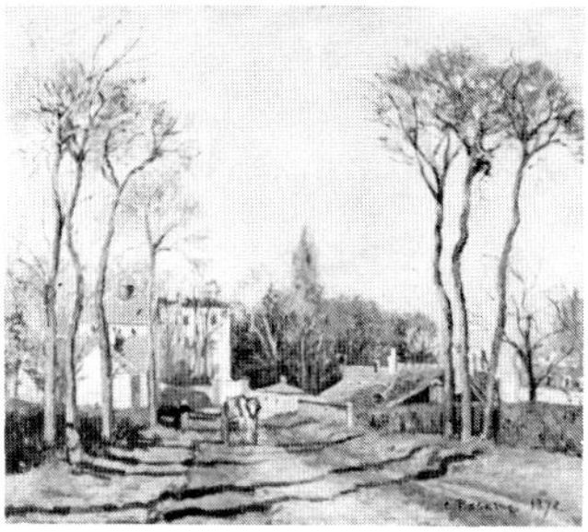

29 Camille Pissarro, *Straße nach Voisins*, 1872

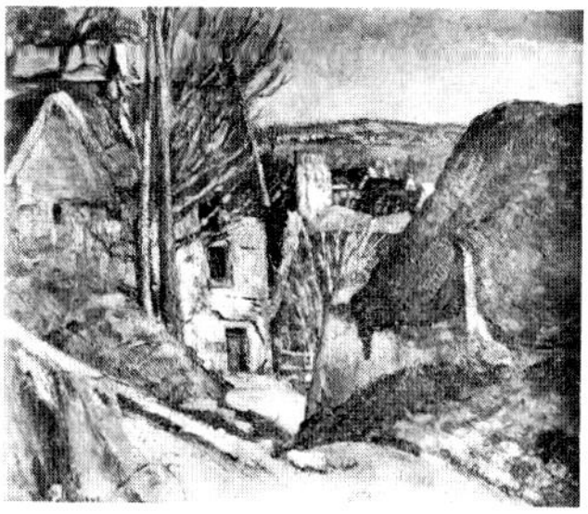

30 Paul Cézanne, *Das Haus des Gehängten*, 1872/73

ihm selbst so bezeichnete Technik der Farbmodulation, in der flüssig aufgetragene Farbflecken sehr eng nebeneinander aufgetragen werden und durch ihre Farb- und Tonabstufungen einen Eindruck der Dreidimensionalität erwecken. Diese Farbbehandlung entwickelte sich aus seinem Interesse an der Aquarellzeichnung, in der der transparente Farbauftrag stets in Beziehung zum weißen Hintergrund des Papiers gesetzt wird. Cézanne benutzte die weiße Leinwand in ganz ähnlicher Weise und ließ sie an manchen Stellen durchscheinen.

Die *Blaue Vase* ist zudem bezeichnend für den Umgang Cézannes mit der Farbe. Er hatte das optische Phänomen der Farbinduktion erkundet und festgestellt, daß ein grüner Apfel vor dem Hintergrund einer neutral grauen Wand einen grünen Ring, ein gelber Apfel eine blauviolette Kontur um sich zu bilden scheint. Cézanne versieht Objekte in hellem Licht häufig mit einem Rand aus blauvioletter Tönung, weil dies die Komplementärfarbe zum gelben Sonnenlicht ist. Sein Vorgehen ist dabei jedoch ausschließlich empirisch, nicht dogmatisch, das heißt, er folgt dabei keinen festgelegten Regeln, sondern versucht mit jedem Bild aufs neue seine Empfindungen vor der Natur festzuhalten.

Gleichwohl sind seine Bilder sorgfältig konstruiert und von einer strengen, monumentalen Atmosphäre. Betrachten wir etwa die *Frau mit Kaffeekanne* (Abb. 31), ein durch und durch schlichtes Thema ohne jeden psychologischen Anklang, das Cézanne zu einer äußerst subtilen Bildgestaltung veranlaßte. Kopf, Körper und Kleid der Frau sind als eine harmonische Abfolge geometrischer Formen an der Zentralachse des Bildes angeordnet. Diese ist leicht zur linken Seite geneigt, um eine übermäßige Strenge zu vermeiden und ein Kompensationsgleichgewicht in Gang zu setzen, welches sich durch das ganze Bild zieht. Deutlich treten hier die Verwendung von Diskontinuität und Zusammenführung sowie die Korrespondenz von Farbe und Form auf. Die Raumvertiefung bearbeitet Cézanne so stark, daß extreme Verzerrungen (wie etwa bei der Kaffeekanne auf dem Tisch) auftreten, die dennoch innerhalb der Gesamtkomposition des Bildes als stimmig erscheinen. Der Künstler unterwirft sich die Natur, um ein künstlerisch wertvolles Bild zu schaffen.

In seinem Spätwerk gelang es Cézanne, diese künstlerischen Mittel in einem Bild miteinander zu verbinden. In einem späten Landschaftsbild, *Mont Sainte-Victoire* (Abb. 25), sind Modulation, Zeichnung, Farbe, Ton und Komposition kaum noch voneinander zu unterscheiden. Die Malerei ist auf farbige Pinselstriche reduziert: der kleinste gemeinsame Nenner, auf den sich alles, was auf der Leinwand geschieht, bringen läßt. Die Farbe beherrscht das Bild, sie zerstört alle festeren Formen und linearen Konstruktionen, die für Cézannes Frühwerk charakteristisch sind. Sie allein verleiht dem Bild eine räumliche Dimension. Gegen Ende seines Lebens äußerte sich Cézanne gegenüber einem Besucher: »Das Wichtigste an einem Bild ist, daß es Distanz schafft: Ich versuche die Perspektive allein durch Farbe wiederzugeben.«

In seinen letzten zehn Lebensjahren beschäftigte sich Cézanne wieder ausgiebig mit seiner frühen Leidenschaft, mit Aktstudien im Freien. Diese Bilder behandeln ein sehr häufig in der Kunst behandeltes Thema: die Utopie einer idealen Welt, in der der Mensch in vollkommener Harmonie mit der Natur lebt. Es entspringt entweder einem alten Mythenvorrat – der Mythos vom Garten Eden hat in beinahe allen Kulturen Parallelen – oder ist Ausdruck einer persönlichen Reminiszenz an die verlorene Welt der Kindheit, an die keine Erfahrung des Erwachsenendaseins mehr heranreichen kann. Für Cézanne scheinen sich die Tage, die er als Kind mit seinen Freunden in den Wäldern um Mont Sainte-Victoire herum verbracht hat, in der Erinnerung tatsächlich zur schönsten Zeit seines Lebens zu verklären.

Diese Erinnerungen werden jedoch von erotischen Phantasien und einem schwer verständlichen Schuldgefühl überlagert. Dem Erotischen mußte Cézanne offenbar zunächst eine monumentale Qualität verleihen, was ihm durch die Übernahme von Posen anderer Kunstwerke, vornehmlich aus Statuen, die er im Louvre kopiert hatte, gelang. Auf diese Weise erreichte er die von Manet geforderte Objektivität.

Von den drei großen Gemälden mit dem Titel *Badende* kann die Fassung in der National Gallery in London (Abb. 32) wohl als die gelungenste gelten. In allen drei Gemälden ist deutlich spürbar, wie stark der Künstler um die Durchführung seiner Idee gerungen hat, und nirgends ist sein fortwährender Selbstzweifel so akut geworden wie bei der Verwirklichung dieses Projekts: »Ich arbeite hartnäckig und sehe das Gelobte Land vor mir. Wird es mir ergehen wie dem großen Führer der Hebräer, oder werde ich es betreten können?« fragte er kurz vor seinem Tod. Ähnlich wie Monet strebte Cézanne zeit seines Lebens nach einem unerreichbaren Ideal und schuf bis zuletzt Werke von unverminderter Qualität.

Der Vergleich mit Monet ist auch deshalb treffend, weil die *Seerosen* ebenso wie die *Badenden* zunächst verkannt wurden. Erst der zeitliche Abstand ermöglicht ein

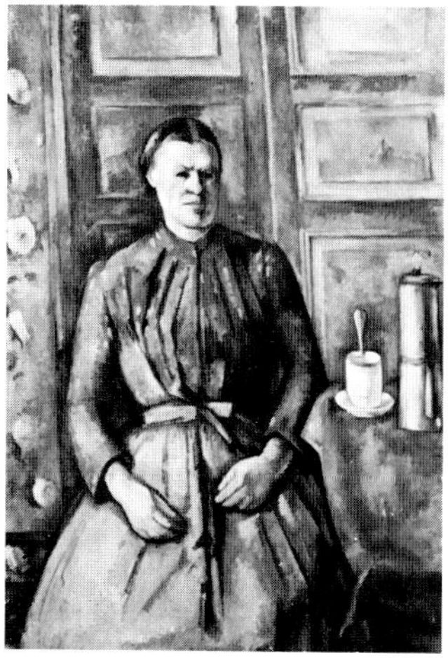

31 Paul Cézanne, *Frau mit Kaffeekanne,* entstanden zwischen 1890 und 1895

Verständnis für Cézannes Versuch, eine symbolische Vereinigung von Wunsch und Realität, von Ideal und Wirklichkeit darzustellen. Einem Propheten vergleichbar, scheint Cézanne im hohen Alter nah davorgestanden zu haben, Dinge zu erkennen, die uns gewöhnlich verborgen bleiben. Dies gelang ihm mit Hilfe jenes Mittels, das ihm als Maler vor allem zur Verfügung stand: mit der Farbe. Cézanne wollte den sichtbaren Dingen auf den Grund kommen, und seine Farbe scheint gewissermaßen die Tiefe der Natur, die Ursprünge unserer Welt auszudrücken. Das Bild scheint zu leben und von einem universellen Rhythmus durchdrungen zu sein, als wohnte ihm ein innerer Glanz inne.
Kurz vor seinem Tod soll Cézanne gesagt haben: »Manchmal stelle ich mir vor, daß Farben nominale Erscheinungen sind, lebendige Ideen, reine Sinnbilder der Erkenntnis.« Die philosophische Terminologie will nicht recht zu Cézanne passen, und wie bei vielen anderen ihm zugeschriebenen Zitaten erhalten wir hier vielleicht mehr Auskunft über den Gesprächspartner, der den Satz niedergeschrieben hat, als über den Künstler selbst. Dennoch können wir sagen, daß Cézanne sich – übrigens wie Monet – von der Welt der Erscheinungen ausgehend zum Reich der Ideen vorgearbeitet hat: Nachdem er sich jahrelang mit der Darstellung des Erscheinungsbildes der Dinge befaßt hatte, näherte er sich dem Ding an sich an, von dem wir nichts wissen und auch nichts wissen können. Im Laufe dieser Entwicklung veränderten beide Künstler ihr Verhältnis zur Räumlichkeit und erkannten, wie es bei Bergson heißt, daß wir den Raum nur in der und durch die Zeit erkennen können und unsere Wahrnehmung überdies ständiger Veränderung unterliegt. Mit diesen Erkenntnissen bewegten sich die Maler auf ganz ähnlichen Wegen wie einige berühmte Schriftsteller, etwa Mallarmé oder Proust. Ob wir ihre künstlerischen Neuerungen auch mit wissenschaftlichen Erkenntnissen von Einstein und Freud in Zusammenhang bringen können, ist hingegen umstrittener.
Die beiden anderen großen Impressionisten – Renoir und Degas – lassen sich wesentlich kürzer behandeln. Sie waren zwar nicht etwa weniger bedeutend als Cézanne, übten aber auf andere Maler nicht so starken Einfluß aus wie er. Auguste Renoir (1841–1906) war ein Naturtalent, dem im Salon ein erfolgreicher Weg als Porträtmaler beschieden gewesen wäre. Ihm wird die unversöhnliche Haltung seiner Malerkollegen, denen diese Alternative nicht offenstand, deswegen auch nicht immer leichtgefallen sein. Er unterschied sich von ihnen überdies dadurch, daß die Freilichtmalerei nur einen kleinen Teil seines Gesamtwerkes ausmacht.
Renoir malte hauptsächlich Menschen, oder um genauer zu sein, attraktive junge Frauen. Die unverblümte Sinnlichkeit seiner Kunst zeigt sich indes nicht nur in der Wahl seiner Motive, sondern offensichtlich auch im Umgang mit Farbe, seinem Pinselduktus und in den von ihm bevorzugten Formen. Er malte in der Nachfolge Watteaus, Bouchers und Fragonards, denen seine ganze Bewunderung galt. Seine Anlehnung an die französischen Kunst des 18. Jahrhunderts macht deutlich, daß

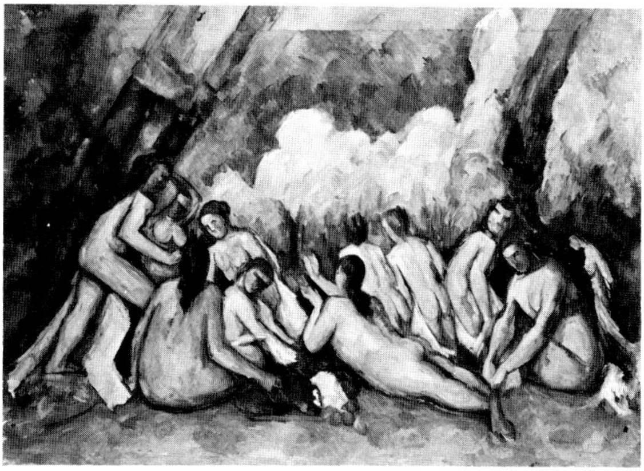

32 Paul Cézanne, *Die großen Badenden*, entstanden zwischen 1902 und 1906

er viel eher ein Traditionalist als ein Revolutionär war. Konservativ war er insofern, als er nicht von der Natur, sondern von anderen Malern lernte und unbeirrt einen Weg fortführte, den andere vor ihm beschritten hatten, während seine Freunde sich mit der Erneuerung der Kunst beschäftigten. Renoirs Kunst knüpft direkt und ungezwungen an die seiner Vorgänger an – Ingres, Delacroix, Corot, Courbet, Manet.

Renoir, der nicht vermögend war, mußte seinen Lebensunterhalt durch die Malerei bestreiten. Er setzte sich aus diesem Grunde auch nach seiner Zurückweisung durch den Salon für die Organisation der ersten Gruppenausstellung 1874 ein, da er darauf angewiesen war, mit Mäzenen und Sammlern in Kontakt zu kommen. Die von ihm 1874 ausgestellten Werke verdienen es jedoch kaum, »impressionistisch« genannt zu werden: *Die Loge* (Abb. 33) ist eine verfeinerte, dem Gegenstand angemessene Darstellung, die zeigt, was Renoir von den alten Meistern, insbesondere Tizian und Velásquez, und von seinen älteren Zeitgenossen, Manet und Degas, gelernt hat. Er benutzt nicht die Regenbogenpalette der Impressionisten, sondern verwendet an prominenter Stelle wie der frühe Manet Schwarz und Weiß. Genau genommen behandelt Renoir Schwarz sogar zu einem Zeitpunkt als eindeutige Farbe, als Monet es aus der Kunst verbannen wollte.

Dessen Argumente überzeugten Renoir möglicherweise, denn nach *Die Loge* änderte er seine Farbpalette und ging zu kühlen, pastelligen Farben über. In *Le Moulin de la Galette* (Abb. 34) fällt ein flimmerndes Licht auf eine Gruppe junger Menschen in einem Gartenlokal. Dieses Thema ist nach dem Ratschlag Baudelaires aus dem modernen Leben gegriffen und hat in Manets Café-Konversationsstücken seine unmittelbaren Vorläufer. Während jedoch Manet ebenso wie Degas das Thema distanziert behandelt, nimmt Renoir am Geschehen teil. Die dargestellten Personen sind Freunde des Malers, und durch diese besondere Intimität kommt es in diesem

wie in anderen Bildern Renoirs zu jener menschlichen Wärme, die kennzeichnend für seine Kunst ist.
Ende der siebziger Jahre des 19. Jahrhunderts machte sich Renoir die Grundsätze der Impressionisten bis zu einem gewissen Grad zu eigen. Er hatte sich der Freilichtmalerei zugewandt, beobachtete Farben, Schatten und Spiegelungen und entwickelte eine Vorliebe für die Darstellung von Lichtbrechungen. Seine schnelle und geschickte Handhabung des Farbauftrags erlaubte ihm, die Farben zu brechen, Komplementärfarben nebeneinanderzustellen und sich einmal auf den warmen, einmal auf den kalten Teil des Farbspektrums zu konzentrieren. 1881 gipfelten Renoirs Unsicherheiten in bezug auf seine Malerei in einer Krise. Vom geringen Erfolg der frühen Impressionistenausstellungen enttäuscht, stellte er wieder im Salon aus. Dem Kunsthändler Durant-Ruel, der ihn nach allen Kräften unterstützte, erklärte er: »In Paris gibt es kaum fünfzehn Kunstliebhaber, die in der Lage sind, ein Bild zu schätzen, das nicht im Salon ausgestellt wurde.« Mit den Gemälden, die er im Jahre 1878 und 1879 im Salon zeigen konnte, erlangte er sofort öffentliche Anerkennung und erhielt Unterstützung von einflußreichen und wohlhabenden Mäzenen, die ihm einen vollkommen neuen Lebensstil ermöglichten. Auf Reisen nach Nordafrika und Italien fühlte er sich in seinem Traditionalismus bestärkt. Renoir, der sich von der jüngeren Malergeneration in Paris – vor allem wohl von Seurat und dessen Anhängern – abgelehnt fühlte, nahm sich zunehmend Raffael, die Kunst Pompejis und Ingres zum Vorbild und wandte sich von Bildthemen aus dem modernen Leben ab. Das Hauptwerk dieser Periode ist das großformatige Bild *Badende* (Abb. 35), in dem er bewußt die zeitgenössische Kunst zugunsten einer harten, trockenen Technik und einer sorgfältig komponierten, beinahe bildhauerischen Formensprache zurückweist. Zu einem Zeitpunkt, als diese Art von Malerei ein für allemal überwunden zu sein schien, galt seinen Zeitgenossen die Darstellung von badenden Nymphen als nahezu provokativer Rückgriff auf ein zeitloses, klassisches Thema.

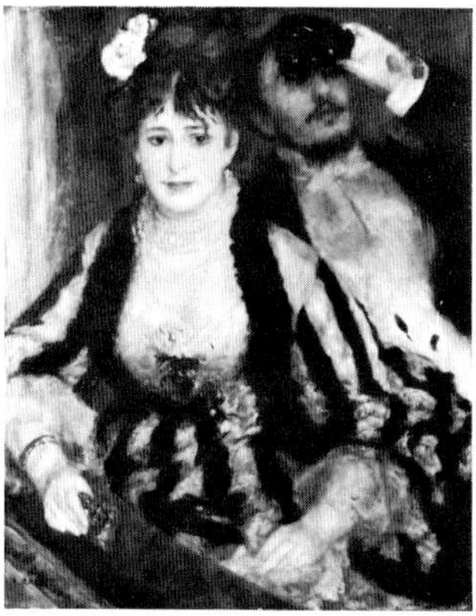

33 Pierre Auguste Renoir, *Die Loge,* 1874

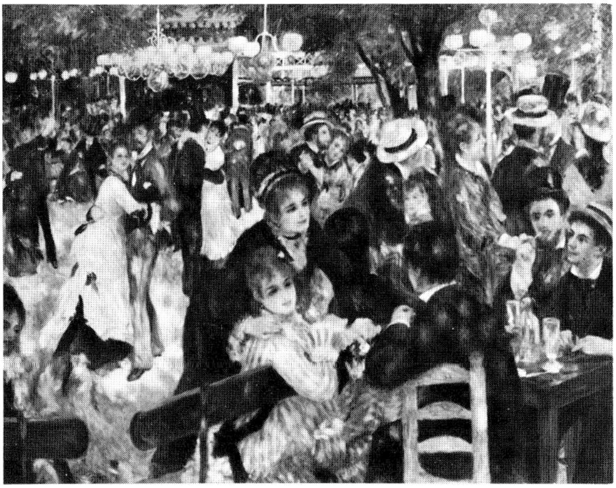

34 Pierre Auguste Renoir, *Le Moulin de la Galette*, 1876

Daher war es auch kaum überraschend, daß Renoirs Freunde verstört reagierten, als das Bild 1887 ausgestellt wurde. »Ich verstehe nicht, worauf er hinaus will«, schrieb Camille Pissarro seinem Sohn. Renoir selbst bekennt: »Alle hielten mich für erledigt, und manche sagten sogar, ich sei unzurechnungsfähig.« Cézanne, der Renoir auch zu dieser Zeit eng verbunden blieb, war möglicherweise der einzige, der für seine künstlerischen Ambitionen Verständnis aufbrachte, obgleich die Mittel, die sein Freund verwendete, kaum seine Zustimmung gefunden haben dürften. Renoir zog sich mit seiner Familie nach Cagnes in Südfrankreich zurück, ließ sich von der Kritik in den achtziger Jahren nicht beirren und malte, was ihm gefiel. Die harten Formen seiner Kompositionen wurden zusehends milder, und seine natürliche und feine Pinselführung trat in den Vordergrund. Eine Zeitlang bevorzugte er kühle Grün- und Blautöne, oftmals von einer perligen, flirrenden Qualität. Mit zunehmendem Alter bevorzugte er wärmere Farbtöne, bis schließlich in seinem Spätwerk warme Rottöne und ein goldenes Orange vorherrschen.
Renoirs Spätwerk besteht zum überwiegenden Teil aus Frauenporträts, und eines seiner häufigsten Modelle war Gabrielle, das Kindermädchen der Familie (Abb. 36). Sie ist einmal die Vorlage für eine Nymphe oder Göttin, ein andermal für ein Porträt. Für Renoir war sie offensichtlich der Inbegriff der Weiblichkeit. Seine Kunst feiert die weiblichen Eigenschaften wie Sinnlichkeit, Zärtlichkeit und Fürsorge und stellt sowohl mütterliche als auch sinnliche Liebe und Zuneigung dar. Letzteres wird sofort deutlich, wenn man Renoir mit Degas – den vierten großen Impressionisten – vergleicht. Edgar Degas (1834–1917) beschäftigte sich wie Renoir vor allem mit Figurenbildern, und zwar ebenfalls insbesondere mit weiblichen Porträts. Seine Darstellungen weisen jedoch in keiner Hinsicht die für Renoir so

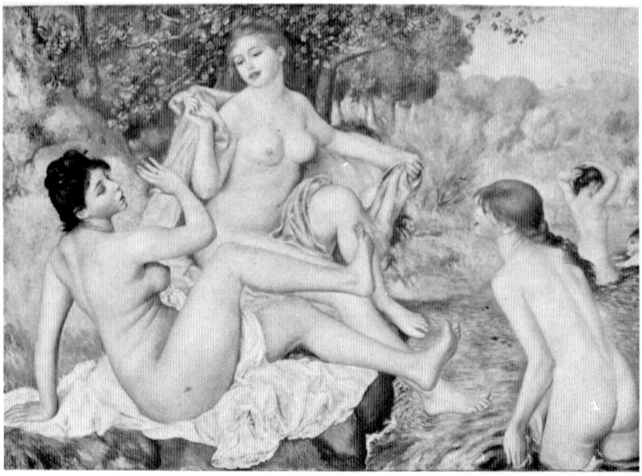

35 Pierre Auguste Renoir, *Badende*, 1885–87

kennzeichnende Wärme und Menschlichkeit auf. Die Distanz, mit der er sich seinen Modellen nähert, unterscheidet sich hingegen auch von der von Manet geforderten Objektivität: Sie hat eine ganz offensichtlich persönliche Qualität und scheint eher einer psychologischen Verfassung als künstlerischen Überlegungen zu entspringen.

Degas läßt sich nur unter Vorbehalt dem Impressionismus zurechnen. Er gehörte zwar zum Kreis der jungen Maler, die nicht mehr im Salon ausstellten und zwischen 1874 und 1886 ihre eigenen Gruppenausstellungen organisierten; Themen aus dem modernen Leben wählte er jedoch erst relativ spät, und die Natur malte er nie. Im Unterschied zu Manet interessierte er sich auch nicht für die Darstellung von Licht. Der getupfte Farbauftrag von ungemischten Farben eines Monet, Renoir, Cézanne und zeitweise auch Manet kommen in seinen Bildern nicht vor. Degas ist demnach aus anderen Gründen als Impressionist zu bezeichnen, vornehmlich wohl wegen seines Interesses an der Bewegung oder genauer gesagt an der Darstellung einer Bewegungsphase, die zugleich andeutet, was diesem Moment vorangegangen ist, als auch, was ihm folgen wird.

Schon in Degas' frühen Bildern taucht dieses Motiv auf, das zu seinem Hauptthema werden sollte. Mit *Die Leiden der Stadt Orléans* (Abb. 37) legte Degas keinen sonderlich überzeugenden Versuch vor, sich den Konventionen des Salons anzupassen. Dieses Werk belegt deutlich, daß die Grundgedanken des traditionellen Malstils von jüngeren, Degas an Intelligenz und Sensibilität ebenbürtigen Kollegen derart in Frage gestellt worden waren, daß sie ihre Daseinsberechtigung eingebüßt hatten. Degas versuchte sich mit seiner großen Figurenkomposition an einem klassischen oder historischen Thema und strebte nach einer Harmonie und Klarheit in der Linienführung, die er bei den alten Meistern in Italien studiert hatte. Doch scheiterte er an diesem Vorhaben, denn die Gesamtkomposition zerfällt und hat keine überzeugende Wirkung. *Die Leiden der Stadt Orléans* hat dennoch einige bewundernswerte Details aufzuweisen, wie etwa die Reiter und mehr noch die fliehenden Mädchen mit ihren wehenden langen Haaren, die den späteren Degas bereits vorwegnehmen.

Degas' Historienbilder für den Salon entstanden zu einem Zeitpunkt, als Manet, der Schüler Baudelaires, solche Themen längst verworfen hatte. Bald erkannte auch Degas, daß sie obsolet waren, und wandte sich der Darstellung des modernen Lebens zu. Er fertigte Studien von Pferderennszenen an, weil ihn die Herausforderung reizte, Tiere in Bewegung abzubilden. Immer wieder malte er dieselben Motive, bis ihm eine befriedigende bildliche Darstellung gelang. Er konnte sich dabei nicht nur auf seine eigenen Beobachtungen stützen, sondern auch auf das neu erfundene Medium der Fotografie.

Es scheint nur natürlich, daß Degas sich für die Fotografie interessierte, denn für seine frühen Porträts wählte er einen naturalistischen Malstil, der der Fotografie sehr nahekommt. Im Porträt der *Familie Bellelli* (Abb. 38) von 1859–1862 ist jedes Detail präzise ausgeführt und bis ins letzte durchkomponiert. Degas scheint es um die Darstellung einer statischen Ruhe, einer Unbeweglichkeit gegangen zu sein, die einen Augenblick im Fluß der Zeit fixiert. Nur ein Maler, der sich später eingehend mit der Darstellung von Bewegungen auseinandersetzen

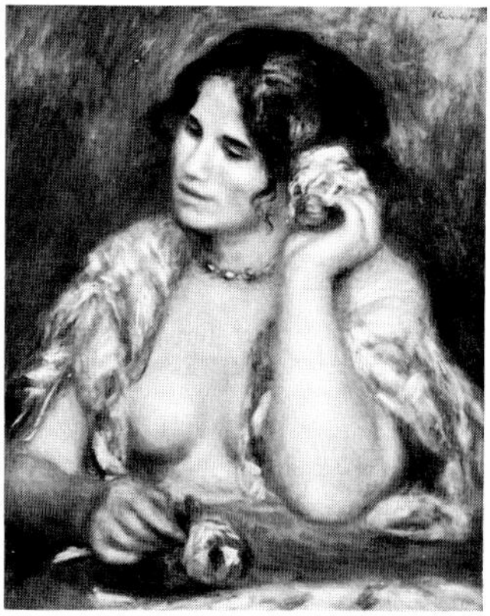

36 Pierre Auguste Renoir,
Gabrielle mit einer Rose, 1911

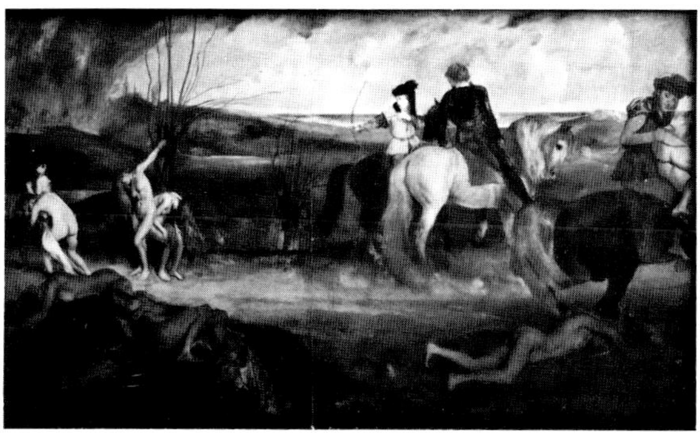

37 Edgar Degas,
Die Leiden der Stadt Orléans, 1865

sollte, konnte ihre Abwesenheit so glaubwürdig wiedergeben. Degas erzielte in der Folge sogar Schnappschußeffekte, noch bevor kurze Belichtungszeiten mit der Kamera überhaupt technisch möglich waren. Ihn reizten Situationen wie Menschen, die über einen Platz eilen, Tänzerinnen bei der Probe oder der emsige Betrieb in einem Büro.

In Degas' Porträts zeichnet sich ein interessanter Wandel ab. Da er Privatvermögen hatte, mußte er keine Auftragsarbeiten erledigen wie etwa Renoir, sondern konnte sich seine Modelle nach Belieben aussuchen. Die meisten Porträts zeigen Familienangehörige und Freunde. Anfänglich sind es physiognomische Studien im Stile Ingres', aber zusehends gewinnt die Umgebung, in der die Porträtierten sich aufhalten, an Bedeutung und wird immer sorgfältiger ausgearbeitet. In gewisser Weise gehören das Porträt der *Familie Bellelli* und das *Büro der Baumwollhändler in New Orleans* (Abb. 39) der Gattung des Familien-Konversationsstücks an. Allerdings erfahren wir auf dem letzteren, welchen Lebensstil die jungen Geschäftsmänner führen, wie sie ihre Zeit verbringen, wie ihr Arbeitsumfeld aussieht, mit wem sie verkehren. Degas' Bilder entsprechen den naturalistischen Romanen Zolas und der Gebrüder Goncourt mehr als die jedes anderen Malers. *Der Absinth* (Abb. 40) gleicht einer Illustration zu einem Roman. Das Bild weckt die Neugier über die persönliche Geschichte der dargestellten Personen, aus der die Szene im Café nur ein kleiner Ausschnitt zu sein scheint.

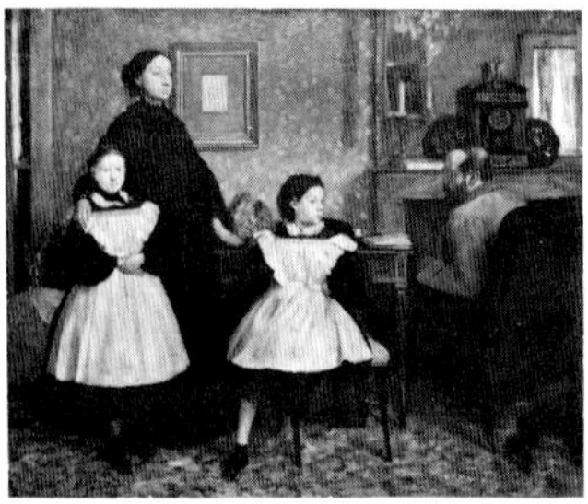

38 Edgar Degas,
Die Familie Bellelli,
1859–62

Degas' Interesse an den erzählerischen Aspekten der Malerei war nur vorübergehend, auch wenn er von einigen Zeitgenossen wie James Tissot und seinen Anhängern, beispielsweise dem englischen Maler W. R. Sickert, darin unterstützt wurde. Dies lief natürlich der allgemeinen Tendenz der fortschrittlichen Malerei in den siebziger Jahren des 19. Jahrhunderts zuwider, die darauf zielte, zunehmend alles Nichtbildliche auszuschließen. Das allein erklärt schon, warum Degas sich am Ende des 19. Jahrhunderts in einer isolierten Position befand und geradezu als Außenseiter galt: Ob-

gleich er unbestritten ein großer Maler war, spielte er kaum eine Rolle in der künstlerischen Bewegung seiner Zeit.
Ein weiteres Beispiel für seine Sonderrolle ist auch Degas' Interesse an der perspektivischen Bildkonstruktion. Manet, Monet und Cézanne hatten die Zweidimensionalität der Bilder betont und jede Raumtiefe vermieden: Für sie war ein Bild im wesentlichen eine plane, von Farben in einer bestimmten Anordnung bedeckte Oberfläche, wie es in einer späteren Definition hieß. Dieser Ansatz wurde für die moderne Kunst wegweisend. Degas übernahm ihn, wie an den Bildern *Büro der Baumwollhändler* und *Der Absinth* deutlich zu erkennen ist, nur zögerlich. Er verzichtete auf jedes Mittel, einen flächigen Eindruck hervorzurufen, und erforschte statt dessen die Kontraste zwischen Vorder- und Hintergrund. Der Blick des Betrachters wird auf wichtige Elemente gelenkt, die jedoch an den Rand gerückt oder in Ecken gedrängt sind. Wir finden fragmentierte Kompositionen vor, in denen Figuren oder Ansichten vom Rahmen abgeschnitten werden, oder leere Stellen, die formal gesehen ebenso aussagekräftig sind wie die Figuren oder Objekte. So ist es möglich, daß die Leerstellen zwischen den Beinen der Tänzerinnen interessantere Formen bilden, als die Beine selbst. Degas findet häufig originelle und waghalsige Lösungen für seine Kompositionen – denken wir etwa an die Zeitung in *Der Absinth*, die eine Verbindung zwischen Bildteilen herstellt, welche ansonsten auseinanderfallen würden. Doch solche Züge nahmen seine Zeitgenossen kaum wahr.
Trotz aller Unterschiede findet sich in Degas' Spätwerk dieselbe Tendenz zu Vereinfachung und Konzentration, die wir auch bei Monet oder Cézanne bemerken. Nach den siebziger Jahren konzentrierte er sich zunehmend auf ein einziges Bildthema: ein weibliches Modell, das er bei der Ausübung einfacher Handlungen darstellt, beim Haarewaschen oder beim Baden (Abb. 83). In diesen Bildern tritt die einzelne Bewegung immer mehr in den Hintergrund, und obgleich die Figur noch wichtig ist, stellt Degas sie mit einer derartig ausgeprägten emo-

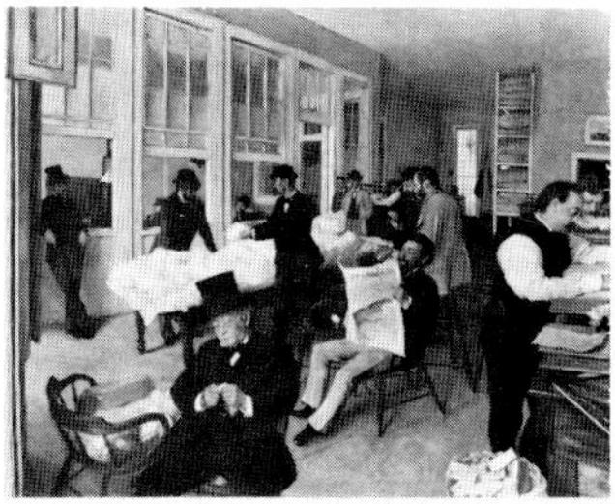

39 Edgar Degas, *Büro der Baumwollhändler in New Orleans*, 1873

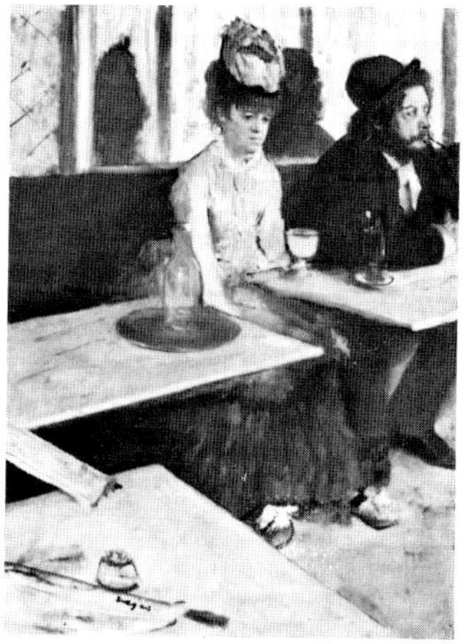

40 Edgar Degas, *Der Absinth*, 1876

tionalen Distanz dar, daß die Frau nur noch die Funktion zu haben scheint, einen Anlaß für die Produktion eines Bildes zu geben.

Die Figuren nehmen den Bildraum beinahe vollständig ein, bis andere Elemente auf ihnen kaum noch Platz finden. Der Betrachter wird – möglicherweise eine Folge von Degas' nachlassender Sehkraft – immer näher an sie herangerückt, als müsse er sich ihrer physischen Präsenz vergewissern. Degas' Sehschwäche führte auch dazu, daß er sich verstärkt der Bildhauerei widmete.

Degas hatte sich seit jeher für die handwerklichen Seiten der Malerei interessiert. Von den Möglichkeiten der Ölmalerei eingeengt, experimentierte er ständig mit anderen Methoden und verdünnte etwa die Farbe so stark, bis sie wie Aquarellfarbe die Leinwand hinunterfloß. Er belebte die Pastellfarbe wieder, die er gelegentlich in Verbindung mit dünner Ölfarbe auftrug. Helle und leuchtende Pastellfarben beherrschen auch sein Spätwerk. Am Ende malte er meist mit Kohle, oftmals mit Pastell gemischt, wiederholte die Linien und wechselte die Betonung der Form innerhalb eines Bildes, wie es auch häufig auf Cézannes späten Porträtbildern zu sehen ist, etwa auf der *Alten Frau mit Rosenkranz* (Abb. 41).

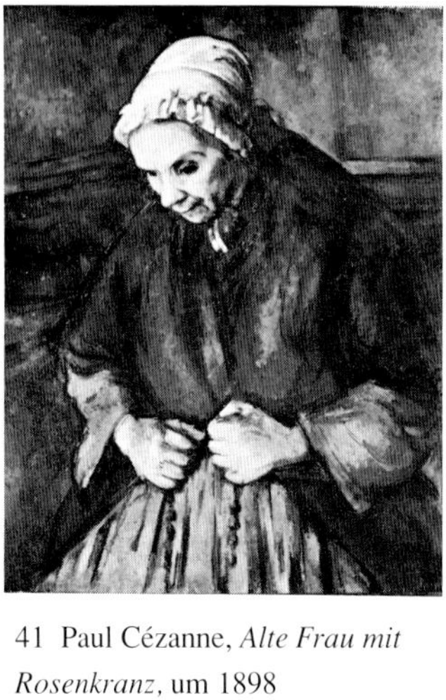

41 Paul Cézanne, *Alte Frau mit Rosenkranz*, um 1898

Degas' beste Arbeiten entstanden wie auch bei Monet und Cézanne am Ende einer langen Malerlaufbahn und zu einem Zeitpunkt, als jüngere Generationen ihre Erfindungen und Kühnheit bereits übertroffen hatten. Dennoch sind es diese drei Künstler, die die tiefsten Geheimnisse der Malerei erkundet und uns Bilder hinterlassen haben, deren Bedeutung weit über das hinausgeht, was wir sprachlich zu erfassen vermögen. An der Schwelle zum 20. Jahrhundert liefern die Bilder dieser Maler aus dem 19. Jahrhundert einen Maßstab, dem wir uns immer wieder zu stellen haben.

3 Der Postimpressionismus

Die Unzufriedenheit der impressionistischen Maler an ihrer eigenen Arbeit gegen Ende der achtziger Jahre des 19. Jahrhunderts setzte sich in der folgenden Malergeneration verstärkt fort. Seurat, van Gogh und Gauguin betrachteten die Malerei Monets und seiner Freunde als Endpunkt eines Naturalismus, der ihnen nicht mehr zeitgemäß zu sein schien. Die neue Malerei der siebziger Jahren des 19. Jahrhunderts, ihrer Einschätzung nach in Thema und Durchführung trivial, wollten sie durch eine tiefere und radikalere Kunst ersetzen.

Wie genau diese Gegenkunst auszusehen habe, darüber herrschte allerdings keine Einigkeit, und die Avantgarde Ende der achtziger Jahre spaltete sich in zwei einander mehr oder weniger feindlich gegenüberstehende Lager, an deren Spitze sich Seurat und Gauguin befanden: den Neoimpressionismus (auch Divisionismus oder Pointillismus genannt) und den Symbolismus (auch als Cloisonnismus bezeichnet). Ihr Antagonismus beruht indes vornehmlich auf persönlichen Antipathien und Rivalitäten, denn die künstlerischen Grundlagen beider Richtungen waren durchaus sehr ähnlich. Der bedeutendste Maler dieser Generation, Vincent van Gogh, identifizierte sich mit keiner der beiden Kunstanschauungen.

Georges Seurat (1859–1891), dem nur eine kurze Zeitspanne für die Entwicklung seiner Kunst zur Verfügung stand, plante seine künstlerische Laufbahn mit ähnlicher Konsequenz und Präzision wie seine Bilder. Der Diffusion, die sowohl die akademische als auch die avantgardistische Kunst seiner Zeit auszeichnete, begegnete er mit einer systematisch entworfenen und durchgeführten Gegenkunst. Dem Denken seiner Zeit entsprechend versuchte er die Malerei mit einer wissenschaftlichen Farbenlehre weiterzuentwickeln. Wie Courbet glaubte er daran, daß sich alle Probleme der Malerei in naher Zukunft lösen ließen, und beschäftigte sich sowohl theoretisch als auch in der künstlerischen Praxis umfassend mit diesem Ziel. In seiner Geburtsstadt Paris nahm Seurat zunächst ein Studium an der Ecole des Beaux-Arts auf, wo der stilistische Einfluß Ingres' immer noch vorherrschend war. Seurat begann mit männlichen Aktstudien und linearen, unmodellierten Kopien antiker Skulpturen. Er kopierte Bilder und Zeichnungen von Ingres und den alten Meistern: Raffael, Poussin und Holbein. Seine ersten Gemälde waren Übungen in der Tradition Ingres' und des Wandmalers Puvis de Chavannes (1824–1898).

Nach Abschluß der Akademie und einem Jahr Militärdienst erweiterte sich die Bandbreite seiner künstlerischen Interessen. Zunächst orientierte er sich in Themenwahl und Malweise an dem bedeutenden französischen Maler Jean-François Millet (1841–1875) und dessen Genrebildern, die Szenen aus dem bäuerlichen Leben darstellten. Ein starker Einfluß ging auch von Millets Zeitgenossen Daumier, Courbet, Corot und Delacroix aus. Als im März 1882 die siebte Impressionistenausstellung in Paris stattfand, war Seurat bereit, sich auch diesem Einfluß zu öffnen. Von den Landschaftsgemälden Monets, Renoirs und vor allem Pissarros ließ er sich zu kleineren Studien von arbeitenden Männern inspirieren, die wohl zu seinen ersten reiferen Arbeiten zählen (Abb. 42).

Zugleich beschäftigte sich Seurat intensiv mit den theoretischen Grundlagen der Kunst. Bereits als Student hatte er Charles Blancs »Grammaire des Arts du Dessin« gelesen, die nach der Erstpublikation 1867 schnell zu einem Standardwerk geworden war. Darin fand sich eine Auseinandersetzung mit Delacroix' Ansichten über die Farbe. In den achtziger Jahren wuchs unter den jungen Malern das Interesse daran, die neuen wissenschaftlichen Erkenntnisse über Farben und Optik in der Malerei anzuwenden, und Seurat studierte die Literatur zu diesem Thema eingehend.

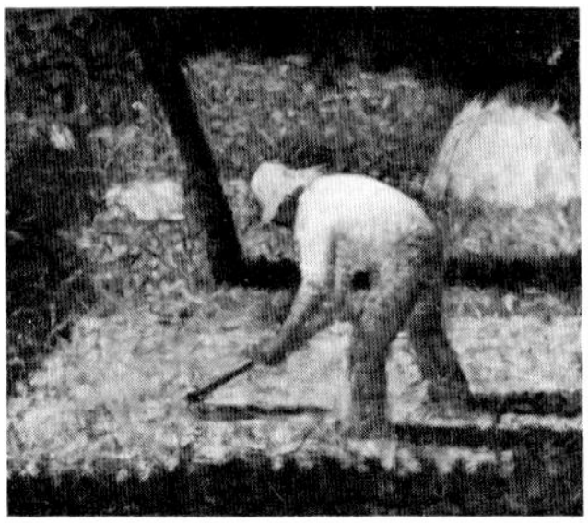

42 Georges Seurat, *Mann mit Hacke*, *1884*

Daraufhin brachte sich Seurat systematisch alles bei, was er zur Umsetzung seiner künstlerischen Ziele benötigte. Zunächst konzentrierte er sich darauf, durch diagonale und schraffierte Striche von verschiedener Dichte Farbtöne in Zeichnungen zu erzeugen. Dann setzte er sich mit den Hell-Dunkel-Kontrasten auseinander, die er mit Conté crayon, einem mittelharten Wachsstift, erzielte. Schon in seinen frühen Zeichnungen erreichte Seurat eine subtile Bildtonalität und eine meisterhafte Ausbalancierung von Hell und Dunkel, indem er um dunkle Partien einen hellen Schatten und um helle Stellen dunkle Schatten auftrug (Abb. 44).

Nachdem er die Farbtöne beherrschte, erkundete Seurat ebenso methodisch die Rolle der Farbe in der Malerei. Monet und Renoir hatten sich diesem Thema noch ganz untheoretisch genähert und so lange Farbflecken aufgetragen, bis sie den gewünschten Effekt erzielten. Seurat

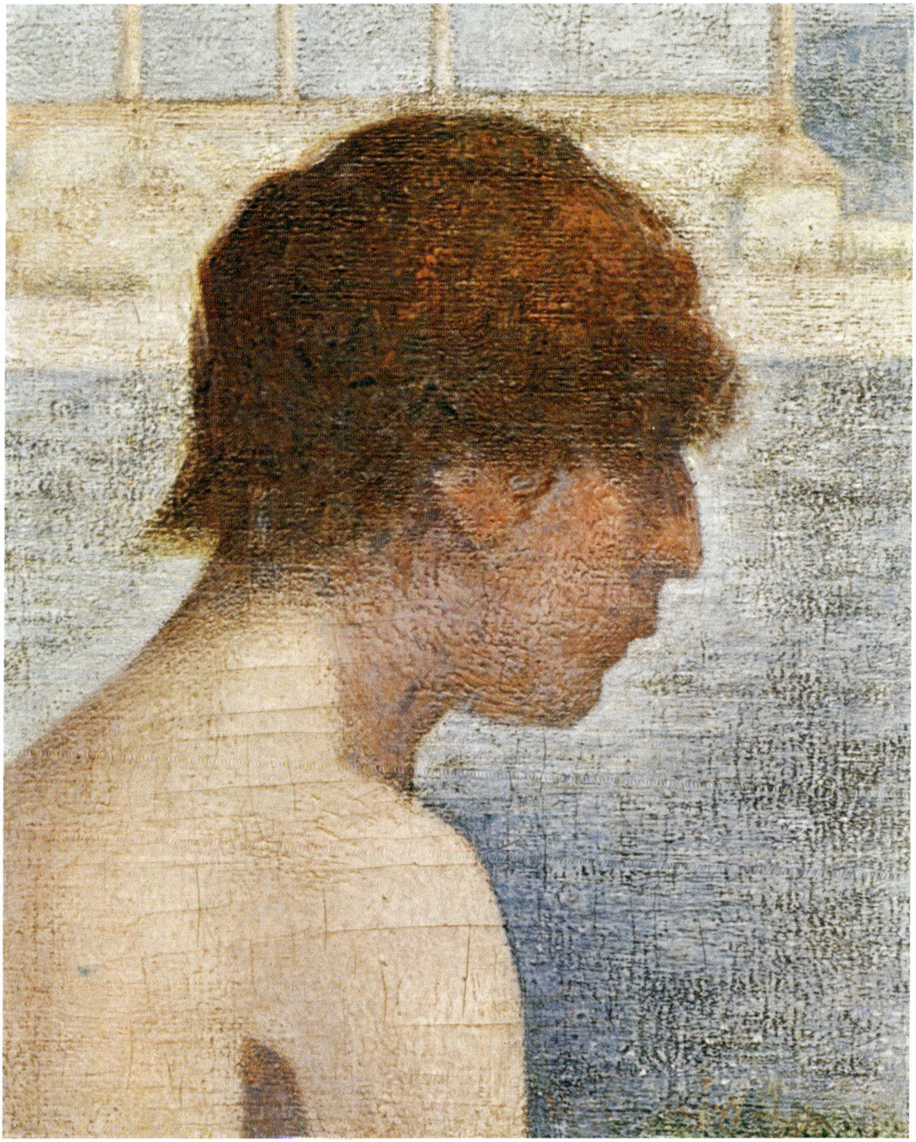

43 Georges Seurat, *Kopf eines jungen Mannes* (Detail von Abb. 46)

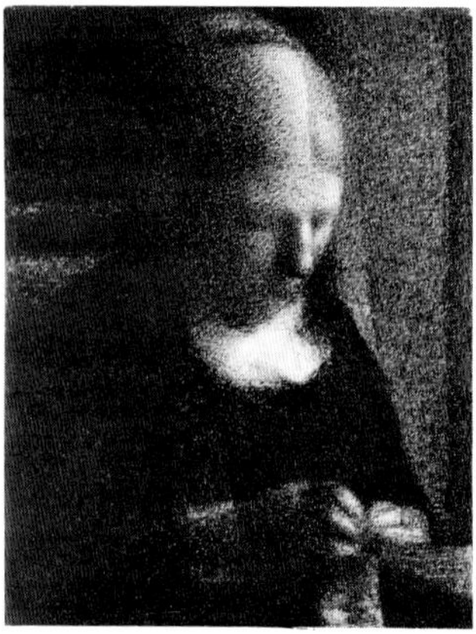

44 Georges Seurat, *Porträt der Mutter des Künstlers,* 1882/83

hingegen verlangte nach größerer Präzision: Nach und nach verbannte er alle Erdtöne von seiner Farbpalette, weil er durch das Nebeneinandersetzen von Primärfarben und ihren Komplementärfarben alle anderen Farben erzeugen zu können glaubte. Er trug die Farben mit Pinseltupfen auf die Leinwand auf (weswegen sein Malstil auch Divisionismus genannt wird), mit der Absicht, daß sie aus der Entfernung betrachtet zu einem einzigen Farbton verschmelzen. Anfang der achtziger Jahre orientierte er sich noch an der »balayé« genannten Methode der impressionistischen Bilder, in der kurze, schraffierte Linien verwendet werden; ab 1883 experimentierte er mit Farbtupfern, einer Verfahrensweise, die er später zu seiner pointillistischen Malweise systematisierte.

In den Jahren 1883 bis 1884 entstand Seurats erstes großes Werk für den offiziellen Salon, der *Badeplatz in Asnières* (Abb. 46) nach dem Vorbild von Puvis de Chavannes' *Pays Doux* (Abb. 45), dessen Bildformat alle anderen impressionistischen Werke übertraf. Als die Jury sich weigerte, das Bild zu zeigen, wandte er sich an die anderen Gruppen, die Ausstellungen organisierten, und wurde zu einem Mitbegründer der »Société des Artistes«.

Der Badeplatz ist eine präzise durchdachte Komposition, die Seurat durch einige kleinere Ölskizzen im Freien

45 Puvis de Chavannes, *Le Pays Doux,* 1882

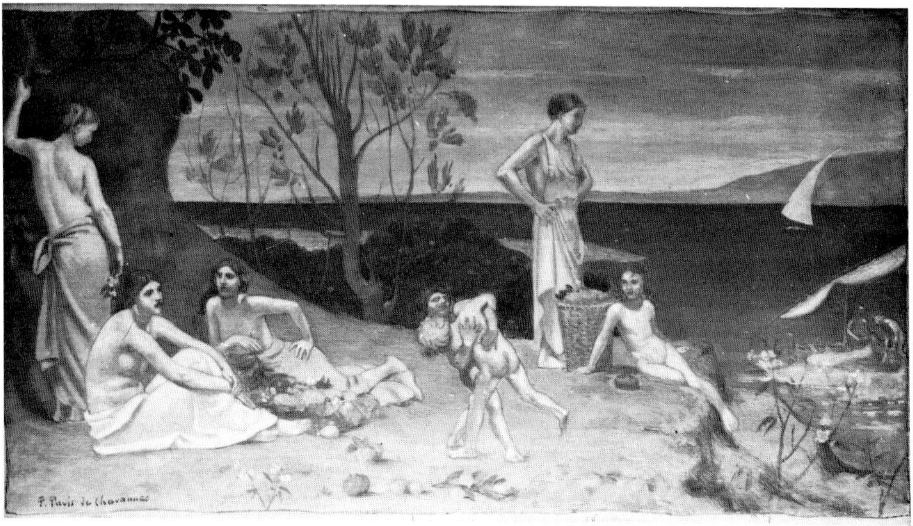

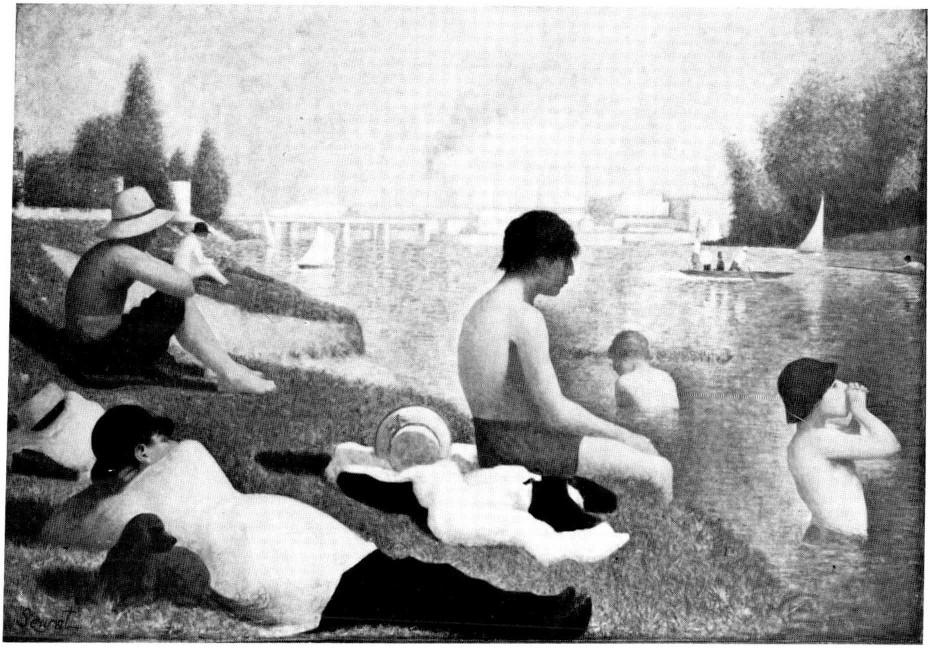

46 Georges Seurat, *Badeplatz in Asnières*, 1883/84

vorbereitete und mit zahlreichen im Atelier gezeichneten Figurenstudien ergänzte. Von Beginn seiner Laufbahn an hatte Seurat einige antike Kompositionsprinzipien übernommen, darunter auch den Goldenen Schnitt. Seurats Einhaltung dieser Regel erklärt die Positionierung der Hauptfigur des jungen Mannes und seine Ausstrahlung von Ruhe und Monumentalität (Abb. 43).
An der Farbe des sonnenbeschienenen Grases lassen sich Seurats künstlerische Prinzipien verdeutlichen. In das Grün der Wiese (also die tatsächliche Farbe des Gegenstandes) mischt er Gelb und Orange (das heißt die Farben des darauffallenden Sonnenlichts) und fügt dann blaue Schatten als Reflexion der benachbarten Gegenstände hinzu, um den Effekt schließlich durch die Ergänzung von Komplementärfarben noch zu verstärken. Als Anleitung für die Tönung benutzte Seurat Farbkreise wie zum Beispiel aus Roods »Modern Chromatics«.
Seurats Seestücke sind von ungewöhnlicher Heiterheit und Schönheit, doch läßt sich die Entwicklung seiner künstlerischen Vorstellungen am besten an seinen größeren Figurenkompositionen nachvollziehen. Nach dem *Badeplatz* malte Seurat das noch großformatigere und gewaltigere *Sonntagnachmittag auf der Ile de la Grande Jatte* (Abb. 47). An Stelle der jungen Arbeiter, die auf dem *Badeplatz* dargestellt waren, tritt hier die Pariser Bourgeoisie in Sonntagskleidung auf.

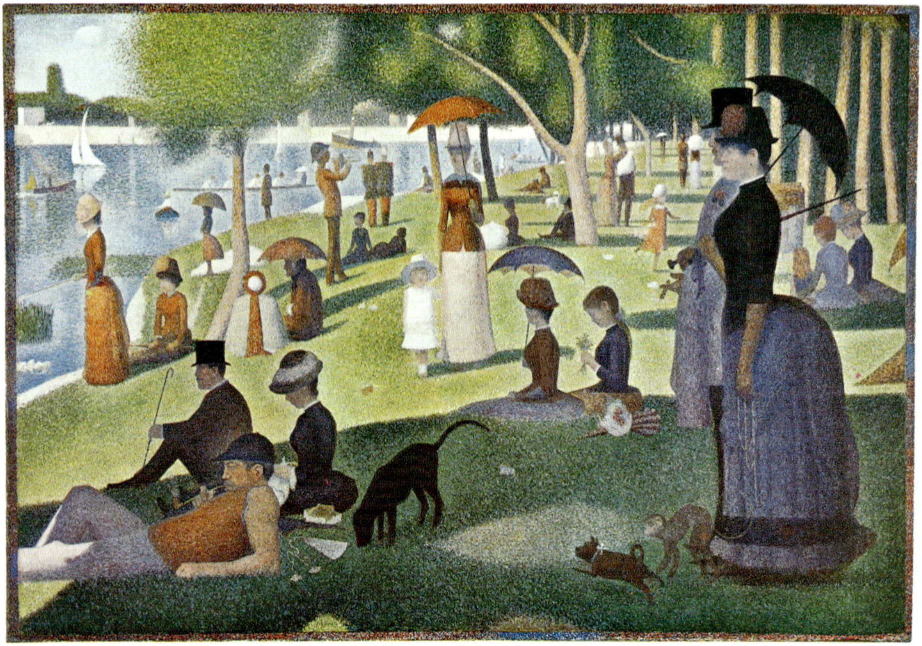

47 Georges Seurat, *Ein Sonntagnachmittag auf der Ile de la Grande Jatte*, 1884/85

Auch für dieses Werk fertigte er zahlreiche Zeichnungen, Skizzen und vorbereitende Studien an, begann aber gleichzeitig mit der Arbeit an der großen Leinwand. Die für den *Badeplatz* noch gelegentlich verwendeten Erdfarben sind nun ganz verschwunden, und die Farbkontraste Rot-Grün, Gelb-Violett und Blau-Orange beherrschen das Bild. Das Werk wurde zwar im wesentlichen in den Wintermonaten 1884 und 1885 fertiggestellt, im Winter des folgenden Jahres aber noch einmal stärker im Sinne seiner Farbtheorie pointillistisch überarbeitet.
Den Figuren auf der *Ile de la Grande Jatte* fehlt die Körperlichkeit der Jungen auf dem *Badeplatz* – sie sind flächiger und stehen in einer irritierenden, unlogischen räumlichen Beziehung zueinander. Die meisten Figuren überschneiden sich nicht, berühren einander nicht einmal, und statt zum Hintergrund hin werden sie eigentümlich von rechts nach links zunehmend kleiner. Hier tritt zum ersten Mal Seurats absichtliches Spiel mit dem Betrachter und damit die zugleich komische und verstörende Seite seiner Bilder auf. Betrachten wir nur, wie er aus Regenschirmen, Hüten und den Schwänzen der Tiere ein Muster aus geraden und gekrümmten Linien bildet und die Blickpunkte im Bild verschiebt: Der Vordergrund befindet sich über dem Standpunkt des Betrachters, während der Hintergrund auf Blickhöhe liegt.

Seurat setzt dieses bereits von Manet und Cézanne verwendete Stilmittel auf eine Weise um, die vermuten läßt, er führe den Betrachter an der Nase herum.
Diese Vermutung könnte auch erklären, warum insbesondere Monet und Renoir irritiert auf *La Grande Jatte* reagierten, als es in der achten (und letzten) Impressionistenausstellung im Mai 1886 in seiner Wirkung alle anderen Bilder übertraf. Der Kunstkritiker Félix Fénéon bestärkte den allgemeinen Unmut nur noch, als er in einer Besprechung dieser Ausstellung den Begriff »Neoimpressionismus« prägte und damit unverhohlen zum Ausdruck brachte, daß dieser neue Kunststil als Überwindung des Impressionismus gelten könne. Seurat selbst bezeichnete seinen Stil mit einem weniger gelungenen Begriff als »Farblichtmalerei«, der sich nicht durchsetzte. Zu seiner Gefolgschaft gehörten der alte Pissarro und der junge Signac. Paul Signac (1863–1935) hatte bisher in einem an Manet angelehnten Stil gearbeitet und wurde nach Seurats frühem Tod die führende Gestalt der Neoimpressionisten.
Seurat selbst schlug allerdings schon bald eine neue Richtung ein. *La Grande Jatte* zeichnet neben den bisher genannten Eigenschaften bereits eine intime, obskure und traumähnliche Atmosphäre aus. Das Bild scheint einen Augenblick der absoluten Stille einzufangen; die Figuren sind mit einer distanzierten, unpersönlichen Blickweise dargestellt, welche großen Eindruck auf die Symbolisten machte. Daß man unter der Oberfläche eines Sonntagsausflugs der Bourgeoisie eine tiefere und geheimnisvollere Bedeutung vermuten konnte, entsprach genau den Vorstellungen der jungen Dichter- und Kritikergeneration, die nach dem Erscheinen von Moréas Manifest 1886 die Pariser Literaturszene beherrschte.
Im November 1886 verbündete sich Seurat dann auch in der Tat mit einer der bemerkenswertesten Gestalten dieser Generation, dem Mathematiker Charles Henry. Seit 1884 hielt Henry vor einer gebannten Zuhörerschaft Vorlesungen an der Sorbonne. In seiner Doktorarbeit hatte er biologische Funktionen anhand von mathematischen Kurven beschrieben und 1885 »Une aesthetique scientifique« veröffentlicht. In seinen Vorlesungen entwickelte er eine Theorie des emotionalen Charakters der Linienverläufe (nach rechts verlaufende Linien etwa stünden demnach für Freude) und ordnete jedem Linienverlauf bestimmte Farben zu. Henry wollte nicht nur physikalische Bewegungen, die er mit dem Erdmagnetismus in Verbindung brachte, auf mathematische Formeln reduzieren, sondern auch metaphysische Annahmen wie die Existenz Gottes logisch herleiten.
Wenn Henrys Theorie auch keineswegs darauf zugeschnitten war, Anleitungen für die Malerei zu entwickeln, so spiegeln die beiden nächsten größeren Gemälde Seurats, die für die Ausstellung im März 1888 gemalt wurden, ganz zweifellos seinen Einfluß wider: *Les Poseuses (Die Modelle)* (Abb. 48) und *La Parade*. Die Regenschirme auf *Les Poseuses* stimmen in Farbgebung und Linienführung exakt mit Henrys Theorie überein, und die zahlreichen horizontalen und vertikalen Trennlinien auf *La Parade* entsprechen jenen mathematischen Reihen, mit denen sich so-

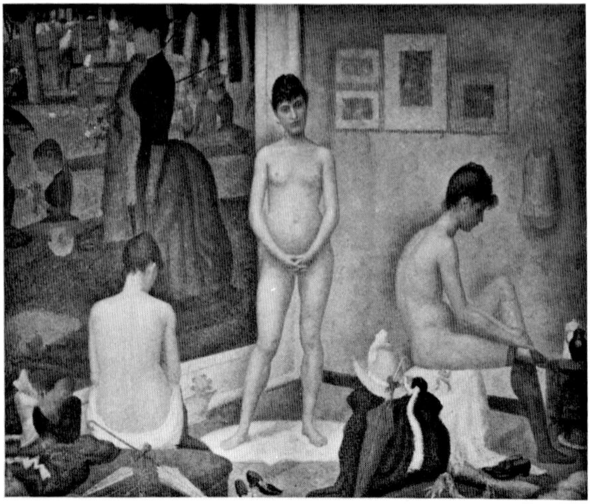

48 Georges Seurat, *Les Poseuses (Die Modelle)*, 1888

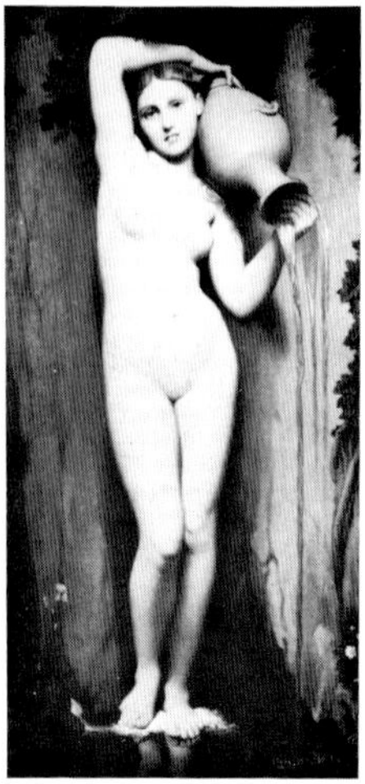

49 Jean Auguste Dominique Ingres, *Die Quelle*, 1856

wohl Henry als auch Seurat beschäftigten. Das Thema von *Les Poseuses* – ein und dasselbe Aktmodell in Rücken-, Seiten- und Vorderansicht – ist eine indirekte Anspielung auf Ingres' *Die Quelle* (Abb. 49) und scheint von Seurat vor allem deshalb gewählt worden zu sein, um zu demonstrieren, daß sich sein neuer Stil für Innenräume nicht weniger eignete als für Freilichtmalerei. *La Parade* bezeugt Seurats Begeisterung für Vergnügungsorte wie Jahrmarkt, Cabaret und Zirkus, die ihn zu seinen letzten großen Bildern, *La Chahut* und *Der Zirkus* inspirierte. Die Zweidimensionalität von *La Parade* wird hier ins Extrem gesteigert. Wie auf den Plakaten von Chéret und Toulouse-Lautrec, die Seurat bewunderte, zeigt *Der Zirkus* (Abb. 50) keine Raumtiefe. Die Blickhöhe wandert auf und ab, wobei dem Bild ein merkwürdig polyperspektivischen Effekt verliehen wird. Das Bild mit seiner stark linear unterteilten Gesamtkomposition lebt durch seine vielen grotesken und karikaturhaft dargestellten Figuren in grellen und künstlichen Farben.

Der Zirkus wurde im März 1891 unvollendet ausgestellt. Kurz danach erkrankte Seurat überraschend an einer Lungenentzündung und starb im Alter von nur zweiunddreißig Jahren. Im August 1890 hatte er in einem

Brief seine Maltheorie erläutert: Kunst, so erklärte er, sei eine Analogie von Gegensätzen und eine Analogie des Ähnlichen. Den bereits bekannten Kontrasten von Ton und Farbe fügte er nun noch den Kontrast der Linie hinzu. Jede Kategorie könne eine bestimmte Stimmung zum Ausdruck bringen: Dunkle Farbtöne, kühle Farben und fallende Linien drückten Traurigkeit und Verzweiflung aus, helle Farbtöne, warme Farben und aufsteigende Linien hingegen Heiterkeit und Freude. Seurat glaubte fest daran, daß die Wirkung eines Bildes um so intensiver sei, je mehr es sich auf die abstrakten Komponenten der Malerei beschränke.

Diese Überzeugung, daß Form und Farbe als Ausdruckswerte zu entwickeln seien, teilte Seurat mit seinem ehemaligen Rivalen Paul Gauguin (1848–1903). Lange bevor Gauguin fähig war, seine Ideen in die Praxis umzusetzen, hatte er sich mit der abstrakten Bedeutung von Linien, Zahlen, Farben und Formen gründlich auseinandergesetzt. An seinen Freund Emile Schuffenecker schrieb er am 14. Januar 1885: »Alle fünf Sinne, auf die eine solche Vielfalt von Eindrücken einstürmt, daß sie nicht mehr verarbeitet werden kann, stehen mit dem Gehirn in Verbindung. Aus dieser Tatsache schließe ich, daß es richtige Linien und irreführende gibt usw. Eine gerade Linie schafft Unendlichkeit, eine gekrümmte begrenzt die Schöpfung, von der Schicksalhaftigkeit der Zahlen einmal ganz abgesehen. Ist über die Drei und die Sieben eigentlich schon genug gesagt worden? Die Farben sind zwar weniger mannigfaltig als die Linien, aber aussagekräftiger, weil sie eine größere Macht über das Auge ausüben. Es gibt Farbtöne, die edel, und andere, die gewöhnlich sind, Harmonien, die beruhigen und Trost spenden, und andere, die wegen ihrer Kühnheit aufrütteln.«

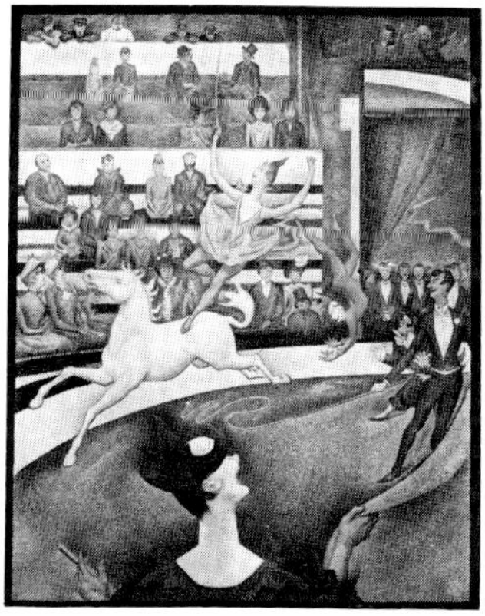

50 Georges Seurat, *Der Zirkus*, 1890/91

Gauguin war bereits Mitte Dreißig, als er die Malerei zu seinem Beruf machte, nachdem er zuvor als Matrose und Börsenmakler gearbeitet hatte. Obwohl er nie eine formale Kunstausbildung erhalten hatte, war er mit den Grundlagen der Malerei wesentlich vertrauter als Seurat und außerdem wohlhabend genug, um Bilder, die er gründlich studieren wollte, zu erwerben. Als begeistertem und talentiertem Sonntagsmaler gelang es ihm bereits 1876, eines seiner Landschaftsbilder im Salon auszustellen.

Gauguin war stärker als Seurat durch die Impressionisten geprägt, und die Landschaften, die er in den Ausstellungen 1880–1882 zeigte, wurden nicht ganz zu Unrecht als »verwässerte Pissarros« etikettiert. Obwohl Pissarro sich für ihn ebenso einsetzte wie für andere Maler, erkannte Gauguin in dessen Freund Cézanne schnell das bedeutendere Talent. Bei ihrer ersten Begegnung 1881 war Gauguin sofort von ihm fasziniert und schrieb später an Pissarro: »Hat Monsieur Cézanne die Formel für ein Werk entdeckt, welches jedermann gefällt? Falls er das Rezept für die Umsetzung der intensivsten Ausdrücke aller seiner Sinneswahrnehmungen in ein einziges und einzigartiges Verfahren entdeckt, verabreichen Sie ihm doch bitte eines dieser rätselhaften homöopathischen Mittel, das ihn im Schlaf zum Sprechen bringt, und kommen Sie sofort nach Paris, um uns das Geheimnis zu verraten.« Cézanne seinerseits hielt Gauguin stets mißtrauisch auf Distanz, weil er ihn aus gutem Grunde verdächtigte, ihm die Ideen stehlen zu wollen. Gauguins Landschaften von 1884 (Abb. 51) sind ganz deutlich an Cézannes Stil angelehnt.

Einige Jahre später sollte ihm Emile Bernard (1868–1941) denselben Vorwurf machen. Im Sommer 1888 hatte dieser junge Maler dem älteren Gauguin einige Bilder gezeigt, die bei diesem nachweislich einen radikalen Stilwechsel zur Folge hatten. Bei dieser Art künstlerischer Streitigkeiten ist es weniger wichtig festzustellen, wer der Urheber einer Idee ist, sondern wer die besseren Bilder gemalt hat, das heißt den Gedanken auf produktivere Weise zu nutzen verstand. Und in dieser Hinsicht besteht nicht der geringste Zweifel, zu wessen Gunsten die Entscheidung gefällt werden muß, denn im Vergleich zu Gauguin war Bernard in der Tat ein unbedeutender Maler.

Einen Platz in der Geschichte der Malerei sicherte er sich allein aufgrund eines einzigen Bildes, *Bretonische Landfrauen* (Abb. 52), das er Gauguin im August 1888 sofort nach der Fertigstellung gezeigt hatte. Die unmodellierten, von starken Konturen umrahmten und vereinfachten Figuren, unregelmäßig auf einem extrem flächigen, abstrakten Grund verteilt, entsprachen genau dem, wonach Gauguin gesucht hatte. Er tauschte eines seiner eigenen Bilder gegen Bernards ein und machte sich sofort daran, mit einer ganz ähnlichen Farbpalette eine eigene Version anzufertigen, die *Vision nach der Predigt* (Abb. 56), dem vielleicht wichtigsten Bild seines gesamten Œuvres.

In den vorangegangenen Sommermonaten des Jahres 1888 hatte Gauguin mit dem Problem gekämpft, einen Malstil zu entwickeln, der in Übereinstimmung mit seinen theoretischen Überlegungen stand. Für eher theoretisch-reflektierende und intellektuell veranlagte Künstlerpersönlichkeiten ist ein solches Vorgehen keine Seltenheit, und etwa zwanzig Jahre später sahen sich Mondrian und Kandinsky einer

ganz ähnlichen Situation ausgesetzt. Gauguin war davon überzeugt, daß die Kunst sich vom »Irrtum des Naturalismus« befreien und eine größere Abstraktionsebene erreichen mußte. Am 14. August 1888 erteilte er Schuffenecker einen Ratschlag: »Malen Sie nicht zuviel nach der Natur. Kunst ist Abstraktion. Befreien Sie sie von der Natur, indem Sie vor ihr meditieren und an die Schöpfung denken, die sich daraus ergeben soll.
In der *Vision nach der Predigt* versucht Gauguin diese Maximen umzusetzen. Das Thema ist dezidiert antinaturalistisch, denn Gauguin stellt ausgerechnet einen Engel dar: Ein Wesen mithin, das Courbet kurz zuvor mit dem Argument aus der Kunst verbannt hatte, er jedenfalls habe noch nie einen gesehen. Dem dürfte Gauguin kaum widersprochen haben, aber ihn beeindruckte die Tiefe des einfachen religiösen Glaubens, wenn er diesen im Unterschied zu Bernard auch nicht teilte. Die Vision der gläubigen Bretoninnen, die so stark unter dem Eindruck der Predigt vom Kampf Jakobs mit dem Engel stehen, daß sie, aus der Kirche kommend, die Szene mit eigenen Augen zu sehen glauben, hielt er denn auch für einen angemessenen Bildmotiv. Um die miteinander ringenden Figuren noch stärker von der Alltagswelt abzuheben, kopierte Gauguin sie aus einem japanischen Farbdruck aus seinem Privatbesitz. Und um zu betonen, daß die Landschaft »unwirklich und ganz unverhältnismäßig« ist, wie er an van Gogh schrieb, malte er die Wiese rot statt grün.
Die Farbe war das erste Element, das sich nach Gauguins Überzeugung abstrakt behandeln ließ. Als Paul Sérusier (1864–1927), ein junger Pariser Kunststudent, ihn einige Wochen später besuchte, erteilte ihm Gauguin folgenden Ratschlag: »Wie sehen Sie diese Bäume? Sie sind gelb. Also gut, malen Sie sie gelb. Und der Schatten ist ziemlich blau. Also benutzen Sie reines Ultramarin. Diese roten Blätter? Nehmen Sie Zinnoberrot.« Von dieser subjektiven Farbgebung ist es nur noch ein kleiner Schritt bis zur Verwendung von Farben nach ihrem Gefühlswert. Und daran sollten von nun an sowohl Gauguin als auch van Gogh arbeiten.

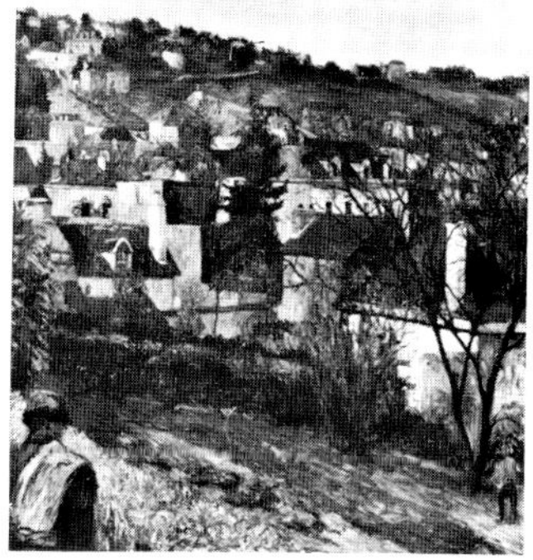
51 Paul Gauguin, *Blaue Dächer, Rouen*, 1884

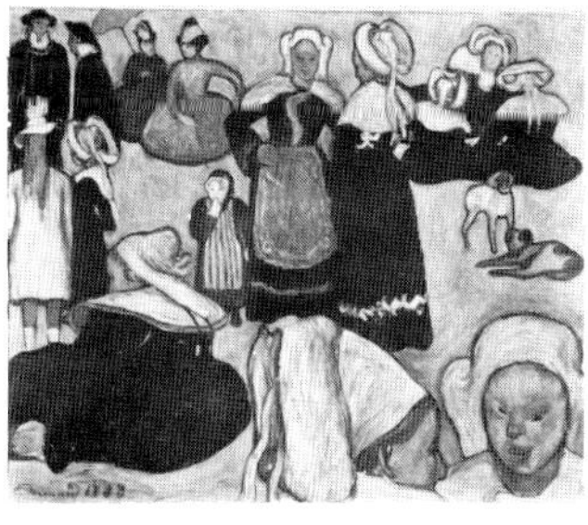
52 Emile Bernard, *Bretonische Landfrauen*, 1888

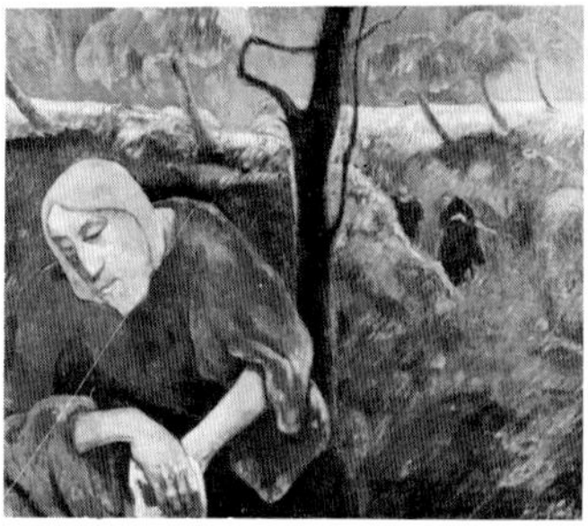

53 Paul Gauguin,
Gethsemane,
1889

Die beiden Monate, in denen die beiden Männer sich Ende 1888 zu einem gemeinsamen Arbeitsaufenthalt in Arles aufhielten, endeten für van Gogh mit den weithin bekannten verheerenden Konsequenzen. Gauguin traf am 20. Oktober dort ein, Bernards Gemälde und seine eigenen letzten Versuche im Gepäck und mit dem sicheren Gefühl, sich künstlerisch auf dem richtigen Weg zu befinden. Van Gogh vermochte von Gauguin zu profitieren, der allerdings diesen Arbeitsaufenthalt in Arles nicht sonderlich genoß. Gauguin verbrachte anschließend einen kalten Winter in Paris und kehrte schließlich erleichtert in die Bretagne zurück.

Die wilde Landschaft der Bretagne war Gauguin vertraut: »Wenn ich meine Holzpantinen auf dem Granitboden schlurfen höre, vernehme ich jenen Ton, den ich auch in der Malerei zu erreichen versuche.« Für ihn stand fest, daß er nur in einer rauhen und widrigen Landschaft mit dem Naturalismus brechen und eine abstraktere Kunst schaffen könne. Diese Überzeugung veranlaßte ihn letztlich auch, Europa zu verlassen, um 1887 für einige Monate nach Martinique und –1891 – schließlich nach Tahiti zu gehen.

Zunächst bot die Bretagne für seine Kunst aber noch eine geeignete Umgebung. Im Unterschied zu seinen früheren Aufenthalten wählte er keine Landschaftsmotive, sondern religiöse Themen. Für die zwei Kreuzigungsbilder und *Gethsemane* (Abb. 53) bediente sich Gauguin zwar der christlichen Ikonographie, stellte sich jedoch blasphemisch selbst als Jesus Christus dar. In dieser Identifizierung kommt wohl die von Manet und Mallarmé übernommene Überzeugung zum Ausdruck, daß der Künstler als Schöpfer eines Universums zu gelten habe. Gauguin empfand sich tatsächlich als messianische Gestalt, als Prophet einer neuen Moral und einer neuen Kunst. In dieser Hinsicht unterschied sich die postimpressionistische Generation wesentlich von ihren impressionistischen Vätern: Kunst und Leben erschienen den Jüngeren als untrennbare Einheit, und ihre künstlerischen Versuche dienten als Mittel zu einem umfassenderen Zweck. Gauguin experimentierte mit

neuen Techniken, fertigte Holzschnitte und Reliefskulpturen an, denen er Titel wie *»Sei verliebt, und du wirst glücklich sein«* oder *»Sei geheimnisvoll«* verlieh, und arbeitete 1891 an der *Entjungferung* (auch unter dem Titel *Frühlingserwachen* bekannt) (Abb. 54).
Dieses Bild unterscheidet sich grundlegend von allen anderen Werken Gauguins und ist vermutlich ein bewußter Versuch, in der Malerei eine Entsprechung zu den symbolistischen Dramen und Gedichten seiner jungen Pariser Freunde zu finden. Die bretonische Landschaft ist auf ihre abstrakten Komponenten, nämlich Formen und Farben, reduziert, nur in der Ferne sind das Meer und eine bretonische Hochzeitsprozession zu erkennen. Das nackte Mädchen liegt, umgeben von flam-

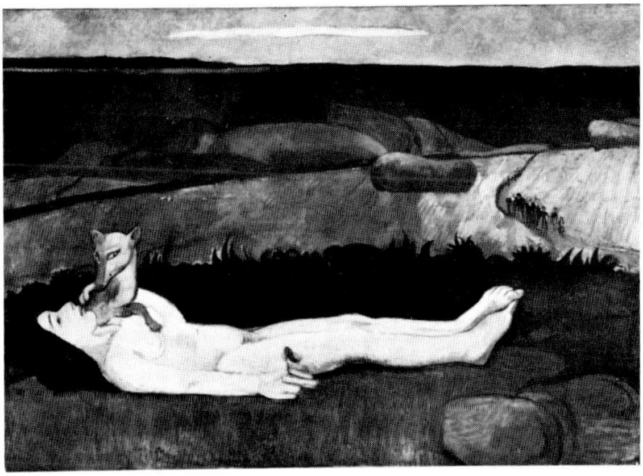

54 Paul Gauguin, *Die Entjungferung (Frühlingserwachen)*, 1891

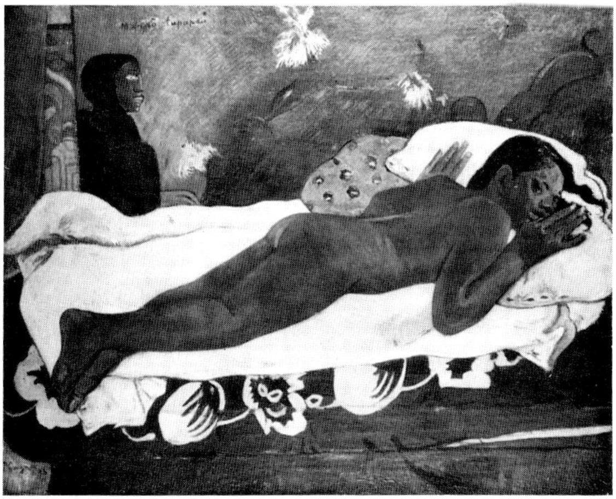

55 Paul Gauguin, *Manao Tupapau*, 1892

menähnlichem Laubwerk, auf dem Boden und hat seine Füße wie *Der gelbe Christus* übereinander gekreuzt. In einer Hand hält es eine Blume, das Sinnbild der Unschuld, die andere berührt einen Fuchs, Symbol der Verschlagenheit, der seine Pfote an ihr Herz legt. Gauguin ging es vermutlich darum, das Böse als notwendige Begleiterscheinung der Unschuld zu zeigen.

Die außergewöhnliche Symbolik der *Entjungferung* tritt deutlich hervor, wenn man das Bild einem von Gauguins tahitianischen Gemälden mit einem ganz ähnlichen Thema gegenüberstellt: *Manao Tupapau* von 1892 (Abb. 55). Die Worte bedeuten – wie Bengt Danielsson nachgewiesen hat – nicht: »Sie denkt an den Geist der Toten«, sondern »Gedankengeist«, aber Gauguins Übersetzung weist darauf hin, was er in diesem Bild darstellen wollte: Eines Nachts hatte er seine tahitianische Geliebte schreckerfüllt auf dem Bett liegend vorgefunden. Er nahm dieses Ereignis zum Anlaß, die Angst des Menschen vor der Dunkelheit und dem Tod darzustellen, hier von einem in der Ecke wachenden Kobold symbolisiert.

Gauguin hat sich mehrfach über *Manao Tupapau* geäußert und das Gemälde an einer Stelle folgendermaßen zusammengefaßt:

»Der musikalische Teil, horizontale, sanfte Linien, Akkorde von Orange und Gelb, Blau und Violett und deren Ableitungen, erhellt durch grüne Funken, wird Äquivalent des literarischen Teils: der Geist des Lebenden verbunden mit einem Geist eines Toten. Tag und Nacht.« Was Gauguin hier musikalisch nennt, würden wir heute wohl eher als abstrakte Ebene bezeichnen, denn er spricht der Linienführung und Farbe einen ebenso starken Ausdruckswert zu wie der symbolisch-inhaltlichen Ebene seines Bildes. Die Analogie zur Musik ist insofern besonders wichtig, als es sich dabei um eine zwar abstrakte, aber keineswegs inhaltsleere oder bedeutungslose Kunstform handelt. Musik vermag tiefe menschliche Empfindungen zum Ausdruck zu bringen, ohne sie direkt zu bezeichnen oder zu beschreiben: Ähnliches versuchten Gauguin und viele seiner Zeitgenossen in der Malerei zu leisten. Die Analogie zwischen Musik und Malerei ließ sich am offensichtlichsten durch einen phantasievollen Umgang mit Farbe zum Ausdruck bringen. 1899 schrieb Gauguin an einen Freund: »Denken Sie nur an die musikalische Rolle, die die Farbe von jetzt an in der modernen Malerei spielen wird. Farbe, die wie Musik vibriert, vermag zu erfassen, was das Allgemeinste und doch das Flüchtigste an der Natur ist – ihre innere Kraft.«

Und diese Suche nach dem eigentlichen Wesen, der inneren Kraft, war es, die Gauguin antrieb. Die Malerei der Impressionisten hatte er abgelehnt, weil diese seiner Meinung nach nicht nach dem geheimnisvollen Zentrum unseres Denkens suchen würden. Er war also im eigentlichen Sinne des Wortes auf sich selbst angewiesen, denn zweifellos handelt es sich bei seiner Flucht in die Südsee um einen Versuch, die Erfahrungen seiner vaterlosen Kindheit in Peru zu wiederholen. Regression wurde für Gauguin nicht nur in persönlicher, sondern auch in künstlerischer Hin-

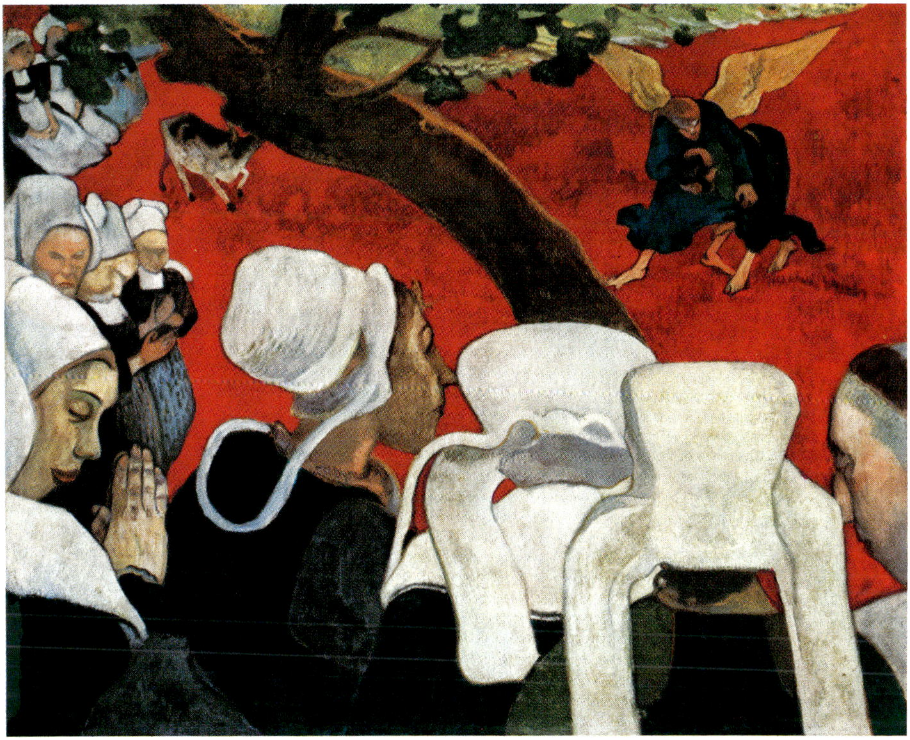

56 Paul Gauguin, *Vision nach der Predigt: Jakob ringt mit dem Engel,* 1888

sicht zu einem Leitmotiv. Da er die Tradition der Renaissancekunst, des Klassizismus und des Naturalismus an ihr Ende gekommen glaubte, wandte er sich der in seinen Augen einzigen Alternative des Primitiven und Exotischen zu. Dafür nahm er das entbehrungsreiche Leben auf Tahiti und den Marquesas in Kauf, wo er, unterbrochen nur von einem kurzen und unproduktiven Aufenthalt in Frankreich, bis zu seinem Tod 1903 lebte.

Doch Gauguin war zu spät dort eingetroffen, um jene primitive Lebensform noch vorzufinden, nach der er suchte: Die Zivilisation hatte die Inseln hundert Jahre vor ihm erreicht. Die alten Mythen und Götter wie die urtümliche Lebensweise der Bevölkerung waren unter dem Einfluß der Missionare bereits weitgehend in Vergessenheit geraten. Gauguins Tahiti ist eine Traumwelt, die Rekonstruktion einer untergegangenen Epoche in der Phantasie. In seinen letzten Bildern *Contes Barbares* und *Der Anruf* (Abb. 57) läßt er daran auch gar keinen Zweifel mehr und entwirft seine ganz persönliche Version des Goldenen Zeitalters, eines Mythos, der Gauguin wie den alten Cézanne, Ingres und den jungen Manet in seinen Bann zog.

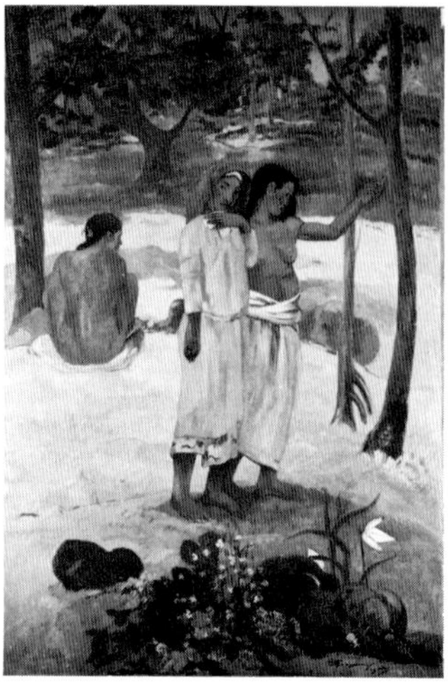

57 Paul Gauguin, *Der Anruf*, 1902

An Syphilis erkrankt und von finanziellen Sorgen geplagt, unternahm Gauguin auf Tahiti einen Selbstmordversuch. Daß er das Gift wieder erbrach und gerettet wurde, muß ihm wie eine Ironie des Schicksals erschienen sein. 1898 schrieb er: »Die Revolution braucht den Märtyrer. Mein Werk ist bei weitem nicht so wichtig wie die Konsequenzen, zu denen es geführt hat, nämlich die Befreiung der Malerei von allen Fesseln.«

Der Holländer Vincent van Gogh (1853–1890) ist der dritte große Vertreter der nachimpressionistischen Kunst. Als ältester Sohn eines protestantischen Pfarrers trug er selbst Züge eines Predigers, dem es nie recht gelang, anderen seine Botschaft der christlichen Liebe und Barmherzigkeit zu vermitteln. Nach einigen beruflichen Niederlagen – als Kunsthändler, als Hilfsprediger, als Prediger in einem Bergbaugebiet – wandte sich van Gogh, im Alter von sechsundzwanzig Jahren an einem Tiefpunkt seines persönlichen Lebens angekommen, der Malerei zu, von der er sich die Rettung erhoffte.
Van Goghs Malerlaufbahn währte elf Jahre, von denen er sechseinhalb in Holland verbrachte. In die sogenannte holländische Periode fällt seine Lehrzeit, in der er durch das Kopieren von Werken und aus Lehrbüchern Malen und Zeichnen lernte. Sein Werk ist bis hin zu seinen frühesten Zeichnungen der Nachwelt nahezu vollständig erhalten geblieben, was vor allem darauf zurückzuführen ist, daß sein Bruder Theo Kunsthändler war und van Gogh zu Lebzeiten keinen Erfolg hatte. Dokumentiert ist van Goghs Künstlerleben außerdem in über tausend Briefen des Malers, die zu den bewegendsten Künstlerbriefen überhaupt gehören. Aus ihnen erhalten wir sowohl Aufschluß über van Goghs alltägliches Leben als auch über seine Bilder.
Van Gogh fühlte sich nicht von Anfang an zum Künstler berufen. Unter dem Eindruck der englischen Illustratoren in der Zeitschrift *The Graphic*, die auf die Armut der proletarischen Bevölkerung im viktorianischen London aufmerksam machten, wollte van Gogh sein Talent zunächst in den Dienst sozialkritischer Anliegen stellen.

Eine seiner frühen Lithographien betitelte er auf englisch *Sorrow* (Abb. 58) und fügte in einem französischen Untertitel die Frage hinzu: »Wie kann es sein, daß eine so einsame, verzweifelte Frau auf Erden lebt?« Modell dafür saß ihm ein Straßenmädchen aus Den Haag, um das er sich im Winter zuvor vergeblich und mit verheerenden Folgen für sich selbst gekümmert hatte. Auf die eine oder andere Weise scheiterten alle Beziehungen van Goghs – selbst die zu seinem aufopferungsvollen Bruder Theo –, und nicht zuletzt deshalb konzentrierte er sich ganz auf die Malerei.

Als Gegenstück zu *Sorrow* entstand ein Bild von Baumwurzeln in trockenem Sandboden: »Ich habe mich bemüht, in die Landschaft dieselbe Empfindung zu legen wie in die Figur; das gleichsam krampfhafte und leidenschaftliche Sicheinwurzeln in die Erde und ein dabei doch Halbgelöstsein von den Stürmen«, erklärte er seinem Bruder. Für van Gogh war »die Realität immer zugleich auch symbolisch«, und er bewunderte Millet, »der die Lehren Christi zeichnet«. Der Symbolismus von Millets *Sämann* (Abb. 59) hatte den jungen van Gogh zutiefst geprägt.

Jean-François Millet (1814–1875) ist heute nahezu in Vergessenheit geraten, war aber zu seinen Lebzeiten ein äußerst bedeutender Künstler. Im Vergleich zur Farbpalette der Impressionisten sind seine Farben matt und überdies in beachtlich schlechtem Zustand. Seine historische Stellung als vormoderner Maler hat wesentlich dazu beigetragen, den Blick auf seine beachtlichen malerischen Fähigkeiten zu verstellen. Als er Paris 1848 verließ, begann der Kapitalismus und die industrielle Revolution das Leben der Menschen tiefgreifend zu verändern, und er wandte sich der Schilderung des bäuerlichen Lebens zu, in dem die ökonomischen Werte die menschlichen noch nicht verdrängt hatten. Millets Themen waren Geburt, Ehe, Fortpflanzung und Tod, wobei seine Behandlung dieser Themen, entgegen der weitverbreiteten Ansicht, weniger auf christlichem Glauben oder Optimismus basierte als vielmehr auf einem mit stoischer Resignation durchsetzten Humanismus.

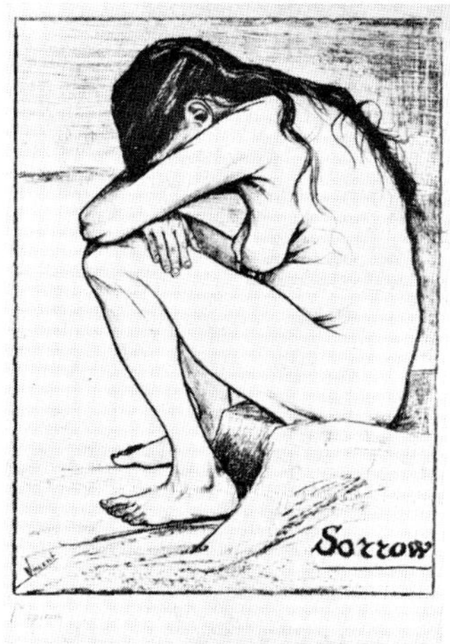

58 Vincent van Gogh, *Sorrow*, 1882

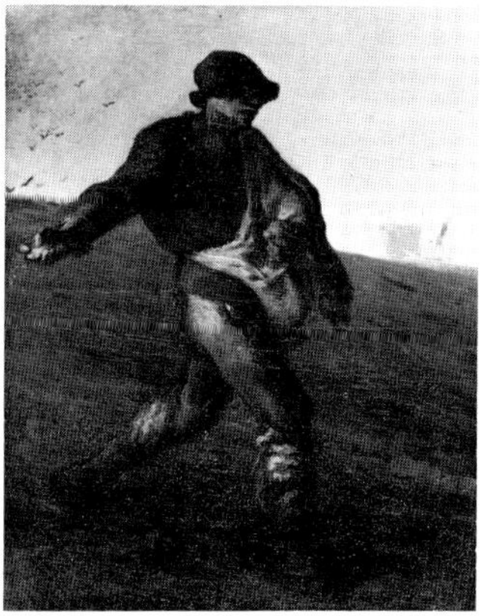

59 Jean-François Millet, *Der Sämann*, 1850

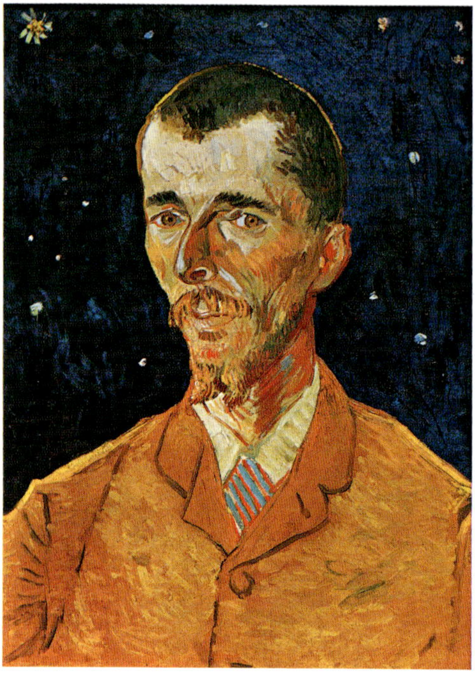

60 Vincent van Gogh, *Porträt eines befreundeten Künstlers (Eugène Boch)* 1888

61 Vincent van Gogh, *Boote am Strand von Saintes-Maries,* 1888

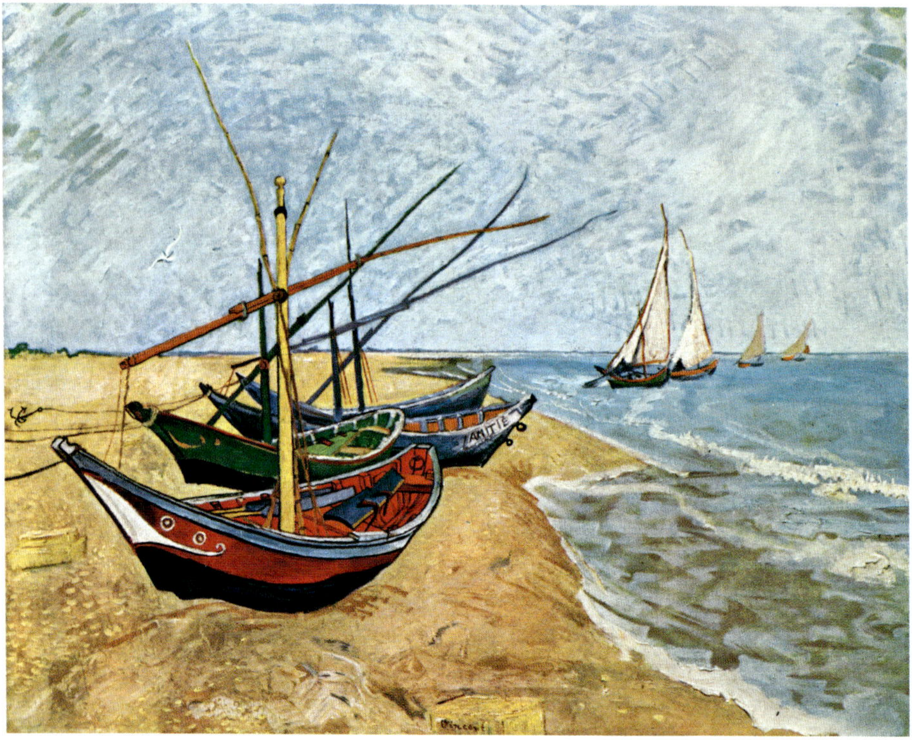

Mitte des 19. Jahrhunderts bestanden indes nicht mehr die geringsten Zweifel an der Bedeutung Millets für die Malerei. Von Barbizon aus, einem kleinen französischen Dorf, wo er einen Kreis von Freunden um sich versammelte, verbreiteten sich seine Ideen nicht nur in ganz Frankreich, sondern auch in ganz Europa. Schon damals begann sich die bis heute verschiedentlich vertretene Ansicht durchzusetzen, daß die von Manet und den Impressionisten in Gang gesetzte Erneuerung der Bildsprache im Vergleich zu den von Millet behandelten Themen trivial sei. Doch neue Ideen lassen sich nur mit Hilfe neuer Formen ausdrücken, und so können Künstler wie Pissarro, Seurat, van Gogh und der junge Picasso eher als Millets Nachfolger gelten als seine direkten Nachahmer.
Van Goghs Meisterwerk aus der holländischen Zeit, *Die Kartoffelesser* (Abb. 62), steht ganz in der Tradition Millets und zeigt keine Gemeinsamkeiten mit der Erneuerung der Kunst zu dieser Zeit auf. Die Idee zu diesem Bild entstammte möglicherweise einer Vorlage mit einem ganz ähnlichen Motiv, dem 1883 entstandenen *The Frugal Meal* von Jozef Israëls (1824–1911), dem Begründer und Führer der Den Haager Schule, dem holländischen Pendant zu Millets Barbizon. Doch kann diese verhaltene, gleichsam sakrale Atmosphäre der *Kartoffelesser*, diese unbeholfene Strenge der Figuren und der angedeutete Symbolgehalt des Bildes, nur einem van Gogh (oder Millet) gelingen.
Van Gogh war mit diesem Bild jedoch alles andere als zufrieden. Ihn hatte die Kritik eines Freundes überzeugt, der zu bedenken gab, daß er sich zu sehr auf Kopf und Hände der Figuren konzentriert und dabei die Körper der Bauern vernachlässigt habe. Überdies war ihm bewußt, daß die Farbigkeit seiner Bilder – in seinen eigenen Worten »die einer sehr schmutzigen Kartoffel« – wenig aussagekräftig war: Er arbeitete noch im Rahmen der Tradition des Monochromismus, bei dem gering voneinander abweichende Tonstufen im Vordergrund stehen. Aus seinen Briefen vom Sommer und Herbst 1885 an den Bruder wissen wir, wie sehr es van Gogh danach drängte, der holländischen Provinz zu entkommen, um die moderne Malerei kennenzulernen.
Am 27. Februar 1886 traf er in Paris ein, wo er beinahe zwei Jahre lang bei seinem Bruder blieb. Eine verständigere Einführung in die vielschichtigen Aspekte der modernen Kunst hätte sich Vincent van Gogh nicht wünschen können. Theo führte den sozial unbeholfenen, humorlosen und tiefernsten Maler in die Gesellschaft ein und machte ihn mit Pissarro, Gauguin, Toulouse-Lautrec, Bernard und Signac bekannt. Diese brachten weder Sympathie noch Bewunderung für seine noch immer recht unreifen Bilder auf. Von diesen Bekanntschaften profitierte jedoch van Gogh entschieden, denn wie andere Maler lernte auch er im persönlichen Kontakt mehr als durch die bloße Auseinandersetzung mit den Werken seiner Kollegen. In Paris sog er alle Bilder begierig in sich auf und eignete sich von jedem Maler einzelne Elemente an, die ihm anregend erschienen. Auf diese Weise arbeitete er sich durch die

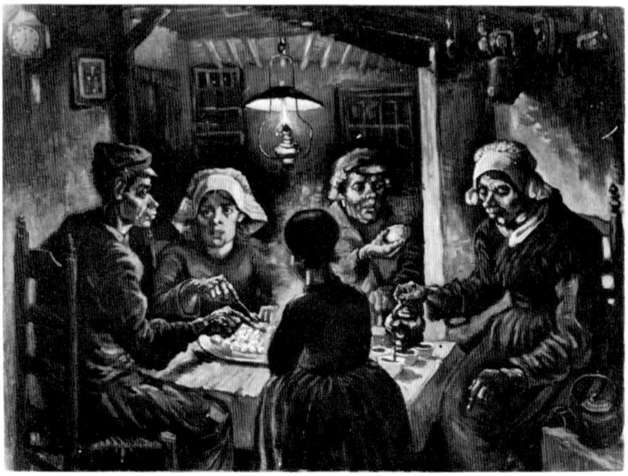

62 Vincent van Gogh,
Die Kartoffelesser, 1885

Entwicklungsstadien der modernen Malerei, angefangen bei Delacroix und Monticelli, über den Impressionismus eines Degas und Monet bis hin zu den avantgardistischen Bewegungen des Neoimpressionismus, repräsentiert durch Signac und Bernard.

Als er im Juni oder Juli 1887 das *Kornfeld mit Lerche* (Abb. 63) malte, hatte van Gogh bereits seine eigene Auslegung des Impressionismus erzielt, welche seinen reifen Stil kennzeichnet. Die Bildkomposition ist schlicht und symmetrisch. Das Bild, von Licht überflutet, ist in leuchtenden und ineinander übergehenden Farben gehalten, die belegen, daß van Gogh die Farben und ihre Komplementärtöne, Licht und Schatten in der Landschaft der Gegend aufmerksam betrachtet hatte. Der Pinselstrich ist von einer auffälligen, nahezu nervösen Intensität. Und obwohl van Gogh direkt vor der Natur malte und genau das abbildete, was er sah, weckt das Bild symbolische Assoziationen.

Im Februar 1888 verließ van Gogh Paris und ging nach Arles, wo seine Kunst unter dem Sonnenlicht der Provence ganz neue Leuchtkraft annahm. Einen derart ungehemmten Farbauftrag und einen so deutlich sichtbaren Pinselduktus auf der Leinwand hatte es vorher in der Kunst nicht gegeben. In rascher Folge stellte van Gogh dort ein außergewöhnliches Bild nach dem anderen fertig – die Obstgärten, die Zugbrücke, die Erntebilder, die Heuhaufen und die *Boote am Strand von Saintes-Maries* (Abb. 61); das Porträt des Postmeisters, des Dichters und *La Mousmé;* die Sonnenblumen, das gelbe Haus, das Café von innen, das Schlafzimmer, um nur einige zu nennen. Van Gogh hatte sich in Paris nicht mehr weiter mit Motiven wie Bauern und Arbeitern als auch mit alltäglichen Gegenständen und vertrauten Landschaften beschäftigt, sondern sich vielmehr den eher unpersönlichen Motiven des Impressionismus zugewendet. Im Süden auf sich allein gestellt, fand er zu seinen eigentlichen Themen zurück und versah die Landschaft von Arles und die Menschen, die dort lebten, mit seinem ganz eigenen Zauber.

Er hatte nun so viel Selbstsicherheit und Freiheit gewonnen, daß er es wagte, sich in Bildaufbau und Farbgebung der *Boote am Strand von Saintes-Maries* an den von ihm bewunderten japanischen Holzschnitten zu orientieren. An Emile Bernard schrieb er: »Auf dem ganz flachen Sandstrand sind kleine grüne, rote, blaue Boote, so hübsch in Farbe und Form, daß man an Blumen denken mag.« In den Bildern aus dem Sommer 1888 dominiert jeweils eine einzige Farbe: Blau in den Seestücken und Nachtszenen, Gelb in den Erntebildern und Sonnenblumen. Mit jeder Farbe verband van Gogh ein bestimmtes Gefühl. »Ich bin ein willkürlicher Kolorist geworden«, erklärte er seinem Bruder anläßlich des *Porträt eines befreundeten Künstlers* (Abb. 60), »statt die tatsächliche Farbe der Wände eines banalen Zimmers hinter meinem Kopf zu malen, male ich die Unendlichkeit, einen schlichten Hintergrund des kräftigsten und intensivsten Blaus, das ich mir denken kann.«

Der blaue Hintergrund sollte das Gelb-Orange der Haare noch intensiver zur Geltung bringen: »Ich möchte Männer und Frauen malen, die das gewisse Ewige ausstrahlen, das früher durch den Heiligenschein symbolisiert wurde und das wir heute durch einen Glanz auszudrücken versuchen, durch flirrende Farbe.« Ihn faszinierte die emotionale Wirkung, die die Nebeneinanderstellung verschiedener Komplementärfarben erzeugte. In einem Brief an seinen Bruder schrieb er: »Ich hoffe immer die Entdeckung zu machen, wie sich die Liebe zweier Menschen durch die Vermählung zweier Komplementärfarben, ihre Durchmischung und ihre Gegensätze darstellen läßt, die geheimnisvolle Schwingung seelenverwandter Liebender.«

Aber mit der Gegenüberstellung zweier Komplementärfarben ließ sich auch der genau entgegengesetzte Effekt hervorrufen, wie van Gogh in seinem Bild *Das Nachtcafé* (Abb. 64) darzustellen versuchte: »Ich habe versucht, mit Rot und Grün die schrecklichen Leiden-

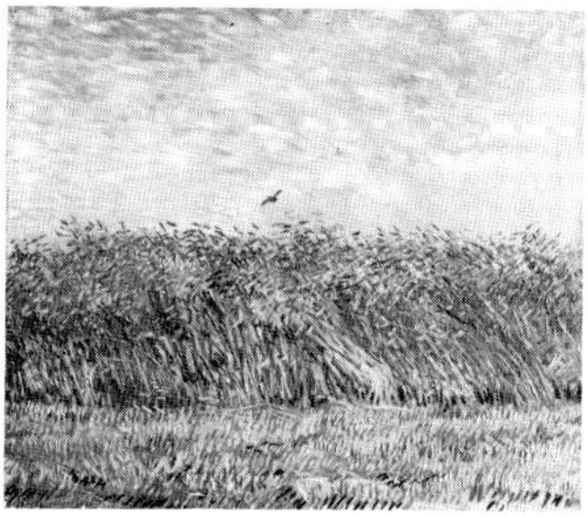

63 Vincent van Gogh, *Kornfeld mit Lerche*, 1887

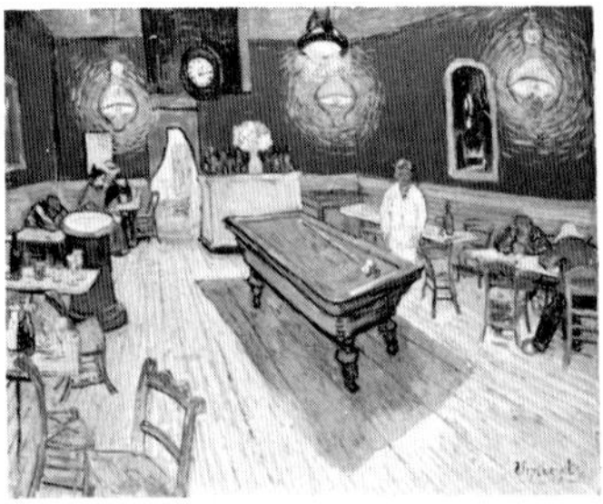

64 Vincent van Gogh, *Nachtcafé*, 1888

schaften der Menschen auszudrücken ... die Vorstellung, daß das Café ein Ort ist, wo man verrückt werden und Verbrechen begehen kann.« Das Café wird bei ihm zu einem Ort, an dem dunkle Mächte wirken, ein von schwefeligen Dämpfen erfülltes Pandämonium. Wir können sogar weiter gehen und darin eine Darstellung seines Lebenskampfes sehen, ein Abbild dessen, wie sich das Leben für einen Mann darstellte, der den Zugang zur Realität zusehends verlor. Allerdings ist es fraglich, ob das *Nachtcafé* damit nicht überinterpretiert wird. Offensichtlich ist es ein häßlicheres, unruhigeres und verwirrteres Bild als etwa die *Boote in Saintes-Maries,* aber es fragt sich, ob das nicht vielmehr daran gelegen hat, daß van Gogh die Ankunft Gauguins ungeduldig erwartete und sich in einem verwirrten Geisteszustand befand. Das Dilemma, dem sich ein Künstler ausgesetzt sieht, der »die schrecklichen Leidenschaften der Menschen« darstellen möchte, besteht wohl darin, daß ein Bild nur seine eigenen Gefühle vermitteln kann. Das zeigt sich auch daran, daß van Gogh, sosehr er sich auch bemühen mochte, in dem Bild von seinem Schlafzimmer im Gelben Haus Ruhe zu vermitteln, dennoch auf formaler Ebene dieselbe Anspannung übermittelt, die sich schon im *Nachtcafé* findet.

Von Gauguin erhoffte sich van Gogh Unterstützung und Ratschläge darüber, wie sich die Ausdruckskraft der Malerei intensivieren ließe. In der Rolle des Schülers war van Gogh auch psychisch von Gauguin abhängig. Dieser war damals bereits ein bekannter Maler und war nur deshalb nach Arles gereist, um Theo einen Gefallen zu tun und um der Armut in Paris oder der Bretagne zu entkommen.

Gauguin brachte nicht nur die *Vision nach der Predigt* (Abb. 56) mit nach Arles, sondern auch *Bretonische Landfrauen* (Abb. 52), die großen Eindruck auf van Gogh machten. Daraufhin wandte er sich noch einmal seinem Lieblingmotiv, dem Sämann, zu. Unter Gauguins Einfluß stellte er die Figur allerdings aus größerer Nähe und nur bis zur Hüfte dar und durchschnitt das Bild – wie die *Vision nach der Predigt* – durch eine deutliche Diagonale. Beide malten, wenn auch mit großem Unbehagen, dieselben Motive. Van Gogh verstand nicht, warum Gauguin bretonische Landfrauen in ein Bild von einem Weinberg in Arles einfügte, und Gauguin fühlte sich zunehmend durch van Gogh verunsichert. An ihren gemeinsamen Freund Bernard schrieb er: »Er liebt meine Bilder sehr, aber wenn ich am Werk bin, findet er immer, daß ich dieses oder jenes nicht richtig mache. Er ist Romantiker, ich hingegen bevorzuge die Primitiven. Hinsichtlich der Farbe sieht er das Glück in einem dicken Farbauftrag ... und ich, ich hasse den Mischmasch in der Technik.«

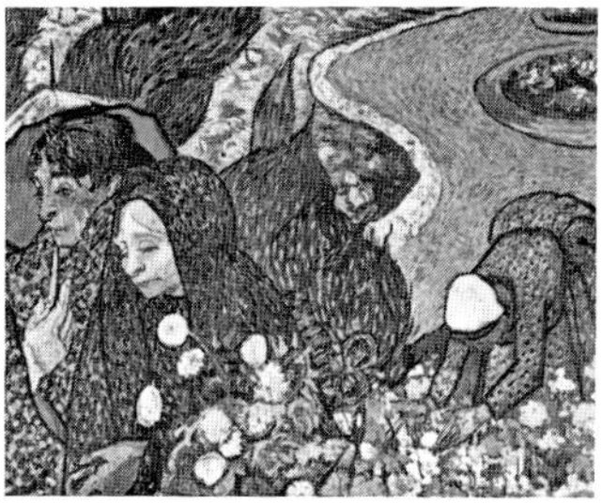

65 Vincent van Gogh, *Spaziergang in Arles: Erinnerung an den Garten in Etten,* 1888.

Aus dieser Zeit stammen einige Bilder, in denen van Gogh sich den neuen Malstil anzueignen versuchte. *Spaziergang in Arles: Erinnerung an den Garten in Etten* (Abb. 65) kann wohl als das gelungenste Beispiel dafür gelten. Das Bild zeigt den Stadtgarten in Arles, der sich gegenüber dem Gelben Haus befand. Die Spaziergängerinnen erinnerten Vincent an die Aufenthalte mit seiner Mutter und Schwester im Park von Etten. An Theo schrieb er: »Gauguin ermutigt mich, aus der Vorstellung zu arbeiten; in der Einbildungskraft erhalten die Dinge einen geheimnisvolleren Charakter.«

Doch diese Malweise entsprach van Gogh letzten Endes nicht. Gauguins Ratschlag, er solle sowohl aus dem Kopf und nicht nach der Natur arbeiten als auch seine Figuren am Bildrand abschneiden, machten Vincent das Malen unmöglich. Dies widersprach seinem natürlichen Bedürfnis nach einer zentralen, annähernd symmetrischen Anordnung von Figuren und Objekten. Verheerende Auswirkungen hatten Gauguins Versuche, ihn von seinem charakteristischen ausdrucksstarken Pinselduktus abzubringen und statt dessen Farbflächen mit starken Linien zu umranden. Dieser Malstil war Vincent zu künstlich, und später schrieb er an Bernard: »Als Gauguin in Arles war, ließ ich mich, wie Sie wissen, ein- oder zwei mal zu Abstraktionen verleiten. Zu der Zeit erschien mir der Weg zum Abstrakten verheißungsvoll. Aber er führt in ein verwunschenes Land, und sehr schnell stößt man gegen eine unüberwindliche Mauer.«

Die »unüberwindliche Mauer« war eine Metapher für den drohenden geistigen Zusammenbruch, und von Weihnachten 1888 bis zu seinem Selbstmord am 20. Juli 1890 folgten verschieden heftige Anfälle aufeinander. Van Gogh war vermutlich von Geburt an epileptisch veranlagt und hätte wohl auch durch eine behutsamere Lebensweise den Ausbruch der Krankheit nicht vermeiden können. Sowenig sich der Einfluß seiner Krankheit auf seine Malerei leugnen läßt, so unzutreffend ist es auch, sein Werk als das eines Geistesgestörten zu bezeichnen. In den letzten Monaten seines Lebens nahm das Malen für van Gogh gleichsam therapeutische Funktionen an und ermöglichte es ihm, die nächste Krise hinauszuzögern. Kaum genesen, nahm er die Arbeit seines letzten Werkes vor seinem ersten Zusammenbruch – *La Berceuse* (Abb. 66) – in Variationen wieder auf, einem Bild von der Frau des Postmeisters, Madame Roulin, an der Wiege. Sie repräsentiert für ihn eine archetypische Mutterfigur, einen Trost für alle Einsamen und Gefährdeten, welche mit den Islandfischern in Pierre Lotis gleichnamigem Roman vergleichbar sind, den van Gogh und Gauguin mit größter Begeisterung gelesen hatten. Vincent schrieb: »Damals kam mir der Plan, ein Bild zu malen, bei dessen Anblick sich die Seeleute, diese Kinder und Märtyrer, in der Kajüte wie in einer Wiege fühlen und ihrer alten Ammenlieder erinnern sollten.« Wie für Gauguin, so war auch für van Gogh Regression ein notwendiger Schritt zur Erneuerung seiner Kunst.

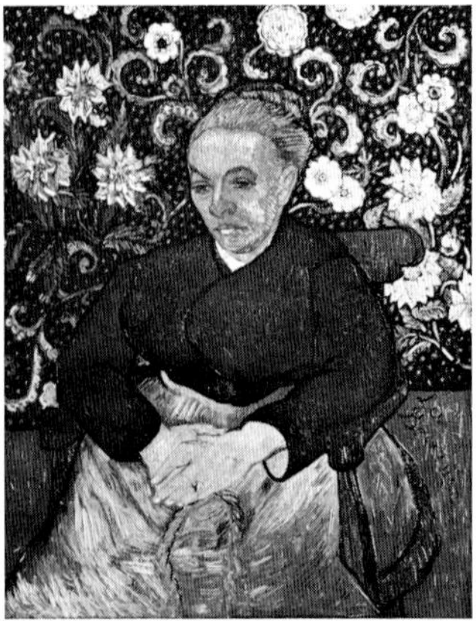

66 Vincent van Gogh, *La Berceuse*, 1889

Von diesem Bildnis in Rot und Grün fertigte Vincent fünf, von den gelben Sonnenblumen noch zahlreichere Versionen an. Er stellte sich vor, sie könnten ähnlich wie Bleiglasfenster in einer Kirche in Reihen zusammenhängen. Wie Monet in den achtziger Jahren des 19. Jahrhunderts empfand van Gogh die Staffeleimalerei zunehmend als unbefriedigend und suchte nach einem umfassenderen, monumentalen Kontext für seine Kunst, den er nicht mehr verwirklichen konnte.
Am 8. Mai 1889 wurde van Gogh, der nicht mehr in der Lage war, auf sich allein gestellt in Arles zu leben, in

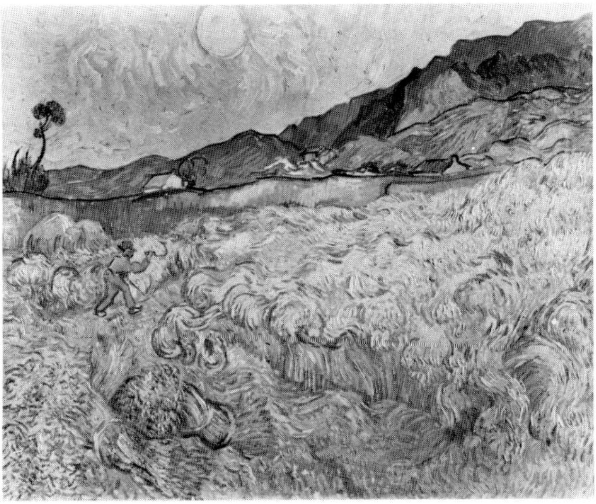

67 Vincent van Gogh, *Kornfeld mit Schnitter*, 1889

die dreißig Kilometer entfernte Nervenheilanstalt in St. Rémy eingeliefert, wo er ein Jahr verbrachte. Zunächst schien der Ortswechsel stimulierend zu wirken, und van Gogh fand neue Motive, durch die er seine Gemütszustände darstellen konnte. Aus den flammenförmigen Zypressen und den Biegungen der Kornfelder im Wind komponierte er faszinierende, ausdrucksstarke Bilder. Kein anderer moderner Künstler hat so sehr wie van Gogh verstanden, sich einem großen Publikum verständlich zu machen.

Doch sein Zustand verschlechterte sich zusehends, und seine letzten Bilder sind von Resignation beherrscht. Die Bewahrung seiner geistigen Gesundheit nahm seine gesamten Kräfte in Anspruch, und so blieb für seine künstlerischen Vorhaben nicht mehr viel Energie übrig. Nach einem weiteren Zusammenbruch im Sommer schrieb er an seinen Bruder: »Ich hoffe auf ein Bild, das ich einige Tage vor meinem Unfall begonnen hatte – einen Schnitter. Die Studie ist furchtbar dick aufgetragen, aber das Motiv ist schön und einfach. Ich sehe in diesem *Schnitter* (Abb. 67) eine schemenhafte Figur, eine Art Teufel, der in der Gluthitze kämpft, um mit seiner Arbeit zu Ende zu kommen. Ich sehe auch das Bild des Todes darin, in dem Sinn, daß die Menschheit das Korn ist, das niedergemäht wird. Es ist also, wenn du willst, das Gegenstück zu dem Sämann, den ich früher versucht habe. Aber in diesem Tod liegt nichts Trauriges, alles geschieht in vollem Licht, in einer Sonne, die alles mit Licht und reichem Gold durchflutet.«

Van Gogh sah sich schließlich nicht mehr in der Lage, die Anstalt zu verlassen, um nach Motiven zu suchen. Da ihn die Patienten als Modelle deprimierten, fertigte er Kopien von Bildern an, die ihm in Schwarzweißreproduktionen vorlagen – insbesondere von Millet und Delacroix – und verwendete dafür Farben, die seiner Erinnerung nach den Motiven am besten entsprachen. In einem Brief erklärt er dies so: »Man verlangt von uns Malern, daß wir immer selbst komponieren und nichts als Komponisten seien. Gut, aber in der Musik ist das nicht so, und wenn jemand Beethoven spielt, dann wird er seine persönliche Deutung hinzufügen … Ich setze das Weiß oder Schwarz von Delacroix oder Millet hinein oder stelle mir ihre Arbeiten als Modelle vor. Und dann improvisiere ich darüber in Farbe, aber wohlgemerkt, ich bin dabei nicht ganz ich selbst, sondern suche die Erinnerungen an ihre Bilder darzustellen. Und eben diese Erinnerung, der vage Zusammenhang der Farben, die ich im Gefühl habe, gleichgültig, ob sie richtig sind – das ist meine Interpretation …«

Van Goghs Improvisationen nach Millet waren Farbversuche von noch subtilerer Schönheit als die in unterschiedlichen Komplementärfarben komponierten Bilder aus seiner Zeit in Arles. Die Farbpalette ist gedämpfter, häufig pastellig und mit starkem Weißgehalt versetzt. Sie erzielt jedoch genau den von van Gogh erwünschten Effekt: In seiner Kopie von Millets Bauernfamilie (Abb. 68) gelang ihm eine Neuinterpretation des Themas. Dieses Bild ist »wie eines der Gleichnisse Christi«. Kunst war für van Gogh ein Instrument zur moralischen Besserung des Menschen; anders konnte er es nicht rechtfertigen, sein Leben in ihren Dienst gestellt zu haben. Van Goghs Leben und Werk bezeugen den Mut und die Ausdauer eines Mannes, der allen Widrigkeiten zum Trotz und ohne Bestätigung von außen Großes geschaffen hat. Daß van Gogh und Gauguin für die jüngeren Maler nach ihnen eine Quelle der Inspiration waren, ist daher nicht weiter verwunderlich. Es dauerte einige Zeit, bis man ihre Bedeutung erkannte, doch um so durchschlagender war die Wirkung ihres Werkes, als es sich schließlich durchsetzte.

68 Vincent van Gogh, *Die Abendstunde (nach Millet)*, 1889

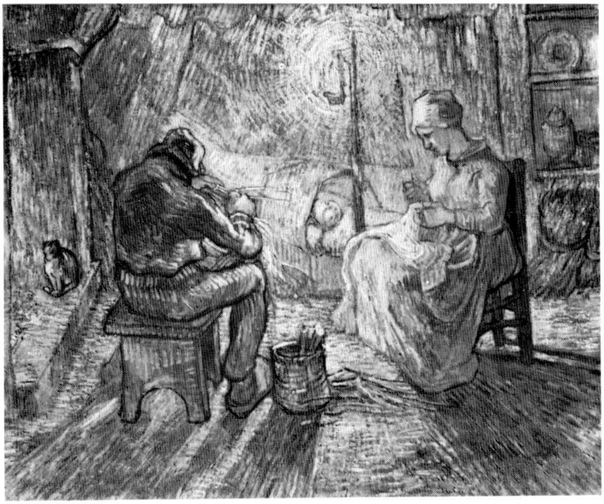

4 Der Symbolismus

Bisher haben wir die Geschichte der modernen Malerei an Hand des Werkes einiger Künstler geschildert, die einander persönlich begegneten und sich in ihrer Arbeit aufeinander bezogen. Jeder von ihnen gab der Kunst neue, richtungweisende Impulse, weshalb die jungen Maler um 1900 eine Situation vorfanden, die kaum noch Gemeinsamkeiten mit der ihrer Vorgänger um 1860 aufwies.
Wenngleich die bislang beschriebene Entwicklung von Courbet, Manet und den Impressionisten bis zu Gauguin, Seurat und van Gogh die Hauptlinie der sich herausbildenden modernen Kunst darstellt, so entstanden doch Ende des 19. Jahrhunderts – und nicht nur in Frankreich – Kunstwerke, die ihr nicht zuzurechnen sind. Auf den großen Einfluß von Millets Genrebildern des bäuerlichen Lebens haben wir bereits hingewiesen, doch auch andere realistische, naturalistische oder impressionistische Malstile fanden im europäischen Bereich Anhänger. Es scheint eine Art dialektische Gesetzmäßigkeit zu sein, daß realistische Maler stets im Gefolge von idealistischen (oder symbolistischen) Künstlern auftreten, daß auf jeden Holman Hunt ein Leighton, auf jeden Adolph Menzel ein Anselm Feuerbach kommt. Diese allgemeine Tendenz der Aufspaltung in Kunstrichtungen ist wohl auch darauf zurückzuführen, daß es zwei verschiedene Künstlertypen zu geben scheint: Maler und Bildhauer, die ein Kunstwerk bereits in ihrer Vorstellung klar entwickeln, bevor sie sich an die Arbeit machen, und solche, bei denen es erst im Laufe des Schaffensprozesses deutliche Formen annimmt. Anders gesagt: Kreativität kann sich sowohl in der Idee als auch im eigentlichen Schaffensprozeß manifestieren.
In diesem Kapitel werden wir uns mit Künstlern verschiedenster Nationalitäten beschäftigen, deren Werk in unterschiedlichen Ländern entstand und doch gewisse Gemeinsamkeiten aufweist. Man muß jedoch nicht erst auf einen bestimmten »Zeitgeist« verweisen, um die Ähnlichkeiten zwischen ihnen zu erklären. Schließlich trifft es für alle historischen Epochen zu, daß sich die Kunst der unmittelbaren Vergangenheit jedem Künstler relativ ähnlich darstellt – von gewissen lokalen Einfärbungen einmal abgesehen. In jeder Epoche steht dem Individuum nur ein begrenzter Vorrat an künstlerischen Ausdrucksformen zur Verfügung, weswegen es nicht weiter überrascht, wenn in ganz verschiedenen Gegenden doch recht ähnliche Werke hervorgebracht werden. Überdies erklären sich scheinbar zufällige Überschneidungen häufig durch persönliche Kontakte zwischen verschiedenen Künstlern, denn so einsam und die kreative Arbeit auch sein mag, kein Künstler arbeitet in völliger Isolation.

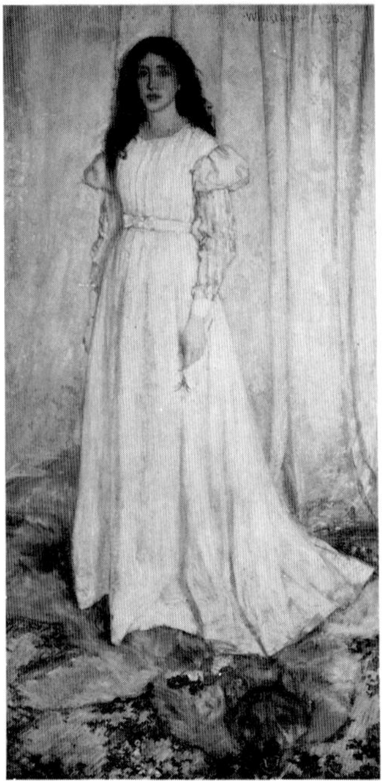

69 James Abbot McNeill Whistler, *Mädchen in Weiß*, 1862

70 Sir John Everett Millais, *Herbstlaub*, 1856

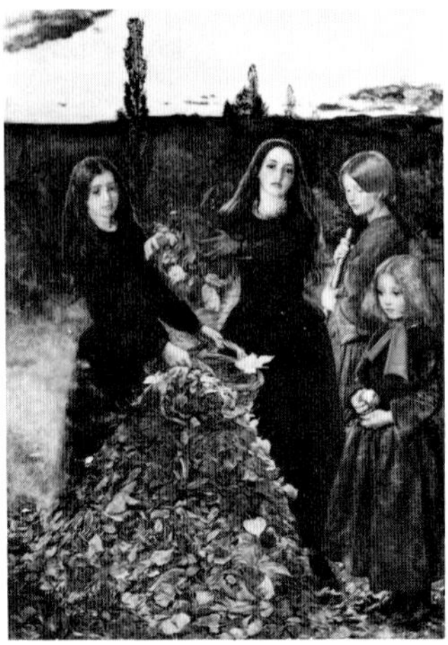

Ein gutes Beispiel für dieses kulturelle Phänomen ist das Bild, das neben Manets *Frühstück im Freien* (Abb. 1) im Salon des Refusés 1863 für das größte Aufsehen sorgte, Whistlers *Mädchen in Weiß* (Abb. 69). James Abbot McNeill Whistler (1834–1903) war Amerikaner, gilt jedoch wie der halbdeutsche Sickert auch als englischer Maler, weil er sowohl bereits als Kunststudent in Paris vor allem mit Engländern verkehrte als auch durch seine Familie enge Kontakte zu London hatte und seine Bilder ausnahmslos in Europa entstanden.

Das *Mädchen in Weiß* ist ein deutlicher Beleg für Whistlers anglofranzösische Prägung. Es handelt sich um ein Porträt seiner irischen Geliebten Joanna Heffernan, das sich in Bildaufbau und Ausführung nicht stark von den Werken seiner französischen Zeitgenossen wie Manet, Degas oder Whistlers Freund Henri Fantin-Latour (1863–1904) unterscheidet. Ihnen allen war mit ihren britischen Kollegen gemein, daß sie Velásquez neben Rembrandt für den größten Maler aller Zeiten hielten. Den Einfluß Velásquez' auf Courbet und Manet hatten wir bereits erwähnt, aber ebenso deutlich läßt er sich in Degas' Porträtbildern, etwa in der *Familie Bellelli* (Abb. 38) nachweisen.

Doch das *Mädchen in Weiß* besitzt Qualitätsmerkmale, die sich nicht auf den durch Velásquez beeinflußten Naturalismus zurückführen lassen, der in Paris um 1860 vorherrschte. Das Bild war nicht nur im Pariser Salon, sondern erstaunlicherweise zuvor bereits von der Royal Academy in London abgewiesen worden, die im allgemeinen Whistlers Kunst eher akzeptierte als ihr französisches Pendant. Das *Mädchen in Weiß* wäre in England jedoch keineswegs fehl am Platze gewesen, weist es doch viele Gemeinsamkeiten mit den Bildern der Präraffaeliten auf, wie ein Vergleich mit zwei typischen Arbeiten dieser Gruppe – mit Millais' *Herbstlaub* von 1856 (Abb. 70) und Rossettis *Ecce Ancilla Domini* (Abb. 71) – leicht zeigt.

Unzweifelhaft hat die geheimnisvolle, poetische und verinnerlichte Ausstrahlung von Whistlers *Mädchen in Weiß* John Everett Millais (1829–1896) eine Menge zu verdanken. Bei einigen um 1860 entstandenen Illustrationen läßt sich nicht ohne weiteres entscheiden, von welchem der beiden Künstler sie stammen. Die Ähnlichkeiten mit Millais reichen bis hin zur sensiblen Pinselführung, die auch dann noch ein charakteristisches Merkmal des englischen Malers bleiben sollte, als er sich dem Publikumsgeschmack angepaßt hatte. Es läßt sich kaum bestreiten, daß das auffällige und merkwürdige Weiß dieses Bildes – das später in *Symphonie in Weiß* umbenannt wurde – Rossettis Verkündigungsbild *Ecce Ancilla Domini* entlehnt ist, jenem »gesegneten weißen Schandfleck«, wie es in präraffaelitischen Kreisen respektlos betitelt wurde. Es ist unwahrscheinlich, daß Whistler das Bild selbst gesehen hat, da es in einer irischen Privatsammlung hing, mit Sicherheit wird er jedoch davon gehört haben.

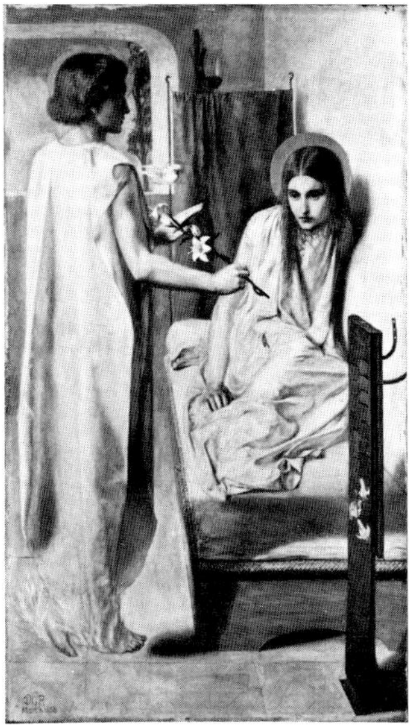

71 Dante Gabriel Rossetti, *Ecce Ancilla Domini*, 1850

Whistler ließ sich dauerhaft in London nieder und befreundete sich 1862 bis 1863 sehr eng mit Rossetti, der umgehend dafür sorgte, die letzten naturalistischen Anklänge aus der Kunst seines Freundes zu verbannen. Dante Gabriel Rossetti (1828–1882) hatte äußerst entschiedene Vorstellungen über die Kunst, welche er allerdings nur selten in die Praxis umzusetzen verstand. Er lehnte die von Millais und Holman Hunt erfolgreich praktizierte poetische Gestaltung naturalistischer Details ab. Sein Bild *Ecce Ancilla Domini* verzichtet vollständig auf symbolische Details, die in dem Bild dargestellte Reinheit und Unschuld wird ausschließlich durch abstrakte Mittel wie Farbe und Form ausgedrückt.

72 Dante Gabriel Rossetti, *Beata Beatrice*, 1863/64

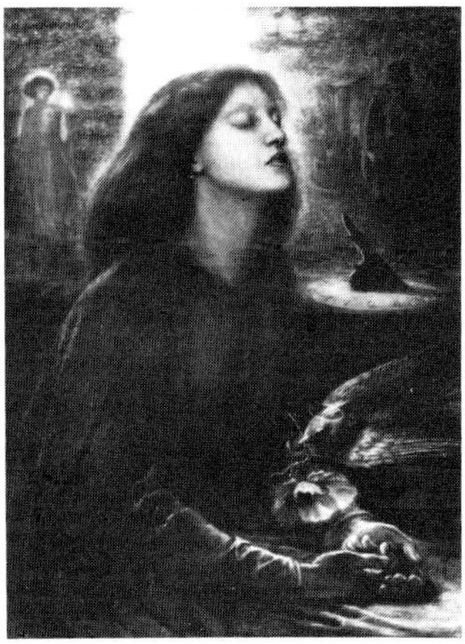

In den sechziger Jahren experimentierte Rossetti mit den Symbolwerten von Farben. Das zum Andenken an seine 1862 verstorbene Frau gemalte *Beata Beatrice* (Abb. 72) sollte den Tod von Dantes Beatrice, mit der er sie identifizierte, »symbolisch verkörpern«. Es zeigt Beatrice kurz vor ihrem Tod auf dem Balkon sitzend und in einem tranceähnlichen Zustand über die Stadt blickend. Alle Farben, die Rossetti einsetzte, hatten für ihn eine bestimmte Bedeutung – Rot steht für den Todesvogel und für die Verkörperung der Liebe, Weiß für

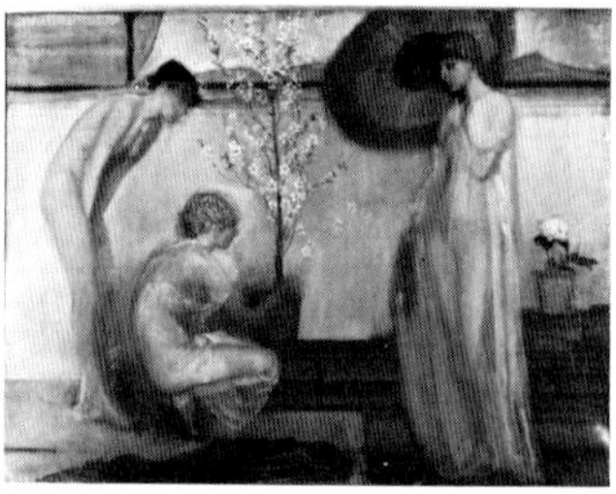

73 James Abbot McNeill Whistler, *Drei Figuren: Rosa und Grau,* 1867/68

die Mohnblume, die den Schlaf bringt, das Violett und Grün der Kleider Beatrices für Leiden und Hoffnung.
In anderen Bildern der sechziger Jahre experimentierte Rossetti mit der Symbolsprache von Linien. Die wellenförmige Kurve des Haares wird in den Falten eines Kleides wiederaufgenommen und suggeriert sehr überzeugend Sinnlichkeit und Luxus. Die keusche Flamme und Schnörkel eines anderen Malers und Dichters, William Blake, benutzte er für die Darstellung der Sinnlichkeit und Erotik seiner Frauenhalbfigurenbilder, die Namen wie Venus, Lilith oder Astarte tragen.
Rossettis einzigartiger Stil fand bei Swinburne und Burne-Jones, ebenfalls Mitglieder des präraffaelitischen Freundeskreises, stärkeren Anklang als bei Whistler. In seinen *Sechs Projekten* oder in *Drei Figuren: Rosa und Grau* (Abb. 73) versuchte Whistler sich an einem Malstil, der jedoch allen gemeinsam gefallen hätte. Die *Drei Figuren* war als vierter Teil der *Symphonie in Weiß* geplant und ist – wie der Titel bereits sagt – ein Stimmungsbild, bei dem das Thema beinahe bedeutungslos ist. Die Mädchen sind aus Zeit und Raum in eine Traumwelt entrückte abstrakte Figuren, die Anklänge an japanische Kunst und den dekadenten Klassizismus von Tanagra-Figuren haben.
In den siebziger Jahren entstanden Whistlers letzte Figurenbilder. Von da ab malte er nur noch Landschaften. Auch in ihnen ging es ihm um die Erzeugung von Stimmungen statt um eine beschreibende Wiedergabe von

74 Sir Edward Coley Burne-Jones, *Die Mühle,* 1870

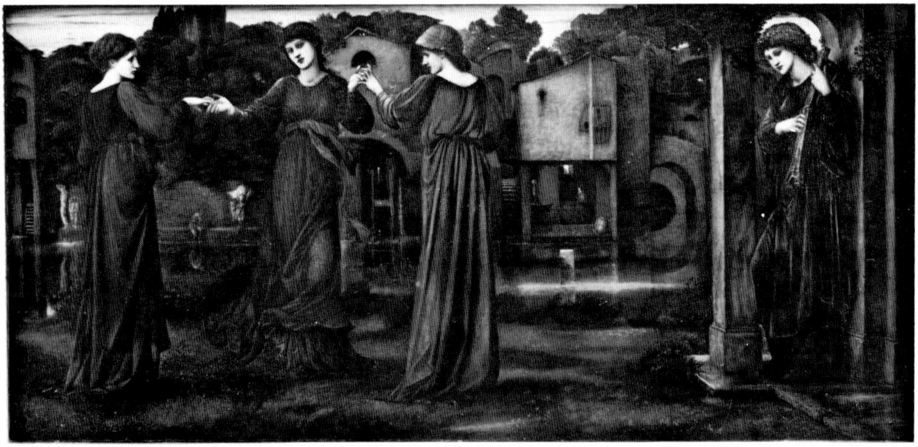

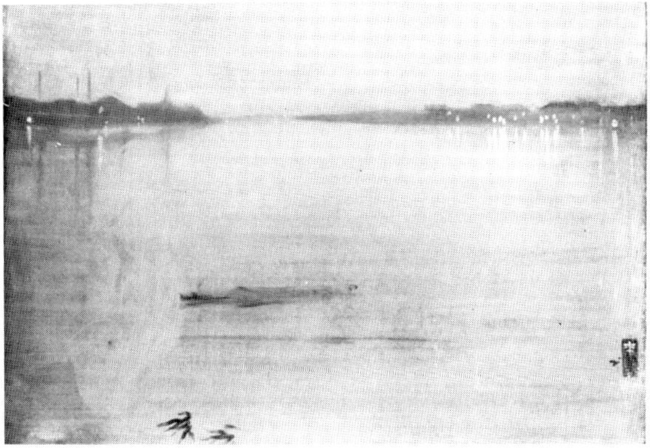

75 James Abbot McNeill Whistler, *Nocturno in Blau und Silber: Cremorne Hights*, um 1870

Sinnesdaten. Dem Nachtbild von der Themse mit dem aus der Musik entlehnten Titel *Nocturno in Blau and Silber* (Abb. 75), bei dem Whistler feinstes Gespür für Farbtöne bewies, zollt Debussy einige Jahre später Tribut, als er eines seiner Orchesterstücke mit *Nocturno* betitelt. Das 19. Jahrhundert war die Hochzeit für die Betonung der Gemeinsamkeiten zwischen den Künsten. Die Musik wurde dabei zur deskriptiven Poesie, Poesie zur symbolischen Bildlichkeit, die Malerei zur Musik. Als eine der höchsten Vollendungen dieser Ideenvielfalt kann Wagners Musikdrama als Gesamtkunstwerk gelten.

Rossettis abstrakter Symbolismus wurde nach seinem Tod von Whistlers nahem Freund Edward Burne-Jones (1833–1898) weitergeführt. Er bezeichnete die Malerei als einen »schönen romantischen Traum«, den er in Bildern von einer idealen, von mythischen Gestalten belebten Welt mit irrealen Landschaften verwirklichte. Seine besten Bilder sind keine bloßen Illustrationen von literarischen Vorlagen, sondern durchaus fesselnde Kompositionen, die ausschließlich auf ihrer visuellen Wirkung beruhen wie Gauguins tahitische Gemälde.

Nach 1889 hatte sich Burne-Jones, besonders durch seinen beachtlichen Erfolg in der Weltausstellung in Paris, in den avantgardistischen Kunstkreisen Europas einen Namen gemacht. Die älteren französischen Maler wie Puvis de Chavannes (1824–1898), Gustave Moreau (1826–1898) und Odilon Redon (1840–1916) empfanden sich bereits seit längerem als Außenseiter in ihrer eigenen Zeit, da sie weder den konservativ-reaktionären Strömungen noch dem vorherrschenden realistisch-impressionistischen Stil anhingen. Nun kündigte sich Ende der achtziger Jahre endlich die Zeit für einen grundlegenden künstlerischen Stilwechsel an.

Zur gleichen Zeit bahnten sich einschneidende Veränderungen in der französischen Literatur an, für die Namen wie Mallarmé, Rimbaud, Huysmans, Proust, Gide, Moréas stehen. Der literarische Symbolismus löste den seit Mitte des 19. Jahrhun-

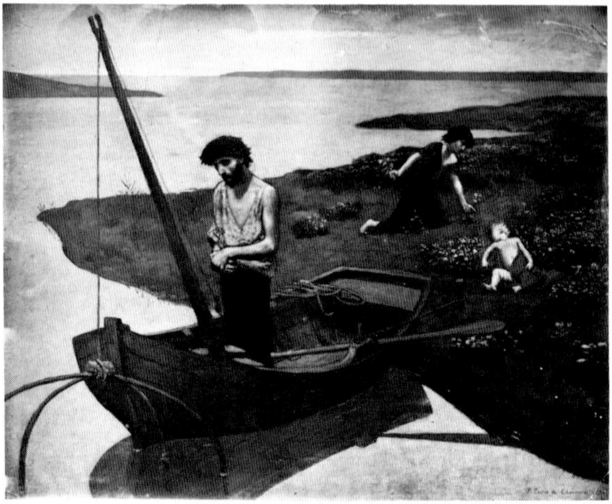

76 Puvis de Chavannes,
Der arme Fischer, 1881

derts vorherrschenden Naturalismus ab, und Philosophen wie Bergson stellten den Positivismus und Materialismus in Frage. In ganz Europa übernahm eine jüngere Generation das Ruder und brachte die Grundlagen der Wissenschaften ins Wanken: Freud entwickelte sein bahnbrechendes Modell des menschlichen Seelenlebens, und Einstein revolutionierte das physikalische Weltbild. Der Wechsel vom Materialismus zu einer idealistischeren Orientierung kam überdies in einer Wiederbelebung religiöser Ideen zum Ausdruck.

Nirgends zeigt sich dieser Wertewandel deutlicher als in den unterschiedlichen Beurteilungen, die bestimmte Maler Ende dieses Jahrhunderts in Frankreich erfuhren. Noch 1863 hatte der Kunstkritiker Paul Mantz die Frauenfiguren Puvis de Chavannes' als »reine Abstraktionen« bezeichnet und dies durchaus als vernichtendes Urteil verstanden. Doch schon die jüngeren Malerkollegen bewunderten gerade die abstrakte Qualität solcher Bilder wie *Das glückliche Land* (Abb. 45) und *Der arme Fischer* (Abb. 76). Die thematischen Aspekte seiner Bilder waren für Puvis eher zweitrangig, und auf die Frage nach ihrer Bedeutung antwortete er: »Ich kenne mich weder in der Philosophie noch in der Geschichte oder den Wissenschaften aus. Ich mache nur meine Arbeit.« *Der arme Fischer* trifft nicht einmal eine symbolische Aussage: Das Bild hat kein Thema, sondern erzeugt eine Stimmung und bietet dem Betrachter die Möglichkeit, gedankenverloren seinen Assoziationen nachzuhängen. Puvis sprach damit einen weiten Kreis von Menschen der unterschiedlichsten Kunstauffassung an. Das zu seinen Ehren unter dem Vorsitz von Rodin veranstaltete Bankett in den neunziger Jahren wurde mit über 550 anwesenden Malern, Bildhauern, Dichtern und Kritikern zu einem der herausragendsten Ereignisse des Kulturgeschehens dieser Zeit.

Eine ganz ähnliche Stellung wie Puvis de Chavannes nahm sein Zeitgenosse Gustave Moreau ein. Im Unterschied zu Puvis arbeitete er mit starkem Symbolgehalt und bedeutungsträchtigen Motiven. In seinem Bild *Das thrakische Mädchen, das den Kopf von Orpheus trägt* von 1865 (Abb. 79) widmete sich mit der Rolle des Künstlers, der auch nach seinem Tode noch wie Orpheus singt. Moreau widmete sich ausschließlich großen Themen: dem Geschlechterkampf, dem Rätsel von Leben und Tod, der Bedeutung von Gut und Böse. Gekränkt durch höhnische Kritiken, zog er sich Ende der sechziger Jahre ins Privatleben zurück und stellte seine Werke nicht mehr aus. Allmählich gelangte er jedoch als Mann mit hehren Idealen und einer außergewöhnlichen Bildung, als Visionär und Einzelgänger wieder zu Anerkennung in der Öffentlichkeit und wurde gegen Ende seines Lebens für Maler wie Matisse und Rouault ein inspirierender Lehrer.

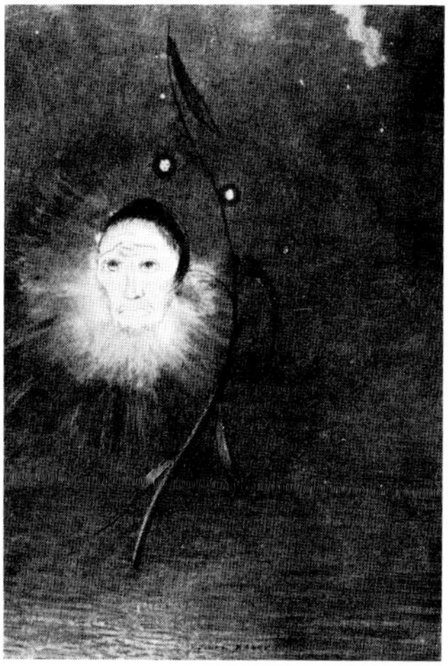

77 Odilon Redon,
Die Sumpfblume, 1885

Moreaus Bearbeitung des Orpheus-Motivs regte Odilon Redon zu einer Weiterführung seiner Malerei an. Redon war ein Zeitgenosse der Impressionisten, wollte sich deren Malstil jedoch nicht anschließen. Während der ersten Jahre seiner Laufbahn zeichnete er ausschließlich in Schwarzweiß, als hätte die Konzentration der Impressionisten auf die Farbigkeit ihm die Benutzung von Farben überhaupt verleidet. In seinen Zeichnungen erkundet er die Geheimnisse des Seelenlebens und konfrontiert uns mit einer zeitlosen, dunklen Welt, mit jenem Reich der Nacht, das auch in den Gedichten Rimbauds geschildert wird.

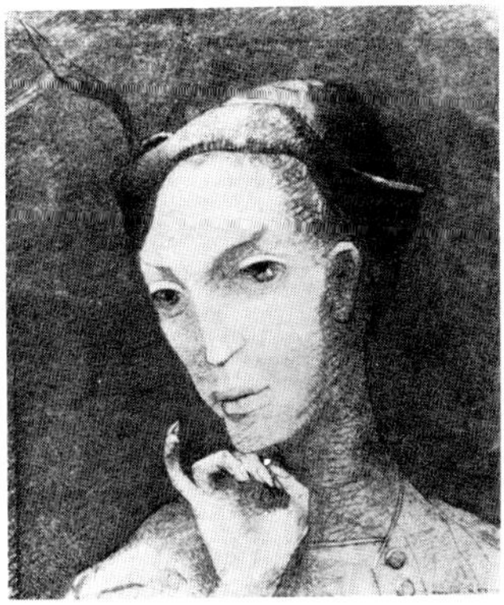

78 Odilon Redon, *Der Narr (oder Intuition)*, 1877

Selbst noch den merkwürdigsten Phantasiestücken Redons – wie *Die Sumpfblume* (Abb. 77) – liegt eine gewisse Logik zugrunde. Die ungewöhnliche Mischung von Elementen mag zwar verwirren, ist aber durchaus überzeugend, denn Redon spürte seit seinen ersten Lithographien unter dem Titel *Der Ursprung* in der Folge Darwins fasziniert der Verbindung zwischen dem Tier- und Pflanzenreich nach. Auf seinen Bildern wird alles Leben – selbst das der Pflanzen und Steine – als Leiden gezeigt. Redons Universum ist bevölkert von mythi-

schen Gestalten, von Zentauren, Sartyrn, Pegasus und Zyklopen; der Mensch erscheint als Gefangener, als Maskierter, als *Narr* (Abb. 78). Redons Bewunderung galt all jenen, die versuchen, den Geheimnissen des Lebens auf die Spur zu kommen, und er akzeptierte, daß der Mensch dafür mit Leiden bezahlen muß.
Spielt der Mensch bei Redon letztlich noch eine Nebenrolle, so spürt die Generation der in den sechziger Jahren geborenen Maler beinahe ausschließlich der menschlichen Befindlichkeit nach. Dieses von Gauguin und van Gogh aufgeworfene Thema dürfte der gemeinsame Nenner sein, auf den sich das Werk von Künstlern wie Munch und Bonnard, Toulouse-Lautrec und Vuillard bringen läßt, die sich in vieler anderer Hinsicht grundsätzlich voneinander unterscheiden.
Der Norweger Edvard Munch (1863–1944) teilte Redons Interesse am Leiden. Er begann als naturalistischer Maler, brach aber 1889 nach einem Parisbesuch unter dem Einfluß der französischen Maler, insbesondere Gauguins, mit diesem Malstil und erklärte: »Keine Innenräume mehr mit strickenden Frauen und lesenden Männern! Ich möchte Menschen zeigen, die atmen, fühlen, leben, leiden. Ihnen möchte ich einen ganzen Bilderzyklus widmen.«
Diesen Bilderzyklus hat Munch nie gemalt, aber im Grunde stehen alle seine Werke, die eine pessimistische Weltsicht widerspiegeln, in einem losen Zusammenhang zueinander. Wie Gauguin war Munch von seinen Kindheitserfahrungen tief geprägt. Seine Mutter war an Tuberkulose gestorben, als er fünf Jahre alt war, und zeitlebens setzte er Erotik und Liebe mit Krankheit und Tod gleich. Die Geschlechterbeziehung betrachtete er als einen Machtkampf, in dem jeder vergeblich um Vorherrschaft rang. In seinem 1899/1900 entstandenen Bild *Tanz des Lebens* (Abb. 80) zeigt er eine Frauengestalt in drei verschiedenen Rollen: einmal als jungfräuliche und unerreichbare Verkörperung der Unschuld; dann als Verführerin mit lasziver, dominanter Ausstrahlung und schließlich als erfahrene, vom Leben wie von der Krankheit gezeichnete Frau, die ihre Schönheit verloren hat.
Munch verfiel immer wieder in Phasen tiefster Melancholie und Resignation: »Ich habe mich mein Leben lang am Rande des Abgrunds bewegt«, sagte er, »und mich immer bemüht, nicht abzustürzen.« Von Alkoholismus und Geisteskrankheit verzehrt, war für ihn die Malerei nichts als eine andere Form der Krankheit und Betäubung. Sie diente ihm als Instrument der Selbstanalyse und neben den heilsamen Erlebnissen in der Natur als Zufluchtsort, um sein stets gefährdetes Gleichgewicht zurückzuerlangen.
Munch war mit dem schwedischen Dramatiker Strindberg befreundet, der seinen pessimistischen Blick auf die Sexualität teilte. Überdies bestehen deutliche Parallelen zum Werk Kierkegaards und Dostojewskis, dessen Romane auf die

79 Gustave Moreau, *Das thrakische Mädchen, das den Kopf von Orpheus trägt*, 1865

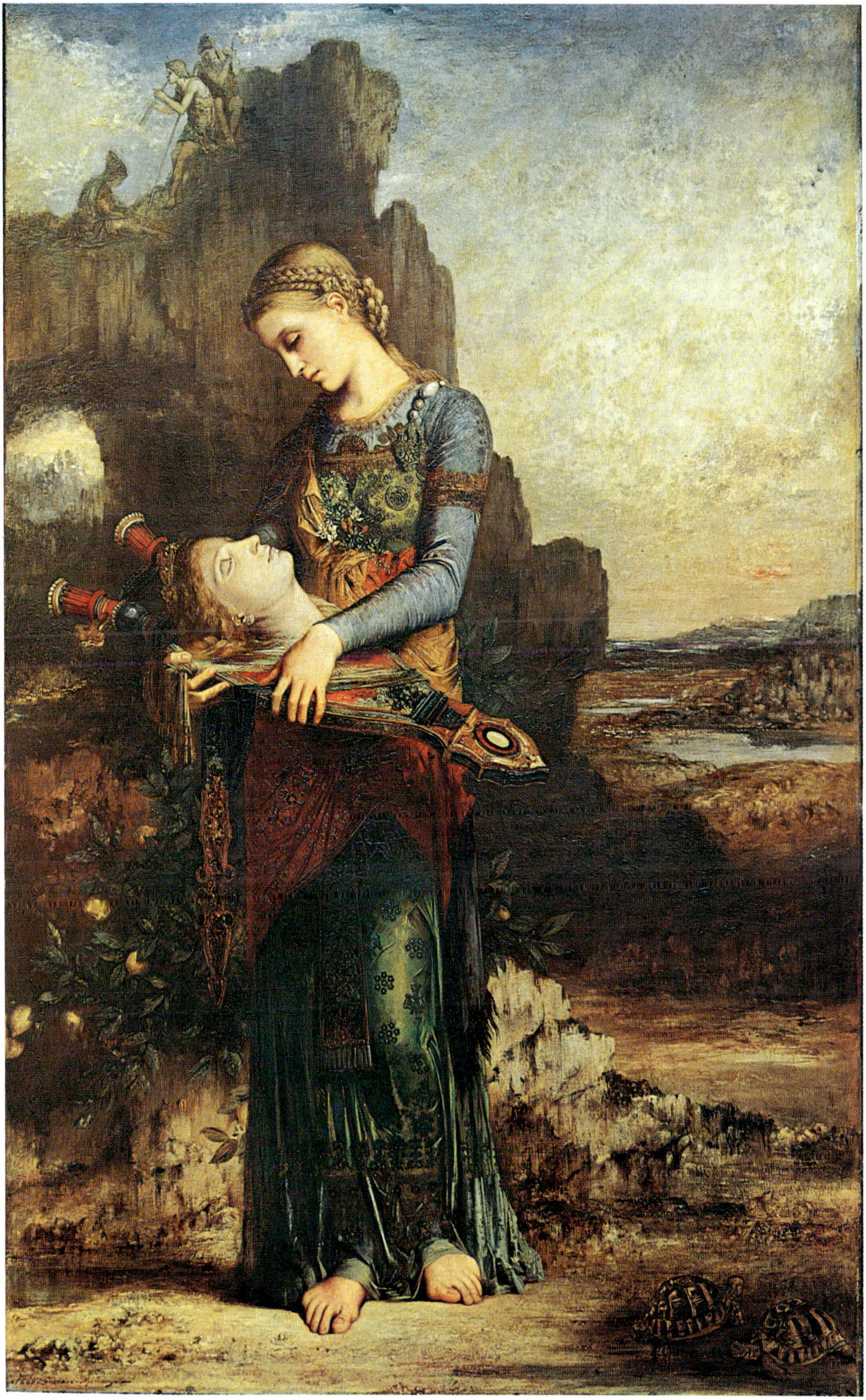

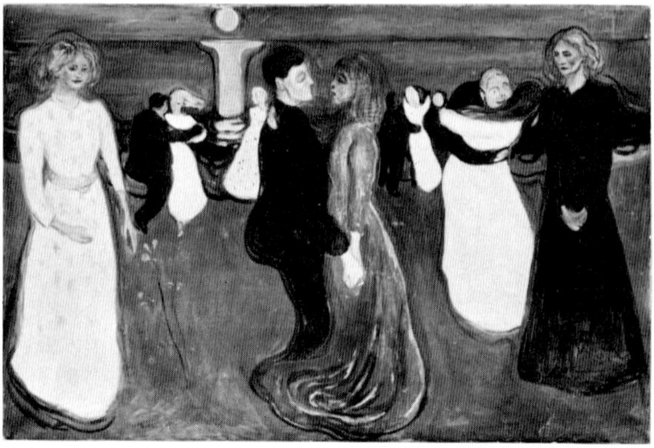

80 Edvard Munch,
Tanz des Lebens,
1899/1900

europäische Befindlichkeit Ende des 19. Jahrhunderts einen ungeheuren Einfluß hatten.

Zu Ruhm kam Munch nicht so sehr mit seinen Ölbildern als vielmehr durch sein graphisches Werk. Er setzte seine Gemälde in Lithographien und Holzschnitten um, weil er der Meinung war – übrigens wie Gauguin –, daß diese den Inhalt direkter und unverstellter zum Ausdruck bringen. Um 1890 suchten viele Künstler nach neuen Wegen jenseits der traditionellen Ausdrucksmittel und wandten sich vernachlässigten Techniken zu, die bislang im Vergleich zur Ölmalerei als Nebenzweige gegolten hatten. Es kam zu einer Wiederbelebung der Graphik, die sich auch auf den Bereich der Buchillustration und Plakatherstellung auswirkte.

In besonderem Maße trifft das auf Henri Toulouse-Lautrec (1864–1901) zu, einen Künstler, dessen wahrer Charakter durch sein populäres Image nahezu verstellt wurde. Zu Beginn seiner künstlerischen Laufbahn malte Lautrec in einem naturalistischen Stil, der gelegentlich Anklänge an die Impressionisten, vornehmlich an Degas, aufwies. In seiner Kunstauffassung und seinem Lebensstil indes steht er Munch wesentlich näher, einem Außenseiter wie ihm, der das Leben eher fasziniert beobachtete, als daran teilzunehmen. Seine Arbeiten fällen keine moralischen Urteile, sondern loten intensive psychische und physische Erfahrungen aus. Lautrec war stark vom Ästhetizismus des Engländers Walter Pater beeinflußt, den er hauptsächlich durch ihren gemeinsamen Freund Oscar Wilde kennenlernte. Er hätte sich ohne weiteres in dem Titelhelden von Wildes 1891 erschienenen Roman »Das Bildnis des Dorian Gray« wiedererkennen können. Wildes dem Werk vorangestellte Aphorismen lesen sich wie ein Kommentar zu Lautrecs Kunst: »Ein Künstler kann alles ausdrücken … Laster und Tugend sind dem Künstler Stoff für seine Kunst … Es ist der Betrachter und nicht das Leben, den die Kunst in Wahrheit spiegelt.«

Auf ein Bild wie *Im Bett* (Abb. 82) übertragen, auf dem ein lesbisches Liebespaar dargestellt ist, heißt das, daß es moralisch oder unmoralisch nur insofern ist, als der Betrachter selbst diese Kategorien einführt. Denn das Bild besitzt weder die Geste der bewußten Provokation von Courbets Darstellungen desselben Themas noch die kalte Objektivität von Degas' vergleichbaren Motiven. Es ist vielmehr ein Zeugnis für einen Humanismus, der sich zwar nicht auf die ganze Menschheit erstreckt, aber auf Lautrecs gesamten Freundeskreis, zu dem Menschen der verschiedensten sozialen Schichten gehörten. Mit aristokratischer Verachtung für gesellschaftliche Normen erhob Lautrec gesellschaftliche Parias wie die Frauen im Bordell auf seinen eigenen menschlichen und gesellschaftlichen Rang.

Insofern ist Lautrecs Kunst im selben Maße seiner Klasse verhaftet wie die seiner etwas jüngeren Zeitgenossen Bonnard und Vuillard, die aus der Bourgeoisie stammen. Beide verkörpern geradezu idealtypisch die Kunst dieser Schicht.

Bonnard und Vuillard hatten als junge Maler im Kreis der Nabis begonnen, einem Künstlerbund von Pariser Kunststudenten. Paul Sérusier, ein Mitbegründer des Kreises, hatte 1888 aus der Bretagne, wo damals Gauguin arbeitete, die »Botschaft« von solchen Gemälden wie *Die Vision nach der Predigt* (Abb. 56) nach Paris

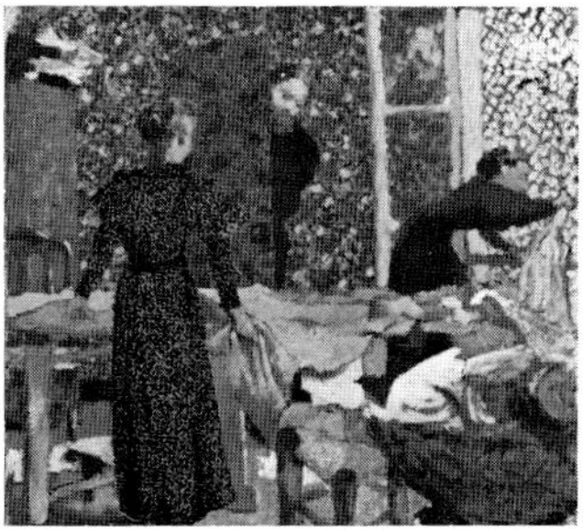

81 Edouard Vuillard,
Interieur in l'Etang la Ville,
1893

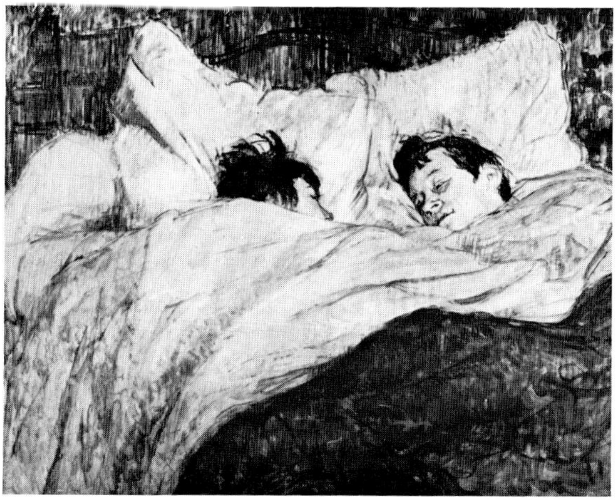

82 Henri de Toulouse-Lautrec,
Im Bett, 1892–95

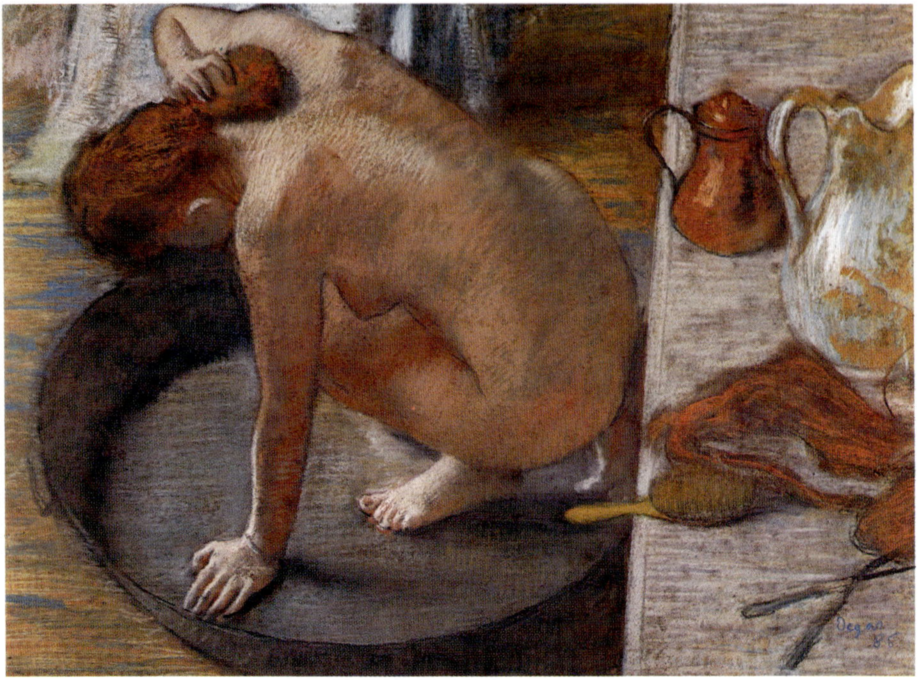

83 Edgar Degas, *Die Wanne,* 1886

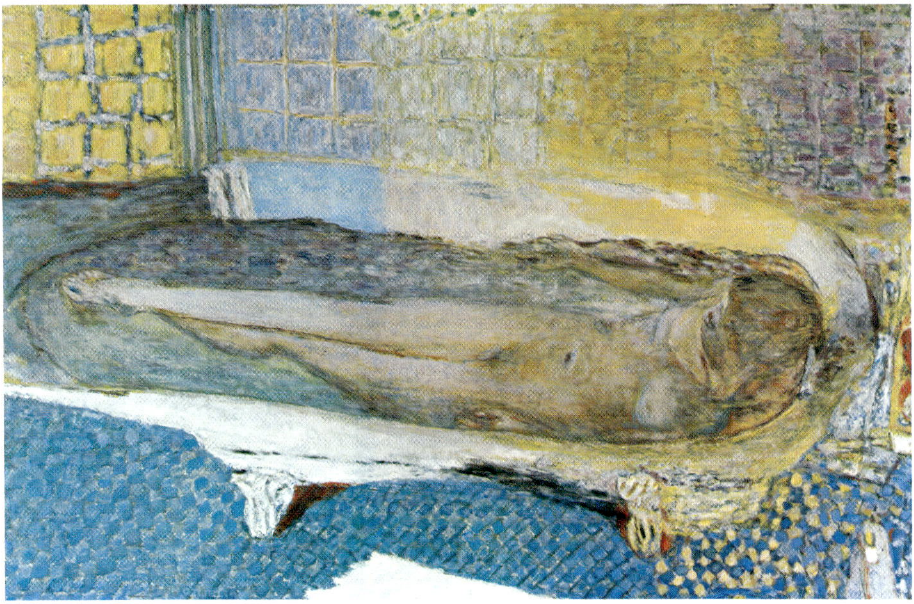

84 Pierre Bonnard, *Akt in der Wanne,* 1937

gebracht, in denen es sowohl um einfache Farben als auch zunehmend abstrakte zweidimensionale Konstruktionen ging. Diese Kennzeichen wurden prägend für den Stil der jungen Künstler. Besonders Edouard Vuillard (1868–1940) malte um 1890 einige kühne und originelle kleine Ölbilder, die beinahe abstrakt zu nennen sind. Allerdings schien er sich in dieser Richtung nicht weiterentwickeln zu können und gab die Experimente Mitte des Jahrzehnts auf. Um diese Zeit hatte sich das Gefühl durchgesetzt, daß die Kunst genügend Innovation hervorgebracht habe und es nun gelte, eine Pause einzulegen. Im Jahrzehnt von 1895 (als Oscar Wilde der Prozeß gemacht wurde) bis 1905 (dem Jahr des Salons der Fauves) entstanden nur wenige neue künstlerische Ideen oder Talente.

Vuillard wandte sich wieder der Darstellung des bürgerlichen Milieus zu, dem er selbst entstammte. Häufig stellen seine Bilder das heimische Wohnzimmer dar und zeigen seine Mutter mit seinen Schwestern bei der Handarbeit (Abb. 81). Die Interieurs strahlen einen gewissen Humor, zärtliche Zuneigung und eine beinahe religiöse Ruhe aus. Genau diese Sujets hatte Munch abgelehnt, aber für Vuillard waren sie immer noch das Zentrum des Universums, und er war nicht bereit, sich davon zu entfernen oder irgendwelche fremden und verstörenden Elemente einzuführen. Statt dessen schmückte er diese spießigen, übervoll möblierten Interieurs immer weiter zu reich bemusterten Formen- und Farbteppichen um.

Die Laufbahn von Pierre Bonnard (1867–1947) verlief ganz ähnlich wie die seines Freundes Vuillard. Als junger Künstler war er zwar weniger innovativ als jener, malte aber bis ins hohe Alter hinein mit leichtem und sicherem Strich, welcher Vuillard längst abhanden gekommen war. Vuillard blieb seinen Pariser Interieurs mit künstlicher Beleuchtung verhaftet, während Bonnard nach Südfrankreich zog und dort in warmen Farben arbeitete. Hier fühlte er sich der antiken und lebendigen Kultur des Mittelmeerraums nahe und beschäftigte sich um 1925 mit einer zeitlosen Interpretation eines antiken Mythos: *Die Entführung der Europa* (Abb. 85). Die Landschaft war für ihn zwar wichtig, aber doch im Vergleich zur Figur, die mit sehr viel mehr Zwischentönen versehen war, zweitrangig.

Betrachten wir eine Version des von Bonnard häufig behandelten Motivs eines Mädchens in der Badewanne (Abb. 84). Das Thema ist bereits von Degas her bekannt (Abb. 83), doch läßt sich ein größerer Unterschied in der Behandlung kaum denken. Während Degas sein Modell mit gleichsam klinischem Blick betrachtet, malt Bonnard seine Frau Marthe aus der Erinnerung als junges Mädchen. Seine Bilder sind eine Meditation über die menschliche Existenz, in der Vergangenheit und Gegenwart stets aufs engste miteinander verknüpft sind. Das Kunstwerk gehört zwar in diese Welt, geht aber zugleich darüber hinaus und verweist auf eine geistige Ebene. Bonnards junge Frau erscheint als Inbegriff der erotischen Beziehung schlechthin, die der Maler ganz anders als Munch und doch nicht weniger gültig als dieser erfahren hat. Und die Alltäglichkeit der dargestellten Szene sollte uns

nicht übersehen lassen, daß der Frau hier das Element zugeordnet wird, das als die weibliche Kraft schlechthin gilt: Gleich einer Venus steigt sie aus dem Wasser.
Dem psychologischen Bedeutungsgehalt von Bonnards bedeutendsten Gemälden entsprechen ähnlich subtile formale Qualitäten. Bereits seine Pinselführung drückt Zärtlichkeit aus, und seine Farben scheinen in ihrem Abwechslungsreichtum die schier unendliche Fülle des Lebens wiederzugeben. Seine Kompositionen sind in sich abgeschlossene Welten, in die einzutreten er den Betrachter einlädt, um ihre Zweideutigkeiten und vertrauten Wege zu erkunden.
Mehr als jeder andere Künstler stellt Bonnard eine Verbindung zwischen dem 19. und dem 20. Jahrhundert dar. Einerseits ist er unverkennbar ein Erbe Monets und Renoirs, andererseits ein Vorläufer der abstrakten Malerei in den vierziger Jahren des 20. Jahrhunderts. In seiner Kunst- und Lebensanschauung steht er bereits Matisse sehr nahe, mit dessen Name die Neugestaltung der Malerei Anfang dieses Jahrhunderts verbunden ist.

85 Pierre Bonnard, *Die Entführung der Europa*, um 1925

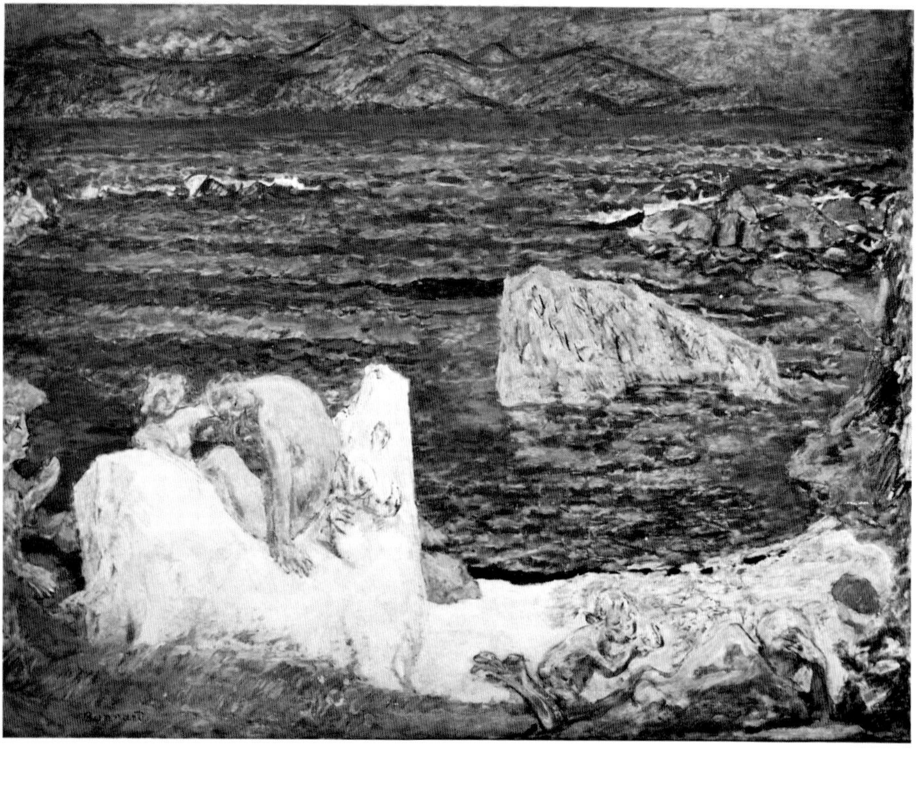

5 Der Expressionismus

Das Kapitel über den Expressionismus mit Matisse beginnen zu lassen mag vielleicht von einer unorthodoxen Auffassung dieser Stilepoche zeugen. Doch letztlich sind alle Benennungen von Kunststilen willkürlich und unbefriedigend, und Kunstwerke setzen in der Regel ohnehin keine ästhetischen Programme um. Die Bezeichnungen für künstlerische »Richtungen« werden meist von Journalisten ersonnen, wenn sie sich mit neuen Kunstwerken konfrontiert sehen, die in keine gängige Kategorie zu passen scheinen. Bestand haben solche Epochenbezeichnungen nur, weil ihnen ein gewisser historischer Wert nicht abzusprechen ist und sie Ordnung in das Durcheinander zu bringen vermögen, das die moderne Kunst spätestens seit der Romantik auszeichnet.

Der Expressionismus als Kunstrichtung entstand um 1910 in Deutschland und wird als Gattungsbezeichnung in der Regel ausschließlich auf Kunst im mitteleuropäischen Raum angewandt. Es ist allerdings nicht ohne weiteres möglich zu sagen, was den Expressionismus ausmacht, und am ehesten noch läßt er sich in der Negation definieren, also in Abgrenzung zum Impressionismus. Die Grundidee des Expressionismus war, daß die Aufgabe der Kunst nicht darin bestehe, Sinnesdaten wiederzugeben, sondern vielmehr Gefühle und Gedanken auszudrücken. Franz Marc war der Auffassung, daß die Künstler seiner Zeit die Natur der Dinge hinter dem Schleier der Erscheinungen aufzuspüren versuchten und dies ihnen wichtiger erschiene als die Entdeckungen des Impressionismus. Demzufolge wären jedoch bereits die meisten der bisher von uns behandelten Künstler dem Expressionismus zuzurechnen, womit wir den Begriff tatsächlich bis zur Bedeutungslosigkeit ausweiten würden. Auf die im folgenden unter diesem Etikett versammelten Künstler hingegen läßt sich die Bezeichnung insofern anwenden, als sie alle einer einzigen Generation angehören und genau zu benennende Gemeinsamkeiten aufweisen.

Matisse hat sich gewissermaßen selbst als einen Expressionisten bezeichnet: In seinen »Notizen eines Malers«, die 1908 in Paris erschienen und sogleich ins Russische und Deutsche übersetzt wurden, schrieb er: »Am meisten kommt es mir auf den Ausdruck an … Ich vermag keinen Unterschied zu machen zwischen meinem Gefühl, das ich vom Leben habe, und der Art und Weise, wie ich es in meine Malerei übersetze. Für mich liegt der Ausdruck nicht in der Leidenschaft, die in einem Gesicht aufblitzt oder sich in einer heftigen Bewegung äußert. Er liegt in der ganzen Anlage meines Bildes: Der Platz, den die Körper einnehmen, die leeren Partien um sie, die Proportionen, das alles hat seinen Teil daran. Komposition ist die Kunst, die verschiedenen, dem Maler für den Ausdruck seiner Gefühle zu Gebote stehenden Elemente auf gefällige Weise anzuordnen. In einem Bild soll jeder Teil sichtbar sein und diejenige Rolle spielen, die ihm zukommt, sei sie nun wesentlich oder sekundär. Alles, was dem Bild nicht nützlich ist, ist allein schon deswegen schädlich. Ein Werk muß im ganzen harmonisch sein: Jedes überflüssige Detail würde im Gemüt des Betrachters ein anderes, wesentliches Moment verdrängen.«

Wir wollen versuchen, diese Bemerkungen Matisses im Zusammenhang mit seiner künstlerischen Arbeit zu verstehen.

Henri Matisse (1869–1954) begann in den neunziger Jahren des 19. Jahrhunderts mit der Malerei, in einer Zeit der künstlerischen Anpassung und Spannungslosigkeit. Als Schüler in der Klasse Gustave Moreaus an der École des Beaux-Arts war Matisse mit der impressionistischen und neoimpressionistischen Malerei noch nicht in Berührung gekommen. Das sollte uns daran erinnern, daß es sich bei jedem – auch dem vorliegenden – Versuch, die Entwicklung der Kunst als kontinuierlichen Prozeß zu schildern, um eine erst im nachhinein vorgenommene Verallgemeinerung handelt. In den neunziger Jahren war der Rang der neu aufkommenden Malerei längst noch nicht ersichtlich: Erst Matisses Generation sollte ihr jenen Stellenwert verleihen, den wir ihr heute zusprechen.

Zur Leitfigur einer neuen Malergeneration wurde Matisse nicht vor dem Jahre 1905. So lange dauerte es, bis der mittlerweile 35jährige die Neuerungen seiner Vorgänger zu einer eigenen Synthese verschmolzen hatte. Ausgehend vom Kopieren der Werke der alten Meister setzte er sich anschließend mit den wichtigsten Einflüssen seiner Zeit auseinander, mit Corot, Manet, Monet, Pissarro, Cézanne, Gauguin und Seurat. Gegenüber Apollinaire äußerte Matisse 1907: »Ich bin nie dem Einfluß der anderen aus dem Wege gegangen. Das hätte ich für Feigheit gehalten und einen Mangel an Aufrichtigkeit mir selbst gegenüber.«

Sein 1906 entstandenes Bild *Carmelina* (Abb. 86) bezeugt, wie geschickt Matisse verschiedene Stilrichtungen zusammenzufassen verstand. Thematisch auf den ersten Blick an die Porträtbilder Vuillards oder Lautrecs erinnernd, unterscheidet sich das Bildnis des Mädchens bei näherem Hinsehen davon deutlich durch eine nahezu objektivierte, kühle Darstellung; die blaue Haarschleife ist das einzig persönliche Merkmal dieser Figur. Es ging Matisse weniger darum, eine bestimmte Person zu porträtieren, als vielmehr um den Anblick einer jungen Frau, die dem Künstler in seinem Atelier Modell sitzt. Im Spiegel sehen wir ihren Rücken, aber mehr noch den Maler selbst bei seiner Arbeit. Matisse gemahnt damit den Betrachter – wie vor ihm Manet, Courbet und vor allem Velásquez mit seinen *Las Meninas*, dem wichtigsten Werk dieser Selbstreferenzialität – an den Kunstcharakter des Bildermalens.

Auch der Bildaufbau ist auffallend klar gegliedert und durchstrukturiert. Jedes

Ding hat seinen Platz. Von der geometrischen Architektur im Hintergrund heben sich die durchmodellierten Formen des Mädchens deutlich ab. Die Struktur des Bildes wird durch Matisses Beherrschung der Tonwerte noch unterstrichen: Subtile Abstufungen von dunklen zu hellen Tönen lassen das Aktmodell plastisch hervortreten. Zwischen dem roten Hemd des Malers und dem blauen Krug vor dem Spiegel herrscht ein scharfer Komplementärkontrast, den Matisse von Corot gelernt haben dürfte. Ansonsten ist die Farbgebung weitgehend monochrom in einem Grundton aus Ocker gehalten, der zwischen einem warmen Rotbraun und einem kalten Graugrün changiert.

Matisse beherrschte zu diesem Zeitpunkt die helle, leuchtende Farbgebung der Impressionisten noch nicht. Dieses Problem seiner Anfangszeit löste sich erst allmählich, als er 1904 durch die Bekanntschaft mit Signac in Berührung mit dem methodischen Ansatz der Farbzerlegung des Seuratkreises kam.

Nach Seurats frühem Tod war Paul Signac (1863–1935) zum Kopf der Neoimpressionisten geworden, die – wie nach ihnen die abstrakten Künstler in den zwanziger Jahren – eine radikale Gruppe bildeten, welche sich im Alleinbesitz des wahrhaftigen Wissens über das Sehen glaubte. Signac ermutigte Matisse zu einer kühnen Figurenkomposition, die er ihm sofort abkaufte und welche sich noch heute im Besitz seiner Nachkommen befindet.

Luxus, Stille und Wollust (Abb. 87) wurde als die programmatische Umsetzung der neoimpressionistischen Kunstanschauung betrachtet und von Maurice Denis als »Schaubild einer Theorie« kritisiert. Matisses Malerkollege Raoul Dufy (1877–1953) hingegen zeigte sich tief beeindruckt: »Mir leuchteten die Prinzipien der neuen Malerei sofort ein, und als ich sah, welches Wunder an Einbildungskraft hier in Aufbau und Farbe eingegangen war, verlor der Realismus der Impressionisten seinen Reiz für mich. Diese Bildkonstruktion überzeugte mich.«

Im Vergleich zu *Carmelina* spielen in *Luxus, Stille und*

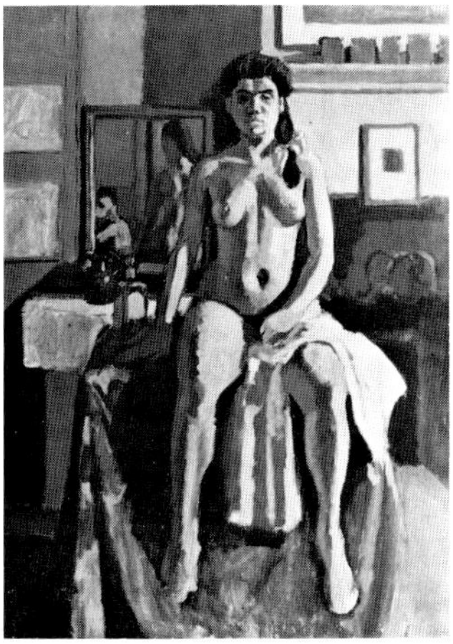

86 Henri Matisse, *Carmelina*, 1903

Wollust Farbnuancen nur eine sehr geringe Rolle. Hier stehen reine Farbe und Komposition im Vordergrund. Matisse hält sich an die Farben der Natur, sowohl an Licht und Schatten als auch an Komplementärkontraste und setzt sie in Beziehung zu den dick aufgetragenen Farbflecken auf der Leinwand. Die Kompositionslinien und die Stellung der Figuren sind nach den Gesetzen der Geometrie berechnet, die Linien nach ihrem Gefühlswert angelegt. Matisse versteht es auf diesem Bild, mit rein formalen Mitteln eine freudige und heitere Stimmung zum Ausdruck zu bringen.

Thematisch geht *Luxus, Stille und Wollust* über den Neoimpressionismus hinaus, ohne ihm deswegen zu widersprechen. Denn die meisten Neoimpressionisten waren politisch optimistisch eingestellte Träumer, die an die Verheißungen eines goldenen Zeitalters glaubten. Eben dieses Motiv bringt Matisse hier zur Darstellung. Der Titel des Bildes ist einem Gedicht Baudelaires, »L'invitation au voyage«, entlehnt:

»Là, tout n'est pas qu'ordre et beauté
Luxe, calme et volupté.«

Die Gruppe von Aktfiguren an der Bucht bei Saint Tropez, die sich nach dem Schwimmen ausruht, klingt an die Vision vom glücklichen Leben an und erinnert an *Doux Pays* von Puvis de Chavannes (Abb. 45) oder *Das Goldene Zeitalter* von Ingres. Das Bild steht damit in derselben Tradition wie Cézannes *Badende* oder Gauguins Tahiti-Bilder.

Matisse war ein höchst reflektierender Maler, der seine Bilder bis ins letzte Detail

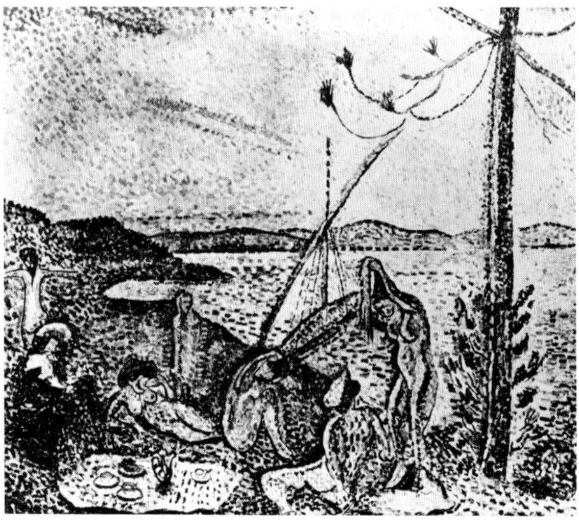

87 Henri Matisse, *Luxus, Stille und Wollust* 1904/05

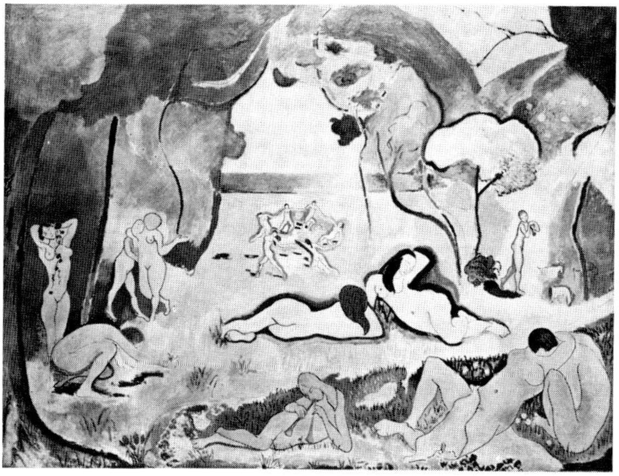

88 Henri Matisse,
Lebensfreude,
1905/06

genau durchdachte und diese Anspielungen beabsichtigt haben muß. Er reihte sich bewußt in eine künstlerische Tradition ein und versuchte nicht weniger bewußt, mit ihr zu brechen. Mit dieser Charakterisierung läßt sich seine schöpferisch ertragreichste Phase, die zehn Jahre von 1905 bis 1915, wohl am treffendsten kennzeichnen.

Gemeinsam mit einem jüngeren Malerkollegen, André Derain (1880–1954), entwickelte er 1905 während eines Sommeraufenthalts in Collioure einen Stil, der sich nicht mehr streng an die neoimpressionistischen Prinzipien hielt und als etwas gänzlich Neues erkannt wurde. Bei der Ausstellung der Werke beider Maler im Herbstsalon jenes Jahres beschimpfte ein Kritiker ihre Arbeiten als »fauve« (wild), ein Begriff, der als Stilbezeichnung aufgegriffen und weiterverwendet wurde: nicht ganz zu Unrecht.

Der Fauvismus läßt sich als eine Neuformulierung und Zusammenführung jener Merkmale des Neoimpressionismus bezeichnen, die der jungen Malergeneration als besonders entscheidend erschienen. Matisse hatte seine von Seurat geprägten Vorstellungen in Collioure eingebracht, Derain stand hingegen wie sein Freund Maurice Vlaminck (1876–1958) unter dem Eindruck van Goghs. Matisses intellektuelle Strenge und Derains Gefühlsintensität vereinigten sich auf Bildern wie *Bildnis mit grünem Streifen* (Abb. 89) zu einer wahren Farbexplosion. Dort weitete Matisse seine dick aufgetragenen Farbflecken zu größeren, fast transparenten Farbfeldern aus und schuf so eine neue Art der Darstellung von Raum und Licht.

Ihren Höhepunkt erreichte diese Tendenz in dem bis zu diesem Zeitpunkt großformatigsten Bild von Matisse, *Lebensfreude*, von 1905/1906 (Abb. 88). Es greift die Botschaft von *Luxus, Stille und Wollust* wieder auf. Belebtheit und Ruhe halten sich hier die Waage, das Pastorale, Arkadische mischt sich mit dem Bacchantischen. Die

Formen sind in freischwingende rhythmische Linien übertragen, die Farben von jeder deskriptiven Funktion befreit – »sie singen einen Farbakkord ähnlich einem musikalischen«, schrieb Matisse.
Die Analogie zur Musik erwähnt Matisse nicht von ungefähr, denn er strebte tatsächlich danach, Bilder und Farben nach musikalischen Prinzipien zu komponieren. Das Prinzip, die Malerei auf Harmonie, Melodie und Rhythmus zu reduzieren, leitete ihn auch vier Jahre später bei der Anfertigung von zwei großen Wandbildern für den russischen Sammler Sergej Schtschukin, *Der Tanz* und *Die Musik*. In ihnen steigerte er die Vereinfachung der malerischen Mittel zum Extrem, um eine expressivere Bildsprache zu schaffen.
Neben der Vereinfachung und Abstraktion der Bildsprache zeichnet sich Matisses Kunst jedoch auch zusehends durch eine detaillierte Beobachtung der Realität aus; ihn beschäftigt das Problem der malerischen Übertragung von optischen Sensationen. Auf seinen Bildern häufen sich die Gegenstände, die den Maler faszinierten: orientalische Kunstwerke, Teppiche, Stoffe, persische Miniaturen und japanische Holzdrucke. Im Porträt der *Familie des Malers* (Abb. 90) sind die Figuren in einfachen, flachen Farben gemalt und vor einem reichverzierten, dekorativen Hintergrund abgesetzt. Die Raumerfahrung scheint sich zu verkehren: Der Hintergrund schiebt die Figuren gleichsam in den Vordergrund, in die Welt des Betrachters hinein.
Matisse betont die Zweidimensionalität des Bildes und setzt alle Formen in irgendeiner Weise in Beziehung zur Bildoberfläche. Dabei spielt häufig das Prinzip der Verkehrung eine Rolle. Rechteckige Formen etwa beschreiben nicht wie gewöhnlich Gegenstände, sondern leere Flächen; eine Farbe erstreckt sich manchmal über ein ganzes Bild, um so die obere und untere, die rechte und linke Bildhälfte miteinander zu verbinden. Mit der Verteilung unmodellierter Flächen von strahlender Farbigkeit gelang Matisse, wonach seine Zeitgenossen gesucht hatten: Die Versöhnung von Bildoberfläche und Raum, die Verschmelzung von Vorder- und Hintergrund zu einer Ebene.
Die Phase des künstlerischen Experiments währte bis Ende des Jahres 1916, als Matisse von Paris nach Nizza übersiedelte, wo Bilder voller Lebensfreude entstanden. Überwiegend handelt es sich dabei um spärlich bekleidete Odalisken in üppigen und übersteigerten Interieurs, mit denen er sein einige Jahre zuvor verkündetes Vorhaben verwirklichte, eine Kunst zu schaffen, die sowohl keinerlei Thema belaste als auch so bequem sei wie das Sitzen in einem Sessel. Allerdings erreichten weder die großformatigen Gemälde dieser Zeit noch Scherenschnitt-Collagen (papiers découpés), die er gegen Ende seines Lebens 1954 anfertigte, jene Spannung und kreative Intensität der Schaffensperiode zwischen 1905 und 1915, obgleich auch sie eine gelöste Stimmung vermitteln.
Weil er aus der Kunst jegliche Existenz dunkler Seiten des Lebens ausklammerte,

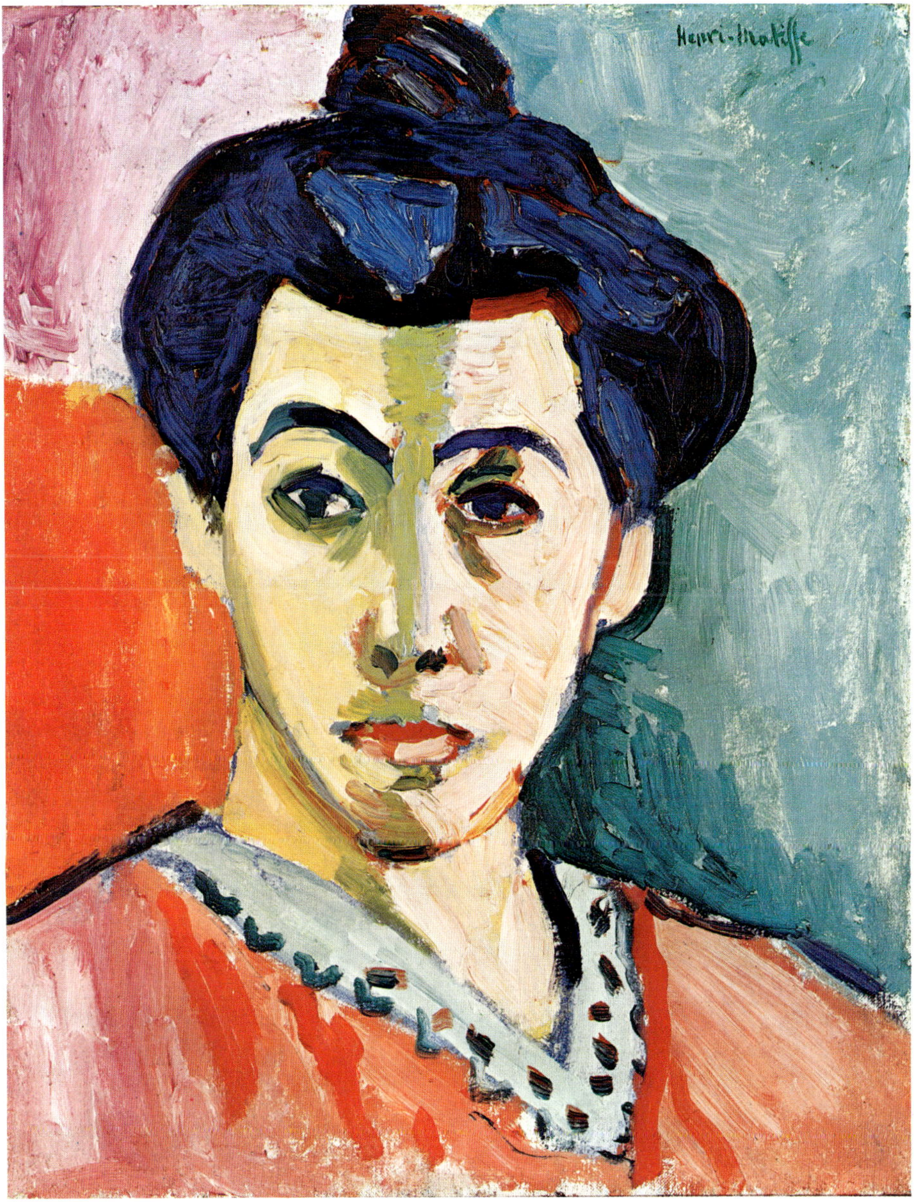

89 Henri Matisse, *Bildnis mit grünem Streifen*, 1905

war Matisse eine Provokation für seine Zeitgenossen. Wie konnte man die Katastrophe des Ersten Weltkrieges miterleben, ohne in seinen Bildern die massenhafte Vernichtung und Grausamkeit auch nur anklingen zu lassen? Wir werden später noch sehen, daß Picasso sich eben von dieser emotionalen Unbeteiligtheit in der Malerei Matisses abzuheben versuchte. Ganz im Gegensatz zu seiner Selbstcharakterisierung, »Während der Arbeit versuche ich nicht zu denken, sondern nur zu fühlen«, erscheint Matisse uns als ein durch und durch rationaler Maler, der sich nicht von Gefühlen leiten läßt, wie schon ein Vergleich seiner Aktbilder mit denen Bonnards deutlich macht. Damit soll Matisses Verdienst keineswegs geschmälert, sondern lediglich genauer bestimmt werden. Er wollte eine Kunst schaffen, die eine allgemeingültige Ruhe und Lebensfreude vermittelt, und jeder allzu persönlich-individuelle Inhalt hätte dem im Wege gestanden. Deutlich sehen wird das an *Erinnerung an Ozeanien* (Abb. 91), das die Erinnerung an seine Tahiti-Reise im Jahre 1930 ausschließlich mit rein abstrakten Mitteln, Farbe, Form und Komposition, festhält. Ihm gelingt eine Wirkung von Ursprünglichkeit und Sorglosigkeit, die der Vision vom Goldenen Zeitalter seiner früheren Bilder entspricht, sich dabei allerdings nur noch auf das Allernotwendigste beschränkt und Inhalte allein durch formale Mittel ausdrückt.

Wir hatten bereits darauf hingewiesen, daß die besten Arbeiten Matisses aus der Zeit zwischen 1905 und 1915 stammen. Das hängt vielleicht damit zusammen, daß es ihm – wie eigentlich jedem Künstler – einen besonderen Einsatz abverlangte, über seine Zeitgenossen hinauszuwachsen. Dieses Jahrzehnt ist außerdem – wie die entsprechende Dekade im 16. Jahrhundert – eine jener kurzen, schöpferischen und folgenschweren Perioden, die die Geschichte der Kunst nachhaltig prägten. Seitdem ist in der Moderne kaum noch etwas gänzlich Neues geschaffen worden. Matisse war mit der Ausstellung seiner »wilden« Bilder im Herbstsalon 1905 und von *Lebensfreude* im Frühling des folgenden Jahres zum Kopf der Avantgarde geworden. Etwa ein Jahr lang machte ihm niemand diese Position streitig, bis dann Picasso mit seinen *Les Demoiselles d'Avignon* (Abb. 109) ein bewußtes Gegenstück zu Matisses Kunst malte, die die Schattenseiten der Existenz ausklammerte. (Allerdings blieb diese Provokation rein privater Natur, da das Bild zunächst nicht ausgestellt wurde.)

Offen angefochten wurde Matisses Stellung indes durch den wachsenden Ruhm Cézannes. In der Zeit zwischen 1900 und 1913 fanden viele große Ausstellungen statt: Neue Salons wurden ins Leben gerufen, zahlreiche Retrospektiven zeigten das Werk aller großen Namen des 19. Jahrhunderts, und auch außerhalb von Frankreich widmeten sich einige Mammutausstellungen der Entwicklung der modernen Malerei, insbesondere der Sonderbund 1909 und 1912 in Köln und die »Armory Show« 1913 in New York.

Die Cézanne-Retrospektive im Herbstsalon 1907 ist ein Beispiel dafür, daß Aus-

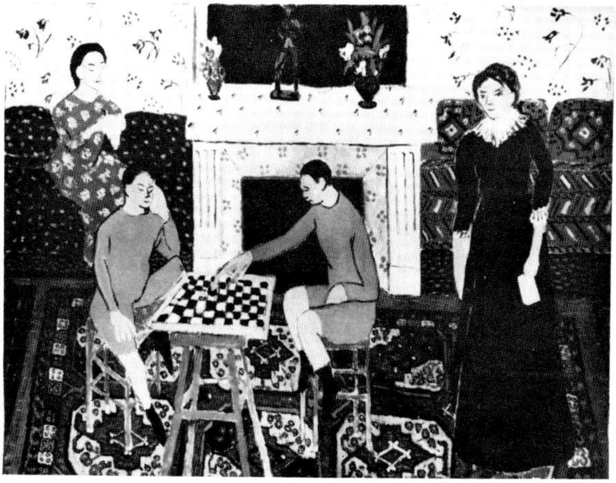

90 Henri Matisse,
Die Familie des Malers,
1911

stellungen, die zur rechten Zeit mit dem richtigen Konzept stattfinden, gelegentlich für das allgemeine Publikum wie auch für Künstler selbst äußerst fruchtbar sein und den Lauf der Kunstgeschichte verändern können. Cézanne war bereits zu Lebzeiten weder namenlos noch verkannt gewesen, doch durch die Ausstellungen nach seinem Tode wurde der Blick der jüngeren Maler genau auf jene Fragen gelenkt, die in seinen Werken offengeblieben waren und nach einer Lösung verlangten. In Paris geriet eine ganze Malergeneration – Matisse, Derain, Vlaminck, Picasso, Braque, Delaunay und Modigliani – unter den Einfluß Cézannes.
Am deutlichsten zeigt sich diese Konversion bei Derain und Vlaminck, die gemeinsam mit Matisse den Fauvismus begründet hatten. Beide veränderten ihren Malstil schlagartig: Hatten sie gerade noch leuchtende, bunte Farben benutzt und mit lockerer Hand Bilder entworfen, so führten sie von einem Tag auf den anderen strenge Kompositionen in dunklen und beinahe monochromen Farben mit disziplinierter und genau kalkulierter Pinselführung durch.
Vlaminck bewahrt in seinen besten Bildern etwas von dem Cézanne, den man versucht ist, als Expressionisten zu bezeichnen, weil manche seiner Landschaften so stark mit persönlichen Gefühlen aufgeladen sind, daß sie beinahe als Selbstporträts gelten können. Das trifft auch auf Vlamincks *Paysage d'Orage* (Abb. 93) zu, auf dem die vom Sturm zerzausten Bäume und Wolken eine ähnlich intensive Stimmung übermitteln wie Cézannes Landschaftsbilder. Vlamincks Gemälde weist damit noch einmal auf jene Problematik hin, die kennzeichnend für den Expressionismus insgesamt ist und bereits in Zusammenhang mit van Gogh beschrieben wurde: Jene allzu subjektive, ausschließlich auf die Gefühle des Künstlers beschränkte Aussagekraft der Kunst, die Matisse erfolgreich überwunden hatte.

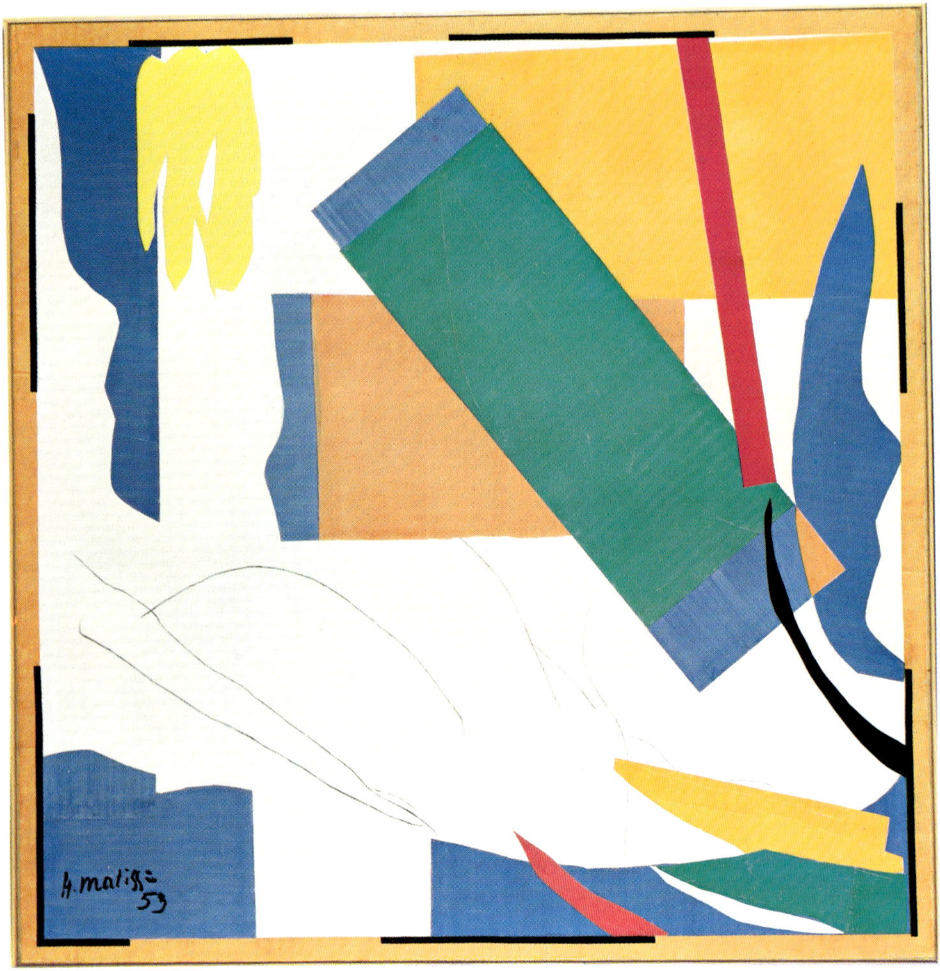

91 Henri Matisse, *Erinnerung an Ozeanien*, 1953

Derain reagierte auf ganz andere Aspekte der Cézanneschen Malerei. Ein distanzierterer und objektiverer Charakter als Vlaminck, war er, ähnlich wie Braque und Picasso, vor allem von Cézannes Fähigkeit der Bildkonstruktion fasziniert. Gemeinsam war diesen drei Malern außerdem eine Bewunderung für die Kunst des Autodidakten Henri Rousseau (1844–1910), Zöllner Rousseau genannt, weil er auf einer ehemaligen Zollstation bei Paris gearbeitet hatte. Es war ihnen unerklärlich, daß ein so einfacher Mensch ein so überragendes Meisterwerk wie *Schlafende Zigeunerin* (Abb. 92) hatte zustande bringen können. In seiner ungewöhnlichen Atmosphäre bereits auf den Surrealismus vorausweisend, gelingt diesem Bild auf formaler Ebene – etwa in der Zeichnung der Karaffe – eine Darstellung von Gegenständen aus einem scheinbar naiven Blick, der als Antwort auf die von Cézanne aufgeworfenen Fragen der bildlichen Darstellungsweise gelten konnte.

Von diesen beiden sehr unterschiedlichen Künstlern beeindruckt, entwickelte Derain, wie Picasso, seinen eigenen Stil. Mit Bildern wie seinem *Der Dudelsackspieler* (Abb. 94) führte er einen für die französische Malerei recht ungewöhnlichen lyrisch-poetischen Stil ein und erreichte mit seinen Stilleben von Küchengegenständen aus den Jahren 1911 und 1912 eine bemerkenswerte Ruhe und intensive Leuchtkraft. Nach einer sehr intensiven, ein oder zwei Jahre währenden Schaffensperiode besaßen Derains Leistungen unter dem Eindruck der ungeheuer beschleunigten künstlerischen Fortentwicklung der jüngeren Malergeneration und dem Ausbruch des Ersten Weltkrieges nicht mehr die Qualität, die seine frühen Bilder auszeichnete. Das Ende seiner Karriere ist ein trauriger Abstieg, der sich vermutlich auch auf die Beurteilung seiner ersten Arbeiten ausgewirkt hat.

Dieses Schicksal teilte er mit verschiedenen anderen Künstlern seiner Generation. Manche von ihnen bewahrte allerdings ein früher und möglichst unter romantischen Umständen erfolgter Tod davor, in Vergessenheit zu geraten. Dazu zählt Modigliani, der wie viele aufstrebende Künstler seiner Generation Anfang des Jahrhunderts nach Paris gekommen war, um dort sein Talent zu entfalten und seine

92 Henri Rousseau, *Schlafende Zigeunerin,* 1897

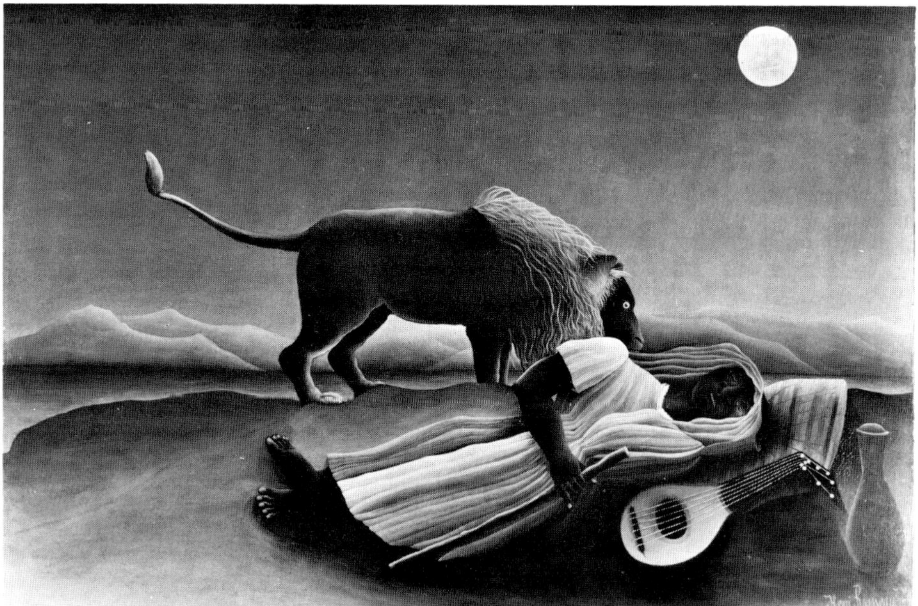

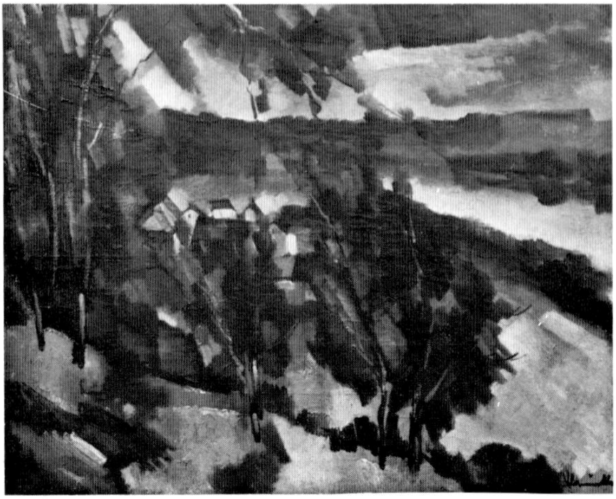

93 Maurice Vlaminck,
Paysage d'Orage, 1927

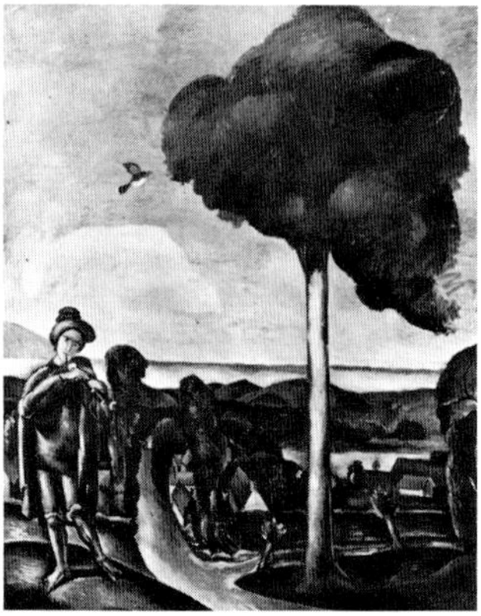

94 André Derain,
Der Dudelsackspieler, 1911

Träume zu verwirklichen. Paris war um 1900 plötzlich zum Zentrum des künstlerischen Lebens geworden und behielt diese Stellung bis Ende der dreißiger Jahre.
Amedeo Modigliani (1884–1920) war in Italien geboren und entstammte wie die meisten nach Paris immigrierten Künstler einer jüdischen Familie. Zu Anfang seiner Laufbahn wußte er sich nicht recht zwischen der Malerei und Plastik zu entscheiden, aber der Ausbruch des Ersten Weltkrieges setzte dieser Frage ein Ende, weil Materialien für Skulpturen nicht mehr aufzutreiben waren. Modiglianis beste Bilder, wie etwa das Porträt von *Jacques Lipchitz und seine Frau* (Abb. 95), besitzen eine plastische Qualität, die sie davor bewahrt, in einen gefälligen Manierismus zu verfallen.
Gelegentlich appellieren Modiglianis Porträts an das Mitgefühl des Betrachters für die Abgebildeten – und mithin für den Künstler. Darin liegt seit van Gogh und Munch der offenkundigste Aspekt der expressionistischen Malerei. Einen Höhepunkt erreicht diese Tendenz in den Arbeiten eines anderen jüdischen Immigranten, des Litauers Chaim Soutine (1894–1943). Seine Landschaften brennen vor fieberhaft gesteigerter Emotionalität; die wie über die Leinwand gegossene Farbe ist von einer nahezu greifbaren Realität. Auf den Bildern von Corot, Cézanne und Bonnard erscheint Südfrankreich

als vertraute, erholsame Landschaft; bei Soutine mutet es hingegen fremd an, obschon es auf seine geschundene Seele eine tröstliche Wirkung gehabt zu haben scheint. Die Bäume, Büsche und Häuser in der *Landschaft bei Céret* wirken, als seien sie außer Kontrolle geraten und könnten nur mühsam in die Bildstruktur eingefügt werden, als spiegelten sie wider, daß der Maler sich nur mit enormen Anstrengungen bei Leben und Gesundheit halten konnte.
Die Maler dieser Generation waren offensichtlich einem noch stärkeren äußeren Druck ausgesetzt als ihre Vorgänger. Mallarmé hatte die Dichtung als eine der Sinnleere trotzende Geste betrachtet, als die einzige dem Menschen zur Verfügung stehende Antwort auf die erbarmungslose Vergänglichkeit in einem gottlosen Universum. Diese Kunstanschauung war inzwischen Allgemeingut geworden: Der Künstler galt als heroische Gestalt, als Visionär, der ein tieferes Verständnis für das Leben hatte als seine Zeitgenossen, die dumpf ihren Alltagsgeschäften nachgehen. Diese selbsternannte Rolle als Seher konnten viele Künstler jedoch nicht lange aufrechterhalten, ohne Zuflucht und Unterstützung beim christlichen Glauben zu suchen.
Religiöse Bekehrungen waren zu dieser Zeit keine Seltenheit. In Frankreich fand der mystische Katholizis-

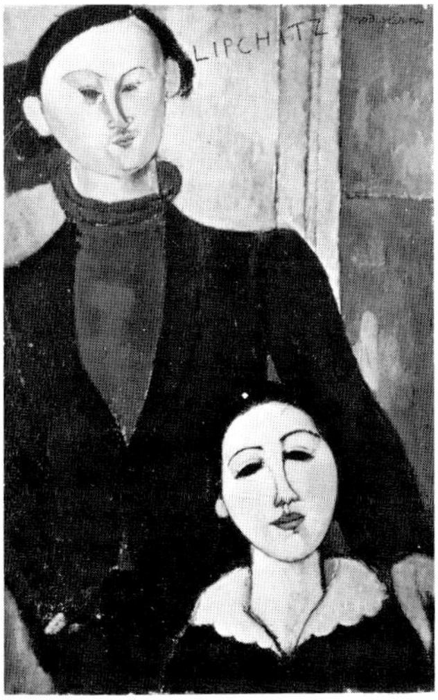

95 Amedeo Modigliani, *Jacques Lipchitz und seine Frau*, 1916

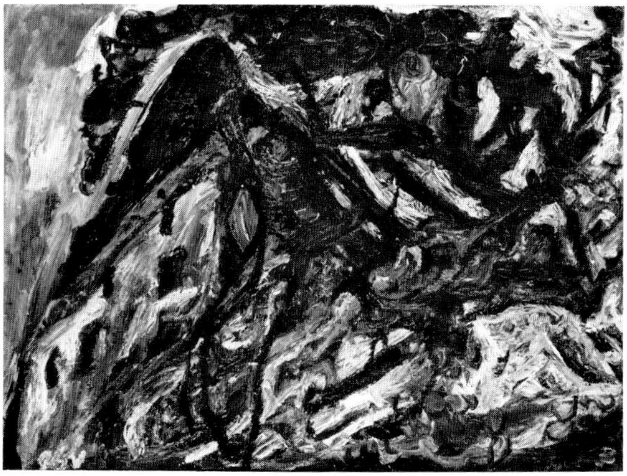

96 Chaim Soutine, *Landschaft bei Céret*, um 1920/21

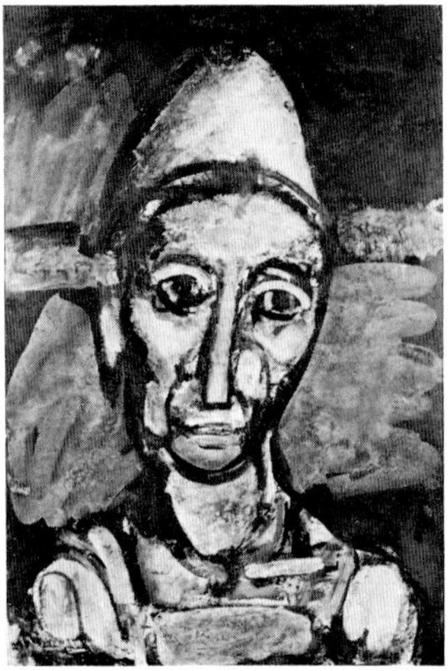

97 Georges Rouault, *Der alte Clown*, 1917

mus von Schriftstellern wie Paul Claudel, Léon Bloy und Charles Péguy in der Malerei Georges Rouaults (1871–1958) eine Entsprechung. Rouault hatte wie Matisse Gustave Moreaus Klasse besucht und war dessen Lieblingsschüler gewesen. Während einer tiefen persönlichen Krise wandte er sich dem Thema des Bösen zu, dessen alles beherrschende Kraft er überall am Werke sah. Seine Bilder kehren die traditionellen Werte um – Richter werden bei ihm zu affenähnlichen Ungeheuern, Prostituierte zu Heiligen. Das häufig wiederkehrende Motiv von Clowngestalten entwickelt sich vom heiligen Narren bis hin zur Verkörperung Christi (Abb. 97). Rouaults Werke beschäftigen sich immer ausschließlicher mit dem Leben Christi und bringen eine aufs äußerste eingeengte Welt zum Ausdruck, in der etwa Landschaften auf ihre Funktion als Kulisse für biblische Szenen reduziert sind. Seine in glühenden dunklen Tönen gehaltenen Bilder – ein Anklang an die Glasmalerei – und die schweren, lastenden Formen wecken unwillkürlich Assoziationen an die Kirche, die für Rouault die alleinige Vertretung der christlichen Botschaft verkörperte.

Das protestantische Gegenstück zu dieser Kunst ist das Werk Emil Noldes (1867–1956). Mit ihm verlassen wir Frankreich und wenden uns Deutschland als Zentrum des Expressionismus zu. Noldes gelungenste Bilder haben das Leben Christi zum Gegenstand, insbesondere jene Bilderserie zwischen 1909 und 1912, zu der auch *Das Abendmahl* (Abb. 98) gehört. Christus und seine Jünger werden hier gleichsam als deutsche Bauern dargestellt, eine schlichte Sehweise, der der primitive Malstil entspricht. Die Farben sind ungemischt direkt auf die Leinwand aufgetragen, die Komposition roh, der Pinselstrich rauh und zerfurcht. Noldes spätere Landschaftsbilder aus Seebüll sind von religiöser Stimmung beseelte Meeresbilder mit sturmzerzausten Wolken. Viele romantische und expressionistische Bilder versuchten durch diese Vermenschlichung der Natur eine gleichsam reinigende Wirkung zu erzeugen, die Matisse mit ganz anderen Mitteln zu verwirklichen angestrebt hatte.

Obwohl Nolde ein eingefleischter Einzelgänger war,

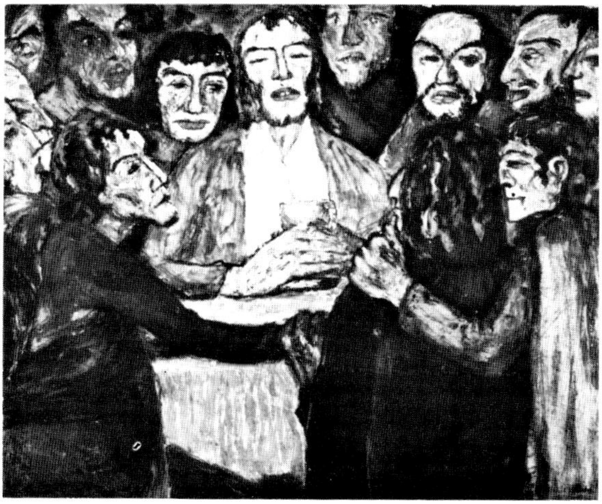

98 Emil Nolde, *Das Abendmahl*, 1909

kam er doch zeitweise in Dresden und Berlin mit zwei Zentren der modernen Kunst in Deutschland in Berührung. In Dresden schloß er sich 1907 der Künstlergruppe »Die Brücke« an, zu deren Kern Ernst Ludwig Kirchner (1880–1938), Karl Schmidt-Rottluff (1884–1976), Erich Heckel (1883–1970) und Max Pechstein (1881–1955) gehörten. Pechstein hatte in Frankreich gearbeitet und dort im Salon 1905 die Fauves kennengelernt. Die »Brücke«, die die jungen deutschen Maler bildeten, war eine Verbindung vom provinziellen Dresden zum kosmopolitischen Paris, insbesondere zu der neuen Kunstanschauung, die Gauguin und van Gogh begründet hatten und die nun von Matisse und Derain weitergeführt wurde.

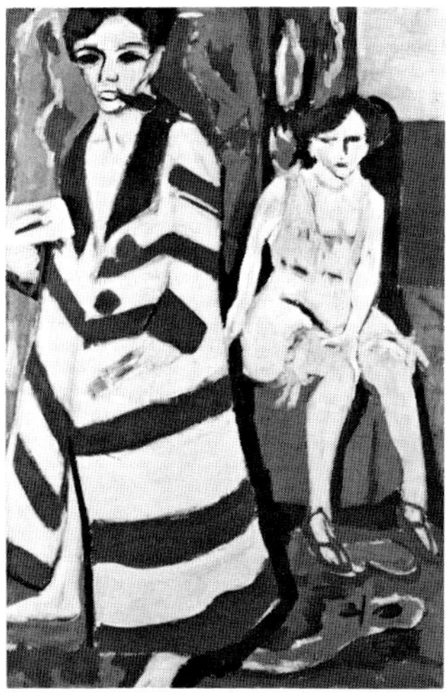

99 Ernst Ludwig Kirchner, *Selbstbildnis mit Modell*, 1909

Die Gemälde der Brücke zeigen mit ihren flachen, ungebrochenen hellen Farben, ihren starken Konturlinien und ihrem Verzicht auf Perspektive unverkennbar den Einfluß der Fauves, unterscheiden sich jedoch durch ihre plumpere, subjektivere Wirkung. Kirchners *Selbstbildnis mit Modell* (Abb. 99) zeigt eine gesteigerte Emotionalität, die in vergleichbaren Matissebildern fehlt. Er gab der Szene eine psychologische Bedeutung auf, die über die Darstellung der reinen Ateliersituation hinausgeht: »Unsere Malerei steht nicht mehr im Dienst der Kunst, sondern des Menschen«, lautet eine These der deutschen Expressionisten. Und diese Bedeutungsverlagerung kommt in ihren Werken spürbar zum Ausdruck.

1911 siedelten Kirchner und die Maler der Brücke von Dresden nach Berlin über, das allmählich zum kulturellen Zentrum Nordeuropas wurde. Strindberg und Munch hatten dort gelebt, und auf Munchs Einfluß dürfte auch das Interesse der Brückekünstler an Holzschnitten und Lithographien zurückgehen. Kirchner zeigte sich vor allem von den zwielichtigen Seiten des Großstadtlebens, den Prostituierten und ihren Zuhältern, den Tänzerinnen und Zirkusartisten, fasziniert. Die Maler der Brücke beschäftigten sich vornehmlich mit zwei einander genau entgegengesetzten Themenkreisen: einerseits mit dem Nachtleben der Großstadt, andererseits mit der Natur in hellem Tageslicht. Sie gründeten einen Kult des natürlichen Lebens und beschlossen, die Winter in der Großstadt zu verbringen, die Sommer hingegen im dörflichen Leben am Strand und in den Bergen, um durch die Heilkraft der Natur Erholung und Linderung zu erlangen. Sie bildeten eine Art Freikörperkultur und säkularen Sonnenkult und riefen damit Bewegungen ins Leben, die im Laufe des 20. Jahrhunderts noch auf großen Anklang stoßen sollten und charakteristisch für ihre Zeit sind.

Zu den führenden Intellektuellen in Berlin zwischen 1910 und dem Ausbruch des Ersten Weltkriegs 1914 gehörte Herwarth Walden. Sein Kunstsalon und seine Literaturzeitschrift *Der Sturm* waren Anziehungspunkte und Zentren des kulturellen Lebens. Walden wurde zum bedeutendsten Vermittler der modernen Kunst: Delaunay zeigte 1913 in Berlin seine abstraktesten Bilder und brachte auch Apollinaire mit, der einen Vortrag über die neue Malerei in Paris hielt; Marc Chagall überlegte, ob er sich in Berlin niederlassen sollte; eine Zeitlang arbeitete ein junger Maler aus Wien, Oskar Kokoschka (1886–1980) in Waldens Büro. Mehr als irgendwo sonst wurde hier der Expressionismus einer Öffentlichkeit vermittelt.

Kokoschkas *Selbstbildnis mit Alma Mahler* (Abb. 100) steht in interessantem Kontrast zu Kirchners *Selbstbildnis*: Kokoschkas Figuren haben zwar eine ähnlich vitale Ausstrahlung wie Kirchners, drücken diese allerdings eher durch graphische als durch malerische Mittel aus. Kokoschka arbeitete zu diesem Zeitpunkt als Zeichner bei Waldens Zeitschrift, und auch auf diesem Ölbild mit seiner nervösen, ausdrucksstarken Linienführung, die die Bildoberfläche durchkratzt und unruhig über sie hinwegfährt, macht sich die Handschrift des Zeichners bemerkbar. Kokoschkas Porträts aus dieser Schaffensperiode durchdringen die Modelle mit einem analytischen Blick, dem nichts verborgen bleibt. Nicht zu Unrecht sind Kokoschkas zeichnerische Fähigkeiten mit dem psychoanalytischen Verfahren Freuds verglichen worden, und beide entstammen schließlich als Wiener aus demselben kulturellen Milieu.

Neben Berlin war München das Hauptzentrum künstlerischen Lebens in Deutsch-

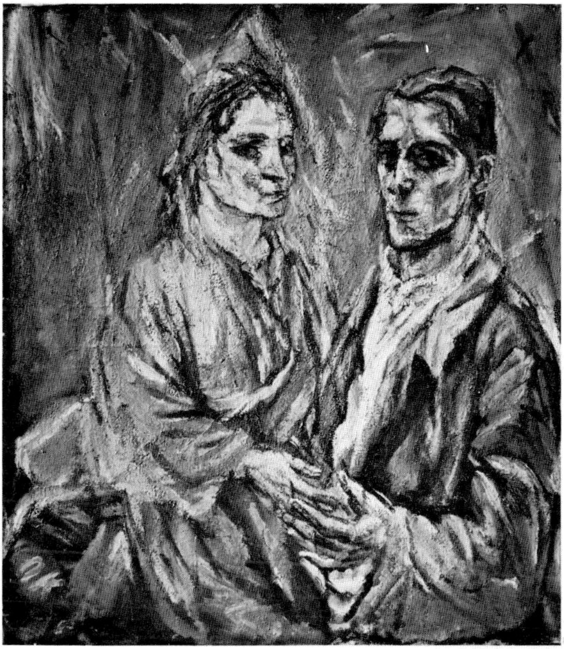

100 Oskar Kokoschka, *Selbstbildnis mit Alma Mahler*, 1912

land. Hier bildete sich 1911 »Der Blaue Reiter«, die dritte Künstlergruppe des Expressionismus, der der seit langem in Deutschland lebende Russe Wassily Kandinsky (1866–1944) vorstand und zu der unter anderem Franz Marc (1880–1916) und August Macke (1887–1914) gehörten. Anders als die Künstler der »Brücke« verband diejenigen des Blauen Reiters kein gemeinsamer Stil, sondern vielmehr eine gemeinsame Anschauung über die geistige Botschaft der Kunst. Auf Kandinskys Experimente, die unter anderem von Matisses fauvistischen Arbeiten beeinflußt waren und ihn zur abstrakten Kunst führten, werden wir erst an späterer Stelle eingehen. Zwar bewegte sich auch Franz Marc gegen Ende seines Lebens auf die abstrakte Kunst zu, da aber der Hauptteil seines Werkes dem Expressionismus zuzurechnen ist, wollen wir uns zum Abschluß dieses Kapitels ihm zuwenden.
Marc glaubte, die Kunst habe in einer Welt nach dem Untergang des Christentums und des Materialismus im 19. Jahrhundert eine besondere Funktion zu erfüllen, nämlich Symbole zu schaffen, die auf dem Altar einer zukünftigen rationalen Religion deren Platz einnehmen können. Dieses Vorhaben versuchte Marc zunächst durch die Gegenüberstellung von der natürlichen Schönheit der Tiere mit der Schwere des Menschenlebens umzusetzen. Gelegentlich läßt sich eine gewisse Sentimentalität dieses pantheistischen Ansatzes nicht verleugnen, aber in seinem

Meisterwerk *Tierschicksale* (Abb. 101) verbindet Marc die neuen Entdeckungen des Futurismus und Kubismus, die seiner Vision eine ganz eigene Radikalität geben. Der ursprüngliche Titel des Bildes »Alles Leben ist brennendes Leid«, auf der Rückseite des Bildes notiert, bezieht sich deutlicher auf die apokalyptische Stimmung, die das Bild wiedergibt. Ein sterbendes Reh hebt seinen Kopf unter einem fallenden Baum; rote Füchse auf der rechten, grüne Pferde am oberen linken Bildrand bezeugen, daß die Farben hier nach ihrem Symbolgehalt eingesetzt werden. Blau steht bei Marc für die Hoffnung: Doch bald wird es in dieser katastrophalen Vernichtung des Tierlebens keine Hoffnung mehr geben.
Der Krieg forderte von der Generation der Expressionisten einen hohen Tribut: Marc und sein jüngerer Freund Macke fielen; Kirchner und Kokoschka gerieten an den Rand des Wahnsinns. Kirchner gewann seine Gesundheit auch nach Kriegsende nie ganz zurück und beging schließlich kurz vor Ausbruch des Zweiten Weltkrieges in der Schweiz, wohin er sich zurückgezogen hatte, Selbstmord. Daß Kokoschka weiterarbeitete, ist wohl seiner außerordentlich hohen Belastbarkeit zuzuschreiben und zudem seiner Weigerung, das 20. Jahrhundert überhaupt wirklich an sich heranzulassen. Er ist der einzige Künstler, der noch aus dem 19. Jahrhundert stammt und imstande war, eine lange, erfolgreiche Karriere zu vollenden, als hätten die hier besprochenen künstlerischen Entwicklungen nie stattgefunden.

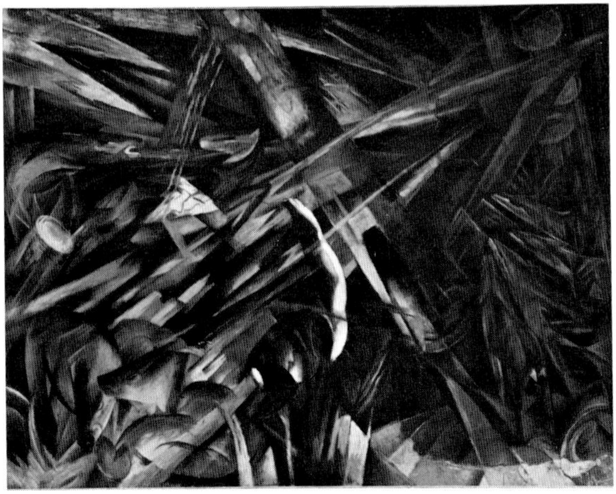

101 Franz Marc, *Tierschicksale*, 1913

6 Der Kubismus

Der Kubismus stellt die progressivste und radikalste Neubestimmung der Bildsprache im 20. Jahrhundert dar. Er machte das Bild zum Objekt und führt damit direkt zur Entstehung der abstrakten Kunst einerseits, zum Verschwimmen der Grenzen zwischen Malerei und Skulptur, zwischen Bild, Collage und Relief andererseits: Die Aufhebung der Gattungsgrenzen zwischen Malerei und Skulptur Mitte unseres Jahrhunderts ist ein Ergebnis der kubistischen Revolution.
Entwickelt wurde der Kubismus hauptsächlich aus den theoretischen Schlußfolgerungen, die insbesondere zwei Maler – Picasso und Braque – aus dem Malstil Cézannes zogen. Cézannes Landschaften und Stilleben waren in gewisser Weise noch unmethodische, rein empirische Versuche, die Erscheinungen der Natur in die Sprache der Kunst zu übertragen. Mit der Radikalität der Jugend vereinfachten Picasso und Braque das Problem und gaben darauf eine Antwort, mit der sie sich einverstanden erklären konnten. Doch auch sie sollte nicht von Dauer sein und bald neue Fragen aufwerfen.
Unmittelbar nach Cézannes Tod 1906 wurden im Herbstsalon einige seiner kleineren Bilder als Vorbereitung für die ein Jahr später stattfindende Gedenkausstellung gezeigt. Diese Bilder machten auf Picasso, der zur gleichen Zeit Anregungen bei afrikanischen und primitiven Schnitzarbeiten suchte, einen enormen Eindruck und wurden zum Wendepunkt seiner künstlerischen Entwicklung. Denn in seinem aggressivem Meisterwerk *Les Demoiselles d'Avignon* (Abb. 109), welches im Winter 1906/1907 entstand, verknüpfte er all diese Anregungen zu einem radikalen Neubeginn der künstlerischen Sprache.
Der konsequente Bruch mit der Tradition hatte sich bis dahin in Picassos Werk nicht abgezeichnet. Der 1881 in Malaga geborene Maler, Sohn eines Kunstlehrers, war ein außergewöhnlich begabtes Kind, das schon sehr früh von den alten Meistern im Prado und von den in Barcelona zirkulierenden Zeitschriften lernte, um schließlich 1900 und 1904 bei zwei Besuchen in Paris mit der modernen Malerei in Berührung zu kommen.
Picassos Werdegang, von den verschiedensten Einflüssen geprägt, entsprach seinem ruhelosen Temperament. In seinen frühen Zeichnungen und Bildern machen sich noch Anklänge an Daumier und Lautrec, Bonnard, Puvis de Chavannes, Degas, Munch und Rossetti bemerkbar. Doch schon in dem 1903 entstandenen *Das Leben* (Abb. 102) tritt etwas ganz Eigenes und Unverkennbares hervor. Es ist das

bis dahin großformatigste und ehrgeizigste Bild Picassos und, wie der Titel bereits andeutet, eine Allegorie über den Sinn des Lebens, die (wie Gauguins Bilder) verschiedene Deutungen zuläßt. Die drei Figurenpaare repräsentieren – ähnlich den Frauen auf Munchs *Tanz des Lebens* (Abb. 80) – drei Stadien des Lebens: Wir können darin die erste Liebe, die Erfahrung (oder Desillusionierung?) und schließlich die Mutterschaft erkennen. Die Figuren sind von unmittelbarer Greifbarkeit, die Frauengestalt auf der rechten Bildhälfte gleichsam eine in Stoff gehüllte Säule. Der Stoff verdeckt ihren Körper nicht, sondern läßt seine Konturen noch ausdrucksstärker hervortreten als bei den Aktfiguren. Das Bild ist monochrom in verschiedenen Blautönen gemalt – es ist das letzte Bild aus Picassos sogenannter Blauen Periode –, die hier in ihrer melancholischen, auf die Unendlichkeit verweisenden Assoziation zum Ausdruck gelangen.

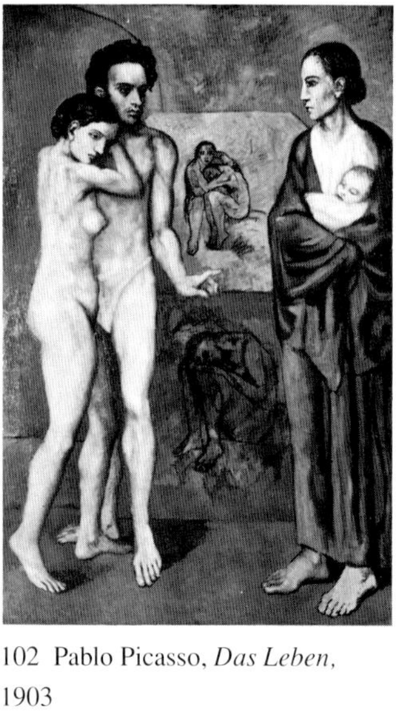

102 Pablo Picasso, *Das Leben*, 1903

In den Vorstudien zu diesem Bild sind die Figuren noch im Atelier des Malers plaziert. Picasso nimmt damit wie Courbet, Manet und andere seiner unmittelbaren Vorläufer auf das berühmte Motiv von Velásquez Bezug. Seine Variation dieses Themas fällt jedoch durch eine derart gesteigerte Subjektivität und Emotionalität auf, daß sie das Bild nahezu erdrückt.

Picasso mag sich dessen bewußt gewesen sein, denn als er sich 1904 in Paris niederließ, nahm er den sentimentalen Gehalt seiner Bilder allmählich wieder zurück. Statt Bettler, Huren und verhungernde Kinder in den Armen ihrer Mütter abzubilden, wählte er seine Modelle nun aus der Zirkuswelt oder aus dem Theater, also gleichsam aus einer von der Realität um einen Schritt entfernten Welt. Die *Seiltänzerfamilie* von 1905 (Abb. 103) schließt thematisch an *Das Leben* an. Das Bild vermittelt keine eindeutige Aussage oder einen Handlungsablauf, sondern zeigt stilisierte, in einem zeitlosen, bewegungslosen Trancezustand eingefrorene Figuren. Die Gaukler werden als Menschen präsentiert, die eine unsichere und karge Existenz zu ertragen haben, welche mit der faszinierenden Zirkuswelt nur wenig gemein hat.

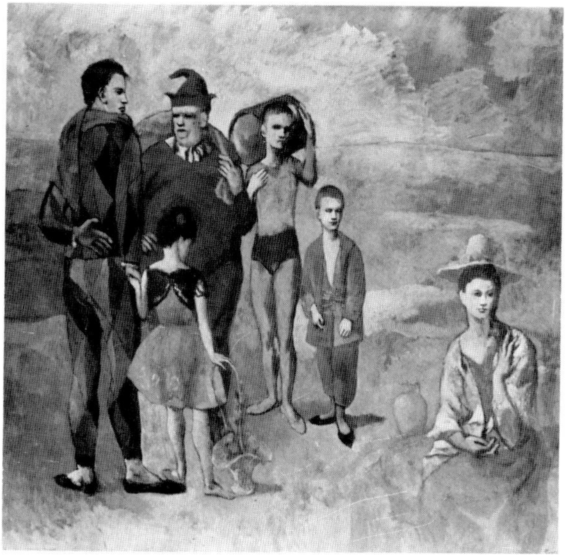

103 Pablo Picasso,
Die Seiltänzerfamilie,
1905

Picasso zeigte sich zeitlebens von dem Dualismus fasziniert, der jeder Form von Aufführung zugrunde liegt. Sein Leben lang interessierte er sich für das Theater, schrieb sogar selbst einige Stücke. Für die *Seiltänzer* scheint jedoch etwas anderes ausschlaggebend zu sein: Hier wollte Picasso das Schicksal einer Zirkusfamilie, die zu wurzellosem Leben und flüchtigen Beziehungen verdammt ist, wohl als Sinnbild für das menschliche Leben überhaupt verstanden wissen.
Mit der *Seiltänzerfamilie* beginnt die sogenannte »Rosa Periode« Picassos, mit der er sich von der Emotionalität der vorhergegangenen Periode abzulösen und eine größere Objektivität einzuführen versuchte. Die in diese Zeit fallende intensive Beschäftigung mit der Kunst der Etrusker und mit griechischen Skulpturen im Louvre, mit iberischen Idolen und afrikanischen Holzschnitten hinterläßt deutliche Spuren in seinen *Demoiselles d'Avignon*.
Die *Demoiselles* stehen am Anfang einer neuen Schaffensperiode. Bisher hatte sich Picasso, ein gleichsam spätgeborener Symbolist mit Anklängen an die sozialkritische realistische Tradition, nur am Rande der modernen Kunst bewegt. Die experimentelle Bildsprache von Manet, Cézanne und Seurat hatten ihn als »reine Malerei« bislang wenig interessiert, da er sich mit »großen« Themen beschäftigen wollte. Indes erkannte er allmählich, daß kein Weg an der reinen Malerei vorbeiführte, um diese Themen auszudrücken. Soviel lernte er von seinem Rivalen Matisse und seinem engen Freund und Mitarbeiter Braque.
Mit *Lebensfreude* (Abb. 88), dem nur wenige Monate vor Picassos Arbeitsbeginn

an den *Demoiselles* ausgestellten Werk, war Matisse sofort zum Führer der Avantgarde aufgestiegen. Picassos Bild war in gewisser Weise eine Reaktion auf dieses Gemälde, weil es jene dunkle und gewalttätige Seite der Existenz enthüllte, die Matisse aus seinen Bildern verbannte. Picassos *Demoiselles* verhält sich zu dem von Sonnenlicht durchdrungenen Bild *Lebensfreude* wie ein Gegenstück, das die Schattenseiten der Existenz darstellt. Auf den Vorstudien zu diesem Bild ist ein Matrose von nackten Frauen umgeben, während ein zweiter Matrose am linken Bildrand einen Vorhang beiseite zieht. In den Händen hält er einen Totenkopf, das klassische Symbol für die Vergänglichkeit des Menschen.
Als Picasso an die großformatige Leinwand heranging, ließ er dieses Theatermotiv fallen, verzichtete auf die Figuren der beiden Matrosen und stellte lediglich die weiblichen Akte dar. Im Laufe der Arbeit schienen ihm ihre Formen wichtiger zu werden als ihr Symbolgehalt. Die Köpfe der zweiten und dritten Frau weisen deutliche Einflüsse der iberischen Idole aus der vorrömischen Zeit auf, deren starke Ausstrahlung Picasso tief beeindruckte. In diesem Stil hatte er zunächst die erste Figur von links gemalt, sie aber dann verändert. In welche Richtung er sich bewegte, läßt sich deutlich an den beiden Frauenfiguren am rechten Bildrand ablesen: Ihre langgezogenen Gesichtsformen, die Halbkreise unter den Augen und die Schraffuren an den Wangen sind unverkennbar von afrikanischen Masken inspiriert.
Afrikanische Skulpturen waren erst seit kurzem von den jungen Pariser Malern als Kunst entdeckt worden. Vlaminck, Derain und Matisse hatten sich für sie auf ihren Besuchen im naturkundlichen Museum zu interessieren begonnen und einige Exemplare gekauft. Picasso folgte ihnen 1906/07 auf diesem Weg, also genau zu der Zeit, als er an den *Demoiselles* arbeitete. Zuvor hatten afrikanische Skulpturen als befremdliche Objekte ohne ästhetischen Wert gegolten. Es kam einem revolutionären Akt gleich, in ihnen Kunstobjekte zu sehen, die den Schöpfungen der zivilisierten Kulturen ebenbürtig waren. Zwei Aspekte der afrikanischen Skulpturen boten sich dazu an: einmal ihre soziale Funktion als Zaubersymbole in rituellen Zeremonien und zweitens ihre formale Qualität, das heißt, daß sie ganz offensichtlich nichts in der Natur Vorhandenes abbildeten, sondern eine Idee des Künstlers zum Ausdruck brachten. An diesen Werken wurde deutlich, daß nichtanschauliche Ideen sich in symbolischer Ausdrucksweise darstellen und abbilden ließen.
Doch erst allmählich traten diese beiden Aspekte deutlich hervor. Was Picasso zunächst an den afrikanischen Skulpturen gefiel, waren jene Merkmale, die ihn auch schon an Cézannes Gemälden aufgefallen waren und die er nun in seiner eigenen Malerei umzusetzen versuchte: eine neue Methode, dreidimensionale Formen auf der zweidimensionalen Bildoberfläche wiederzugeben. Warum sollte ein Bild immer nur aus einem einzigen Blickwinkel heraus gemalt werden? Warum sollte man nicht vielmehr versuchen, verschiedene Blickwinkel auf der Leinwand zu vereinigen? Cézanne hatte auf dem Bild *Frau mit Kaffeekanne* (Abb. 31) bereits versucht,

um eine Figur und die Gegenstände eines Stillebens gleichsam herumzugehen. Picasso trieb in den hockenden Figuren der *Demoiselles* dieses Verfahren noch weiter und stellte – in Analogie zur afrikanischen Kunst – nicht das dar, was er sah, sondern das, was er wußte. Damit entstand der simultane Blickpunkt der Kubisten, der am greifbarsten an dem Kopf zum Vorschein kommt, der zugleich Profil und Vorderansicht enthält, ein in Picassos Werk häufig wiederholtes Motiv.
Picassos *Demoiselles* ist in der Farbgebung und im Bildaufbau Cézannes *Badenden* entlehnt. Bei bestimmten Posen handelt es sich nicht nur um eine Ähnlichkeit, sondern um ein Zitat, und auch die mangelnde Raumtiefe und das Verhältnis von Figur und Hintergrund sind von Cézanne übernommen. Diese Feststellung ist mitnichten als Kritik an Picasso zu verstehen, denn schließlich war er einer der ersten, der Cézannes enorme Bedeutung überhaupt erkannte und mit diesem Bild seinen Dank zum Ausdruck brachte. *Les Demoiselles* ist jedoch letztlich ein unvollendetes Gemälde – Picasso stellte es erst 1937 aus –, dessen einzelne Elemente nicht miteinander verknüpft sind und noch etwas rein Zufälliges an sich haben.
Obgleich es nicht öffentlich zugänglich war, erlangte das Werk in Künstlerkreisen eine ungeheure Wirkung. Über Apollinaire, den Dichter und Kunsttheoretiker, der mit vielen Malern bekannt war, kam es zur Begegnung zwischen Picasso und Georges Braque (1882–1963). Der Anblick von Picassos *Demoiselles* leitete im Werk des jungen Braque, der bisher im fauvistischen, grellfarbigen und unmittelbaren Stil gemalt hatte, eine radikale Wende ein. Zwar hatte Braque zuvor damit begonnen, den strukturellen Aufbau von Cézannes Bildern zu erforschen und den Fauvismus hinter sich gelassen, war sich aber noch nicht im klaren darüber, welchen Weg er nun einschlagen sollte. Picasso wies ihm eine neue Richtung. Der *Akt* (Abb. 104), den Braque im Winter 1907/1908 malte, ist im Grunde die Variation einer der *Demoiselles* von Picasso, allerdings ohne die afrikanischen Anklänge: Braques Figur knüpft ausschließlich an die Prinzipien Cézannes an.
Braque hatte ein tiefer greifendes Verständnis für die Bedeutung von Cézannes Werk als Picasso. Beide Künstler hatten die kurz zuvor erschienenen Briefe Cézannes an seinen Freund Emile Bernard gelesen und sich mit dem Ratschlag, »die Natur als Kugel, Zylinder und Kegel zu behandeln«, beschäftigt. Sie fragten sich, ob damit gemeint war, man solle die Naturerscheinungen in die geometrischen Grundformen zergliedern. Jedenfalls versuchten sie im Sommer 1908 nach diesem Prinzip zu verfahren. Braques *Bäume in Estaque* (Abb. 105) war eines der Gemälde, die die Regelmäßigkeit der natürlichen Formen so stark betonten, daß der Kunstkritiker Louis Vauxcelles die Landschaftsbilder als aus »kleinen Kuben bestehend« beschrieb. Aus dieser dahingeworfenen Bemerkung entstand der Begriff Kubismus.
Wichtiger als die geometrische Aufteilung an Braques Bild ist jedoch seine Raumbehandlung. Er wollte die Künstlichkeit der illusionistischen Malweise überwin-

den und suchte nach neuen Wegen, einen Bildraum zu schaffen. Statt eine unendlich ausgedehnte Raumtiefe zu erzeugen, versuchte er sich an einer Aufgliederung von Formen, die es ermöglichte, jedes Element klar zu formulieren und auf die Bildfläche zu beziehen. Auch der Farbe schrieb er eine neue Funktion zu: Sie sollte nicht mehr abbilden, sondern konstruieren.

Die Verbindung von Braques Raumstrukturierung mit Picassos formalen Versuchen zeigen solche Bilder wie Picassos *Dryade* von 1908 (Abb. 106), in dem Picassos Aktfigur sich gleichsam inmitten der Braqueschen Waldlandschaft befindet. Dieses Bild markiert den Punkt in Picassos Entwicklung, an dem allmählich seine Orientierung an der afrikanischen Kunst zugunsten einer größeren Konzentration auf Cézanne zurücktritt. Das Bild zeigt zwar unverändert primitive Züge, doch sie beziehen sich nicht mehr allein auf exotische Kunstformen, sondern mindestens ebenso stark auf die Bilder des Zöllners Rousseau (Abb. 93).

Braque und Picasso, die »wie Bergsteiger aneinandergebunden« zusammenarbeiteten, führten diese Erneuerung der Bildsprache bis an ihre logische Konsequenz. Die Aufsplitterung von Figuren und Objekten dehnten sie auf den Bildhintergrund aus, so daß Raum und Volumen ein ineinander übergehendes Ganzes bilden und das Bild eine greifbare Oberflächenstruktur annimmt. Die Farbpalette ist auf eine monochrome Skala von Grau-, Braun- und Ockertönen reduziert. Die Farbe ist nun das am wenigsten wichtige Element der Malerei.

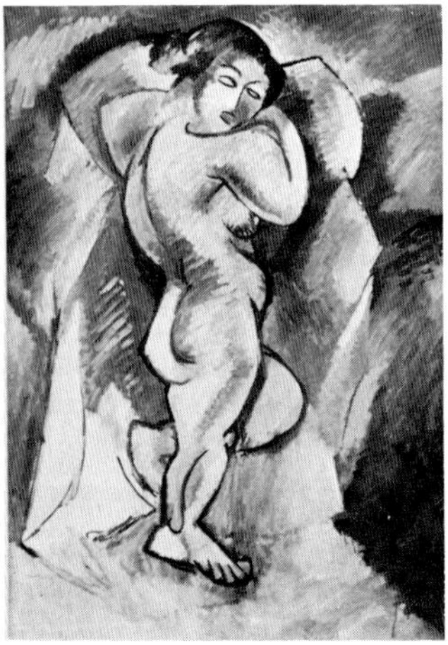

104 Georges Braque, *Akt*, 1907/08

Picassos *Mädchen mit Mandoline* (Abb. 107) ist als Figur zwar erkennbar, verschmilzt aber mit dem Bildhintergrund. In ihr wird eine gewisse Widersprüchlichkeit in Picassos künstlerischem Ansatz deutlich. Einerseits strebte er mit der Vereinigung verschiedener Blickwinkel auf einen Gegenstand nach analytischer Präzision und erklärte seinem Kunsthändler Daniel-Henry Kahnweiler: »In einem Gemälde von Raffael läßt sich die exakte Distanz zwischen Nasenspitze und Mund nicht bemessen. In meinen Bildern soll das möglich sein.« Andererseits betrachtete er die Materie als etwas Fließendes, nicht genau Begrenztes. Die geometrischen Formen dehnen sich auf den sie umgebenden Raum aus. Bergsons Vorstellung von der Realität als einem in stetem Fluß befindlichen Prozeß und Einsteins Widerlegung der Vorstellung von festen Zuständen und der Festigkeit von Körpern spielen dabei eine wichtige Rolle: Mögen Picasso und Braque diese Ideen auch nicht direkt rezipiert haben, so wußten sie darüber doch mehr als gemeinhin angenommen.

Auffällig ist auch, daß das Mädchen ausgerechnet eine Mandoline in Händen hält, ein Instrument, das sich gewöhnlich weder in einem Künstleratelier noch in einem Café befindet. Dies läßt sich einerseits mit dem Verweis auf Corots Atelierbilder erklären, andererseits mit dem Hinweis auf Mallarmés Gedichte. Von Kahnweiler wissen wir, welch entscheidende Rolle Mallarmé für die Kubisten nach 1907 spielte. In seinen Gedichten taucht das vielschichtige Symbol der Mandoline häufig auf. Sie steht einerseits für Musik, mithin für den Akt der künstlerischen Kreativität, andererseits durch ihre bauchige Form für den Akt der natürlichen Schöpfung. Zur selben Zeit wie Picasso malte auch Braque eine *Mandoline* (Abb. 108) und übertrug Mallarmés poetische Technik der Auflösung in Fragment und Neuordnung von Erfahrungsdaten auf die bildende Kunst. Mallarmés Beschäftigung mit dem Thema, welche Rolle der Zufall bei der künstlerischen Kreativität spielt, hatten die Maler zwar vorerst noch nicht für sich entdeckt, aber bereiteten auch dieses Motiv allmählich vor.

Braque trieb die Auflösung der Formen radikaler voran als Picasso, was unter anderem daran gelegen haben mag, daß es bei den von ihm bevorzugten Stilleben leichter durchzuführen war als bei Figurenbildern. Seine *Mandoline* ist von diffusem Licht beherrscht; die gebrochenen, facettierten Bildebenen neigen sich einmal in diese, einmal in jene Richtung und spiegeln sich über die ganze Bildoberfläche. Für Braque war die Auflösung in Fragmente ein Mittel, möglichst nahe an das Objekt heranzukommen und die Bewegung im Raum herzustellen. Dieser Malstil erhielt die irreführende Be-

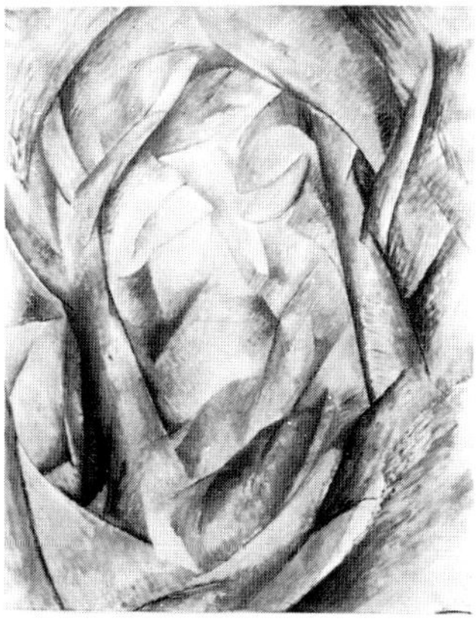

105 Georges Braque, *Bäume in Estaque*, 1908

106 Pablo Picasso, *Dryade*, 1908

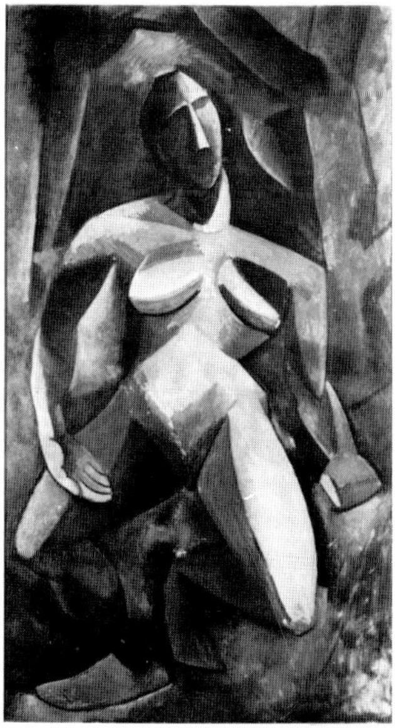

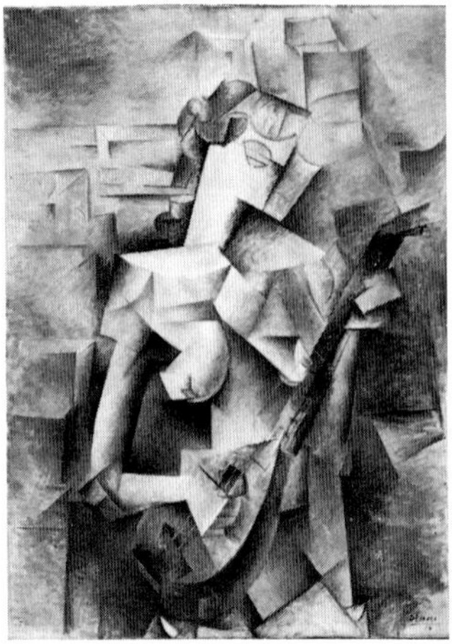

107 Pablo Picasso, *Mädchen mit Mandoline*, 1910

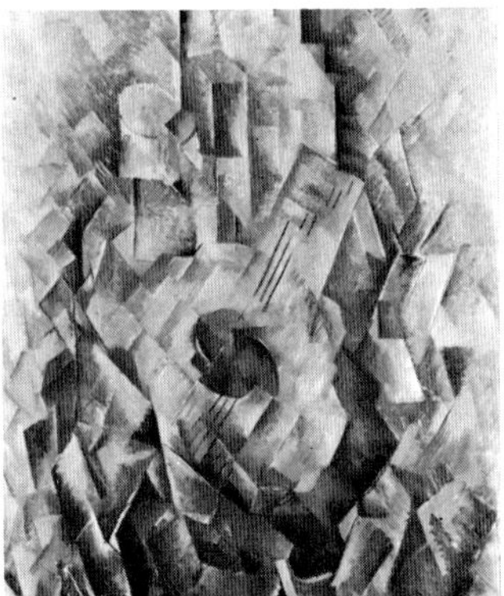

108 Georges Braque *Mandoline*, 1909/10

zeichnung analytischer Kubismus. Picasso und Braque hatten Cézannes analytisches Verfahren zwar anfangs übernommen, es aber bald schon als zu empirisch und unsystematisch verworfen.

Dieser Weg war durch die Einführung abstrakter Strukturen gekennzeichnet. Diesen hatten sich die Objekte anzupassen und mit ihnen verschmolzen sie immer mehr. Wie dieses Prinzip funktioniert, können wir deutlich an Picassos Figurenbildern von 1910 und 1911 sehen, in denen die Körper wie ein Gerüst behandelt werden. Konturen galten bei ihm als unwirklich und einengend, die geschlossene Form der Figur ist bewußt durchlöchert, gelegentlich wird sogar eine Bewegung angedeutet. Picassos *Mandolinenspieler* von 1911 (Abb. 110) besteht aus einer pyramidenförmigen Struktur, die Formen sind nun rein zweidimensional und haben jedes Volumen verloren: Es sind nur noch ineinander übergehende oder sich überlappende Farbebenen; die einzige lineare Definition wird mittels gerader Linien und Bögen gegeben. Um der zunehmenden Abstraktion ein Gegengewicht zu geben, hatten Braque und Picasso ein neues Kompositionselement eingeführt. Sie benutzten täuschend echt aussehende Nägel, Buchstaben und Holzimitat, um die Realität der Oberflächenstruktur und die Zweidimensionalität zu betonen, führten damit aber weitreichende philosophische Implikationen ein.

Denn gegen Ende des Jahres 1911 hatten Picasso und Braque ihre Bilder bis zu einem Punkt vorangetrieben, an dem sie sich vor eine entscheidende Wahl gestellt sahen: Die Erkennbarkeit des Darstellungsgegenstandes war inzwischen auf ein Minimum reduziert und der Kubismus damit in eine hermetische Phase eingetreten. Es stand nun an, den Zusammenhang von dargestellter Welt und Darstellung ganz zu lösen oder aber ein neues Verhältnis zwischen beiden herzustellen. Picasso und Braque entschieden sich für die zweite Lösung.

Jedenfalls suchte der Kubismus eine Antwort auf das Darstellungsproblem darin, bestimmte Erlebniselemente in die Bildwirklichkeit mit einzubeziehen, indem er

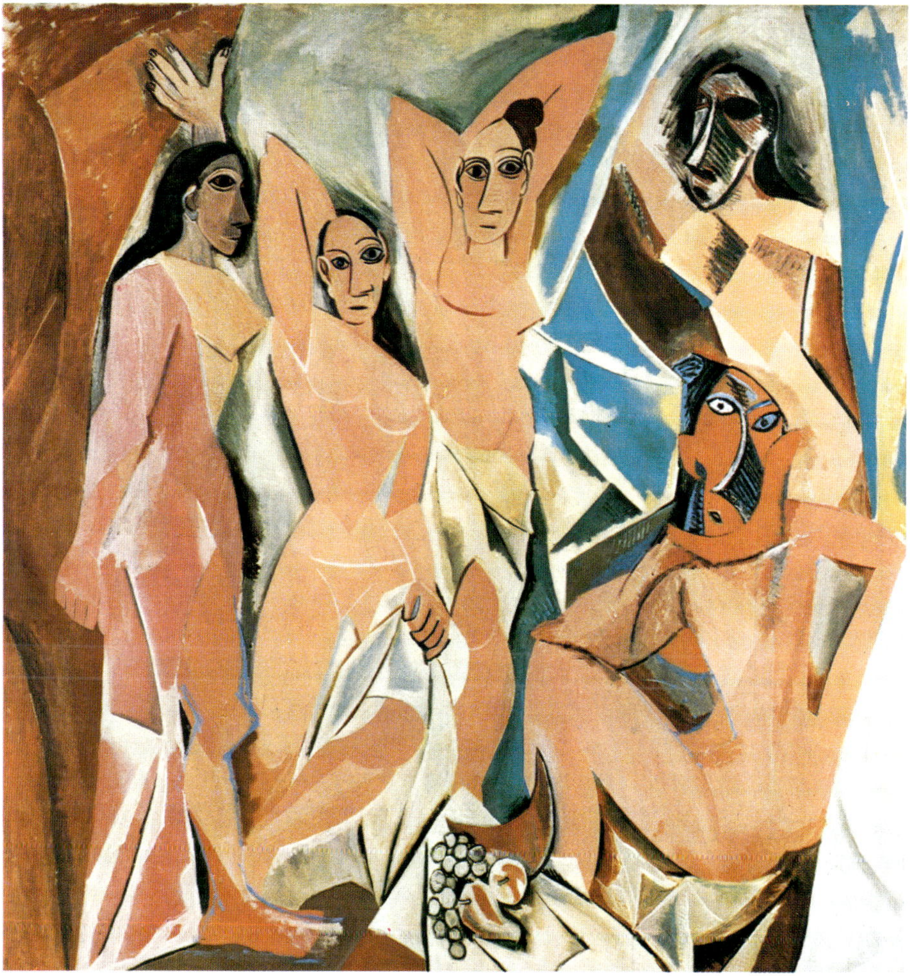

109 Pablo Picasso, *Les Demoiselles d'Avignon*, 1906/07

etwa Trompe l'œil (Täuschung des Auges) benutzte. Anfang 1912 entstand Picassos *Stilleben mit Rohrstuhl* (Abb. 112), auf dem ein echtes Wachstuch mit dem Muster eines Korbgeflechts auf die Leinwand aufgeleimt ist und ein Stück Seil als Rahmen dient. Mit dem Gebrauch von echten Materialien oder ihrer täuschend echten Imitation wird das Bild nun nicht nur rein technisch-formal, sondern auch inhaltlich zu einer Collage und revolutioniert die Malerei. Die Vorstellung, Kunst habe die Wirklichkeit nachzuahmen oder sie vorzutäuschen, ist hier endgültig aufgegeben, die Struktur der Bildoberfläche so stark betont, daß auch Hinzufügungen ästhetisch einleuchteten. Diese Methode verwischte allerdings die Grenzen zwischen dem Bild und dem Objekt in einem Maße, daß beides nicht mehr klar voneinander zu unterscheiden war. Und auf diese Ungewißheit machte Marcel Duchamp mit der Ausstellung seiner signierten Ready-Mades 1917 aufmerksam.

Mit seinem *Stilleben mit Rohrstuhl* scheint Picasso den Stand der künstlerischen Entwicklung 1912 zusammenzufassen, als wolle er auflisten, wie Objekte in der Malerei verwendet werden können: Entweder wie auf einer technischen Entwurfszeichnung mit genauen Angaben und Maßen, als bildliche Repräsentation des realen Gegenstandes (wie etwa die Muschel in diesem Bild) oder aber als reale Gegenstände selbst in den Bildkörper eingebunden. Bilder können voller Anspielungen stecken, sie können sogar Witze machen oder Wortspiele enthalten wie hier etwa die ersten drei Buchstaben des Wortes Journal, die auch auf *joujou* oder *jouet*, Spielzeug, hinweisen. Picasso benutzt auch wieder Farben, nachdem er sie jahrelang als potentiellen Störfaktor aus seinen Bildern verbannt hatte. Wie könnte er auch eine Zitrone malen, ohne ihr die Farbe einer Zitrone zu geben?

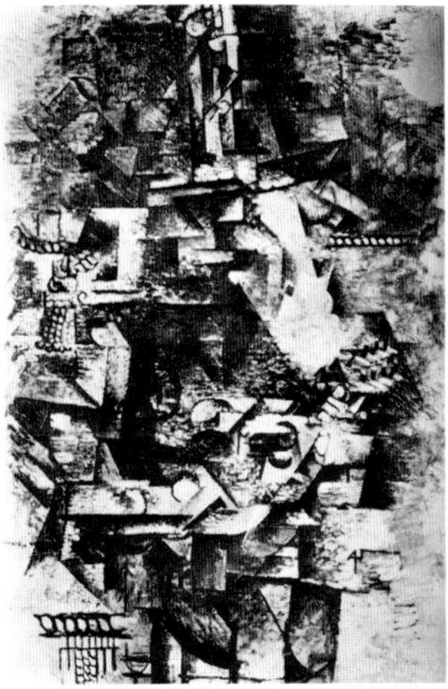

110 Pablo Picasso, *Der Mandolinenspieler*, 1911

Diese neue Phase des Kubismus schien geradezu nach einer neuen Bezeichnung zu verlangen, und Picassos Freund Kahnweiler prägte dafür den Namen »synthetischer« Kubismus. Er schrieb: »Der Maler kann, wenn er will, statt einer analytischen Beschreibung eine Synthese des Gegenstands schaffen oder, wie es bei Kant heißt, ›die verschiedenen Begriffe zusammensetzen und ihre Unterschiedlichkeit in der Vorstellung verstehen‹.« Anders ausgedrückt: Der Kubismus war – wie die afrikanische Kunst – keine perpetuelle, sondern eine konzeptuelle Kunst, in der die Vorstellung von einem Objekt wichtiger ist als der Versuch, es abzubilden.

1912 hatte die künstlerische Auseinandersetzung, die sechs Jahre zuvor mit dem Tode Cézannes begonnen hatte, eine vorläufige Lösung gefunden. Der Weg, den Picasso und Braque unbeirrt und konsequent verfolgt hatten, schien nun an sein Ende gekommen. Es entsprach ihrem Naturell, daß Braque bei dem einmal Erreichten

verweilte und 1913/1914 im inzwischen festgelegten kubistischen Stil eine Reihe von Stilleben mit Musikinstrumenten malte, während Picasso in neue Richtungen aufbrach.
Zunächst wandte er seine Collagetechnik auch auf dreidimensionale Objekte an, wofür er Holzreste, Pappkartons, kurz, alle Materialien benutzte, die ihm gerade zur Verfügung standen. Überdies begann er, den dekorativen Aspekt eines Bildes wieder stärker zu betonen, benutzte erneut leuchtende Farben, Farbtupfer und Farbflecken. Der gefühlsbetonte Charakter seiner vorkubistischen Phase macht sich in Bildern wie *Sitzende Frau* (Abb. 111) wieder bemerkbar, wenn auch die Wirkung durch sein neu erworbenes visuelles Vokabular noch intensiviert wird.
Der Ausbruch des Ersten Weltkrieges im Sommer 1914 unterbrach Picassos Arbeit zwar nicht im selben Maße wie bei Braque – der sofort als Soldat eingezogen wurde –, aber dennoch eingreifend genug, um ihn fortan nicht mehr mit unverminderter Intensität weiterarbeiten zu lassen. Wie schon bei Matisse und den Expressionisten beobachtet, beherrscht eine gewisse Melancholie zu dieser Zeit seine Arbeiten, denn mögen Umwälzungen auch für die Kunst inspirierend sein, so wirkt der kollektive Irrsinn eines Krieges sich in jeder Hinsicht zerstörerisch auf sie aus. Die künstlerischen Leistungen Picassos und Braques während und nach der kubistischen Revolution sollten eine anhaltende künstlerische Inspiration, aber auch ein Maßstab bleiben, an dem jeder sich zu messen hatte.

Picassos und Braques kubistische Bilder hatten, obwohl sie nur sehr selten ausgestellt wurden, eine enorme Wirkung auf ihre Künstlerkollegen. 1911 zeigte eine Gruppe junger Maler im Salon des Indépendants erstmals einige kubistische Werke. Die wichtigsten Gemälde darunter waren das 1909/10 entstandene *Akte im Wald* (Abb. 113) von Fernand Léger (1881–1955) und eines der Eiffelturm-Bilder von Robert Delaunay (1885–1941). Beide Maler waren wie Braque und Picasso mit-

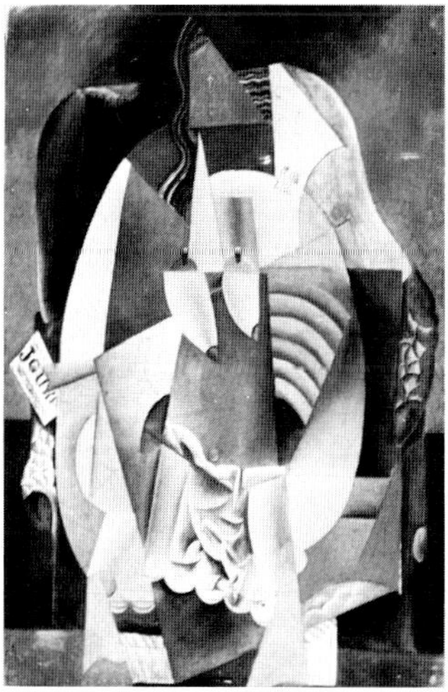

111 Pablo Picasso, *Sitzende Frau*, 1913

einander befreundet und arbeiteten gemeinsam an der Erweiterung der künstlerischen Ausdrucksmittel.
Anders als der Titel von Légers *Akte im Wald* erwarten lassen könnte, stellt das Bild keine idyllische Pastorale dar, sondern Figuren, die im Wald Bäume fällen. In der Wahl einer alltäglichen Szene, die keine poetische Interpretation zuläßt, und der Darstellung von Figuren, deren Körper wie aus Röhren zusammengesetzte Maschinen wirken, verwirklicht dieses Frühwerk Légers bereits ansatzweise Merkmale, die für sein gesamtes Œuvre kennzeichnend sind.
Nicht weniger charakteristisch ist Delaunays Motivwahl: Der Eiffelturm, seit seinem Bau für die Weltausstellung 1889 als Wunder der Technik verehrt, warf doch unter ästhetischen Gesichtspunkten die Frage auf, ob er als häßliches und unnützes Gebilde oder als neue Form von Skulptur zu betrachten sei. Das Bauwerk taucht bereits in einem der Bilder des Zöllners Rousseau auf, doch Delaunays Verwendung des Motivs ist weitaus provokativer, denn er stellt es in eine Reihe mit seinen kurz zuvor fertiggestellten Bildern von gotischen Kathedralen in Saint-Séverin und Laôn.
Nicht nur für die Architektur, sondern auch für die bildenden Künstler wird die Maschine um diese Zeit zu einem Thema, mit dem versucht wird, das seit Jahrzehnten bestehende Problem der Darstellung von Bewegungsabläufen zu lösen. Das erklärt auch den sensationellen Erfolg, den die erste Ausstellung der italienischen Futuristen im Februar 1912 in Paris erzielte.
Der Futurismus nahm 1909 mit dem von Filippo Tommaso Marinetti veröffentlichten futuristischen Manifest als literarische Bewegung seinen Anfang. Zwei Jahre darauf unterzeichneten fünf junge italienische Künstler, unter ihnen Umberto Boccioni (1882–1916) wohl der berühmteste, zwei futuristische Manifeste für die Malerei. Darin erklärten sie, daß sie die erdrückende Last der großen italienischen Malerei der Vergangenheit abwerfen und das moderne Großstadtleben feiern wollten. Bei Marinetti heißt es: »Ein Rennauto, dessen Aufbau geziert ist mit großen Rohren ähnlich Schlangen mit explosivem Atem, ein heulendes Auto … ist schöner als die Siegesgöttin von Samothrake.« Die futuristischen Maler bezeichneten sich als »die Primitiven einer neuen und veränderten Empfindsamkeit«.
Sie strebten nach der Darstellung von Geschwindigkeit, Zertrümmerung, dynamischer Bewegung und zeitlichen Abläufen, waren aber noch unsicher, mit welcher Maltechnik sich dieses Vorhaben umsetzen ließe. Auf der Suche nach einer neuen Bildsprache wandten sie sich an die französischen Maler in Paris und fanden bei den Neoimpressionisten Seurat und Signac, dann beim Kubismus Picassos und Braques Anregung. Von diesen Stilrichtungen lernten sie, wie die Oberfläche der Gegenstände durchbrochen und ihre Bewegung im Raum gezeigt werden kann. Boccionis 1912 in Paris ausgestelltes Werk *Der Lärm der Straße dringt ins Haus* von 1911 (Abb. 114) gilt als eines der ersten gelungenen futuristischen Bilder. Es

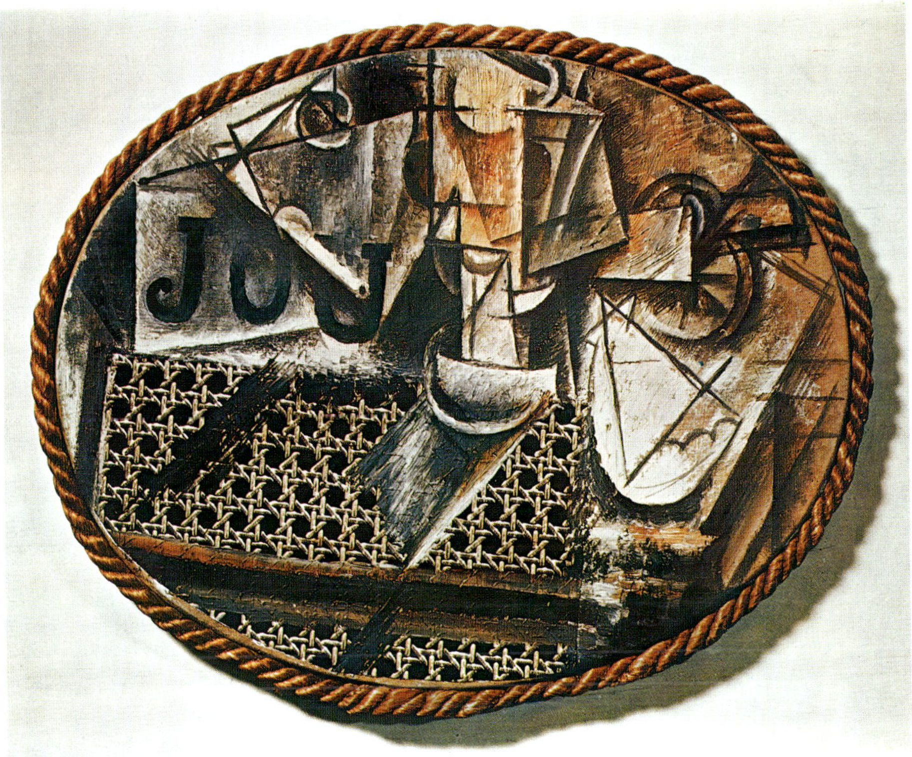

112 Pablo Picasso, *Stilleben mit Rohrstuhl*, 1912

zeigt die Mutter des Künstlers auf dem Balkon ihrer Wohnung stehend auf eine belebte Straße hinabblickend. Die von der Straße in das Haus eindringenden Geräusche drückt Boccioni durch die Simultaneität von Blickwinkeln und die Auflösung von Formen aus. In diesem Bild noch stark an Delaunays Eiffelturmbilder orientiert, entwickelt er in den folgenden Monaten bereits einen eigenständigeren Stil, der allerdings in seinen Skulpturen (die in einem späteren Kapitel behandelt werden) noch stärker verwirklicht wird als in seinen Bildern.
Der Beitrag des Futurismus zum Kunstgeschehen in Paris besteht vor allem aus der Darstellung von Bewegung und aus der Entwicklung einer Bildsprache für den technischen Fortschritt. Durch ihr Interesse an der neoimpressionistischen Kunst trugen die Futuristen überdies zur Erneuerung der Farbigkeit in der Malerei bei.
Daß diese drei Themen eng aufeinander bezogen sind, wird an den Vorkriegswerken Légers und Delaunays deutlich. In einer Reihe von 1912 bis 1913 entstandenen Bildern entwickelten beide Maler diese Ideen bis hin zur totalen Abstraktion weiter,

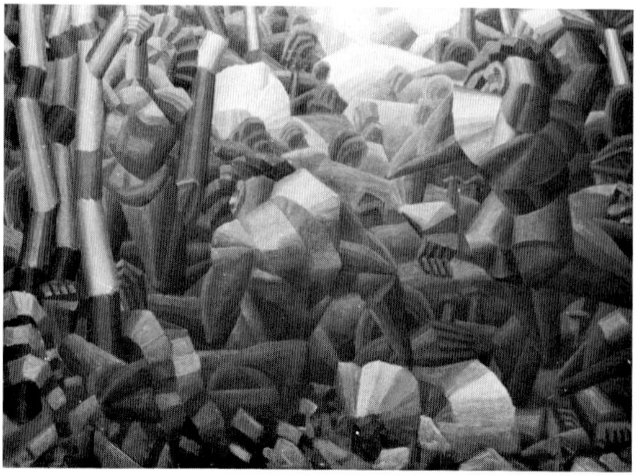

113 Fernand Léger,
Akte im Wald, 1909/10

ohne sich dabei auf einen Stil festzulegen. Léger war auf der Suche nach neuen Wegen, das moderne Leben in einer angemessenen Bildsprache festzuhalten. Seine bereits in den Frühwerken verwendete Darstellung von menschlichen Körpern, Gliedmaßen, Bäumen, Wolken, Rauch usw. durch maschinenähnliche, rohrförmige Strukturen entwickelte er nun zu Gebilden von weniger konkreter Körperlichkeit weiter, die er »Kontrast der Formen« oder »Geometrische Elemente« nannte. Auf diesen Bildern nehmen die abstrakten Formen ein Eigenleben an, und ihre Verwendung von Primärfarben und schwarzen Linienstrukturen, rhythmischer Bewegung und einfachen Formenkontrasten war eine wichtige Anregung für Mondrian.

Für Léger stellten sie hingegen lediglich Experimente dar, die er noch nicht für wert befand, ausgestellt zu werden. Wohin diese ersten Erkundungen einer neuen Bildsprache allerdings führten, zeigt sich auf seinem 1919 entstandenen ersten größeren Gemälde *Die Stadt* (Abb. 115). Was die futuristischen Bilder zuvor noch nicht vermocht hatten, gelingt diesem großformatigen Gemälde: Es hebt die Alltagswelt auf die zeitlose Ebene der Kunst und schafft in einer großartigen Komposition eine Versöhnung von dynamischer Bewegung und schlichten Formen und Farben. In *Die Stadt* versucht Léger Gegenstände und Figuren wie austauschbare Maschinenteile zu konstruieren. Seiner Auffassung nach bestand die Aufgabe des Künstlers darin, vorgefundene Gegenstände zusammenzustellen: »Ich habe keine Phantasie«, sagte Léger von sich. Menschliche Körper sind in seinen Bildern aus dieser Schaffensperiode auf roboterhafte Figuren reduziert, und eine nahezu philosophische Entwertung des Individuums findet statt, die auch zur Grundlage seiner späten großen Kompositionen wird.

Robert Delaunay war nicht so ausschließlich wie Léger auf das Thema des modernen Lebens festgelegt. Seine Eiffelturmbilder entwickelten sich zusehends zu Studien über Ausblicke aus dem Fenster, bei denen das Bauwerk selbst schließlich nur noch schemenhaft zu erkennen ist. Delaunay wollte die Ergebnisse der Farbtheorie, mit der er sich intensiv auseinandergesetzt hatte, für die Theorie und Praxis der kubistischen Malerei fruchtbar machen. »Farbe ist Form und Inhalt«, schrieb er gegen Ende seines Lebens. Seiner Auffassung nach hatte sich die Kunst auf das rhythmische Zusammenspiel von Farbflächen zu beschränken. In den Jahren 1912–1913 malte er eine Serie von *Scheiben* (Abb. 116), die auf dem Farbkreis aufbauen und als die ersten gänzlich ungegenständlichen Gemälde eines französischen Malers gelten. Rückblickend neigte Delaunay selbst dazu, in ihnen bahnbrechende Pionierwerke der abstrakten Malerei zu sehen. Dieser Auffassung wäre jedoch entgegenzuhalten, daß sie ähnlich wie Légers »Kontrast der Formen« wohl eher als Anschauungsmaterial und Fingerübungen entstanden und es äußerst fraglich ist, ob Delaunay sie zu ihrer Entstehungszeit bereits als vollendete und eigenständige Kunstwerke betrachtete. Seine anderen Werke aus der Vorkriegszeit befassen sich mit Paris, der *L'Équipe de Cardiff* und Blériots erstem Flug über den Kanal, und selbst die *Scheiben* untertitelte er bei ihrer ersten Ausstellung in Berlin mit *Sonne und Mond*, um ihnen die Dimension eines kosmischen Symbolismus zu verleihen. Delaunays frühe angeblich »abstrakten« Bilder sind im wesentlichen Bilder von der Sonne als Quelle allen Lichts und allen Lebens. Sie gehören demnach eher ei-

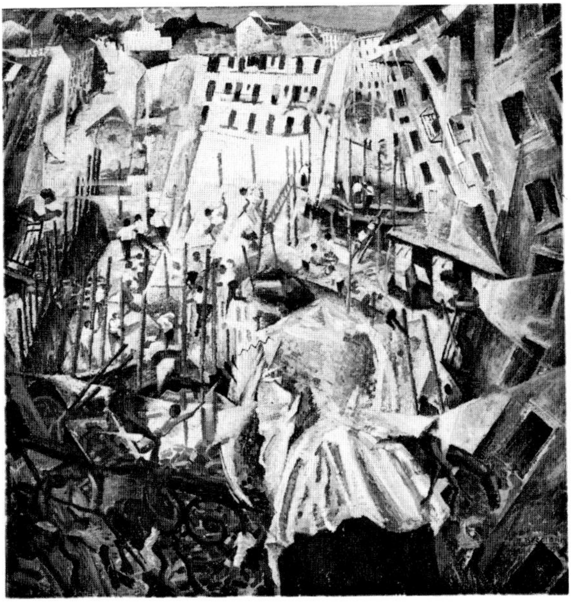

114 Umberto Boccioni, *Der Lärm der Straße dringt ins Haus*, 1911

nem Übergangsstadium zwischen Symbolismus und abstrakter Malerei an, mit der wir uns im nächsten Kapitel beschäftigen werden.

Eine dritte Abzweigung vom Kubismus ist für die Vorkriegszeit von Bedeutung. Im Winter 1911/1912 malte Marcel Duchamp (1887–1968) die zweite und großformatigere Fassung vom *Akt, eine Treppe hinabsteigend* (Abb. 117). Das Bild, thematisch dem Futurismus zuzurechnen, aber mit einiger Sicherheit unabhängig von dieser Bewegung entstanden, liefert eine gelungenere Darstellung von Bewegung und einer maschinenähnlichen Figur als alle Bilder der Italiener. In der Übertragung der Körperbewegung in eine Art technische Zeichnung verrät sich Duchamps Interesse für die Fotografie, in der Bewegungsabläufe Stück für Stück festgehalten werden. Die mechanistische Anatomie der Figur entwickelte er in der nie fertiggestellten Komposition *La Mariée mise à nu par ses célibataires, même* (Abb. 118), an der er von 1915 bis 1923 arbeitete und deren erste Entwürfe bis 1912 zurückreichen. Für diese Komposition, in der er den Paarungsakt in ein Diagramm mit harmonisch zusammenarbeitenden maschinenähnlichen Teilen übersetzt, trug er Draht, Ölfarbe und Blattmetall auf Glasscheiben auf. Mit der Interpretation dieses häufig psychoanalytisch gedeuteten erotischen Meisterwerkes wollen wir uns erst später befassen, an dieser Stelle soll der Hinweis darauf genügen, daß es ebenfalls

115 Fernand Léger, *Die Stadt*, 1919

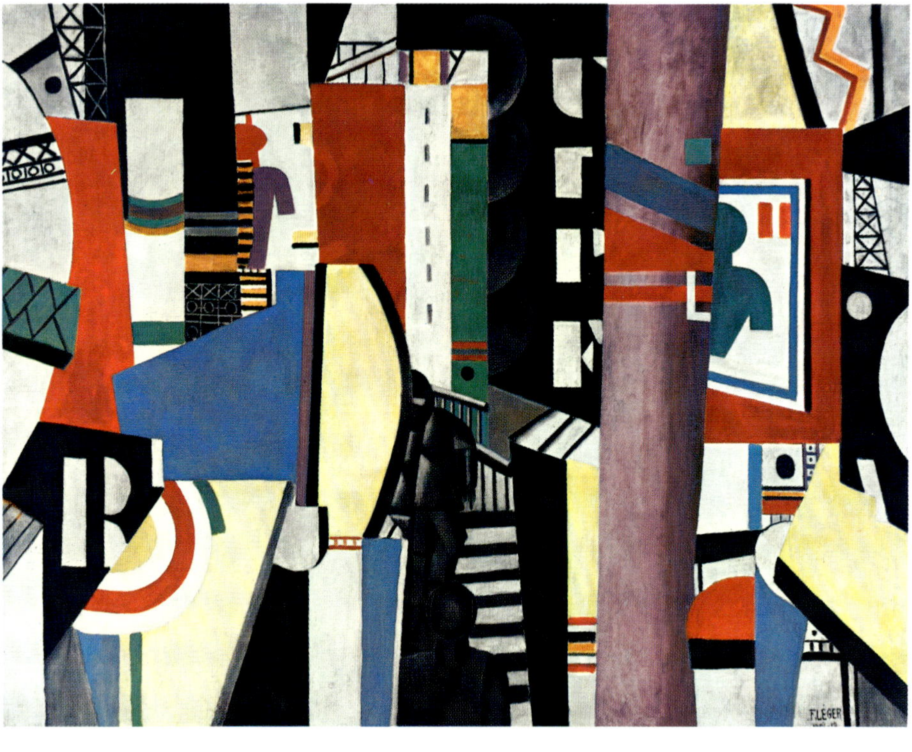

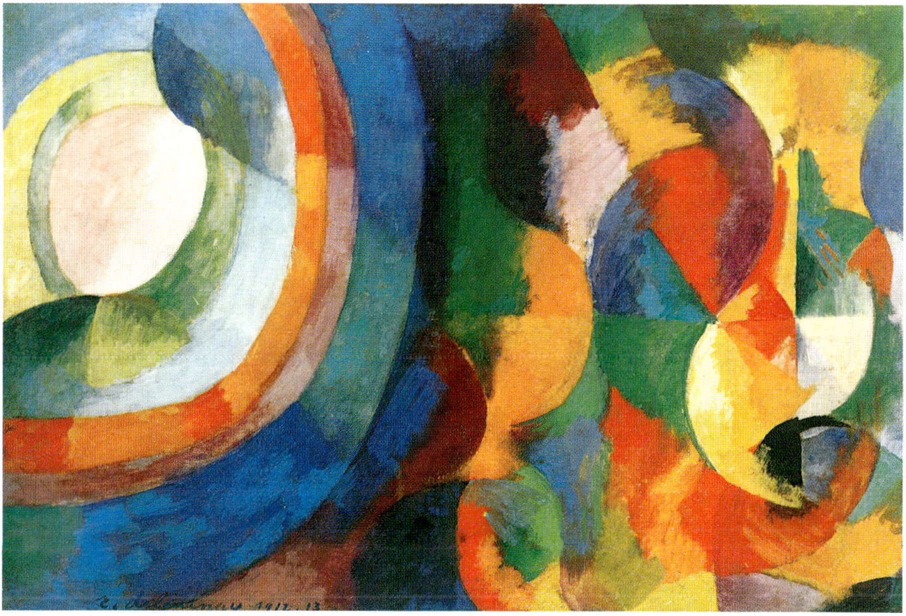

116 Robert Delaunay, *Scheiben: Sonne und Mond*, 1912/13

seinen Ursprung in der kubistischen Malerei vor Ausbruch des Ersten Weltkrieges hat. Bedenken wir, daß Mondrians Entwicklung der abstrakten Kunst und die revolutionären Bewegungen des russischen Suprematismus und Konstruktivismus auch an die Malerei anknüpfen, die zwischen 1910 und 1914 in Paris entstand, dann läßt sich wohl behaupten, daß die gesamte Kunst des 20. Jahrhunderts ihre Wurzeln in dieser spezifischen Epoche hat.

Der Ausbruch des Ersten Weltkrieges im Sommer 1914 und die folgende Generalmobilmachung stellte einen radikalen Einschnitt in die Entwicklung der Kunst dar. Nur der Zweite Weltkrieg sollte fünfundzwanzig Jahre später einen vergleichbaren Schaden anrichten, von dem die Kunst sich bis heute nicht erholt hat. In beiden Fällen bedeutete der Ausbruch des Krieges für die Maler der jüngeren Generation ein Ende ihrer Arbeit, die die meisten auch nach Kriegsende nicht wieder aufnehmen konnten. Nur einige wenige sahen sich in der Lage, die Kriegseserfahrungen künstlerisch umzusetzen und fruchtbar zu machen. Zu ihnen gehört etwa Léger, der behauptete, er habe im Kontakt zu einfachen Franzosen und durch seine erzwungene Bekanntschaft mit der militärischen Ausrüstung eine neue Realität entdeckt, aber

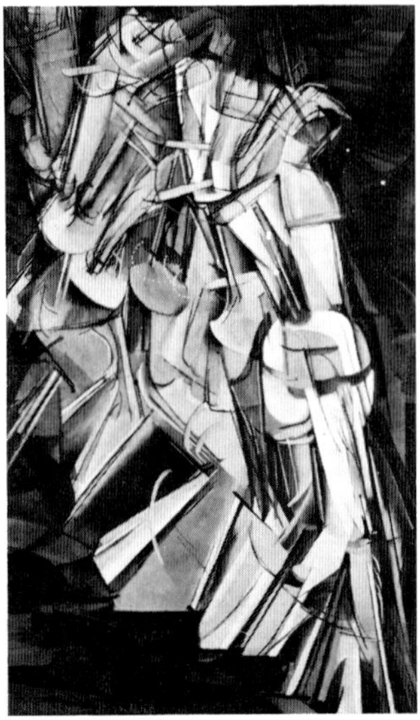

117 Marcel Duchamp, *Akt, eine Treppe hinabsteigend, Nr. II,* 1911/12.

118 Marcel Duchamp, *Die Braut, von ihren Junggesellen selbst entkleidet* 1915–23

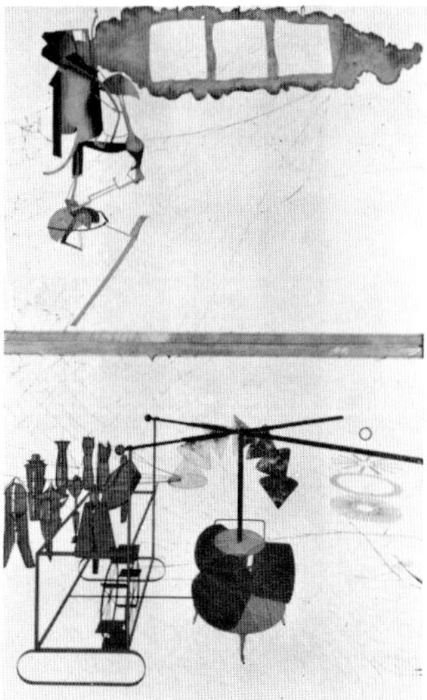

er war in dieser Hinsicht sicherlich eine Ausnahme. Für die meisten talentierten Maler war der Krieg – selbst wenn sie nicht aktiv an ihm teilnahmen – eine Katastrophe, die ihr künstlerisches Schaffen grundsätzlich veränderte oder gar beendete.

Meist gehen die Erneuerungen in der Kunst von jungen Menschen aus, und da die gesamte junge Generation der Franzosen, Deutschen, Italiener und Engländer sich im Krieg befand, ging deren möglicher Beitrag zur künstlerischen Entwicklung verloren. Paris befand sich im Krieg, und damit war auch zum ersten Mal in der Geschichte der modernen Kunst eine Erneuerung nicht mehr von einem Zentrum her denkbar, sondern nur noch von vielen verschiedenen Einzelkräften an verschiedenen Orten. Die neuen Ideen kamen nun von Mondrian in Holland, Malewitsch in Moskau, Duchamp in New York, Jean Arp und den Dadisten in Zürich.

Die für die Kunst der zwanziger Jahre kennzeichnende Tendenz zur Zersplitterung und zum Rückzug hatte bereits in Paris ihren Anfang genommen. Picasso war als Spanier am Krieg nicht direkt beteiligt und begann eine eskapistische Liebesaffäre mit der Balletttruppe Diaghilew, die aus wurzellosen aristokratischen Flüchtlingen wie ihm selbst bestand. Für sein Leben und sein Werk hatte diese Zeit weitreichende Konsequenzen, die am deutlichsten vielleicht an seiner Vorstellung vom Künstler abzulesen sind, in dem er einen Schauspieler sah, der viele verschiedene und oftmals unvereinbare Rollen zu spielen hatte. Diese Anschauung bestimmt seine Kunst auch nach der kubistischen Phase nachhaltig.

Juan Gris (1887–1927), ein Landsmann und enger Freund Picassos, war neben Lipchitz der einzige Künstler, der in den Kriegszeiten einen Beitrag zum Kubismus leistete. Gris hatte 1912 in der synthetischen Phase des Kubismus mit dem Malen begonnen und darin einen Stil gefunden, der ihm womöglich mehr entsprach als Picasso und Braque. Seine Stilleben waren von Anfang an nach mathematischen Formeln wie dem Goldenen Schnitt aufgebaut, und für die Wahl seiner Sujets – wie

das *Schachbrett* (Abb. 119) – spielten abstrakte Proportionen eine größere Rolle als die Objekte selbst.
Gris' Beschreibung seiner künstlerischen Arbeit kann als gültige Definition der Endphase des synthetischen Kubismus gelten: »Ich gehe vom Allgemeinen zum Besonderen … d. h., ich gehe von einer Abstraktion aus, um zu einer konkreten Wirklichkeit zu gelangen. Meine Kunst ist eine Kunst der Synthese … Cézanne macht aus einer Flasche einen Zylinder, ich gehe von einem Zylinder aus, um ein Einzelding vom Typus Flasche zu machen … deshalb komponiere ich mit Abstraktionen (Farben), und indem ich diese Farben ordne, lasse ich sie zu Gegenständen werden.«
Diese Äußerung Gris' erschien erstmals 1921 in der von Amédée Ozenfant (1886–1966) und dem Schweizer Maler und Architekten Charles-Edouard Jeanneret, besser bekannt unter Le Corbusier (1888–1965), herausgegebenen Zeitschrift »L'Esprit Nouveau«. Beide waren erklärte Gegner der »schönen«, rokokohaften kubistischen Stilleben und Figurenbilder (z. B. Abb. 111), die Picasso um 1914 malte, und kritisierten die fortschreitende Entstellung des Kubismus zu einem manierierten, dekorativen Stil unter den Händen zweitrangiger Künstler. Gris' mathematischer Ansatz und Légers Interesse an Maschinen waren hingegen ihrer Ansicht nach für die Kunst der Zukunft richtungsweisend. Auf diesen Prinzipien begründeten sie einen neuen Stil, den sogenannten Purismus. Als exemplarisches Beispiel für ein puristisches, in Stil und Inhalt unpersönliches Stilleben kann Ozenfants 1920 entstandenes Werk *Thermoskanne, Gitarre, Glas und Flasche auf einem grauen Tisch* (Abb. 120) gelten. An Stelle der malerischen Gegenstände aus Cafés und Ateliers, die Picasso noch als Rohmaterial für seine kubistischen Stilleben gedient hatten, sind hier maschinell gefertigte Utensilien getreten. Die von scharfen Umrißlinien umrandeten Formen sind auf dem Bild nach den Prinzipien von Ordnung und Rationalität arrangiert, die auch – zumindest theoretisch – für ihre industrielle Herstellung gelten. Die Puristen gleichen in ihrem Ziel, den Rationalismus auf die

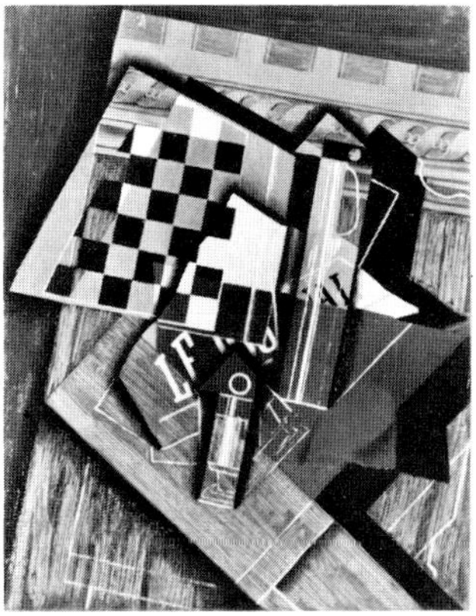

119 Juan Gris, *Schachbrett*, 1915

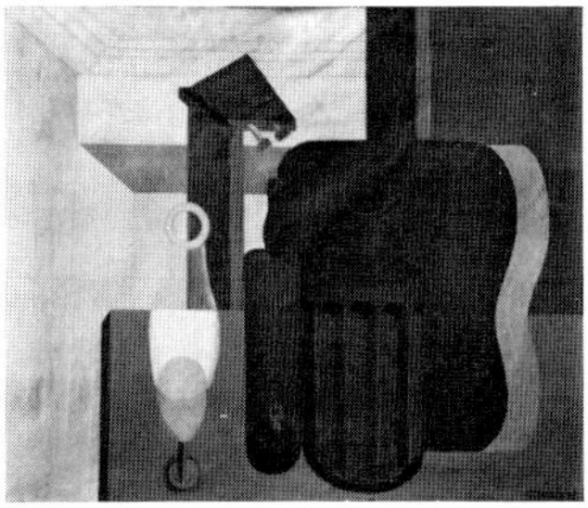

120 Amédée Ozenfant, *Thermoskanne, Gitarre, Glas und Flasche auf einem grauen Tisch*, 1920

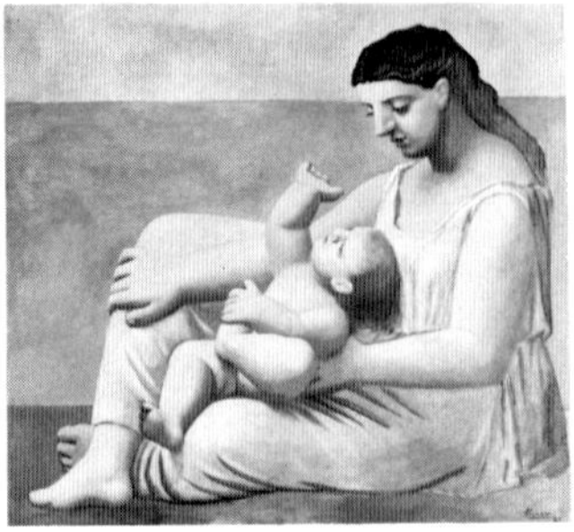

121 Pablo Picasso, *Femme et enfant au bord de la mer (Mutter und Kind am Meeresufer)*, 1921

Kunst anzuwenden, den abstrakten Malern der Gruppe De Stijl (siehe 7. Kapitel), deren Arbeiten sie jedoch widersprüchlicherweise für unmenschlich erachteten. Beide Richtungen sind dem Neoklassizismus zuzurechnen, der die europäische Kunst nach Ende des Ersten Weltkrieges beherrschte. Der neue Schlachtruf lautete: Rückkehr zur Ordnung; das künstlerische Experimentieren, in der Zeit zwischen 1905 und 1915 so ausgiebig betrieben, war aus der Mode gekommen. Nun verlangte man nach Ruhe, Logik und einer unrhetorischen Bildsprache. Einige Jahre lang herrschte Ordnung, bis der Surrealismus diese Ruhe störte.

Picasso schloß sich dieser neuen Stimmungslage bald an. Gewöhnt daran, mehrere Rollen als Künstler gleichzeitig zu spielen, arbeitete er nicht nur an seinen nachkubistischen Stilleben und Figurenkompositionen weiter, die klarer und leidenschaftsloser sind als seine früheren Werke, sondern malte auch eine Serie von unverhohlen »klassischen« Gemälden, die auf den ersten Blick wie eine Zurücknahme aller seiner seit 1906 betriebenen Experimente wirken. In seinem überlebensgroßen *Femme et enfant au bord de la mer* (Abb. 121) sitzt eine in ein einfaches Hemd gehüllte Frau an einer zeitlosen Strandlandschaft und hält ein Kind in den Armen. Die beiden kolossalen Figuren sind überdimensional dargestellt und nicht als ein Porträt von Picassos Frau und Sohn zu verstehen, sondern als ein Sinnbild für die Mutterschaft. Picasso hebt hier seine subjektiven und privaten Gefühle auf die allgemeinmenschliche Ebene.

122 Pablo Picasso, *Guernica*, 1937

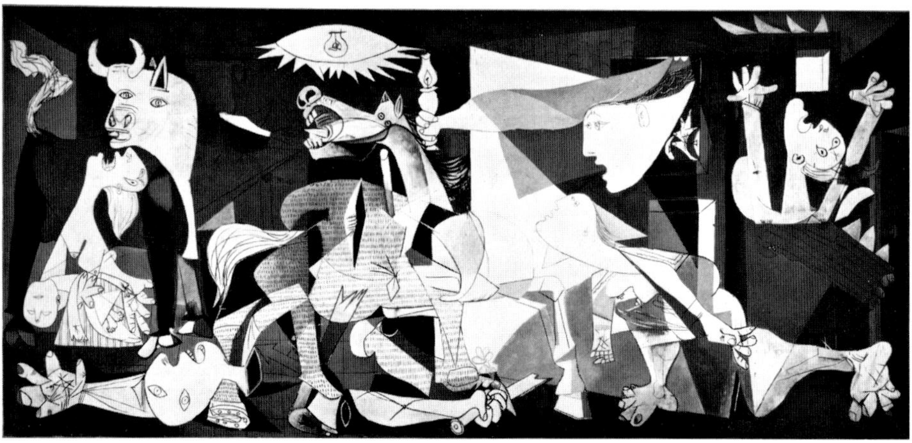

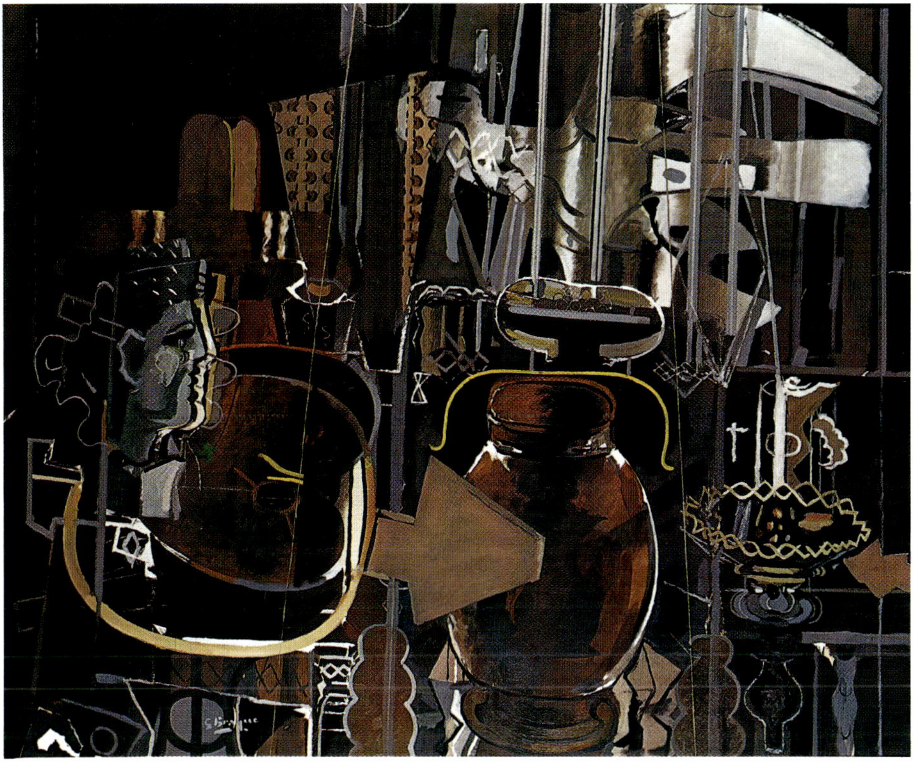

123 Georges Braque, *Atelier II,* 1949

Dies gelingt ihm auch mit dem 1937 fertiggestellten Wandbild für den Spanischen Pavillon in der Pariser Weltausstellung. Darin verleiht er seinem Entsetzen über die Bombardierung der baskischen Stadt *Guernica* sowohl öffentlich als auch unmißverständlich Ausdruck und ergreift Partei für die Opfer dieser Gewalttat (Abb. 122). In diesem Werk vereint Picasso alle Elemente seiner bisherigen Schaffensphasen: die intensive Emotionalität der Blauen Periode, die kubistische Formenauflösung und -zusammenfügung in einem neuen Bildraum, die monumentale Figürlichkeit der klassischen Periode. Neu sind hingegen die symbolischen, dem Bildervorrat des Unterbewußten entnommenen Stierkampfassoziationen, die der Maler in den zwanziger und dreißiger Jahren parallel zum Surrealismus weiterentwickelte. In *Guernica,* so könnte man sagen, erhalten die künstlerischen Neuerungen des 20. Jahrhunderts eine moralische Grundlage und Rechtfertigung.
Picassos späteres Werk ist demgegenüber von einem so enormen und disparaten Ideenreichtum, daß es nicht immer zu gelungenen Ergebnissen führt. Kein zweiter

Künstler hat so wenig kritische Distanz sich selbst gegenüber und eine vergleichbare Fülle von Bildformulierungen und subjektiven Ausdrucksformen gefunden wie Picasso: »Ich benutze die Gegenstände ganz nach Lust und Laune«, sagte er einmal von sich, und darin besteht genau seine Schwachstelle, denn so trivial und oberflächlich alltägliche Launen sein können, so banal, grob und unsensibel in Farbgebung und Gestaltung sind auch manche seiner Spätwerke. Doch gibt es unter ihnen auch immer wieder herausragende Einzelbilder, und als Zeichner und Graphiker gilt Picasso ohnehin als unübertroffen. Sein unaufhörlicher Erfindungsreichtum, der auch für seine Skulpturen kennzeichnend ist, und Humor läßt einen überdies die gelegentlich problematische Qualität seiner postkubistischen Werke vergessen. Picasso ähnelt einem alten Schauspieler, für den die Grenzen zwischen Realität und Illusion verschwimmen: Ein Harlekin mit vielen Rollen, der vom Malen nicht lassen kann und das unbehagliche Gefühl hinterläßt, daß er es nur noch selten mit derselben Hingabe und Ernsthaftigkeit betreibt wie in seiner Jugend.
Deutlich wird dies vor allem, wenn wir Picasso mit den großen französischen Malern seiner Generation, Matisse, Braque und Léger vergleichen. Jeder von ihnen entwickelt einen ganz eigenen Spätstil, in dem sich die Meisterschaft einer vollendeten Technik (selbst noch unter eingeschränkten physischen Fähigkeiten) mit einem größeren Wissen und Erfahrungsschatz zu einer aussagekräftigeren, klareren künstlerischen Vision vereint als im Frühwerk. Matisses Weltsicht findet ihren vollendeten Ausdruck in den späten ausgeschnittenen Papiercollagen (siehe Abb. 91), die unter größten physischen Anstrengungen und erschwerten Bedingungen zustande kommen mußten.
Nach den unruhigen Jahren der engen Zusammenarbeit mit Picasso entschied Braque sich für ein zurückgezogenes Leben in Konzentration und Reflexion. Sein Leben ordnete er ganz der künstlerischen Arbeit unter. Braques Spätwerk verkörpert kein festes Wertesystem, vermeidet jede Form von Symbolismus und zeigt uns statt dessen, was ein Gemälde ist und wie es in Raum und Zeit geschaffen wird. Darin liegt die Bedeutung der Serie von acht *Atelier*-Bildern (Abb. 123), die er zwischen 1948 und 1955 malte. In seinen Cahiers notiert der Künstler: »Für mich existieren keine Objekte, sondern nur die Harmonie, in der sie untereinander und zu mir stehen. Wenn man diese Harmonie erreicht, tritt man in eine geistige Nichtexistenz ein, in der alles möglich und richtig scheint.«
Um diese Harmonie zu erreichen, ordnet der Künstler die Objekte in einem von ihm selbst geschaffenen Raum an und im Verlaufe des Arbeitsprozesses ständig um, bis er an einem Punkt endet, an dem nichts mehr zu sagen bleibt. Die besten Bilder Braques sind wie Mallarmés Sonette formal vollendete Kunstwerke, die aus entsubjektivierten Erfahrungsbruchstücken zusammengesetzt sind und das Gefühl vermitteln, daß die Kunst das einzig Dauerhafte in einer vergänglichen Welt sei.
Braque war einer der ersten Maler, die versuchten, mit der romantischen Maltra-

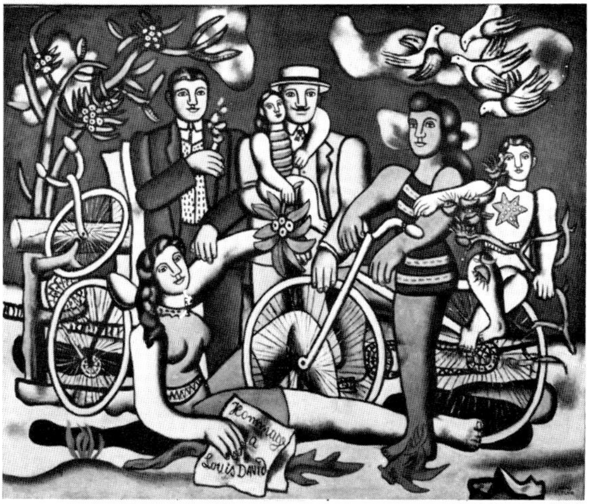

124 Fernand Léger, *Die Rast: Huldigung an David*, 1948/49.

dition zu brechen, die das europäische Denken über ein Jahrhundert lang beherrscht hatte. Noch ist nicht entschieden, ob dieser Bruch gelingen kann, denn nichts scheint den Menschen schwerer zu fallen, als von etwas einmal Erfahrenem und Gelerntem Abschied zu nehmen.

Auch Léger schließt mit seinem 1948 entstandenen Werk *Die Rast* (Abb. 124), dem er den Untertitel *Huldigung an David* gab, an die der Romantik unmittelbar vorausgegangenen Malerei an. Die beeindruckenden Figurenkompositionen, die der Kommunist Léger in seinen letzten Jahren schuf – *Die Radfahrer*, *Die Bauarbeiter* (1950), *Die Landpartie* (1954) und *Die große Parade* (1954) – entwerfen eine Vision von einer neuen und gerechten Gesellschaft und bringen eine dezidiert nachromantische Sichtweise zum Ausdruck. In diesen Bildern wird deutlich, daß der Maler sein Lieblingsmotiv der Maschine in den Dienst einer bestimmten Idee stellte und der Vorstellung vom Künstler als einem einsam arbeitenden heroischen Genie, das fernab der Gesellschaft seine Individualität kultiviert, ein Ende setzen wollte. Das auf der inhaltlichen Bildebene vermittelte Gefühl der Befreiung – Léger zeigt einfache Menschen bei Arbeit und Spiel – wird auch formal durch die Trennung von Farbe und Form ausgedrückt. Léger war jedoch, bei allem theoretischen Proletariat, ein höchst gebildeter und intellektueller Künstler, was seine Bedeutung keinesfalls schmälert: In einigen Wandgemälden vermochte er den Kubismus bis an die Grenze zur reinen Abstraktion zu führen, wenn die letzten entscheidenden Schritte in diese Richtung auch Mondrian überlassen blieben, der mit seiner Kunst eine klarere Vision einer neuen Gesellschaft entwarf, als Léger das vermocht hatte.

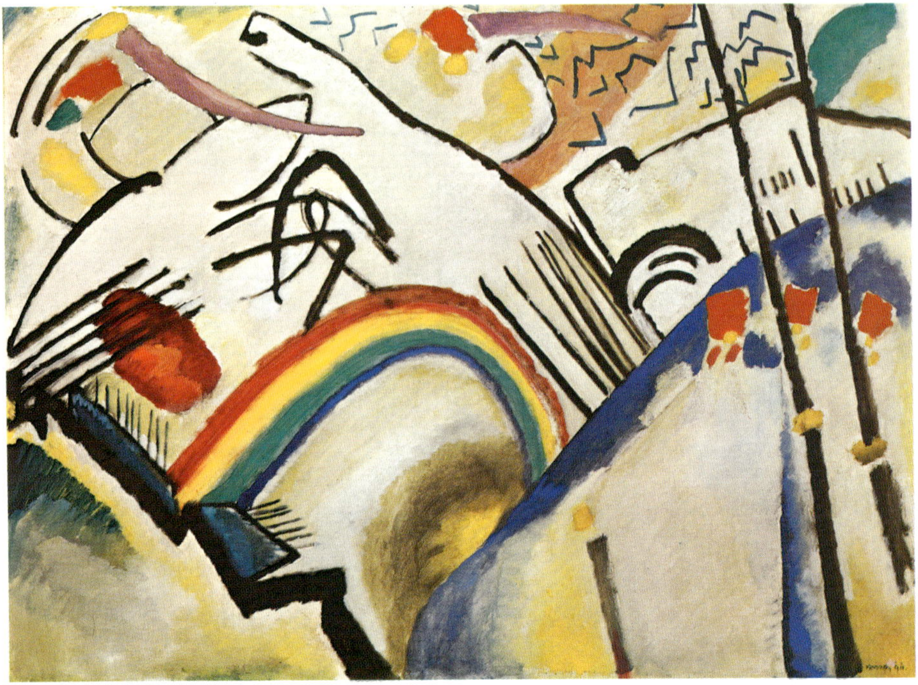

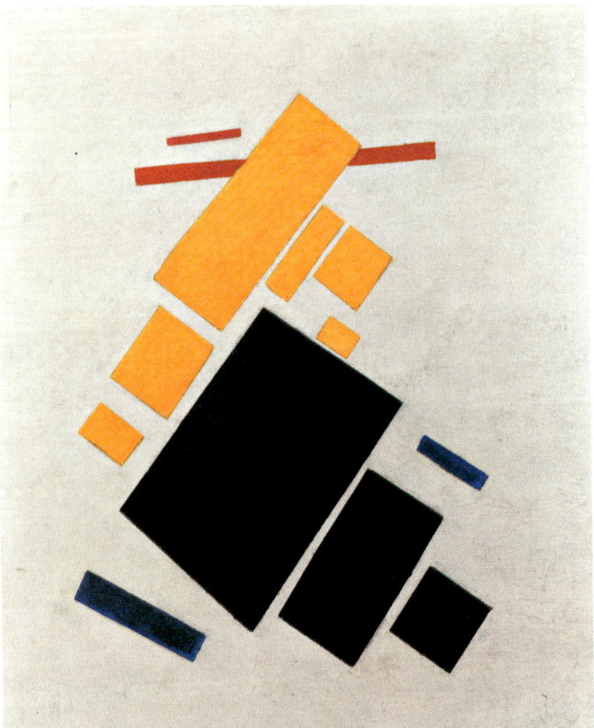

125 Wassily Kandinsky, *Studie zur Komposition IV,* 1911

126 Kasimir Malewitsch, *Suprematistische Komposition: Fliegen mit dem Flugzeug,* 1914

7 Die abstrakte Kunst

Die Gegenbewegung zum Naturalismus, die in den achtziger Jahren des 19. Jahrhunderts begonnen hatte, führte unweigerlich zur Entstehung der abstrakten Kunst. Antinaturalistische Tendenzen hatten sich, wie wir bereits in den vorigen Kapiteln gesehen haben, einerseits auf der inhaltlichen, andererseits auf der formalen Ebene der Kunst zunehmend durchgesetzt: So hatte sich der Symbolismus von der Welt der Erscheinungen abgewendet und in der Kunst einen Spiegel spiritueller Wahrheiten gesehen, und die nachimpressionistische Malerei hatte die Erneuerung der formalen Mittel zum Programm erhoben, wenngleich sie den »geistigen« Bedeutungsgehalt von Bildern auch nicht leugnete. Die abstrakte Kunst entstand durch eine besondere Verbindung dieser vorhergegangenen Strömungen.
Wenn die künstlerischen Tendenzen auch seit dem ausgehenden 19. Jahrhundert auf eine Abstrahierung in der Kunst hindeuteten, so war eine im eigentlichen Sinne abstrakte Kunst für die Künstler doch ein schier unerreichbares Ideal geblieben. Manche Vorstellungen scheinen undenkbar, bis jemand sie tatsächlich entwickelt – und wirken dann so selbstverständlich, als hätten sie seit jeher existiert. Das trifft auch auf die abstrakte Kunst zu, die vor allem von Kandinsky und Mondrian entwickelt wurde, allerdings – im Unterschied zu Picasso und Braque, die den Kubismus gemeinsam erfanden – unabhängig voneinander und in ganz unterschiedlichen Richtungen. Kandinsky schuf die philosophischen Grundlagen für die abstrakte Kunst, und Mondrian zeigte, wie sie aussehen konnte.
Ihren Anfang nimmt die neue Malweise mit einer Ausstellung in Moskau Ende der neunziger Jahre des 19. Jahrhunderts, in der der junge Wassily Kandinsky (1866–1944) eines der *Heuschober*-Bilder Monets sieht, das einen tiefen Eindruck bei ihm hinterläßt. Jahre später schrieb er: »Unbewußt war ... der Gegenstand als unvermeidliches Element des Bildes diskreditiert.« Kandinsky ahnte nur, was für uns heute offen auf der Hand liegt, daß es Monet nämlich in seinen Heuhaufen- wie auch in seinen Kathedralenbildern nicht so sehr um die Darstellung eines Gegenstandes ging als vielmehr um die Aufzeichnung seiner wechselnden Sinneswahrnehmung.
Erst im Jahre 1910 allerdings führte ihn seine künstlerische Entwicklung zur gegenstandslosen Malerei. Er hatte Rußland verlassen und sich in München niedergelassen, wo er bald zur Spitze der deutschen Avantgarde gehörte. Auf ausgedehnten Studienreisen nach Paris machte er sich mit der französischen Moderne bis hin

zu den fauvistischen Gemälden Matisses vertraut. Er erkannte, daß die Farbe – insbesondere in den Werken Gauguins und van Goghs – das erste »befreite« Element in der Malerei war, denn es war diesen Malern leichter gefallen, Gras rot zu malen als ein Haus oder eine Figur perspektivisch zu verzerren. Überdies lernte er, daß Linien so gut wie Farben eine symbolische Bedeutung haben konnten, und mit größter Wahrscheinlichkeit setzte er sich auch mit Seurats Überlegungen zu diesem Thema auseinander. In der Tat können Seurats theoretische Versuche über die einzelnen Komponenten der Malerei – Farbe, Linie, Ton, Rhythmus und Komposition – als Vorstufe der abstrakten Kunst gelten.
In seinen Bildern aus dieser Zeit konzentrierte Kandinsky sich auf die Farbe, der er eine eigene Ausdrucksstärke zuschrieb und von der er sich die Befreiung der Malerei von der Gegenständlichkeit versprach. Eines seiner zahlreichen Landschaftsbilder von der Umgebung Münchens – für die das *Bild mit Häusern* aus dem Jahre 1909 beispielhaft stehen kann – gab dann schließlich den Anstoß zu einem weiteren entscheidenden Schritt in seiner künstlerischen Entwicklung. Kandinsky berichtet selbst von diesem prägenden Erlebnis: »Ich kam mit meinem Malkasten nach einer Studie heim, noch verträumt und in die erledigte Arbeit vertieft, als ich plötzlich ein unbeschreiblich schönes, von einem inneren Glühen durchtränktes Bild sah. Ich stutzte erst, dann ging ich schnell auf dieses rätselhafte Bild zu, auf dem ich nichts als Formen und Farben sah und das inhaltlich unverständlich war. Ich fand sofort den Schlüssel zu dem Rätsel: es war ein von mir gemaltes Bild, das an die Wand gelehnt auf der Seite stand … Ich wußte jetzt genau, daß der Gegenstand meinen Bildern schadet.« Von nun an beschäftigte Kandinsky sich mit dem Problem, wie ein gegenstandsloses Bild aussehen könnte, das mehr als nur ein dekoratives Muster wäre. Seine folgenden Arbeiten suchen nach einer Antwort auf diese Frage und entfernen sich immer mehr vom Gegenstand.
Kandinsky versuchte den Abstraktionsprozeß bis zum Äußersten voranzutreiben, um auf diesem Wege zu einer unabhängigen und abstrakten Bildsprache vorzudringen. Die 1911 entstandene *Studie zur Komposition IV* (Abb. 125) hält eine mittlere Position, denn jede Form hat noch eine erkennbare Quelle. Thema des Bildes ist ein märchenhaftes Motiv, das große Faszination auf Kandinsky ausübte, der Kampf zwischen russischen Rittern in einer Berglandschaft. Auf den ersten Blick erweckt es einen ähnlich abstrakten Eindruck wie das von Kandinsky beschriebene Bild an der Wand seines Ateliers, aber bei näherem Hinsehen lassen sich die Formen durchaus entschlüsseln. Im Bildzentrum befinden sich die beiden berittenen Krieger, die mit Lanzen gegeneinander kämpfen, rechts von ihnen die Pikeniers in roten Hüten, und im Hintergrund ist eine Burg auszumachen; Vögel fliegen am Himmel; Sonne und Regen bilden einen Regenbogen.
Das Bild weist einige interessante Neuerungen auf. Die Horizontlinie, bisher in der Landschaftsmalerei die wichtigste Linie überhaupt, ist bei ihm in Diagonalen zer-

teilt, für die ihm die Berggipfel als Vorwand dienen. Das hat unmittelbare Konsequenzen für den gesamten Bildraum: Das Verschwinden der herkömmlichen, ruhigen, das Bild aufteilenden Horizontalen ist uns in einem Maße vertraut, daß wir ihre psychologischen Auswirkungen gar nicht mehr bemerken. Dies führt zu einem Bildraum, der, wie in der kubistischen Malerei, nicht mehr streng unterteilt ist.

Linie und Farben beginnen nun eine unabhängige Ausdruckskraft anzunehmen. Linienkonfigurationen, die über die ganze Bildfläche hinweg miteinander in Beziehung treten, schaffen eine eigene Dynamik und Rhythmik. Formen werden allein durch Farben ausgedrückt, die in planen Ebenen parallel zur Bildoberfläche in einem unbestimmten Raum schweben. Gegenstände und Landschaften werden nicht mehr von einer äußeren Lichtquelle erhellt, sondern das Licht kommt aus der Farbe selbst. Die Elemente eines Bildes sind durch nichts anderes mehr zusammengehalten als durch die Komposition. Kandinsky hatte seinen zwischen 1910 und 1914 entstandenen Bildern dementsprechend musikalische Titel wie *Improvisation, Impression, Komposition* verliehen.

Als er Ende 1913 die *Komposition VII* (Abb. 128) beendete, befand er sich an der Schwelle zur abstrakten Malerei, obgleich auch hier noch ein Thema vorhanden ist. Das Bild behandelt das Thema Auferstehung und steht am Ende einer Serie von Bildern mit dem Titel *Das Letzte Gericht, Sturmflut, Allerheiligen,* in denen eine apokalyptische, visionäre Einbildungskraft am Werke ist. Wie das zeitgleich entstandene Bild seines Malerkollegen Franz Marc *Tierschicksale* scheint *Komposition VII* den drohenden Krieg prophetisch vorwegzunehmen: Es drückt Verzweiflung, die Sehnsucht nach spiritueller Offenbarung und den Kampf zwischen Gut und Böse aus.

Kandinsky, ein Mann von enormer Tatkraft und mit den vielfältigsten Interessen, beschäftigte sich auch in kleinen Dramen mit den Titeln »Grüner Ton« und »Gelber Ton« mit der Analogie zwischen Malerei, Musik und

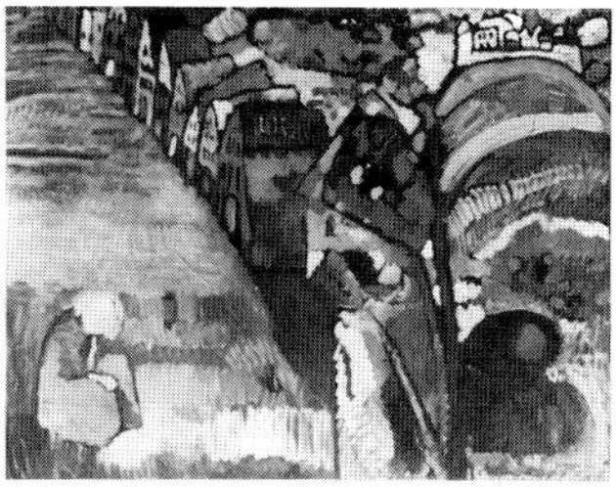

127 Wassily Kandinsky, *Bild mit Häusern*, 1909

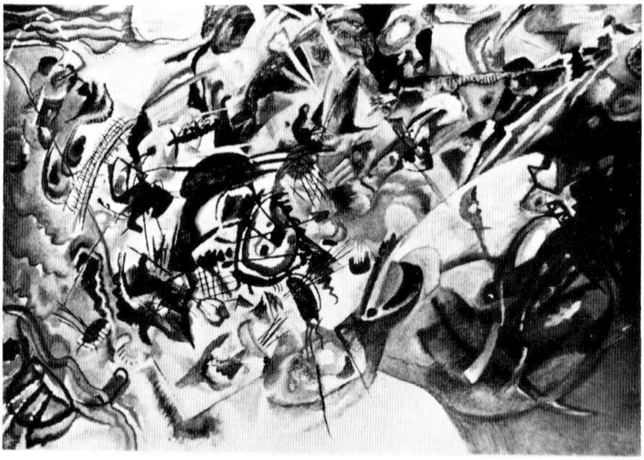

128 Wassily Kandinsky,
Komposition VII, 1913

Handlung. In München stand er mehreren avantgardistischen Künstlervereinigungen nacheinander vor und gründete schließlich die expressionistische Künstlergruppe »Der Blaue Reiter«, nach einem seiner frühen Bilder benannt.
Kandinsky trat überdies als Verfasser einer theoretischen Schrift »Über das Geistige in der Kunst« hervor, in der er seine Versuche zu einer abstrakten Kunst theoretisch untermauerte. Seine Denkweise ist eher emotional als rational und läßt sich gewiß leicht kritisieren; doch gibt der Essay uns Aufschluß über Kandinskys Definition eines nicht gegenständlichen Bildes und liefert mithin eine Antwort auf die Frage, die ihn von Anfang an beschäftigte.
Kandinsky nähert sich der Bedeutung der Malerei von zwei Seiten und unterscheidet zwischen dem psychologischen und dem geistigen Gehalt eines Bildes. Ausführlich setzt er sich mit den Wirkungen von Farbtönen auseinander und versucht darzulegen, daß Blau etwa eine himmlische, Grün eine ruhige Farbe ist, »der jeder Unterton von Freude, Schmerz oder Leidenschaft fehlt«, oder Gelb aggressiv und dynamisch ist. Wie Seurat setzt er Farben mit Linienführungen sowie später in einer anderen Abhandlung mit Formen in Zusammenhang, weil Farben in der Malerei immer eine Form annehmen müssen. Kandinsky unterstellt, daß die Kombination von Form und Farbe allein schon Gefühle und Stimmungen ausdrücken könne. In Bildern wie *Der schwarze Bogen* aus dem Jahre 1913 (Abb. 129) versucht er Linien- und Farbkonstellationen von den Formen der Gegenstände, denen sie entnommen sind, zu lösen. Wie wir bereits vorher gesehen haben, gelang dieser Versuch noch nicht vollkommen, erst in seinen Spätwerken drang Kandinsky zu einer rein abstrakten Form vor.
In den Bildern und theoretischen Schriften aus der Zeit zwischen 1910 und 1914 bemühte sich Kandinsky um eine Aufklärung von Zusammenhängen, von denen er wußte, daß sie sich letztlich einer rationalen Auflösung entziehen. Darin liegt

auch seine historische Bedeutung, denn er verstand, daß weder die Schöpfung noch das Verständnis eines Kunstwerks ausschließlich bewußte Vorgänge sind. Der Künstler schafft nach Kandinsky sein Werk aus einer »inneren Notwendigkeit« heraus und ist demnach ein Visionär, dessen Arbeit einen Einblick in eine Wirklichkeit ermöglicht, die über die uns bekannte materielle Welt hinausgeht.

Kandinsky war als gläubiger russisch-orthodoxer Christ wie so viele Angehörige seiner Generation der Ansicht, die materialistisch gesinnte westliche Zivilisation bedürfe einer spirituellen Erneuerung. Wie Mondrian und Brancusi erhoffte er sich diese Erneuerung von den Lehren des Hinduismus und Buddhismus, die ein Ineinander der physischen und spirituellen Realität lehren. Weil die materielle Erscheinung der Natur nichts als eine Illusion sei – was schließlich auch die Erkenntnisse der modernen Wissenschaft bestätigten –, hielt er die Suche des Künstlers nach einer höheren Realität für gerechtfertigt. Kandinskys Versuche, die Malerei aus den Fesseln der Abbildung der materiellen Welt zu lösen, gewinnen vor diesem Hintergrund die Dimension einer neuen religiösen Kunst, die alles bisher Dagewesene übersteigt. Aus diesem Denken heraus erklärt sich auch Kandinskys spätere Bemerkung, das Zusammentreffen eines Punktes und eines Dreiecks habe eine größere Wirkung auf ihn ausgeübt als Michelangelos Deckengemälde von der Erschaffung Adams in der Sixtinischen Kapelle.

Kandinskys Vorstellungen entsprechen den Tendenzen seiner Zeit. Alle künstlerischen Richtungen gegen Ende des 19. Jahrhunderts zeichneten sich durch eine zunehmende Abstraktion aus, wenn auch, wie wir gesehen haben, unterschiedliche Auffassungen darüber herrschten, was unter Abstraktion zu verstehen sei. Eine wirklich abstrakte Kunst konnte sich jedoch erst aus der Verbindung der französischen nachimpressionistischen Malerei mit den spirituellen Werten der Symbolisten entwickeln. Eines dieser Elemente allein reichte dazu nicht aus, wie Kandinsky deutlich erkannte. Die hauptsäch-

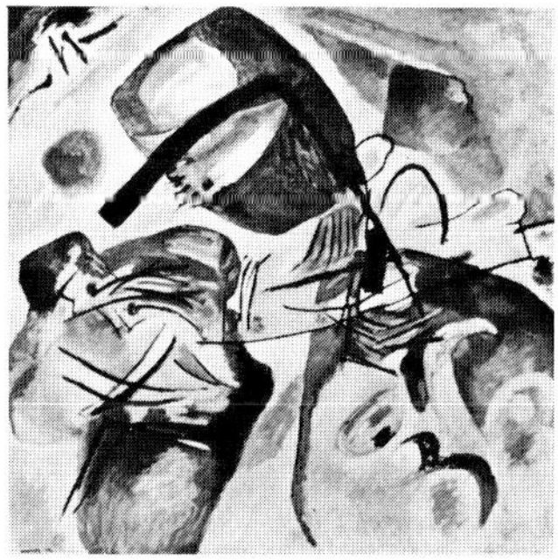

129 Wassily Kandinsky, *Der schwarze Bogen*, 1913

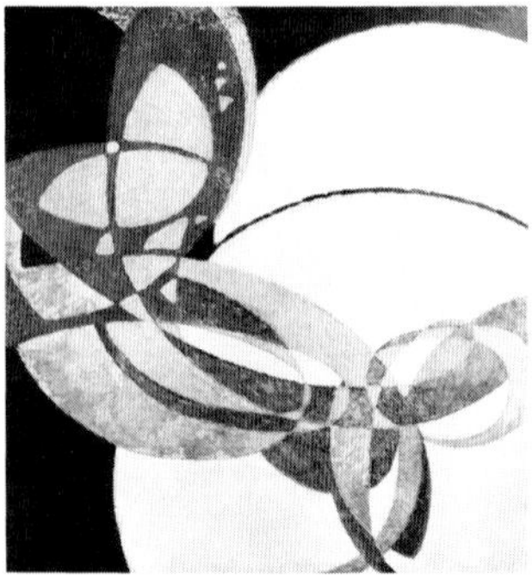

130 František Kupka,
Amorpha – Fuge für zwei Farben,
1912

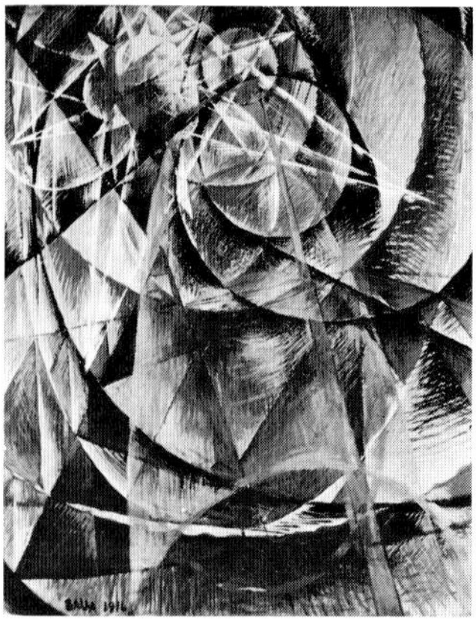

131 Giacomo Balla,
Merkur schiebt sich vor die Sonne,
1914

lich mit formalen Problemen ringenden Künstler wie Picasso, Braque und Matisse ließen ihre gegenstandslosen Bilder lediglich als Dekoration gelten, während viele, vor allem französische und russische Spätsymbolisten sich erfolglos mit der Analogie von Musik und Architektur in der Kunst beschäftigten oder versuchten, das Universum und den Ursprung der Kunst mit malerischen Mitteln darzustellen.

Der in Paris arbeitende und mit Delaunay sowie Duchamp befreundete Tscheche František Kupka (1871–1957) vereinte in seinem Werk diese beiden Ansatzpunkte miteinander und gab seinen Bildern Titel wie *Fuge, Philosophische Architektur, Schöpfung, Kosmischer Frühling*. Wenn seine Werke überhaupt ausgestellt wurden, fanden sie – wie das 1912 im Herbstsalon gezeigte, im selben Jahr entstandene und später überarbeitete *Amorpha – Fuge für zwei Farben* (Abb. 130) – nicht die ihnen gebührende Anerkennung und hatten kaum Einfluß auf andere Maler. Die Formen in *Amorpha* sind noch nicht gänzlich abstrakt und lassen sich noch deutlich auf die früher von Kupka gemalten Bilder von einem Mädchen mit einem bunten Ball zurückführen. Auch seine Spätwerke wie *Vertikale Ebene III* und *Solo einer braunen Linie*, die 1913 ausgestellt wurden, bestätigten die in Paris allgemein herrschende Ansicht, daß eine abstrakte Kunst nichts anderes sein konnte als Muster ohne Bedeutungsgehalt. Selbst Delaunays *Scheiben* (Abb. 116) können wie andere zeitgenössische Werke des Futuristen Giacomo Balla (1871–1958), (Abb. 131), nur als Experimente in abstrakter Malerei gelten, in der noch starke Untertöne von einem kosmischen Symbolismus enthalten sind, nicht jedoch als wirklich abstrakte Gemälde. Es ist wichtig, diesen Unterschied zwischen einer zunehmend mit abstrahierten Figuren arbeitenden und einer wirklich abstrakten – und das heißt nichtgegenständlichen – Kunst zu betonen, und sei es auch nur, um die historische Bedeutung Piet Mondrians herauszustellen, mit dem wir uns weiter unten beschäftigen werden.

Als Kandinsky nach dem Krieg nach Rußland zurück-

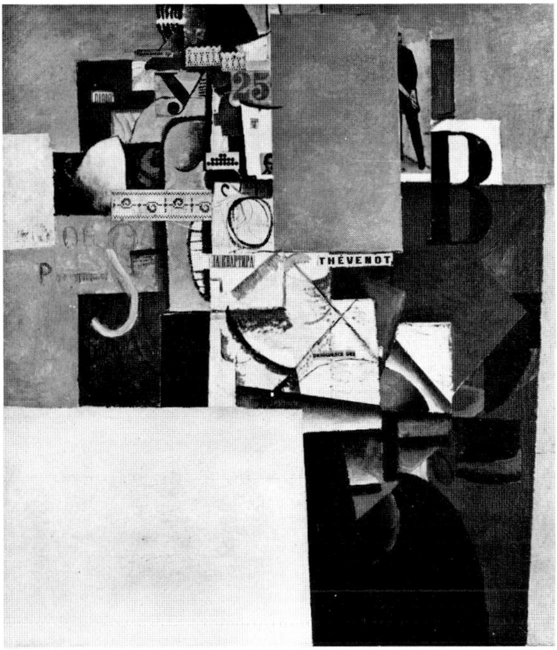

132 Kasimir Malewitsch, *Frau an einer Litfaßsäule*, 1914

kehrte, wurde deutlich, daß er sich über die praktische Anwendung seiner Theorien noch nicht im klaren war. Er kam dort in Kontakt mit anderen Malern, die mit der abstrakten Kunst experimentierten, und geriet unter ihren Einfluß. Eine der führenden Persönlichkeiten in Moskau war Kasimir Malewitsch (1878–1935), der sich bis 1913 bereits durch den Impressionismus, Symbolismus, Primitivismus, Kubismus und Futurismus hindurchgearbeitet und eine Phase erreicht hatte, die er als »konkrete Kunst« bezeichnete. In dem Bild *Frau an einer Litfaßsäule* aus dem Jahre 1914 (Abb. 132) brachte Malewitsch gerade, flache Farbrechtecke auf einer spielerischen kubistischen Collage mit Trompe-l'œil-Effekten an. Rechtecke dieser Art wurden dann zu Bestandteilen seiner ersten suprematistischen Bilder, die als Gipfelpunkt seiner Bildsprache gelten können. Erste suprematistische Elemente lassen sich in seinen Bühnenentwürfen für das futuristische Singspiel »Der Sieg über die Sonne«, das 1913 in St. Petersburg aufgeführt wurde, nachweisen. Die Datierung seiner ersten suprematistischen Bilder ist ungewiß, erstmals ausgestellt wurde das Bild *Schwarzes Kreuz auf weißem Grund* im Dezember 1915.
Malewitsch führte eine wesentlich konsequentere Zurückweisung der gegenständlichen Welt durch als beispielsweise Kandinsky. Den Suprematismus definierte er als »Suprematie der reinen Empfindung in der Kunst«. Er entwickelte ein Formen-

inventar, das als malerisches Äquivalent für Sinneswahrnehmungen gelten sollte, und versuchte in seinen suprematistischen Bildern diese Formensprache genauer zu definieren und auszuweiten. Auch Gefühle werden dadurch zum Ausdruck gebracht; so gibt er einem Bild, in dem diagonal angeordnete Rechtecke zu sehen sind, den Titel *Suprematistische Komposition: Fliegen mit dem Flugzeug* (Abb. 126).

In manchmal komplexen Anordnungen von Formen versuchte er in seinen Bildern eine bildliche Analogie zu Gefühlen auszudrücken, aber Malewitsch stieß damit sofort auf das unlösbare Problem, ob es eine allgemeingültige Deutung dieser Formen geben könne. Jüngere Anhänger Malewitschs wie El Lissitzky (1890–1941) bestritten das, machten die Formenarrangements allerdings für die Architektur und Gestaltung fruchtbar (siehe Kapitel 11).

Malewitsch selbst, ein gläubiger Christ, sprach seiner Kunst eine transzendentale Bedeutung zu. Immer häufiger beschäftigen sich seine Bilder mit der Form des Kreuzes und der jungfräulichen Reinheit der Farbe Weiß. Sein wahrscheinlich letztes Bild *Weißes Kreuz auf weißem Grund* von 1918 gilt zugleich als Höhe- und Endpunkt des Suprematismus. Danach baute er Anfang der zwanziger Jahre noch einige Architekturmodelle (Abb. 198), mit denen er einen Beitrag zu der sich international herausbildenden neuen Architektur leistete, aber mit der Malerei war er an ein Ende gekommen.

In einer ähnlichen Sackgasse endeten nach 1910 beinahe alle Künstler, die sich mit abstrakten Versuchen beschäftigten. Mit dem begrenzten und gelegentlich willkürlichen Formenvokabular, das ihnen zur Verfügung stand, konnten sie nicht immer glaubhaft vermitteln, daß ihre abstrakten Bilder auch eine Bedeutung hätten. Die abstrakten Experimente der Jahre von 1910 bis 1918 wurden zwar in Deutschland und Rußland für die Architektur und Gestaltung fruchtbar gemacht, aber damit schien sich ihr Wert auch schon zu erschöpfen. Und so ist es nur der Beharrlichkeit des Holländers Piet Mondrian zu verdanken, daß die abstrakte Kunst nicht vollständig unterging.

Die künstlerische Laufbahn Piet Mondrians ähnelt in vieler Hinsicht derjenigen Kandinskys: Beide strebten vergleichbare Ziele an und näherten sich ihnen auf parallel verlaufenden Wegen. Als junger Künstler hatte Mondrian sich mit den in Holland sehr verbreiteten Stilrichtungen des Naturalismus und Symbolismus beschäftigt. Später durchlief er eine expressionistische Phase, in der er Naturbilder von stark subjektiver Emotionalität schuf, die sich durch die Farbgebung von Wolken, Bäumen, Heuhaufen und Dünen vermittelt. Einsam stehende und lichterfüllte Windmühlen, Leuchttürme und Kirchtürme werden auf diesen Bildern zu einem Sinnbild für den Maler selbst. Mondrian durchlebte eine religiöse Krise, als er mit Rudolf Steiner und dem theosophischen Gedankengut in Berührung kam. Er teilte Kandinskys Interesse an östlichen Religionen und dessen Überzeugung, daß sich

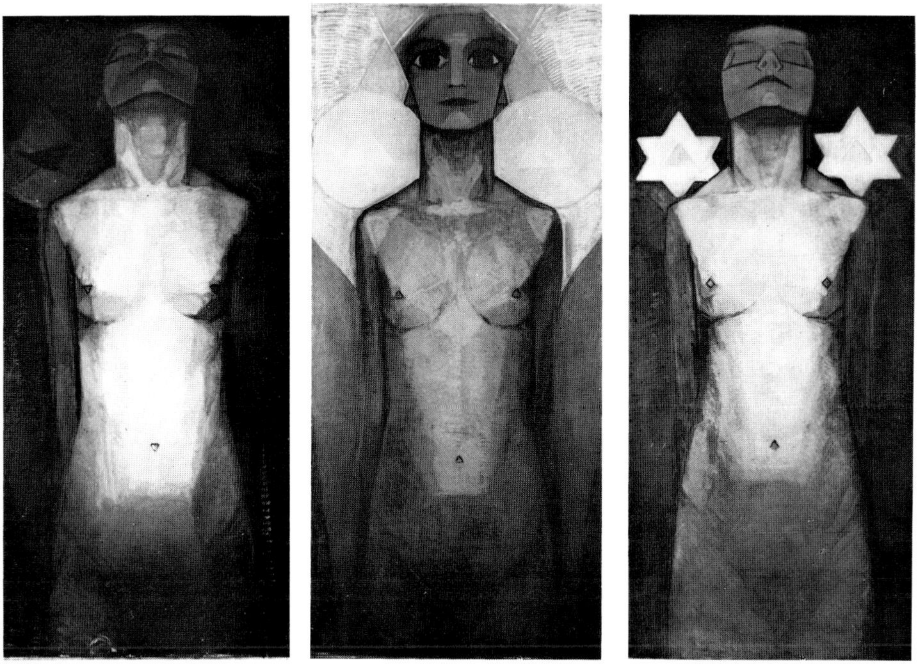

133 Piet Mondrian, *Evolution, Triptychon,* 1910/11

eine spirituelle Wiedergeburt der westlichen Zivilisation nur aus dieser Quelle speisen konne.

Das 1910 bis 1911 entstandene Triptychon mit dem Titel *Evolution* (Abb. 133) ist wahrscheinlich als theosophisches Altarbild konzipiert: Es nimmt die bereits von anderen symbolistischen Malern wie etwa von Munch in seinem *Tanz des Lebens* (Abb. 80) eingeführte Dreiteilung wieder auf. Das Triptychon zeigt eine in einem tranceähnlichen Zustand der spirituellen Erleuchtung befindliche Figur. Beherrscht von einem himmelblauen Farbton, in den gelbe Sterne und Passionsblumen eingefügt sind, markiert das Werk den Wendepunkt von der symbolistischen zur abstrakten Phase Mondrians. Den fremdartigen Titel erläutert der Maler in einem Tagebucheintrag von 1914: »Zwei Wege führen zum Geistigen: der Weg der doktrinären Lehre, der unmittelbaren Übung (Meditation usw.), und der langsame, aber sichere Weg der Entwicklung (Evolution). Man sieht in der Kunst das langsame Wachstum der Spiritualität, dessen sich die Künstler selbst nicht bewußt sind: dem Geistigen in der Kunst näher kommen.« Indes kann das Triptychon selbst nicht zur Illustration dieses langsamen Weges der Evolution herangezogen werden, sondern muß vielmehr als Versuch gelten, zu schnellen Ergebnissen vorzudringen. Es ist ein eher

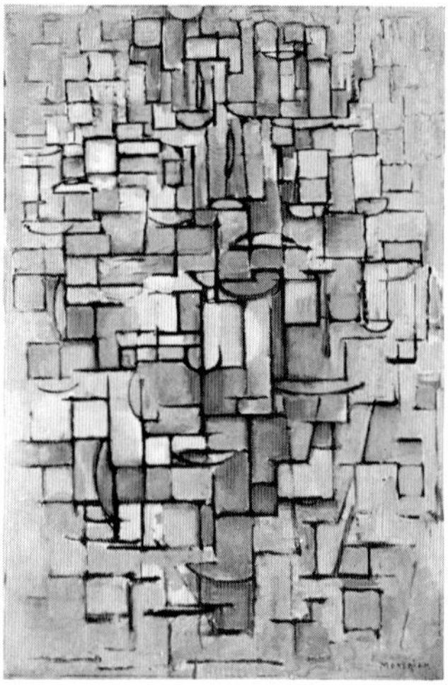

134 Piet Mondrian, *Tableau Nr. 1*, 1913

doktrinäres Bild, das möglicherweise als Meditationshilfe gedacht war. Mondrian erkannte dann auch schnell, daß er sein Ziel nur auf anderen Wegen erreichen konnte. Er wandte sich daraufhin intensiven Studien der Malerei Cézannes zu und siedelte Anfang 1912 nach Paris um, wo er sich mit der jüngsten Weiterentwicklung der französischen Malerei vom Impressionismus zum analytischen Kubismus anschloß. Neben Picasso und Braque gelangen ihm die überzeugendsten kubistischen Bilder, und manche seiner Arbeiten lassen sich von denen der beiden genannten Maler aus der Zeit zwischen 1910 und 1912 kaum unterscheiden. Mondrian war an der hermetischen und beinahe abstrakten Phase des analytischen Kubismus interessiert, aber auch an den Farbkontrast-Experimenten Légers mit Primärfarben, rhythmischen Bewegungen und einfachen, miteinander kontrastierenden Formen.

Mondrians Bilder in dieser ersten Pariser Phase sind bereits abstrahierte, aber noch keinesfalls abstrakte Bilder. Zwar treibt er die kubistische Analyse so weit voran, daß das Sujet in der geometrischen Struktur des Bildes zu verschwinden droht, aber es bleiben stets erkennbare Reste von realen Formen erhalten. Die Werke aus dieser Phase lassen sich nach den wenigen Sujets gruppieren, die der reale Ursprung der verwendeten Formen sind: einzelne Bäume, Kirchenfassaden, Pariser Häuser mit Zäunen oder Gerüsten. *Tableau Nr. 1* (Abb. 134) geht etwa auf eine Hausfassade zurück, deren Türen und Fenster durch horizontale und vertikale Linien betont werden. Zum Rande hin verschwimmen diese Strukturen, so daß die Komposition aus der Mitte heraus zu wachsen scheint. Diese Wirkung wird in Mondrians späteren Werken noch eine bedeutende Rolle spielen.

Tableau Nr. 1 wurde im Herbst 1913 in Amsterdam ausgestellt. Mondrian stand weiterhin in engem Kontakt zu Holland, wo er sich auch aufhielt, als 1914 der Krieg erklärt wurde. Er konnte nicht nach Paris zurückkehren und hatte nun, abgeschnitten von der inspirierenden Atmosphäre eines aktiven Kunstzentrums, Zeit, sich seines gegenwärtigen künstlerischen Standpunkts zu vergewis-

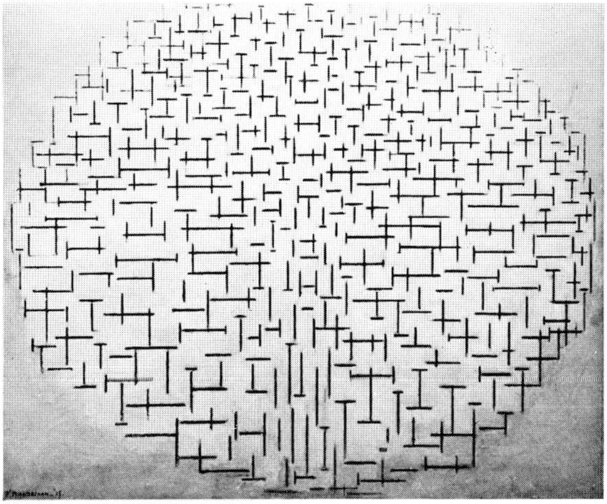

135 Piet Mondrian, *Komposition Nr. 10: Pier und Meer*, 1915

sern. Es entstanden Bilder vom *Meer* (Abb. 135), in denen die traditionelle Perspektive zugunsten eines neuen Raumkonzepts aufgegeben wird. Mit dem die Bildoberfläche durchziehenden pulsierenden Rhythmus von Linien geht es dem Maler nicht mehr um die Wiedergabe einer besonderen Stimmung. Die Meeresbilder sind auch unter der Bezeichnung *Kompositionen von Plus und Minus* bekannt, weil hier erstmals formale Elemente ein Eigenleben annehmen.

Mondrian gab sich mit diesem Ergebnis aber noch nicht zufrieden. Später erläuterte er: »Ich stellte das Meer, den Himmel und die Sterne durch eine Fülle von Kreuzen dar. Beeindruckt von der Weite der Natur, versuchte ich ihre Ausdehnung, ihre Ruhe und Einheit auszudrücken … Aber ich spürte, daß ich den Impressionismus immer noch nicht überwunden hatte und nach wie vor ein bestimmtes Gefühl und nicht die Realität, wie sie ist, ausdrückte.«

1916 stellte Mondrian nur ein einziges Bild fertig und vertraute einem Freund an, daß er mit seiner Arbeit an ein Ende gekommen sei. Er sah nicht recht, wohin er sich künstlerisch weiterentwickeln konnte. Und tatsächlich sah er sich einem Dilemma gegenüber, denn wenn er selbst bei konsequentester Abstraktion, wie er selbst erkannte, weiterhin dem Impressionismus verhaftet blieb, war nicht leicht abzusehen, wie der nächste Schritt aussehen könnte. Mondrian befand sich mithin in derselben Lage wie Picasso und Braque gegen Ende des Jahres 1911, als der analytische Kubismus eine Stufe erreicht hatte, wo nur noch die Wahl zu bestehen schien, den Zusammenhang zwischen Malerei und den realen Gegenständen ganz aufzugeben oder aber eine neue Verbindung zwischen Malerei und Realität herzustellen.

Mondrian hielt trotz dieses Konflikts weiterhin an der Überzeugung fest, daß ein

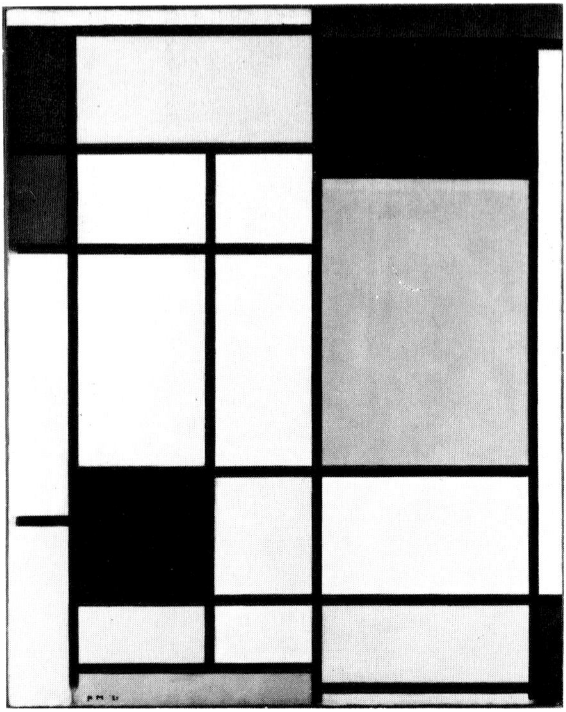

136 Piet Mondrian, *Komposition in Rot, Gelb und Blau,* 1921

gegenstandsloses Bild nicht zwangsläufig ein Stück bedeutungsloser, reiner Dekoration sein mußte. In diese Zeit fällt seine Begegnung mit dem holländischen Philosophen und Mathematiker M. H. J. Schoenemaekers, einem ehemaligen katholischen Priester, der inzwischen zu einem Anhänger der Theosophie geworden war. Schoenemaekers hatte eine neoplatonische Philosophie entwickelt, die er »Positiven Mystizismus« nannte oder auch »Bildende Mathematik«. Dieses System, das nach Ansicht Schoenemaekers »den verborgenen Aufbau der Wirklichkeit durch Kontemplation zu durchdringen« ermöglichte, beruhte auf der Auflösung der fundamentalen Gegensätze – aktiv und passiv, männlich und weiblich, Raum und Zeit, Dunkelheit und Licht usw. – in der geometrischen Form des Zusammentreffens der Horizontalen mit der Vertikalen. Diese Konstruktion wiederum enthält Entsprechungen zu kosmischen Kräften: die Vertikale zu den Kräften der Sonne, die Horizontale zur stetigen Bewegung der Erde um die Sonne. Auch den drei Primärfarben schrieb der Philosoph eine kosmische Bedeutung zu: Gelb ist das Sonnenlicht, Blau die unendliche Ausdehnung des Raumes und Rot die Farbe der Vermittlung und der Einheit.

Schoenemaekers war es bei der Entwicklung seines philosophischen Gedankengebäudes sowenig um Kunst gegangen wie den Theosophen Annie Besant und dem

137 Piet Mondrian, *Komposition mit Blau und Gelb,* 1932

Reverend C. W. Leadbeater, die abstrakte Formen als Meditationsgrundlagen geschaffen hatten. Doch seine Thesen lieferten Mondrian eine Grundlage, die die frühen quasiabstrakten Künstler nicht hatten bieten können, nämlich ein bildliches Äquivalent einer universellen Wahrheit einzuführen, das auf äußere Bezüge und Anspielungen verzichten konnte. Denn nach Schoenemaekers' Theorie besitzt die abstrakte Malerei an sich schon eine symbolische Bedeutung, die sie über die bloße Dekoration erhebt. Sie vermag allein durch die Primärfarben, den Gegensatz von Hell/Dunkel und das Kräftepaar Vertikal/Horizontal die hinter den Dingen wirkenden Kräfte des Spirituellen ins Bild zu setzen. Doch es sollten noch einige Jahre vergehen, bis Mondrian diese Gedanken in seine eigene Malerei umzusetzen vermochte. Das Ergebnis dieses Prozesses war die Geburtsstunde der abstrakten Kunst: Auf einem weißen Grund schwebende Farbflächen, die sich teilweise überlagern und von einem Gitter schwarzer Linien überzogen sind. 1919 malte er einige rautenförmige Bilder, kehrte aber sehr schnell wieder zu den für ihn typischen Quadraten zurück und hatte bis 1921 eine Bildgestaltung ausgearbeitet, die seinen Grundprinzipien am besten entsprach: drei Primärfarben, drei Nichtfarben (Schwarz, Grau, Weiß) und die symbolische Gegenüberstellung von Horizontalen und Vertikalen, die den Bildraum in rechteckige Flächen aufteilen. Bei einem Bild wie *Komposition in Rot, Gelb und Blau* von 1921 (Abb. 136) läßt sich kaum noch unterscheiden, ob es sich um Farbflächen auf einem schwarzen Grund oder um schwarze Linien auf einem bunten Grund handelt. In dieser Unbestimmtheit und Vieldeutigkeit liegt das letztlich nicht auflösbare Geheimnis, das alle Kunst auszeichnet.

Wie Kandinsky erläuterte Mondrian die Grundsätze seiner Malerei in einer Reihe von Schriften, in denen er den Neoplastizismus (wie er mit einem von Schoenemaekers geschaffenen Begriff seine Kunst nannte) definierte. Der Neoplastizismus sei eine Überwindung des Romantizismus und Expressionismus und führe die Kunst über das Persönliche hinaus. Mondrian ging es vor allem um die Auslöschung des Subjekts in der Kunst, die sich allein mit dem Universellen zu beschäftigen habe, mit den unbewußten und tiefsitzenden Reaktionen des Menschen auf die Welt, in der er lebt. Der Neoplastizismus strebt nach Harmonie und Gleichgewicht; Nichtgleichgewicht schaffe eine Tragik, die der Fluch der Menschheit sei. Mondrians Kunst ist von einem utopischen Impetus geprägt: »Das neue Sehen ... das zu einer neuen Kunst geführt hat, muß auch zu einer neuen Gesellschaft führen: einer Gesellschaft, die zwei gleichwertige Elemente, das Materielle und das Spirituelle, vereinigt. Eine Gesellschaft von harmonischen Proportionen.« Seine Bilder demonstrieren dieses Ideal einer universellen Harmonie: In ihnen herrscht Gleichgewicht, Ordnung, Optimismus, Gewaltfreiheit, Lebensfreude und Klarheit. »In der lebendigen Realität des Abstrakten«, erklärte Mondrian, »überwindet der neue Mensch Sehnsucht, Freude, Begeisterung, Traurigkeit, Angst usw.: In einem durch die Schönheit dauerhaft gemachten Gefühl werden sie gereinigt.«

Die antitragische Ausrichtung von Mondrians Kunstverständnis führt wie bereits bei Matisse dazu, daß seine Bilder eine sehr begrenzte gefühlsmäßige Anziehungskraft ausüben und keine reinigende Wirkung haben. In seiner 1932 fertiggestellten *Komposition mit Blau und Gelb* (Abb. 137) lädt die angedeutete Kreuzform, die absolute Schlichtheit, Reinheit und Geradlinigkeit der Konstruktion womöglich dazu ein, eine Analogie zu religiösen Darstellungen zu ziehen, doch sah Mondrian im Unterschied zu Malewitsch in seinen Bildern keine christlichen Ikonen. Obgleich sich das Aufeinandertreffen von Vertikale und Horizontale als symbolische Darstellung für Erlösung und Verdammnis, Leben und Tod, Licht und Dunkelheit, männlich und weiblich – und andere beliebige Gegensatzpaare – verstehen ließe, bestehen Mondrians Bilder letztlich als nur auf sich selbst verweisende Objekte, die nicht als Abbild einer äußeren Realität gedacht sind. Kennzeichnend für sie ist eine durchgehende Ambiguität. So wirken etwa die Farbflächen und schwarzen Linien der Komposition, obgleich durch den Bildrand begrenzt, weit darüber hinaus ausdehnbar. Der Raum büßt seinen illusionistischen Charakter ein und verschmilzt untrennbar mit den Formen des Bildes, ohne daß sich die Beziehung der einzelnen Bestandteile des Bildes untereinander klar bestimmen ließe.

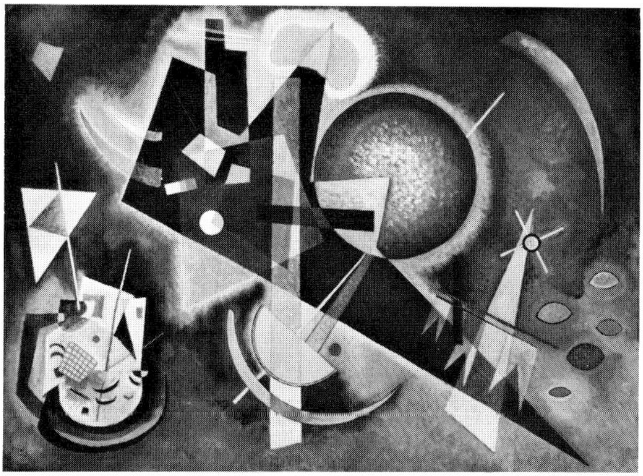

138 Wassily Kandinsky, *In Blau*, 1925

Trotz der offenkundigen Begrenztheit seines Bildvokabulars und des in den zwanziger Jahren scheinbar erreichten Endpunkts seiner Malerei lautete Mondrians Motto seiner künstlerischen Entwicklung: »Immer weiter.« Nach einer Phase, in der er vor allem weiße Quadrate zum Kompositionsprinzip erhob, kehrte er zu den schwarzen Horizontalen und Vertikalen seiner späten Pariser und Londoner Bilder zurück. Mondrian war ein Bewohner und Maler von Metropolen: das Grün und Braun der Natur haben in seinen Bildern sowenig Platz wie in seinem Leben. Die letzten Jahre seines Lebens verbrachte er in New York, und das 1942 bis 1943 dort entstandene *Broadway Boogie-Woogie* (Abb. 139) zeigt, daß er auf seine veränderte Lebenssituation mit neuen künstlerischen Mitteln reagierte. An Stelle des statischen Gleichgewichts seiner früheren Bilder tritt hier eine größere Dynamik. Die rhythmische Vitalität der Meeresbilder kehrt in den die schwarzen Linien ersetzenden reinen Farbflächen wieder. Seine frühen Werke betrachtete Mondrian inzwischen als »Ölmalerei«, womit er andeutete, daß erst seine späte Betonung der Farbigkeit letztlich den Weg in die Zukunft weise.
Mondrian hatte womöglich einen größeren direkten und indirekten Einfluß auf die Kunst der Moderne als jeder andere Künstler des 20. Jahrhunderts. Theo von Doesburg (eigentlich C. E. M. Küpper, 1883–1931) erkannte bereits 1917, daß die Grundsätze der neuen abstrakten Kunst und bildenden Mathematik sich auch in der Architektur und anderen Gestaltungsbereichen zur Geltung bringen ließen. Er entwickelte einen umfassenden modernen Stil, der ohne Ornamente auskam und sich auf die drei Primärfarben und rechte Winkel (also auf Rechtecke und Würfel) beschränkte. Seine Ideen verbreitete der unermüdliche van Doesburg durch die von ihm begründete Kunstzeitschrift »De Stijl«, die auch der künstlerischen Bewegung den Namen gab.
Auf das Nachkriegseuropa übte dieser revolutionäre Neubeginn, der den inzwi-

schen diskreditierten romantischen Individualismus und Expressionismus in Kunst und Architektur mit einer Vision von einer idealen und universalen Gesellschaft beiseite fegte, einen unwiderstehlichen Reiz aus. In den Jahren 1920 und 1921 zog van Doesburg in das künstlerisch inspirierende, vom Krieg gezeichnete Deutschland und veröffentlichte seine Zeitschrift von Weimar aus. 1923 stellte er einige architektonische Entwürfe der De-Stijl-Bewegung in Paris aus, wo Léger und Le Corbusiers auf ihn aufmerksam wurden. Van Doesburg entdeckte schnell die enge Verwandtschaft seiner Ideen zu den russischen Konstruktivisten (beispielsweise El Lissitzky) in der Nachfolge des Suprematisten Malewitsch, die von einer zunehmend restriktiven und reaktionären Kulturpolitik aus Rußland vertrieben wurden. Im letzten Kapitel des vorliegenden Buches werden wir sehen, wie De Stijl und der Konstruktivismus gemeinsam die einflußreichste Kunst- und Gestaltungsschule Europas veränderten, Walter Gropius' Bauhaus in Weimar und damit eine Revolution der modernen Architektur einleiteten.

Bedeutsam ist das Bauhaus auch als einer der wenigen Orte, die den öffentlich kaum beachteten und künstlerisch erbittert bekämpften abstrakten Malern Zuflucht boten. Kandinsky, der aus der Sowjetunion zurückgekehrt war, lehrte ab 1922 bis zu dessen Schließung durch die Nationalsozialisten 1933 am Bauhaus. Seine russischen Jahre von 1914 bis 1921 waren künstlerisch relativ unproduktiv und hauptsächlich mit Verwaltungstätigkeiten für Kunstschulen und Museen vergangen. Als er wieder zu malen begann, stand er deutlich unter dem Einfluß jüngerer Suprematisten und Konstruktivisten, insbesondere Malewitschs. Die informellen Elemente seiner Bilder aus den Jahren vor 1915 sind nun zu strengen und geordneten geometrischen Formen verwandelt, zu geraden Linien, regelmäßigen Kurven, parallelen Balken, Kreisen und Dreiecken.

Kandinskys Bilder aus der Bauhauszeit wie auch seine theoretische Schriften aus dieser Zeit etwa »Punkt und Linie zur Fläche« (1926) sind eine direkte Fortführung seiner expressionistischen Phase in München und verlaufen parallel zu Mondrians Entwicklung. Seine späteren Kompositionen indes unterschieden sich auffällig von der klaren Schlichtheit des Neoplastizismus und enthalten einen latenten Symbolismus, mit dem mysteriöse Rituale und Bewegungen fremder Welten angedeutet werden. Der Hafen und die wie Spielzeuge wirkenden Boote auf *In Blau* von 1925 (Abb. 138) erinnern an die Einfälle seines Bauhaus-Kollegen Paul Klee, wirken aber innerhalb einer ansonsten als abstrakt zu bezeichnenden Komposition merkwürdig deplaziert.

In seiner letzten Schaffensperiode von 1933 bis 1944 entwickelte Kandinsky einen ausgesprochen dekorativen Stil, der an bestimmte manieristische Merkmale der Art-nouveau-Bewegung anknüpfte (etwa an die schnörkelförmige Linienführung), und ließ sich von Mustern und Symbolen von exotischen Kulturen wie den Ägyptern oder den Indianerkulturen Nordamerikas inspirieren. Immer schwerer fällt es,

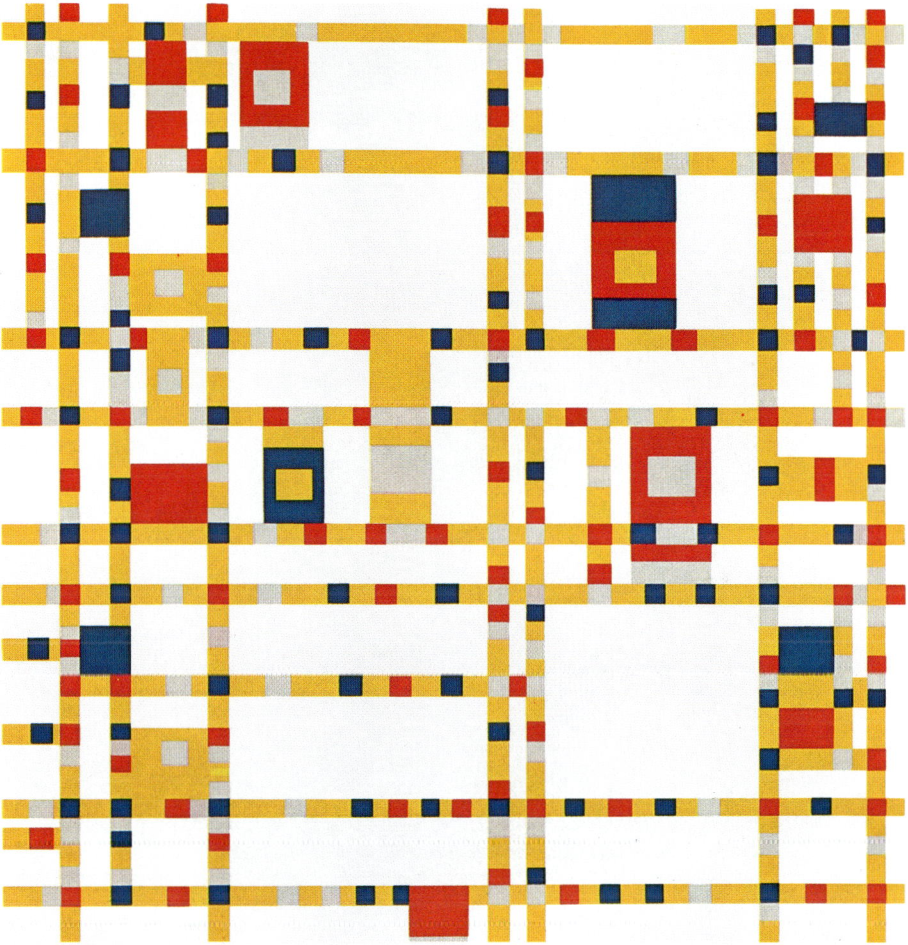

139 Piet Mondrian, *Broadway Boogie-Woogie*, 1942/43

seine reiche und gewundene Bildsprache zu deuten. Kandinskys hermetisches Bildvokabular der letzten Jahre spiegelt seine zunehmende Isolation wider und widersetzt sich der universellen Verständlichkeit von Mondrians abstrakter Kunst. Obgleich Mondrian die radikale Anwendung seiner Ideen auf das Gebiet der Architektur, Innenarchitektur und Formgestaltung, wie von der De-Stijl-Bewegung praktiziert, grundsätzlich bejahte und sogar andere Kunstformen wie Literatur und Tanz nicht ausschließen wollte, blieb er doch in einer gewissen Distanz zu den Aktivitäten dieser Gruppe. In seinen Jahren in Paris von 1920 bis 1938 hielt er engen Kontakt zu einer Vereinigung abstrakter Künstler unter der Bezeichnung »Cercle

et Carré« und »Abstraction-Création«, die die einzigen avantgardistischen Oppositionsbewegungen gegen den Surrealismus waren. Mondrian war in diesen Gruppen, denen große Bildhauer wie Brancusi, Jean Arp und Naum Gabo angehörten, stets der prominenteste Maler.
Allmählich setzte sich Mondrians Einfluß auf eine jüngere Generation durch, die sich nicht mehr verpflichtet sah, eine geistige Rechtfertigung ihrer Kunst mitzuliefern. Abstrakte Kunst wurde nun als die Verkörperung und Veranschaulichung abstrakter Eigenschaften – wie Vitalität oder Heiterkeit – verstanden. In einer Serie von weißen Reliefbildern aus den dreißiger Jahren bringt der englische Künstler Ben Nicholson (1894–1982) auf aufeinandergeklebten Hartfaserplatten ausgeschnittene Vierecke und Kreise an (Abb. 140) und schafft darin eine geheimnisvolle Raumbewegung mit einer Poesie harmonischer Beziehungen. Nicholson malte seine ersten abstrakten Bilder im Jahre 1924, entdeckte aber wie Mondrian, daß er sich erst gründlich mit Cézanne auseinandersetzen mußte, um zu den Aussagen durchzudringen, die er eigentlich beabsichtigte.
Tief beeindruckt von der Begegnung mit Mondrian im Jahre 1934, war er dennoch nicht ausschließlich der abstrakten Kunst verschrieben. Für ihn bedeutete Abstraktion in der Kunst Befreiung, weswegen er sich auch die Freiheit nahm, postkubi-

140 Ben Nicholson, *Weißes Relief*, 1935

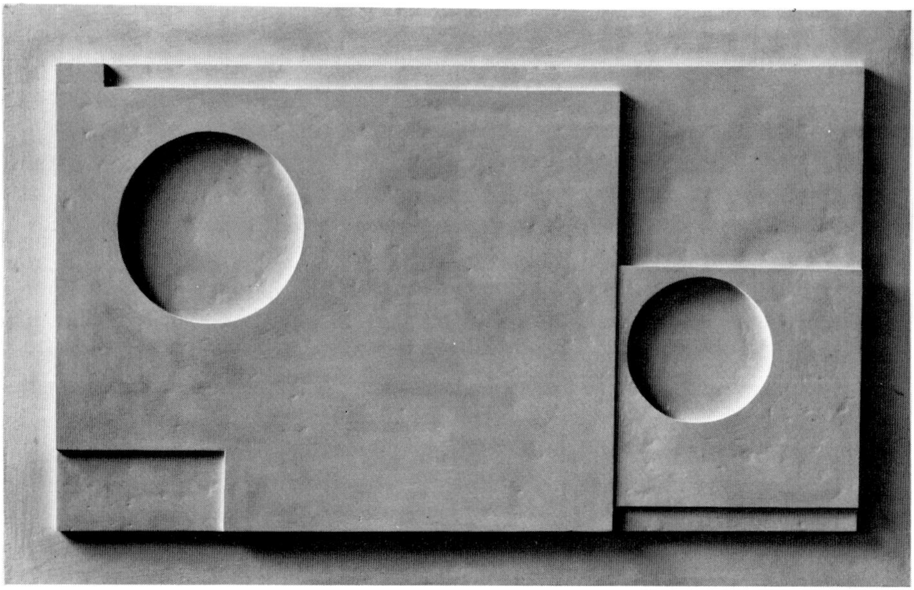

stische Stilleben mit dem Licht und der Textur von Landschaftsbildern zu malen. Mit seiner undogmatischen Herangehensweise an die Kunst hat Nicholson entschieden dazu beizutragen, daß die Abstraktion nicht mehr als Ersatz für andere Kunstrichtungen, sondern als eine Erweiterung der Kunst gilt.

Mondrians Wirkung auf die nachfolgende Generation läßt sich weniger an einigen individuellen Schülern festmachen (obwohl er in den Vereinigten Staaten durchaus einige Adepten hatte) als an einem allgemeinen Einfluß. Die sogenannten abstrakten Expressionisten beriefen sich eher auf Mondrian als auf Kandinsky, wenngleich – um nur ein Beispiel zu nennen – Jackson Pollocks Werke oberflächlich betrachtet auch eine größere Ähnlichkeit mit den Bildern Kandinskys aus den Jahren zwischen 1910 und 1914 haben. Nicht zuletzt verdankt Mondrian seinen Einfluß auch der Tatsache, daß er einer der aus Europa geflohenen Künstler war, die zu der Zeit in New York lebten, als die amerikanische Kunst internationale Bedeutung gewann. So fand selbst seine späte Überzeugung, daß die Kunst vor allem Farbe sei, einen Widerhall in den Werken Mark Rothkos (1930–1970), Ad Reinhardts (1910–1965) und Barnett Newmans (1905–1970), denen die Malerei als eine Art religiöser Offenbarung galt. Rothkos Bilder (Abb. 142), in denen die Wirkung von Farben im Raum erkundet wird, sind auf einer tieferen Ebene Meditations- und Kontemplationsikonen. Reinhardts eingehende Beschäftigung mit der östlichen Kunst und Philosophie spiegelt sich in seinen dunklen Bildern (Abb. 141), die auf drei gleich großen Quadratflächen eine mystisch-symbolische kreuzförmige Komposition gestalten. Newman ging sogar so weit, eine Reihe riesiger, leerer, abstrakter Leinwände, auf deren einfarbigem Grund jeweils ein vertikaler Streifen angebracht ist, *Stadions of the Cross* (1960) zu nennen.

An den Werken dieser jungen Maler wird deutlich, daß Kandinskys und Mondrians spirituelle Ideen in der Tat Früchte getragen und eine Nachkommenschaft hervorgebracht haben.

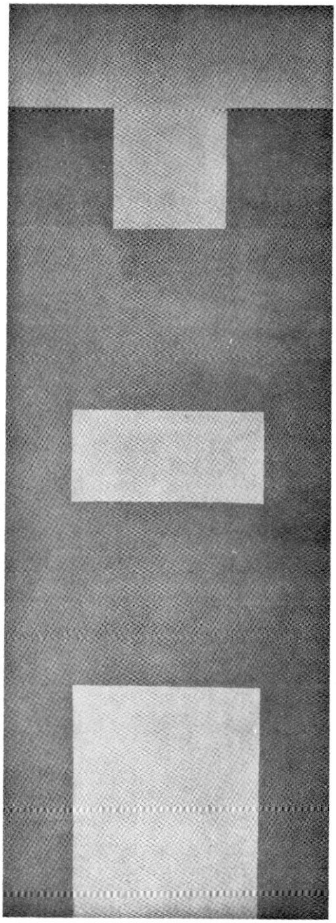

141 Ad Reinhardt,
Abstract Painting, Blue, 1952.

142 Mark Rothko, *Two Openings in Black over Wine,* 1958

8 Der Surrealismus

Zur gleichen Zeit wie die abstrakte Kunst entwickelt sich eine andere, die Kunst nicht mehr als Abbildung der Wirklichkeit begreifende Richtung. Sie beginnt mit den Werken von Malern wie Chagall und de Chirico, nimmt im Zuge der Dada-Bewegung eine dezidiert antikünstlerische Wendung und mündet schließlich in die internationale surrealistische Bewegung. Der Surrealismus ist strenggenommen weder eine Kunstrichtung noch eine ästhetische Theorie und läßt sich wohl angemessener als eine Lebenseinstellung oder als ein Glaubensersatz beschreiben, von dem seine Anhänger sich die ökonomische und geistige Befreiung des Menschen versprachen. Die Vorstellungen der Surrealisten waren nicht weniger umwälzend und utopisch als die der abstrakten Künstler, aber der Surrealismus zog ganz andere Künstlerpersönlichkeiten an, denn bei ihm standen Leidenschaft und Intuition mehr im Vordergrund als Rationalität, Harmonie und Ordnung.
Angezogen vom Ruf der französischen Malerei trafen Chagall und de Chirico 1910/11 als junge Maler in Paris ein, wo sie sich bis zum Ausbruch des Ersten Weltkrieges aufhielten. Dort wurde Apollinaire auf sie aufmerksam, der zwar mit den Kubisten eng befreundet, aber auf der Suche nach einer poetischeren, visionären Kunst war. Er erkannte in den beiden Gleichgesinnte, die wie er nach Methoden suchten und danach strebten, die alltägliche Welt zu überwinden und den Zustand des von ihm so genannten erhabenen »sur-réalisme« zu erreichen. Apollinaire hatte sein Stück »Die Brüste des Tiresias« im Untertitel sogar mit dem Neologismus »ein ›surrealistisches‹ Drama« versehen und damit die Grundsteine zum Entstehen einer neuen literarischen Bewegung gelegt.
Ich und das Dorf von 1911 (Abb. 143) gehört zu der Sorte Bildern, die Apollinaire bewundert hätte. Marc Chagalls (1887–1985) Bildwelt ist erfüllt von Reminiszenzen an das russisch-jüdische Milieu, in dem er aufwuchs. Eine unergründliche Schwermut beherrscht sein Werk, das die längst verlorene Welt seiner Kindheit in freudigem Lebensüberschwang und erfüllt von einem religiösen Empfinden zeigt, für die ihm Paris keinen Ersatz liefern konnte. Unschuld und Offenbarung sind die vorherrschenden Elemente dieser Kindheit. Chagall unterwirft seine Erinnerungen keiner Logik, seine Bilder sprengen jede rationale Ordnung. Figuren stehen kopf oder sind vom Bildrand abgeschnitten, ganz alltägliche Gegenstände tauchen in ungewöhnlichen Kombinationen und Größenverhältnissen auf.
Wenn wir Chagalls Frühwerk als Tagträumerei bezeichnen können, so befinden wir

uns bei Giorgio de Chirico (1888–1973) mitten in einer Traumwelt. Nichts erinnert bei seinen Imaginationen aus der Pariser Zeit an die naive Offenherzigkeit der Bilder Chagalls. Bereits 1913 wies Apollinaire auf diese merkwürdigen Landschaften voller neuer Bedeutungen hin. De Chirico war während seines Kunststudiums in München mit dem Werk der deutschen Symbolisten und den Schriften Nietzsches in Berührung gekommen, dessen Lehre vom bloßen Schein der äußeren Welt, der die eigentliche Wirklichkeit verstelle, Nachklang in seinem malerischen Werk findet. Seine rätselhaften Bilder beziehen sich auch auf frühe Kindheitserinnerungen: italienische Plätze, griechische Skulpturen und Eisenbahnzüge (sein früh verstorbener Vater war Eisenbahningenieur). Bereits der Titel des 1913 entstandenen Bildes *Nostalgie des Infiniten* (Abb. 145), trägt zur Verwirrung des Betrachters bei; ein übriges tun die zu rätselhaften Metaphern zusammengestellten Gegenstände.

Der Theoretiker des Surrealismus André Breton sah in diesen frühen Werken de Chiricos Darstellungen jener unerklärlichen Einsamkeit und unheilbaren Angst, die unlösbar mit dem menschlichen Dasein verknüpft ist. Breton interpretierte später entsprechend der Freudschen Theorie die Türme und Arkadengänge, Züge und Bahnhöfe auf de Chiricos Bildern als sexuelle Symbole. Doch der Maler selbst hatte sie in ganz anderer Absicht verwendet und distanzierte sich schon bald von seinem Frühwerk, so, als wolle er sich gegen solche Interpretationen verwahren. In Italien, wohin er im Jahre 1915 zurückgekehrt war, änderte er seinen Stil grundlegend.

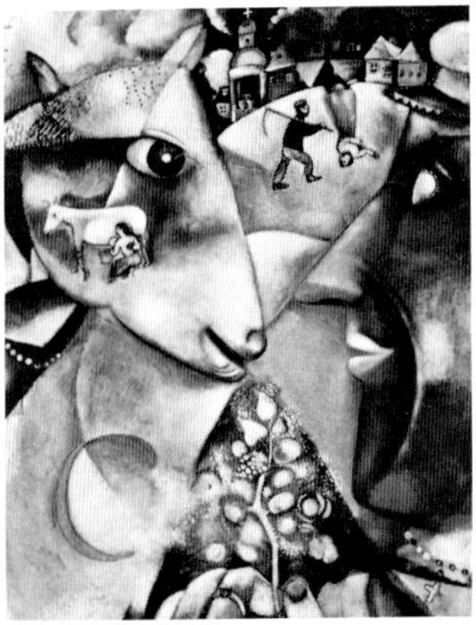

143 Marc Chagall, *Ich und das Dorf*, 1911

Seinen während der Kriegsjahre entwickelten neuen Malstil bezeichnete er als »metaphysisch«. In den Bildern aus dieser Zeit tauchen Motive auf, die die sinnlich wahrnehmbare Realität übersteigen: Menschen werden durch Gliederpuppen ersetzt, triviale Trompe l'œils wie Streichholzschachteln, Fische, Plätzchen und Brotlaibe geraten unversehens in den Bildraum und verwischen die Grenzen zwischen Illusion und Realität (Abb. 144). Seine Bildwelt mit den an Zwangsvorstellungen gemahnenden Gegenständen ist von der Logik des Traums be-

stimmt, welche sich nicht an die meßbare Zeit hält und einer unausweichlichen, bedrohlichen Gegenwart verhaftet bleibt, die jeden Moment auseinanderzufallen droht. Gegen 1919 verlieren de Chiricos Bilder zunehmend diese visionären Züge, und das Spätwerk des Malers zeichnet sich – ähnlich dem Chagalls – durch eine nachlassende Originalität aus.
Mit ihren traumähnlichen Bildwelten und der Betonung des Irrationalen wurden Chagall und de Chirico zu Vorläufern des Surrealismus. Eine ähnlich verstörende Wirkung hatten auch einige Werke Picassos aus der unmittelbaren Vorkriegszeit, etwa *Frau im Lehnstuhl* von 1913 (Abb. 111). Mit diesem Bild kehrt das Frauenporträt, das auf der Höhe des hermetischen Kubismus beinahe ganz verschwunden war, in Picassos Werk zurück: Es kann als ein gewalttätiges und erotisches Vorzeichen jener bezwingenden Schönheit gelten, nach der die Surrealisten suchten. Die kubistische Entwicklung von Collagetechniken und ihre Weiterentwicklung zum Konstruktivismus stellt ein weiteres Verfahren dar, eine Bildrealität von vieldeutiger Aussagekraft zu schaffen. Wie bereits erwähnt, war Marcel Duchamp der erste Künstler, der die Implikationen der kubistischen Malerei radikalisierte und seine Zweifel an der Kunst in signierten »Ready-mades« zum Ausdruck brachte. Er deklarierte Gegenstände der Alltagswelt wie einen Flaschentrockner oder ein Urinal, die gemeinhin nicht als Kunst betrachtet werden, provokativ zu Kunstgegenständen. Anarchistische Gesten wie diese waren vor dem Hintergrund eines Weltkrieges, in dem zivilisierte Länder dem Wahnsinn verfallen waren und die menschlichen Werte, die sie angeblich verteidigten, selbst längst hinter sich gelassen hatten, eine durchaus angemessene Reaktion. Was blieb dem Künstler anderes übrig, als gegen diese Werte zu protestieren? Duchamp hatte Paris verlassen, um in New York weiterzuarbeiten, während andere Künstler sich in Städten wie Barcelona und Zürich in Cafés trafen und ihre gegen den Krieg, die bürgerliche Haltung und die herkömmliche Kunst gerichteten Vorstellungen austauschten. Aus einem dieser

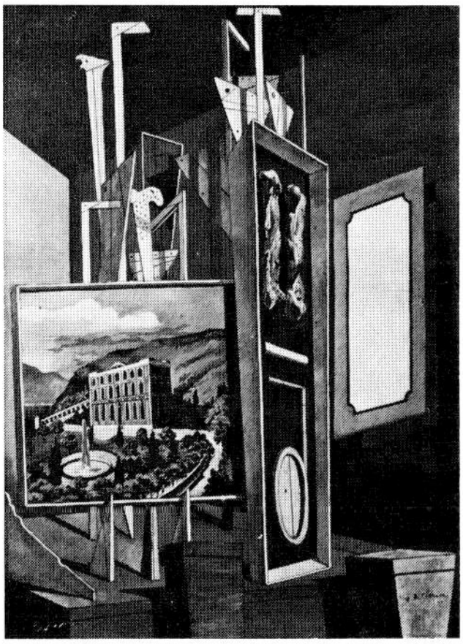

144 Giorgio de Chirico,
Großes Metaphysisches Interieur,
um 1917

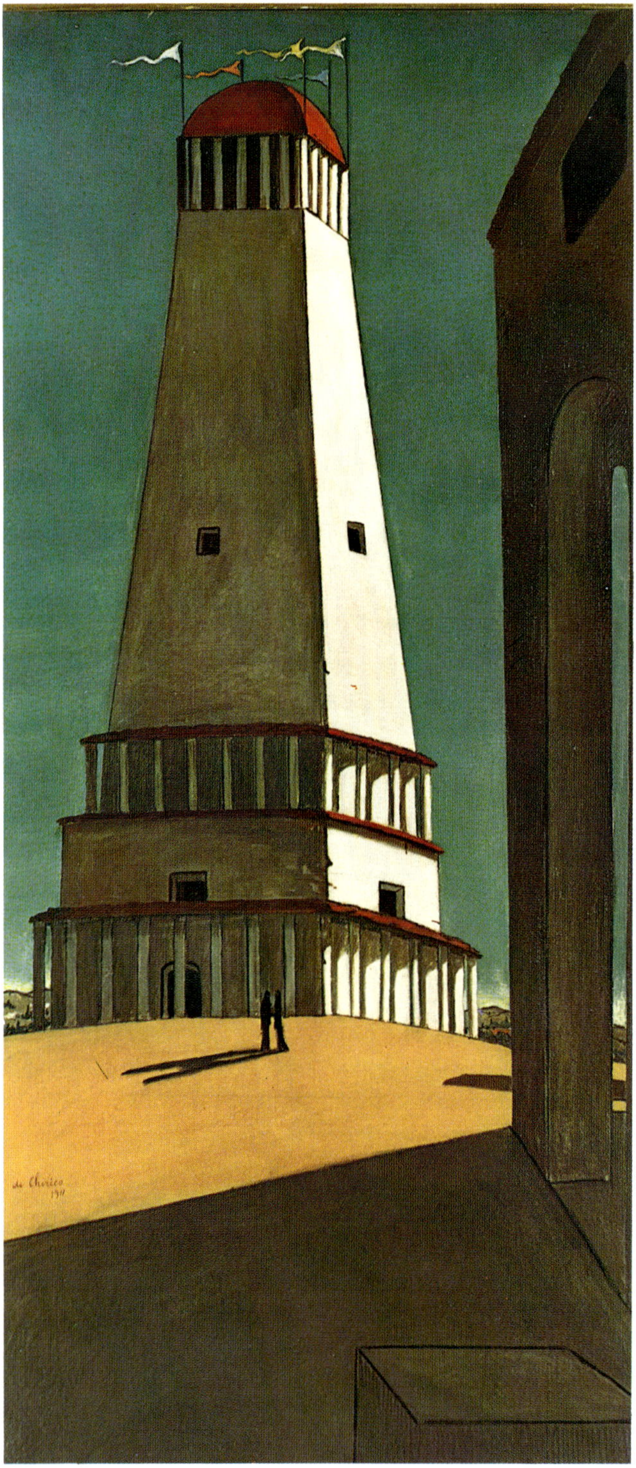

145 Giorgio de Chirico,
Nostalgie des Infiniten,
1913

Treffpunkte, dem »Cabaret Voltaire« in Zürich, ging Anfang 1916 die Dada-Bewegung hervor.
»Dada bedeutet«, nach Tristan Tzara, einem der geistreichsten Köpfe der Bewegung, »nichts«. Dieser anfängliche Nihilismus ließ sich mit fortschreitender künstlerischer Aktivität nicht aufrechterhalten, und so entwickelte sich Dada zur Protestbewegung und Kunsttheorie. Einer der bedeutendsten Künstler im Kreise der Dadisten in Zürich war der Elsässer Hans (Jean) Arp (1887–1966), der vor 1914 mit den französischen Kubisten und den Malern des Blauen Reiters, den Vorläufern der abstrakten Malerei, befreundet war. Arp, vor den Wirren des Krieges geflohen, beschäftigte sich mit der Frage, die von Mallarmé in seinem Gedicht »Ein Würfelwurf wird den Zufall niemals auslöschen« aufgeworfen worden war, welche Rolle dem Zufall in der künstlerischen Kreativität eingeräumt werden sollte. Arp verstreute Papierschnipsel oder Stücke eines Seils und ließ sie so liegen, wie sie »nach dem Gesetz des Zufalls« auf die Unterfläche gefallen waren. Daß diese Kompositionen keineswegs dem Zufall überlassen waren, ist Bildern wie *Vierecke, angeordnet nach dem Gesetz des Zufalls* von 1916 bis 1917 (Abb. 146) deutlich anzusehen, denn die Formen sind viel zu regelmäßig angeordnet. Mit der Einbeziehung des Zufalls in den Schaffensprozeß gelang der entscheidende Schritt, das Unbewußte für die Kunst fruchtbar zu machen.
In den Jahren zwischen 1914 und 1918 verbreitete sich die Dada-Bewegung von Zürich bis nach Deutschland. In dem durch Inflation und Revolution erschütterten Berlin verlegte sich die Gruppe der dadaistischen Künstler auf politische Inhalte. »Dada ist der deutsche Bolschewismus«, lautete nun der Schlachtruf. Die Berliner Dadaisten reagierten damit unmittelbar auf die künstlerischen Leistungen des neuen sowjetischen Regimes und trugen dazu bei, die Ideen der russischen Avantgarde im Westen zu verbreiten. Ihr Beitrag zum Dadaismus bestand in der Übertragung der Collagetechnik auf die Fotografie, also in der Erfindung der Fotomontage. John Heartfield (eigentlich Helmut

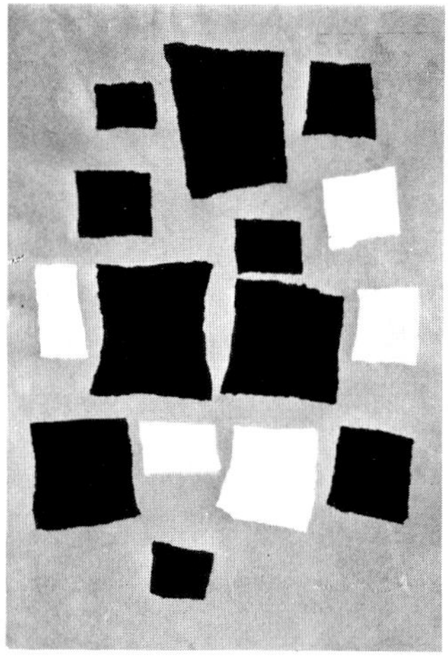

146 Hans Arp, *Vierecke, angeordnet nach dem Gesetz des Zufalls*, 1916/17

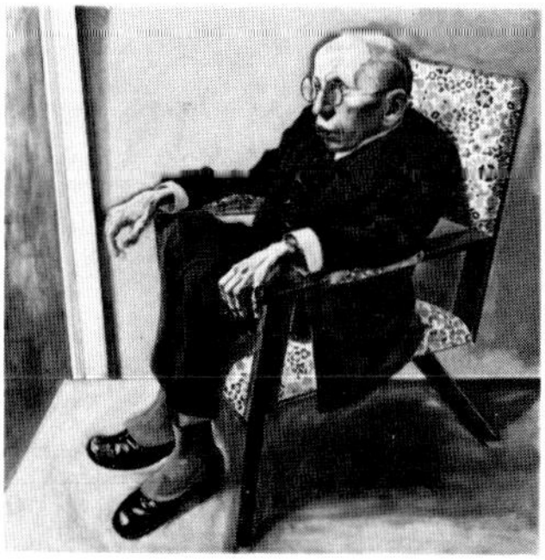

147 George Grosz, *Der Schriftsteller Max Herrmann-Neisse*, 1925

Herzfeld, 1891–1968) setzte diese Technik für politische Zwecke ein, konnte aber nicht verhindern, daß sie in der Folge wegen ihrer durchschlagenden visuellen Wirkung vor allem kommerziell ausgenutzt wurde und dadurch verflachte.
Mit der Zeit erkannten viele Künstler des Berliner Dada-Kreises, daß eine realistischere Darstellungsweise geeigneter war, ihre sozialkritischen Anliegen zum Ausdruck zu bringen. Besonders deutlich wird diese Umorientierung bei George Grosz (1893–1959), der in beißend satirischen Darstellungen, in denen Gewalt, Grausamkeit und Sexualität dominierten, die herrschende preußische Kaste aus Militärs, Kapitalisten und Priestern anprangerte. Grosz bediente sich wie sein Zeitgenosse Otto Dix (1891–1969) eines übertrieben naturalistischen Porträtstils nach Art des deutschen Primitivismus (Abb. 147). Diese als »Neue Sachlichkeit« oder »Magischer Realismus« bezeichnete neue Stilrichtung markiert die Rückkehr zum Sujet und das wiedergewonnene Übergewicht des Inhalts über die Form.
In Hannover betätigte sich Kurt Schwitters (1887–1948) als dadaistische Ein-Mann-Bewegung, um die Kunst von den traditionellen Materialien zu befreien. Seine Konstruktionen und Collagen (Abb. 150) entstanden aus beliebigem, von der Straße aufgelesenem »Gerümpel«, das in seiner ursprünglichen Beschaffenheit stets erkennbar blieb. Aus dem Fragment der Zeile »Commerz- und Privatbank« in einer seiner Collagen leitete er das Wort »Merz« ab, mit dem er seine Kunst benannte. Er schuf Merzbilder, Merzbauten, Merzgedichte und fungierte außerdem als Herausgeber einer gleichnamigen Zeitschrift.
»Merz« wurde bei Schwitters zu einem Lebensstil. Seine Kunst war eine Art Privatunternehmen mit radikal antiutopischen und antiidealistischen Absichten. Obgleich Schwitters dem Zufall im künstlerischen Schaffensprozeß eine wichtige Rolle einräumt, unterwirft er ihn wie Arp einer logischen Ordnung. 1935 emigrierte Schwitters nach Norwegen, von wo er 1940 nach England floh. Dort starb er 1948 nahezu völlig in Vergessenheit geraten.
Die Schlüsselfigur des Kölner Dadaismus ist Max Ernst (1891–1976). Nach der Teilnahme am Ersten Weltkrieg gab er sein Studium der Philosophie und Psychologie (in dem er sich mit Freuds Theorie des Unbewußten auseinandergesetzt hatte) auf, um »die Mythen seiner Zeit« zu erforschen. Diese Mythen artikulierte Ernst durch symbolische Bilder wie etwa *Der Elefant Celebes* von 1921 oder *Oedipus Rex* von 1922 (Abb. 148), denen eine halluzinatorische Ausstrahlung eigen ist. In ihnen kommt auch seine Bewunderung für de Chirico zum Ausdruck, der weniger das kollektive Unbewußte angesprochen hatte, sondern eher einer privaten Phantasiewelt verschrieben blieb.
Daß Max Ernst keine künstlerische Ausbildung im eigentlichen Sinne erhalten hatte, tat seinem Werk keinen Abbruch. Bilder entspringen seiner Theorie zufolge nicht der Phantasie eines Künstlers, sondern können überall und jederzeit vorgefunden werden: Seine Kunstwerke entstanden aus einer kreativen Neuanordnung

aus Teilen von Stahlstichen, die er alten illustrierten Zeitschriften, wissenschaftlichen Abhandlungen oder Groschenromanen entnahm, und auf Leinwand aufgetragener Ölfarbe. Durch die Beschäftigung mit dem sexuellen Gehalt der aus dem Unterbewußten herausgefilterten Bilder erkundete Ernst ein bislang tabuisiertes Gebiet. In den Maschinenteilen, die in seinen frühen Bildern als Analogien zu männlichen und weiblichen Geschlechtsorganen auftauchen, zeigt sich seine Nähe zu Duchamp.

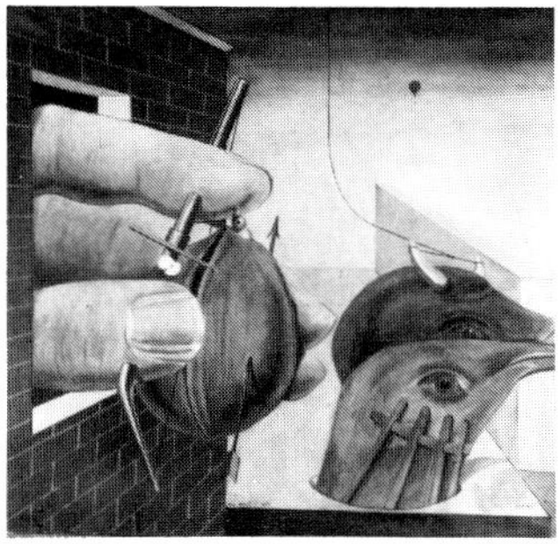

148 Max Ernst, *Oedipus Rex*, 1922

Bald schon ersetzte Ernst Maschinen durch Metaphern und fügte seinen Bildern poetische Exegesen hinzu. Auf die Rückseite seines Bildes *Die Menschen werden davon nichts wissen* von 1923 (Abb. 149) schrieb er ein Prosagedicht, das das harmonische Gleichgewicht zwischen den Geschlechtern erläutert. Die Arbeit ist André Breton gewidmet, der 1920 erstmals von »Dadamax« erfahren hatte und ihn unverzüglich nach Paris einlud. In den französischen Literatenzirkeln schnell zu Ruhm gekommen, siedelte Max Ernst 1922 nach Paris über.

Der Erfinder und Hohepriester des Surrealismus, André Breton (1896–1966), war ein Mann von komplexer Persönlichkeit. Als Sanitäter im Kriegsdienst hatte er festgestellt, daß Freuds Theorie vom Unbewußten eine bessere Erklärung für die menschliche Psyche liefert als die älteren Erklärungsmodelle, und 1921 besuchte er Freud in Wien. Im Unterschied zu Freud allerdings räumte Breton dem Unbewußten den Vorrang vor dem Bewußtsein ein und sprach ihm eine eigene objektive Realität zu. Er stellte die Vernunft in den Dienst der Unvernunft und machte aus der Antikunst die neue Kunst des Surrealismus.

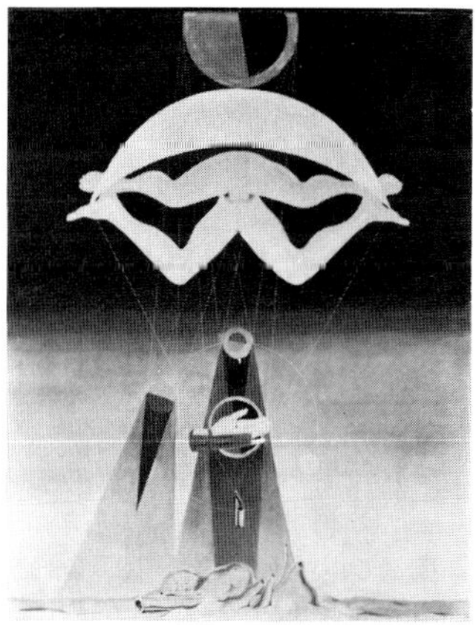

149 Max Ernst, *Die Menschen werden nichts davon wissen (Les hommes n'en sauront rien)*, 1923

Sein Gründungsmanifest des Surrealismus von 1924 kann als eine durch die Freudsche Theorie auf den neuesten Stand gebrachte Neuformulierung der Romantik betrachtet werden. Breton war der Überzeugung, daß Vernunft und Einbildungskraft, das Bewußte und das Unbewußte, aus dem Gleichgewicht geraten seien, dessen katastrophale Folge der Erste Weltkrieg war. »Der Surrealismus«, so heißt es bei ihm, »beruht auf dem

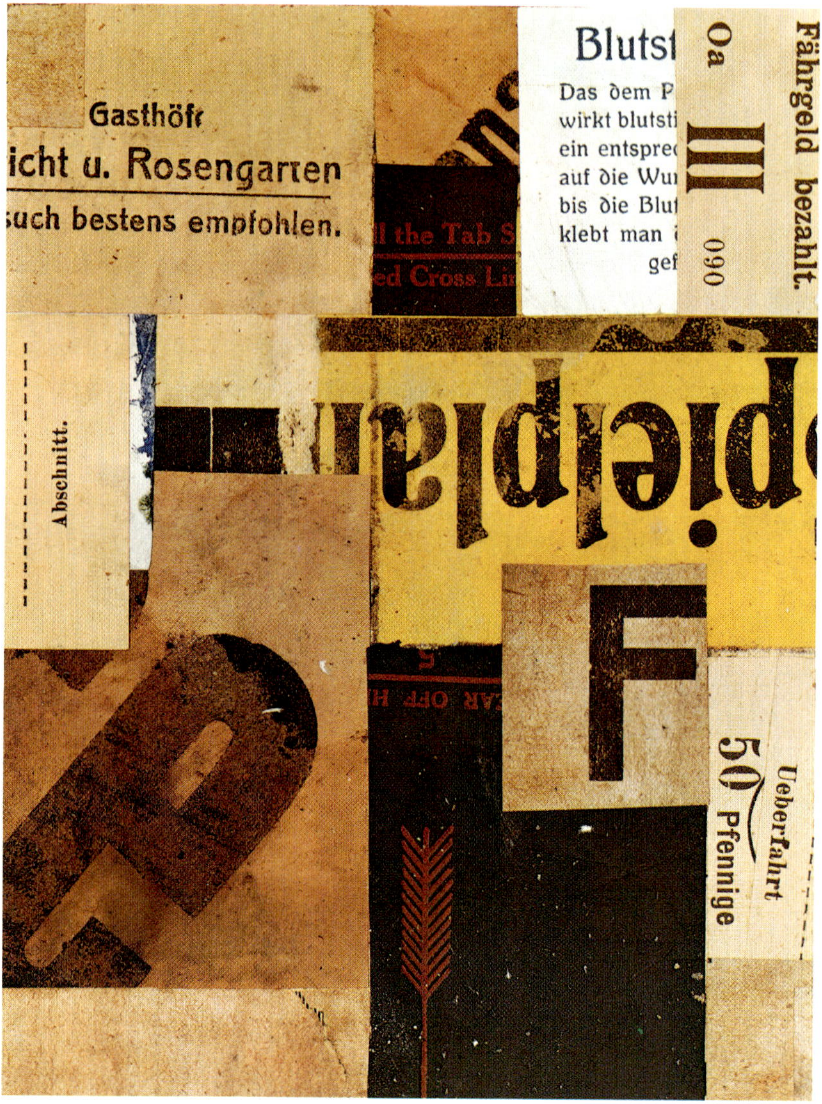

150 Kurt Schwitters, *Merz 83, Zeichnung F,* 1920

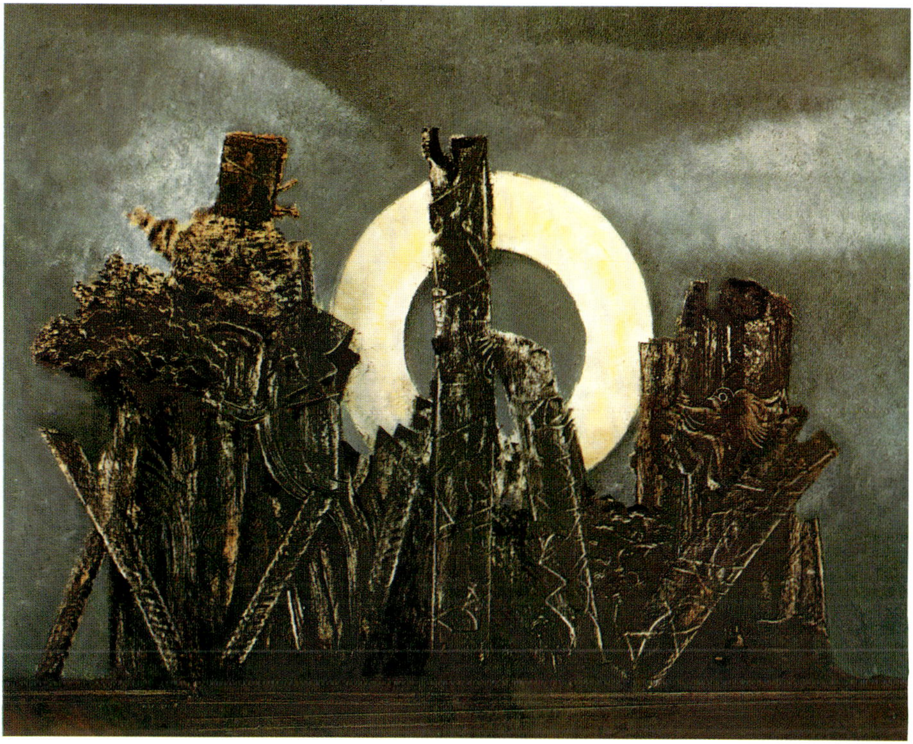

151 Max Ernst, *Der große Wald*, 1927

Glauben an die höhere Realität gewisser bisher vernachlässigter Formen der Assoziationen, an die Allmacht des Traums, an das Spiel der Vorstellungen.«
Die neue Kunst sollte durch die systematische Erkundung des Unbewußten zustande kommen, das sich am deutlichsten in Träumen offenbart: Letztlich bestand das Ziel des Surrealismus nach den Worten des Manifests darin, »diese beiden Zustände, Traum und Wirklichkeit, die so gegensätzlich scheinen, in einer absoluten Realität, nämlich der Surrealität, aufzulösen«. Um sich diesem Ziel anzunähern, schlug Breton folgende Methode vor: »Reiner psychischer Automatismus, in den man sich versetzt, um mündlich, schriftlich oder auf irgendeine sonstige Weise das wirkliche Funktionieren des Denkens zum Ausdruck zu bringen … Diktat des Denkstromes oder Ausschaltung jeglicher Vernunftkontrolle, außerhalb jeglicher ästhetischer oder moralischer Voreingenommenheit.« Diese Ideen hatte Breton der Freudschen Methode des automatischen Schreibens und der Wortassoziation entlehnt, die im Rahmen des psychoanalytischen Verfahrens entwickelt worden war. Breton selbst hatte die Technik während des Krieges mit traumatisierten Patienten praktiziert und

dabei erkannt, daß die zutage tretenden Bilder als künstlerisches Rohmaterial dienen konnten.

Gemeinsam mit seinem Dichterfreund Soupault begann Breton 1920 damit, Experimente im automatischen Schreiben durchzuführen, bei denen sich recht bald herausstellte, daß es vornehmlich das Bildhaft-Visuelle der automatischen, durch Träume inspirierten Poesie war, von dem die größte Wirkung ausging. Und so akzeptierte Breton, der den Surrealismus zunächst als literarische und philosophische Bewegung konzipiert hatte, wenn auch leicht widerstrebend, jenen »bedauerlichen Notbehelf«, die Malerei.

Zu den Unterzeichnern des ersten Surrealistische Manifests hatten weder Maler noch Bildhauer gehört, doch waren immerhin einige darin erwähnt worden: Picasso, Duchamp, de Chirico, Klee, Ernst, Arp, Masson und Miró. Sie stellten gemeinsam mit anderen Künstlern auf der ersten surrealistischen Ausstellung im November 1925 aus. Bis 1930 waren weitere Maler zu Bretons Kreis hinzugestoßen, unter ihnen Tanguy, Magritte und Dalí. Damit war der erste Surrealistenkreis vollzählig.

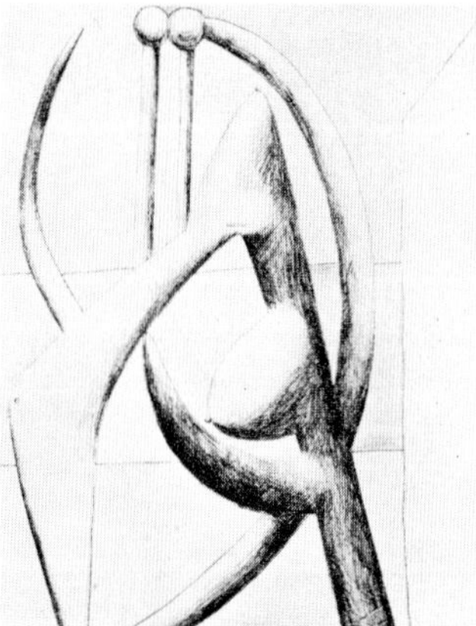

152 Pablo Picasso, *Entwurf für ein Denkmal: Das Baden*, 1927

Wie wir bereits gesehen haben, hielt Picasso eine gewisse Distanz zu den surrealistischen Aktivitäten, was für einen Künstler seiner Generation und seines Rangs auch nicht weiter verwundert. Gleichwohl übernahm er einige Anregungen vom Surrealismus, dessen Einfluß er Ende der zwanziger und Anfang der dreißiger Jahre unterlag. Der Surrealismus gewährte ihm neue Einblicke in seine Persönlichkeit, ermutigte ihn, suggestive, gelegentlich irrationale Assoziationen zu verfolgen und persönlichen Gefühlen einen breiteren Raum in seiner Kunst einzuräumen. Vom surrealistischen Grundmotiv der Metamorphose fasziniert, schuf Picasso außergewöhnliche Verzerrungen und Umformungen, etwa einer Aktfigur in ein kolossales stein- oder knochenartiges Monument zum Gedenken an Apollinaire (Abb. 152). Bilder wie dieses wurden für die jüngeren surrealistischen Maler, die alle stark von Picasso beeinflußt waren, zu Referenzwerken.

Im Jahre 1924 hatte Duchamp die Malerei ganz aufge-

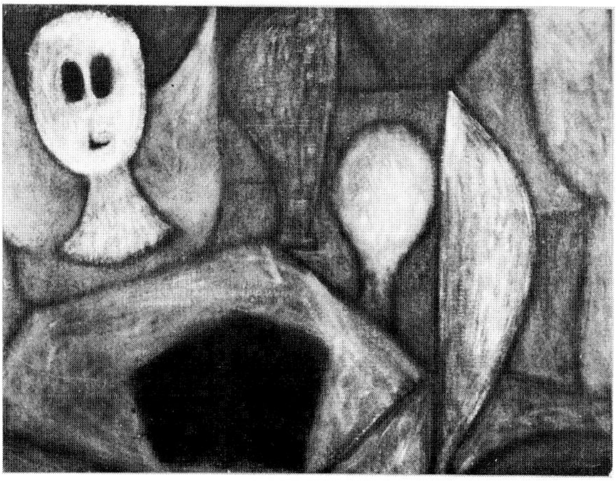

153 Paul Klee,
Todesengel, 1940

geben und sich ausschließlich dem Schachspielen und dem Kunsthandel zugewandt, mit dem er alte Freunde unterstützte. De Chirico malte bereits seit längerem neoklassische Bilder von tänzelnden Pferden in befremdlichen Ruinenlandschaften und zog sich damit den Ärger Bretons zu, der ein großer Bewunderer seines Frühwerks gewesen war. Und Paul Klee war von vornherein nicht wirklich dem Surrealismus zuzuzählen, zu dem er räumlich wie auch intellektuell auf Distanz ging, obwohl sein Werk eine gewisse Nähe zum surrealistischen Stil aufweist.
Paul Klee (1879–1940) läßt sich sowenig wie Kandinsky, mit dem er gemeinsam am Bauhaus arbeitete, einer der gängigen Kategorien zuordnen. Musikalisches Talent, poetische Veranlagung, seine frühe Reife als Graphiker und sein Kontakt zu den Künstlern des Blauen Reiters, namentlich zu Franz Marc, verbinden sich bei Paul Klee zu einer facettenreichen Persönlichkeit. Sein Werk ist außerordentlich vielfältig, jedoch von einer an Inhumanität grenzenden Gefühlskälte gekennzeichnet. Er selbst bekannte sich zu dieser Schwäche und räumte ein, daß seiner Kunst eine Art Gefühlswärme fehle. Er sei auf der Suche nach einem fernen Punkt an den Ursprüngen der Schöpfung, an dem er sich eine Formel für Menschen, Tiere, Pflanzen, Erde, Feuer, Wasser, Luft und alle Lebenskreise erhoffte.
Vor diesem Hintergrund ist Klees Versuch zu verstehen, die Kunst ohne vorgefertigtes Konzept den Gesetzen der Natur zu unterwerfen, bei einem ursprünglichen Zustand anzusetzen und von dort aus zu sehen, wie sich das Werk unter den Händen des Künstlers entwickelt. Dieses Verfahren bezeichnet Herbert Read mit der berühmt gewordenen Formulierung »eine Linie spazierenführen«. Klee schaltete zwar nie die Kontrolle der Ratio aus, erkundete aber die Möglichkeiten einer halbautomatischen Arbeitsweise, die ihn für die Surrealisten interessant machte. Mit seiner Überzeugung, daß die Kunst auf eine ursprüngliche »Surrealität« zurückzu-

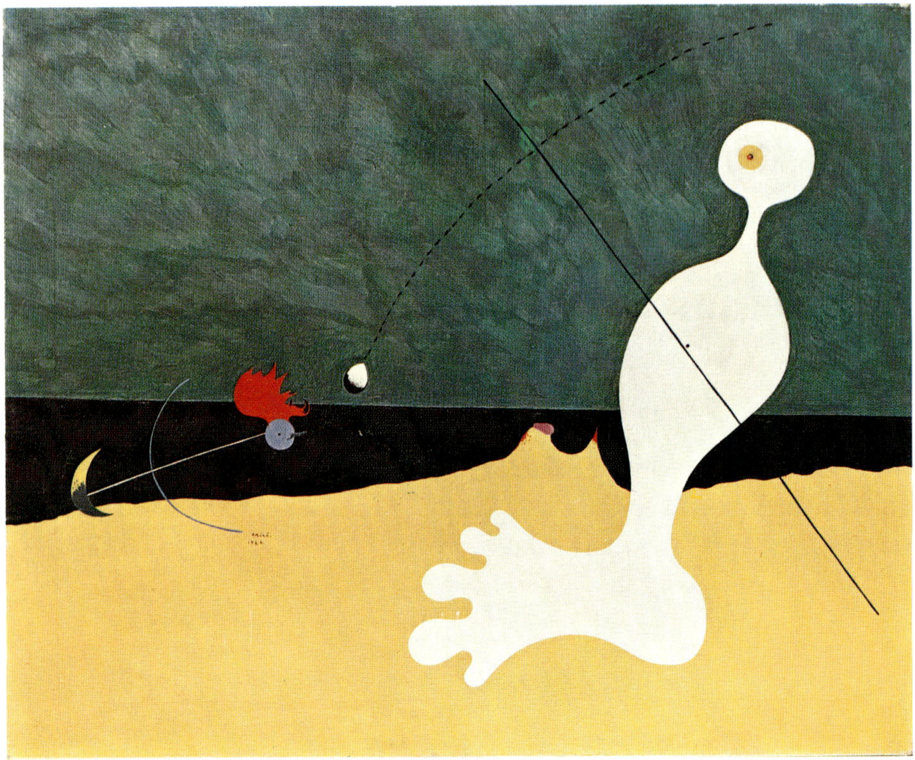

154 Joan Miró, *Person, die einen Stein nach einem Vogel wirft*, 1926

gehen vermag, befand er sich auf einem gemeinsamen Boden mit den Surrealisten und den abstrakten Künstlern und stellte gleichsam ein Verbindungsglied zwischen beiden Richtungen dar.

Für Klee waren die irrationalen Kräfte des Unbewußten äußerst real, was sich in den Bildern seiner letzten Jahre mit besonderer Deutlichkeit zeigt. Die politische Lage in den dreißiger Jahren in Deutschland ließ den Zauber und Humor seiner frühen Bauhauswerke schal wirken und selbst noch seine fruchtbarsten Experimente ins Triviale absinken. Klee fühlte sich aufgerufen, seine Kunst sowohl inhaltlich als auch emotional um eine neue Dimension zu erweitern. Der *Todesengel* von 1940 (Abb. 153) steht als Sinnbild für die Engelgestalten von Rainer Maria Rilke, Verkünder des nahenden Todes, von denen Klee sich bewacht und beobachtet fühlte. Das Bild geht indes über eine rein persönliche Aussage hinaus und besitzt die Kraft eines universellen, die Zeiten überdauernden und gleichsam in das menschliche Vorbewußte eingeschriebenen Symbols.

Die halbautomatische Malweise und die Symbolik in Klees Spätwerk verlaufen parallel zu den surrealistischen Experimenten der zwanziger und dreißiger Jahre. Max Ernst etwa war bereits kurz nach seiner Ankunft in Paris unter Anregung von André Breton dazu übergegangen, ganz zufällige Ausgangspunkte für seine Bilder zu wählen. Das Bild begann bei einem »Flecken«, dessen zufällige Strukturen der Maler gegenständlich weiterentwickelt. Dieses Verfahren erkundete Ernst in verschiedenen Richtungen: In der »Frottage« (Durchreibetechnik) werden Materialien mit rauher Oberfläche wie ungehobelte Bretter, Blätter oder Sackleinen einem präparierten Zeichenblatt unterlegt, über das dann die Hand mit flach gehaltenem Bleistift fährt. In der »Fumage« werden die durch die Bewegungen einer brennenden Kerze unter einer weißen Leinwand entstandenen Rauchspuren zum Ausgangspunkt für die Interpretation von Formen. Ein weiteres automatisches Verfahren erkundet die »Abklatschtechnik« (Decalcomanie), mit der dick- und dünnflüssig aufgetragene und anschließend durch das Aufpressen eines Stückes Stoff oder eines Papiers plattgedrückte Farbe verwischt wird.
Am erfolgreichsten erkundete Ernst diese Techniken für seine Serie der Waldbilder, die zwischen 1927 und 1933 entstanden (Abb. 151). Durch auf die Farbschicht aufgepreßte Holzstücke bleiben Spuren zurück, deren natürliche Textur zu einer Metapher der Bäume im Wald wird. Der wie von einem Kompaß gezogene Mond hingegen hat deutlich artifiziellen Charakter, und aus der Mischung dieser beiden Elemente entsteht eine geheimnisvolle, verzauberte Atmosphäre, die der menschlichen Lebenswelt fremd ist. Ernsts Bildwelt wird zusehends von Naturkräften dominiert, bis hin zu den Arizona-Bildern der vierziger Jahre, in deren Steinformationen und Wüstenpflanzen jede menschliche Lebensspur ausgelöscht ist. In allen Bildern jedoch erkundet Ernst die »Mythen seiner Zeit«: Die Malerei ist für ihn gleichbedeutend mit der Erschaffung von Symbolen, für die die Frage nach ästhetischen Qualitäten keine Bedeutung hat.
Kein anderer Maler erkundete die Technik des Automatismus so gründlich wie André Masson (1896–1987), der Bretons automatisches Schreiben weiterentwickelte zu einer Art abstrakter Kalligraphie, in der der Rhythmus von spontan aufgetragenen Pinselstrichen eine außergewöhnliche Heftigkeit und Vitalität auf der Bildoberfläche erzeugt. Auf seinem 1927 entstandenen Bild *Schlacht der Fische* (Abb. 155) erprobte er bereits ein neues Verfahren, indem er Klebstoff auf der Leinwand fixierte und sodann mit farbigem Sand überschüttete, der an den Leimstellen haftenblieb und zufällige Figurationen hinterließ. Diese Formen deutete der Künstler nachträglich – wie der Bildtitel suggeriert – zu einer metaphorischen Darstellung menschlicher Gewaltsamkeit um. Nach seinem Zerwürfnis mit Breton im Jahre 1929 wurde Masson aus der Surrealistengruppe ausgeschlossen und erkundete eine Zeitlang Möglichkeiten, das Verhältnis von Mensch und Natur in symbolischen Bildern auszudrücken. Wie bei Max Ernst (und vor ihm Redon) spielte das Thema

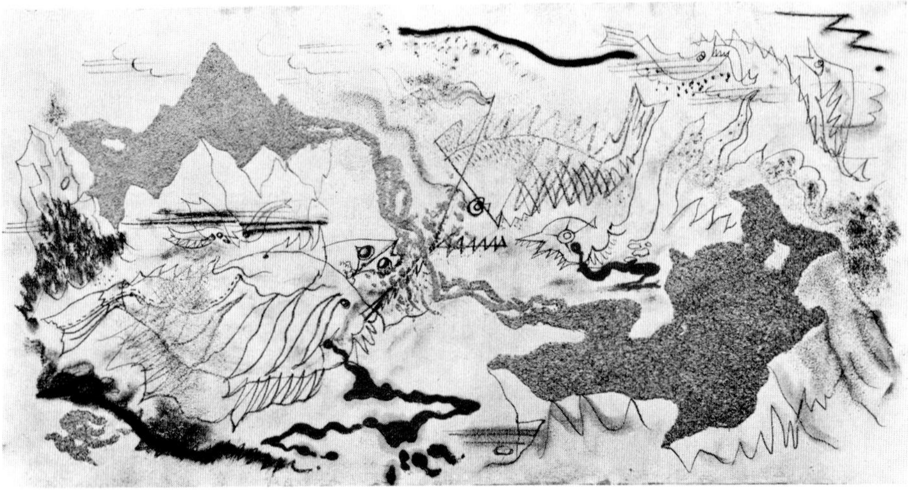

155 André Masson, *Schlacht der Fische*, 1927

des Keimens und Blühens bei ihm eine große Rolle, das Erwachen des Lebens in der Natur, in der menschlichen Psyche und in der Kunst. Massons Bedeutung sowie sein entscheidender Einfluß auf Jackson Pollock und die Entwicklung des abstrakten Expressionismus gerät mitunter in Vergessenheit, weil sein ständiges Experimentieren mit neuen Malweisen und seine nachlassende Schaffenskraft seinem Ruhm geschadet haben.

Breton sah in Joan Miró (1893–1983) den »surrealistischsten« jener Maler, die sich an der Surrealistenausstellung 1925 beteiligten. Durch die Begegnung mit Picasso in Paris, wo er Anfang der zwanziger Jahre eintraf, erhielt der aus Barcelona stammende Miró eine recht schnelle Einführung in die Welt der modernen Kunst. Geprägt von der zu dieser Zeit herrschenden Gegenbewegung zu extremen künstlerischen Experimenten, machte sich Miró auf die Suche nach einer neuen Form des Realismus. Seine ersten reifen Werke sind nostalgische Evokationen seiner Kindheit in Katalanien, in denen er Objekte und Bewohner des Landhauses seiner Eltern mit einem übergenauen, ans Halluzinatorische grenzenden Realismus darstellt. Unter dem Einfluß surrealistischer Ideen begann Miró mit naiven, wie von Kinderhand gemalten Bildern. Sein Werk *Person, die einen Stein nach einem Vogel wirft* von 1926 (Abb. 154) ist eine Mischung aus Kindheitserinnerung und Traum, in der ein übergroßer Fußstapfen die Form einer menschlichen Figur annimmt. Das freie Spiel der Phantasie führt zu irrationalen (und häufig erotischen) Assoziationen. Das Bild ist von einer Spontaneität und Heiterkeit gekennzeichnet, die sich aus dem Zusammenspiel von unschuldiger Naivität mit der erfahrenen Behandlung von Form und Farbe ergibt.

Miró durchbrach die bis dahin verbindlichen malerischen Konventionen. Eine Zeitlang verwendete er in seinen Bildern auch Wörter, um auf die Analogie zwischen Poesie und Malerei hinzuweisen, und erkundete wie andere Surrealisten (vornehmlich aber Max Ernst) eine neue explizite Darstellungsweise von Sexualität in der Malerei. So läßt er etwa schlicht gezeichnete Figuren und Tiere mit oftmals grotesk übertriebenen Geschlechtsorganen im blauen Schein der Sterne und Halbmonde herumhüpfen (Abb. 156). Vielleicht kommt in diesem Bild eine magische Harmonie zum Ausdruck, als wolle der Künstler andeuten, daß wir nur in der Dunkelheit, wenn Schlaf und Traum an die Stelle unseres Bewußtseins treten, von unseren Hemmungen befreit sind. Allerdings bliebe zu fragen, ob die naiven, heiteren Ideogramme mit einer derart kosmischen Aussage nicht überfrachtet werden, und allenfalls treffen solche Interpretationen auf die Bilder aus einer Schaffensperiode von höchstens einem Jahr zu.
In den dreißiger Jahren veränderte sich der Surrealismus tiefgreifend. Die Gruppe entzweite sich über der Frage, ob der Ausbruch des Spanischen Bürgerkrieges und der fortschreitende Faschismus einen Übertritt zum Kommunismus erforderlich machten. Da die Anwendbarkeit des Marxismus auf die Malerei wesentlich geringer war als die der Psychoanalyse, zeigten diese Differenzen nur gelinde Auswirkungen auf die Malerei. Die Auseinandersetzung führte jedoch dazu, daß Künstler wie Arp, Ernst, Masson und Miró nun eine größere Unabhangigkeit anstrebten, für die Picasso vorbildlich war. An den disparaten Werken jener Künstler, die weiterhin surrealistisch arbeiteten – etwa Tanguy, Dalí und Magritte –, zeigt sich unmißverständlich, daß es keinen strikt surrealistischen Stil oder eine ästhetische Theorie

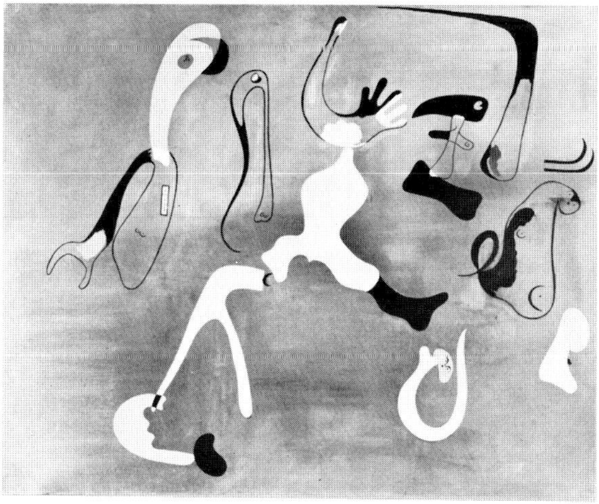

156 Joan Miró, *Gemälde*, 1933

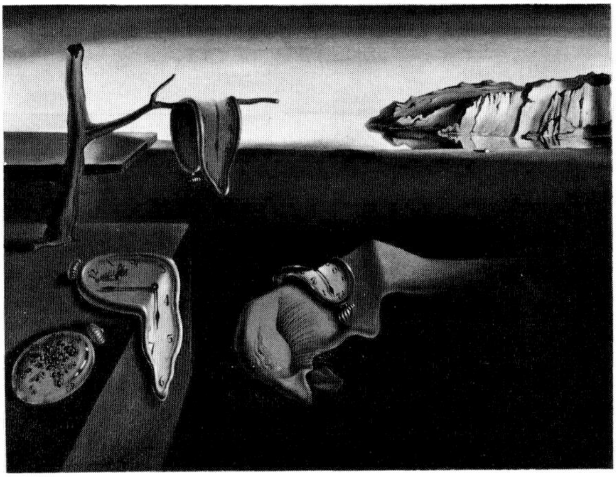

157 Salvador Dalí, *Die Beharrlichkeit der Erinnerung*, 1931

gibt, sondern lediglich vage Gemeinsamkeiten wie das Übergewicht der Phantasie über die Vernunft oder des Inhalts über die Form.
Yves Tanguy (1900–1955) ist der Erfinder unheimlicher, abstrakter Landschaften, die von amorphen, halb organischen, halb mechanischen Objekten und Wesen bevölkert sind, denen in der Realität des Wachzustands nichts vergleichbar ist. Salvador Dalí (1904–1989) malte Traumwelten, wie etwa *Die Beharrlichkeit der Erinnerung* von 1931 (Abb. 157), in der schlaffe Uhren von einer Mauer und einem Ast herabhängen. Seine Bilder sind darauf angelegt, verstörende Wirkung zu erzielen. Breton war überzeugt, daß »Schönheit konvulsisch sein muß, oder sie wird nicht sein«, und Dalí entwickelte gemäß diesem Motto – und wohl eher vorsätzlich als aus schöpferischer Notwendigkeit – eine »paranoid-kritische« Methode, indem er sich willentlich in einen Zustand der Hysterie versetzte, dessen Wahnvorstellungen er später bewußt verarbeitete. Vertraute Gegenstände nehmen auf seinen Bildern völlig veränderte Formen an. Die Idee zu den fließend-weichen Uhren kam ihm angeblich, als er einen überreifen Camembert aß. Ob das Bild als Allegorie auf die zerrinnende Zeit zu verstehen ist, bleibt offen; sicher hingegen ist, daß seine bildmächtige Symbolik in der Malerei und Plastik des 20. Jahrhunderts weitreichende Nachklänge gefunden hat.
An Dalís späteren religiösen Bildern zeigt sich, wie undifferenziert und oberflächlich seine Methode letztlich ist. In ihnen tritt die Schwachstelle der surrealistischen Malerei, bei Max Ernst bereits ansatzweise vorhanden, nun deutlich zutage. Der Belgier René Magritte (1898–1967) stellte ebenfalls einzelne Gegenstände in halluzinatorischen Umgebungen dar, denen er einen greifbar nahen Realismus mit überraschenden Trompe-l'œil-Effekten verlieh. Im Gegensatz zu Dalí spiegeln sei-

ne Bildwelten jedoch nicht die Obsessionen eines einzelnen wider, sondern verfremden alltägliche Gegenstände, wie sie jedem von uns erscheinen könnten.
Magrittes Bilder werden häufig als Rätsel bezeichnet, in denen die objektive Realität in Zweifel gezogen und das sprachlich bedingte Verhältnis des Menschen zur wahrnehmbaren Welt in Frage gestellt wird: Zu welchen Konsequenzen führt es, daß der Mensch sich der Realität zu bemächtigen versucht, indem er die Dinge benennt und abbildet? Seinen Bildern liegt die Absicht zugrunde, Aussagen über das problematische Verhältnis des Menschen zur »realen« Außenwelt zu treffen. Seine »Bildrätsel« setzen sich jedoch dem Vorwurf aus, daß sie – einmal enträtselt und vertraut geworden – trivial anmuten.
Die anhaltenden Differenzen in der Gruppe verhinderten nicht, daß der Surrealismus eine erfolgreiche avantgardistische Bewegung wurde, die alle Künste in der Zwischenkriegszeit belebte. Wenn seine primär literarische Ausrichtung und seine Vernachlässigung ästhetischer Aspekte seinem Fortbestehen auch abträglich waren, hat der Surrealismus doch dem Unbewußten in der Malerei zu seinem Recht verholfen.
Anfang der dreißiger Jahre verbreitete sich der Surrealismus über Paris hinaus nach Belgien und vor allem nach England, wo er als Neuformulierung der Romantik freudig begrüßt wurde und die Umdeutung der Beziehung zwischen Mensch und Natur begünstigte, die in Bildern von Paul Nash (1889–1946), Ceri Richards (1903–1971) und Graham Sutherland (1903–1980) zum Ausdruck kommt oder etwa in den Skulpturen Henry Moores (die wir im 10. Kapitel behandeln werden). In den Vereinigten Staaten, wohin beinahe alle führenden Köpfe der Bewegung 1940 emigrierten, legte der Surrealismus die Grundlagen, aus denen Arshile Gorky (1905–1948) und Jackson Pollock (1912–1956) dann mit eminenten Folgen für die Kunstgeschichte ihre Konsequenzen ziehen sollten.

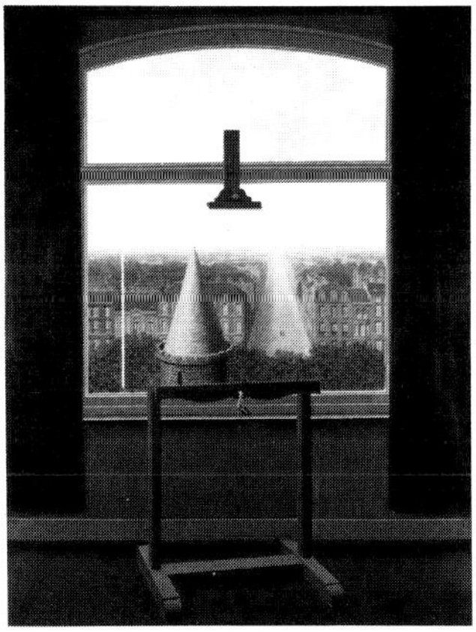

158 René Magritte, *Das Schicksal des Menschen*, 1933

9 Der abstrakte Expressionismus und seine Folgen

Seit Hitlers Machtübernahme im Jahre 1933 drohte in Europa Krieg, doch als er 1939 schließlich ausbrach, hatte er noch viel einschneidendere Auswirkungen auf die Kunst, als je vorher abzusehen war. Für die jüngere Künstlergeneration bedeutete er nichts Geringeres als das Ende ihrer Tätigkeit; und die älteren Künstler, die weiterarbeiten konnten, mußten ihr Tun angesichts der Ereignisse als kümmerlich empfinden. Die meisten Maler, die 1939 bereits etabliert waren, arbeiteten unverändert weiter, und ihre späteren Arbeiten haben wir bereits behandelt. Während der Kriegsjahre konnte in Europa keine bedeutende Kunstrichtung und kaum ein neues Talent entstehen.

Wie sich bereits im Ersten Weltkrieg von 1914 bis 1918 das künstlerische Leben auf neutrale Zentren wie Holland, die Schweiz und ab 1917 nach Rußland verlagert hatte, wurde nun New York anstelle von Paris zum Zentrum der modernen Kunst. Die Voraussetzungen dafür waren neben dem Vorhandensein bedeutender Museen, intelligenter Kunsthändler, betuchter und aufgeschlossener Sammler sowie einem gebildeten Publikum wohl vor allem die Tatsache, daß sehr viele europäische Künstler nach Amerika geflüchtet waren. Mondrian, Léger, Duchamp, Lipchitz, Ernst, Masson, Dalí, Breton – also nahezu alle Mitglieder der surrealistischen Bewegung – setzten Maßstäbe, die den amerikanischen Malern höchst fruchtbare Impulse geben sollten.

In Amerika hatte man den Diskurs, der sich in der europäischen Kunst seit Beginn des Jahrhunderts entwickelt hatte, aufmerksam verfolgt. Nun hatten die Künstler Gelegenheit, die Argumente aus größerem zeitlichen Abstand heraus noch einmal zu überprüfen und sich an der Diskussion mit eigenen Werken zu beteiligen. Wie bereits deutlich wurde, gelang es einigen Amerikanern, Malweisen zu übernehmen, die in Europa bereits erprobt worden waren. Wenn wir nun von einer amerikanischen Kunst sprechen, sollten wir allerdings klären, worin der spezifisch amerikanische Akzent ihrer Arbeiten liegt. Etwa in ihrer Vorliebe für große Formate, für dramatische Gesten oder in der Neigung, Tendenzen bis ins Extreme zu steigern? Von allen New Yorker Malern gelang es Jackson Pollock (1912–1956) in einer kurzen, triumphalen und letztlich tragischen Laufbahn wohl am eindrucksvollsten, auf diese Frage eine Antwort zu geben. Pollocks Frühwerk besteht aus zuweilen unbeholfenen Bildern, deren zweifelhafte Qualität wohl auch darauf zurückzuführen ist, daß er sich in den mexikanischen Wandmalern nicht eben geeignete Vorbilder

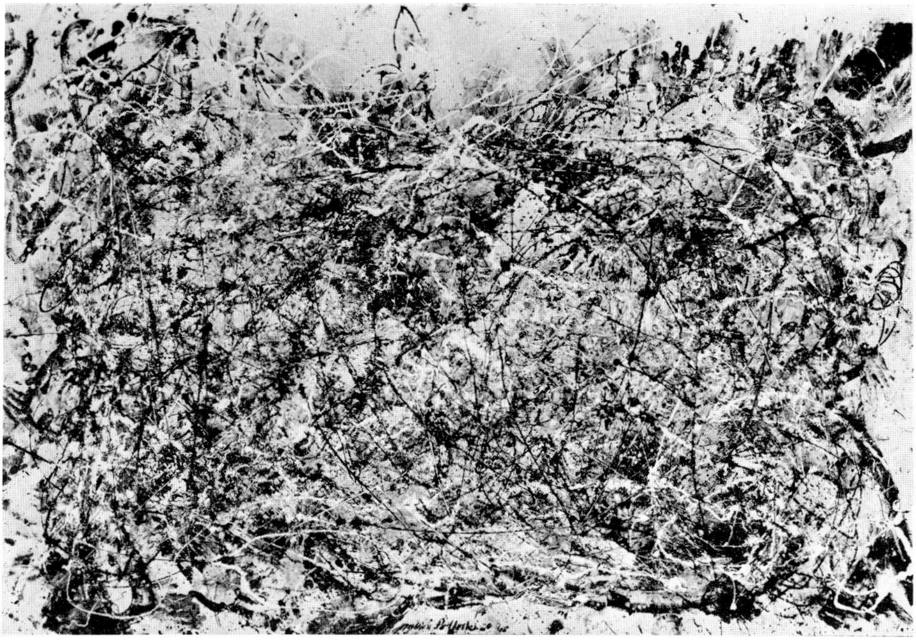

159 Jackson Pollock, *Nummer I*, 1948

gewählt hatte. Doch Anfang der vierziger Jahre führte seine Beschäftigung mit dem Werk Picassos und Massons zu einer Art spätem Surrealismus, der sich etwa in Bildern wie *Die Hüter des Geheimnisses* und *Die Wölfin* von 1943 dokumentiert. Dann kam es 1947 überraschend zu einer radikalen Veränderung seines Malstils – der erotische Symbolismus verschwand, der Surrealismus wurde abstrakt, und einige Jahre lang malte Pollock mit entschiedenem Selbstvertrauen. Nach dem Vorbild Mondrians wird bei Pollock der Akt des Malens selbst zum Sujet seiner Arbeit. In Bildern wie *Nummer I* von 1948 (Abb. 159) kann der Betrachter die Farbspuren, die der Künstler über die Leinwand tropfen ließ, theoretisch verfolgen und damit den Akt des Herstellens nachvollziehen. Der nervösen Intensität der Linienführung und der sensiblen Manipulation des Bildraums ist es zu verdanken, daß das Bild nicht dem rein Dekorativen verhaftet bleibt.
Pollocks Werk ließe sich der Spätromantik zurechnen, insofern er die Vorstellung vom Künstler als Genie, das allein gegen eine feindliche Umwelt kämpfen muß, nachdrücklich wiederbelebte. (Mit dieser Vorstellung kam er der Selbsteinschätzung der meisten amerikanischen Maler in den vierziger Jahren durchaus entgegen.) Seine Verwendung automatistischer Techniken und das Vertrauen auf die unbewußten Energien im künstlerischen Prozeß hingegen lädt dazu ein, sein Werk

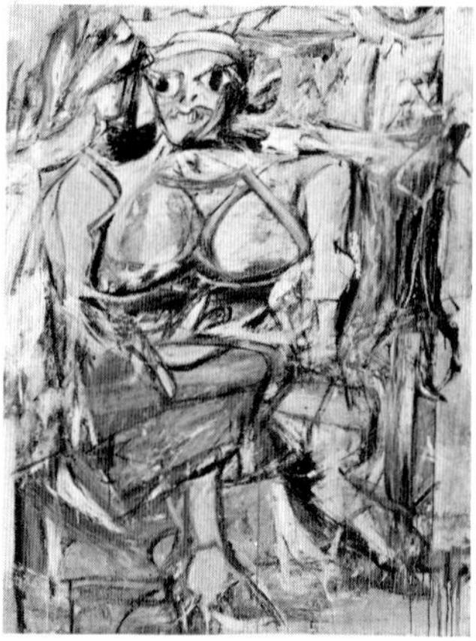

160 Willem de Kooning,
Frau I, 1950–52

dem Spätsurrealismus zuzuordnen. Die auf seine Werke am häufigsten angewandte Bezeichnung des »abstrakten Expressionismus« beruft sich auf wiederum andere Quellen für seinen Malstil, der gleichwohl als erkennbare Neuerung zu charakterisieren ist. Insbesondere die enormen Formate seiner Leinwände verändern unsere Wahrnehmungsweise radikal, wenngleich auch diese Neuerung bereits in Monets Spätwerk vorweggenommen ist.

Als weniger befriedigend erweist sich die Stilbezeichnung »abstrakter Expressionismus«, wenn sie unterschiedslos auf jene New Yorker Künstler angewandt wird, die Pollocks Zeitgenossen waren, und auch der alternativ benutzte Begriff »Action Painting« ist nicht sehr viel brauchbarer. Willem de Kooning beispielsweise ist ganz gewiß als Expressionist zu bezeichnen, aber nur sehr wenige seiner Bilder sind auch abstrakt. Seine zwischen 1950 und 1953 entstandene Bilderserie von *Frauen* (Abb. 160) beispielsweise gewinnt ihre enorme emotionale Ausstrahlung gerade durch ihr Sujet, und auch in der Technik lehnt er sich an van Goghs expressiven Pinselstrich an. Franz Kline (1910–1962) und Robert Motherwell (geb. 1915) malten übergroße Formate, in denen die Gestik des Malvorgangs auf der Leinwand sichtbar wurde und die Pinselführung sowie die darin eingegangene körperliche Kraft deutlich in den Vordergrund rückten. Der damit verbundenen Gefahr der Banalität entging insbesondere Motherwell, indem er ein Repertoire abstrakter Formen entwickelte, um die herum er seine Kompositionen aufbaute. Pollock setzte sich gegen Ende seines Lebens ebenfalls mit diesem Problem auseinander, und immer häufiger tauchen figurative Elemente in seinen Bildern auf, die allerdings künstlerisch nicht immer zu überzeugen vermögen.

Für andere New Yorker Künstler dieser Generation waren Pinselduktus und körperlich dynamische Elemente der Malerei nicht von ähnlich zentraler Bedeutung. Mark Rothko (1903–1970) und Barnett Newman (1905–1970) gehören, wie bereits erwähnt, der Tradition der abstrakten Malerei an, wenngleich sie sich durch ihre übergroßen Bildformate von den übrigen Werken dieser Richtung unterscheiden (siehe Abb. 141, 142). Bei ihnen steht die Farbe so ausschließlich im Vordergrund, daß daneben alle anderen Elemente der Malerei kaum noch eine Rolle spielen. Darin wäre gewiß eine Einengung und Begrenzung der Kunst zu sehen, hätte nicht eine ganze Reihe junger Künstler in den Staaten und Großbritannien ausgerechnet an dieses Thema angeknüpft und es zum Hauptgebiet der Malerei Mitte des 20. Jahrhunderts ausgebaut. Zu nennen wäre hier beispielsweise Morris Louis (1912–1962) mit seinem Verfahren, Farbschleier auf die Leinwand zu gießen.

Außerhalb New Yorks lenkten die Künstler in den vierziger und fünfziger Jahren ihr Augenmerk vor allem auf den Pinselstrich. Es scheint, als hätte die weltpolitische Lage die Künstler noch einmal auf die Ursprungsaspekte der Malerei zurückgeworfen: Spuren auf einer Leinwand. Der an der Westküste lebende Mark Tobey (1890–1976) adaptierte die Tradition der japanischen Kalligraphie in technischer und spiritueller Hinsicht für die westliche Kunst. Kleinformatige abstrakte Meditationen wie Tobeys *Am Rande des August* (Abb. 161) wurden großformatig von jüngeren Malern wie Sam Francis (geb. 1923) weitergeführt.

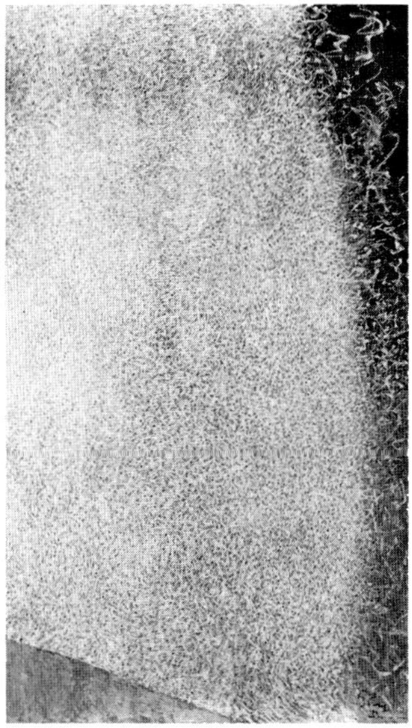

161 Mark Tobey, *Am Rande des August*, 1953

In Paris entwickelte der in Deutschland geborene Hans Hartung (geb. 1904) nach dem Krieg eine informelle abstrakte Kunst, mit der er schon während der dreißiger Jahre experimentiert hatte. Diese Gegenreaktion auf die disziplinierte, strenge, nahezu geometrische Abstraktion bei Mondrian schien der Stimmung in der unmittelbaren Nachkriegszeit besser zu entsprechen. Die informelle Kunst, auch Tachismus genannt, fand großen Zuspruch und bot Gelegenheit zu dramatischen Gesten (Pierre Soulages, geb. 1919), privaten Obsessionen (Wols, Wolfgang Schulze, 1913–1951) und einer aufwendigen Virtuosität in der Farbbehandlung (Nicolas de Staël, 1914–1955, Abb. 162). Allmählich stellte sich heraus, daß der abstrakten Malerei ein nahezu unbegrenztes Vokabular und verschiedenste Bedeutungsebenen zur Verfügung standen. Doch abgesehen von weni-

162 Nicolas de Staël, *Dächer*, 1952

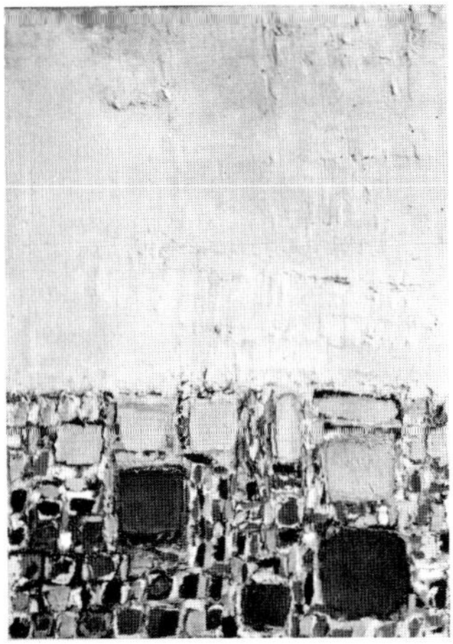

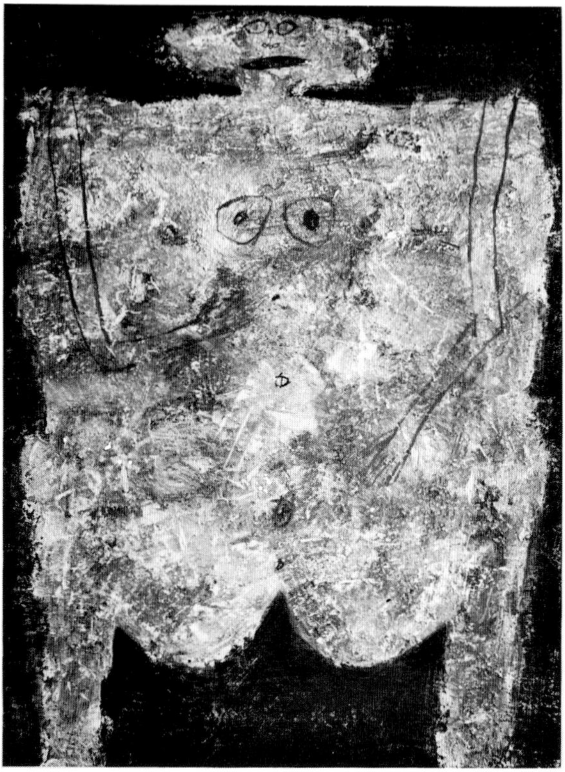

163 Jean Dubuffet, *Pièce de Boucherie, Corps de Dame*, 1950/51

gen Ausnahmen erweisen sich viele abstrakte Maler aus heutiger Sicht als eher unbedeutende Künstler, die sich mit einem engen künstlerischen Repertoire begnügten.

Eine bemerkenswerte Ausnahme unter den französischen Malern stellte der vielseitige Jean Dubuffet (1901–1985) dar. In seinen Werken gelangt die im 20. Jahrhundert einsetzende Rückkehr zu den primitiven Wurzeln ihren Höhepunkt. Wie kein zweiter konnte er Paul Klees Diktum zustimmen: »Ich möchte wie ein Neugeborenes sein, nichts über Europa wissen, die Tatsachen und die Moden ignorieren, fast primitiv sein.« Dubuffet gelang es, die Last der europäischen Tradition abzuwerfen und bewußt unkünstlerische Bilder anzufertigen, denen er den Namen »rohe Kunst« (Art Brut) gab und deren Inspiration die Infantilität sowie unkultivierte Spontaneität des Kindes und der Geisteskranken war. Das führte zu Ergebnissen wie *Pièce de Boucherie* von 1950/1951 (Abb. 163), auf dem der weibliche Körper einer beispiellosen Verzerrung unterworfen wird. Lediglich in Umrissen ist der urwüchsige Körper zu erkennen, dessen Textur sich jedoch besonders hervor-

hebt. Dubuffets Bilder sind gelegentlich reine Materialreliefs aus dickem Farbauftrag, der teilweise abgeschabt oder mit Erde und Sand vermischt wurde. Dubuffet arbeitete seine Ideen jedoch nicht konsequent bis zu Ende aus, sondern entwickelte sich stets unabhängig in neue Richtungen weiter. Dabei kümmerte er sich wenig darum, ob seine Bilder abstrakt zu nennen seien. 1962 entwickelte er mit seinen *Hourloupe*-Bildern eine neue Technik und eine zellulare Bildstruktur, die er in der Folge auch auf dreidimensionale Arbeiten anwandte.
Dubuffet hinterließ viele Anregungen für andere Künstler, obgleich er keine direkten Nachfolger hatte. In mancher Hinsicht kann er jedoch als Vorläufer des Interesses an der Wirklichkeit des Alltags gelten, das sich seit den sechziger Jahren bei vielen Künstlern wieder stärker durchsetzte. Mit Beginn der sechziger Jahre schien ein einschneidender Neuanfang einzusetzen, als sei die Niedergeschlagenheit der Nachkriegszeit nun endgültig überwunden, die im Werk älterer Künstler wie etwa

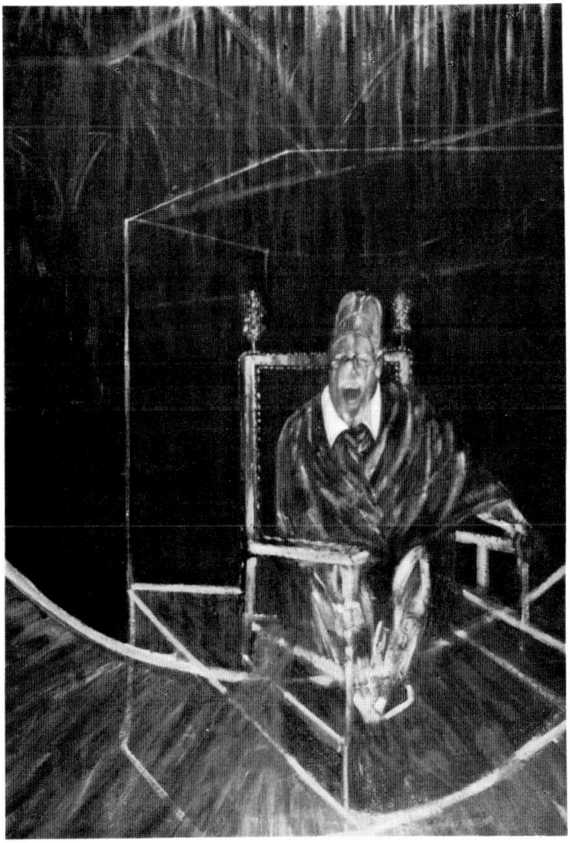

164 Francis Bacon, *Papst II.*, 1951

Francis Bacon (1909–1992) noch unverkennbare Spuren hinterlassen hatte. Seine Bilder zeichnet eine Wildheit aus (Abb. 164), in der sich dem Betrachter ein Bewußtsein für Gewalt und Grausamkeit vermittelt. Wie bei den in die Länge gezogenen Skulpturen Alberto Giacomettis (siehe Seite 187) besteht auch bei Bacon eine spürbare Nähe zum Existentialismus.
Mit der abrupten Veränderung, die um 1960 sowohl in der Malerei als auch in der Plastik einsetzt, kehrt die Bildwelt des Großstadtlebens in die Kunst zurück und schafft einen Spielraum, in dem plötzlich wieder alles möglich zu sein scheint. Die Bilder nehmen zuvor nie gekannte Formen an, die Grenzen zwischen Malerei und Skulptur oder Objekten verschwimmen; immer häufiger werden Fotografien zur Vorlage genommen und ein reichhaltiges Assoziationsspektrum erprobt. Auch die Grenze zwischen Kunst und Wissenschaft beginnt zu fallen, optische Effekte und physiologische Prozesse der Farbwahrnehmung werden zu Themen der Kunst. Die kinetische Kunst, seit langem angestrebt, wird endlich Realität. Die Malerei beschränkt sich nicht mehr auf die Leinwand oder auf ein Einzelwerk, sondern nimmt Räume (Environments) ein oder schafft sie erst: Räume werden von Lichtprojektionen durchflutet und mit Gerümpel und Gegenständen der Alltagswelt aus ungewöhnlichen Materialien oder in verfremdeten Dimensionen gefüllt. Die Konzeptkunst, mit der die Malerei an ihr vorläufiges Ende gekommen zu sein scheint, setzt Marcel Duchamps Forderung um, ein Kunstwerk solle nicht die Welt abbilden, sondern ein »Denkprodukt« sein. Und doch werden weiterhin Bilder gemalt. Mehr noch: Wollte man die Variationsbreite der zeitgenössischen Malerei auch nur annähernd beschreiben, bedürfte es dazu wohl noch einmal des Umfangs des vorliegenden Buches.
Und doch: Bedenkt man abschließend noch einmal, welche Werke als eigenständige Neuerungen zu betrachten sind, so ist seit 1925 nicht mehr viel geschehen. Es scheint, als sei das 20. Jahrhundert damit vergangen, die umwälzenden Entdeckungen der ersten zwei Dekaden aufzuarbeiten. Angesichts der Bandbreite an zeitgenössischer Kunst mag diese Bemerkung zunächst überraschen, wird doch immer wieder behauptet, es habe niemals zuvor eine experimentellere und revolutionärere Epoche gegeben als gerade unsere. Indes wird diese Ansicht spätestens vertreten, seit Manet im Salon des Refusés ausstellte, wenn nicht bereits seit der Französischen Revolution und dem Aufstieg der Romantik.
Daraus können wir entweder schließen, daß die Kunst sich im Zustand permanenter Revolution befindet, oder aber (was der Wahrheit wahrscheinlich näher kommt): daß es zu ihrem Wesen gehört, sich weiterzuentwickeln. Jeder Künstler braucht das Gefühl, daß seine Sicht auf die Welt sich von der aller anderen unterscheidet, denn das allein rechtfertigt seine Existenz. Seit jeher hat es Menschen gegeben, die uns mit einer visuellen Sprache neue Einsichten in das Leben vermitteln, und in der heutigen Zeit sind sie nicht weniger wichtig geworden.

10 Die Plastik

Als Rodin im Salon von 1877 sein *Ehernes Zeitalter* (Abb. 165) ausstellte, setzte er damit die gleiche künstlerische Entwicklung in Gang, die Manets *Frühstück* im Salon des Refusés ausgelöst hatte. Die erste Reaktion war Empörung: die Figur war so lebensecht, daß es aussah als sei sie direkt vom lebenden Modell abgegossen worden. In Wirklichkeit aber war die Lebendigkeit der Skulptur das Ergebnis von künstlerischer Überlegung, nicht von Kunstfertigkeit. Rodin hatte beobachtet, wie die Bildhauer der Antike und Renaissance die Körperoberflächen uneben ließen, damit das Licht die kleinsten Erhebungen betonen konnte. Durch den Versuch, diesen Effekt nachzuahmen, war ihm eine Figur gelungen, die weitaus überzeugender und realistischer wirkte als alle anderen in der Ausstellung.

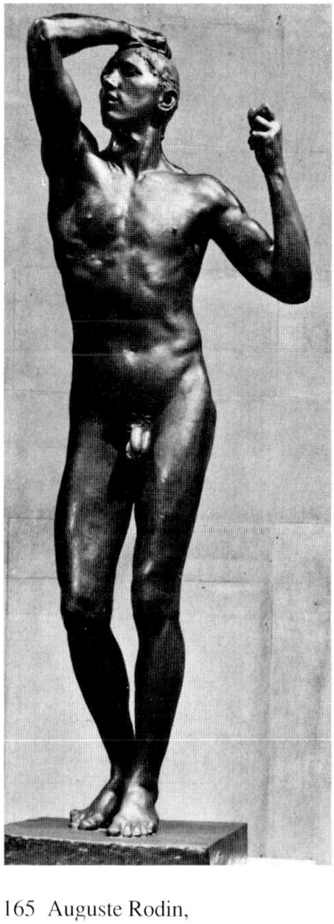

165 Auguste Rodin,
Das eherne Zeitalter, 1876

Es ist bezeichnend, daß es gerade die Beschäftigung mit dem Licht war, die Auguste Rodin (1840–1917) von seinen Bildhauerkollegen unterschied. Er war fast gleichaltrig wie Monet und gehörte zur Generation der Impressionisten. Auch er verehrte die Natur, die ihm einen so unerschöpflichen Variationsreichtum an Formen bereitstellte, daß er niemals etwas erfinden mußte. Besonders die menschliche Figur bot ihm endlose Ausdrucksmöglichkeiten.

Trotz dieser Verbindungen zu den Impressionisten war Rodin kein impressionistischer Bildhauer. Das zeigt sich, wenn man *Das eherne Zeitalter* mit Degas' *Vierzehnjähriger Tänzerin* vergleicht, die 1879 entstand und 1881 ausgestellt wurde. Degas' Skulptur mit ihrem angemalten Gesicht und dem echten Balletttrikot ist in ihrem Naturalismus kaum noch zu überbieten. Rodins junger Mann hingegen, der sich streckt, als sei er gerade aufgewacht, hat trotz aller Naturähnlichkeit nichts von

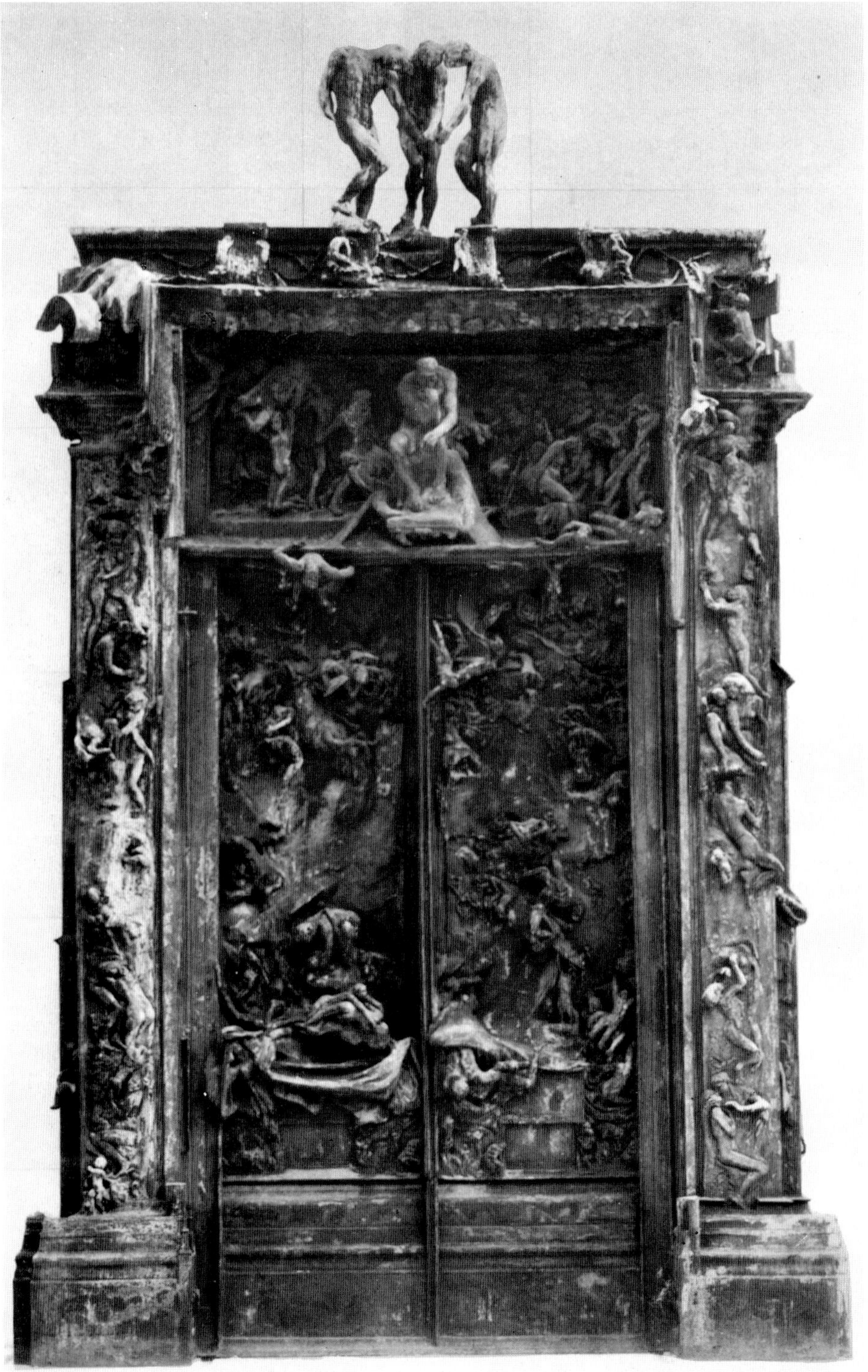

einer psychologischen Studie, sondern ist allegorisch zu verstehen. Der Bildhauer wollte eine visuelle Metapher finden, die der Betrachter interpretieren kann, wie es ihm beliebt. Schon die Tatsache, daß Rodin die Titel seiner Arbeiten immer wieder änderte (das *Eherne Zeitalter* hieß auch einmal *Mann, zur Natur erwachend*), sollte uns vor festlegenden Interpretationen warnen.
Insofern ist Rodin sowohl Symbolist als auch Impressionist. Es ist bezeichnend, daß er in den achtziger und neunziger Jahren Aufträge zur Gestaltung von großformatigen öffentlichen Denkmälern annahm. Manche dieser Arbeiten sind wenig gelungen und zurecht in Vergessenheit geraten. Manche sind gelungen, auch wenn die Studien, die er im Laufe der Arbeit anfertigte, vielleicht besser sind als der endgültige Entwurf. Die nackten Modelle für die *Bürger von Calais* (1884–1886) haben eine Kraft und Würde, die dem Denkmal selber fehlen.
Einige Aufträge ließ Rodin unvollendet: die Prunktüren, die er für das neue Museum für Dekorative Kunst herstellen sollte, wurden zum *Höllentor* (Abb. 166). Ein überquellender Ideenreichtum kommt in den fast zweihundert Figuren zum Ausdruck. Viele davon hat er später vergrößert und einzeln weiterentwickelt. Im Verlauf der Arbeit an den großen Türen änderte er die gesamte Konzeption. Er begann in einer Stimmung von Weltekel, das Leben als Hölle darzustellen, wurde dann aber von einer großen Leidenschaft davongetragen, die ihn zu einem Loblied auf Liebe und Sinnlichkeit übergehen ließ. Beide Ideen existieren in den Türen nebeneinander, ohne sich jedoch zu widersprechen, sondern sich vielmehr gegenseitig zu bereichern. So gleicht Rodins Blick auf das Leben dem eines olympischen Gottes.
Mit dem Denkmal für *Balzac* von 1891 bis 1898 (Abb. 167) erreicht Rodins Entwicklung ihren Höhepunkt. Wie ein Autor des Naturalismus es getan hätte, versuchte er, alles über Balzacs Aussehen in Erfahrung zu bringen, bevor er sich an die Arbeit machte. Das Ergebnis ist trotzdem weniger ein Porträt des Schriftstellers als vielmehr des Bildhauers selbst. Man könnte es

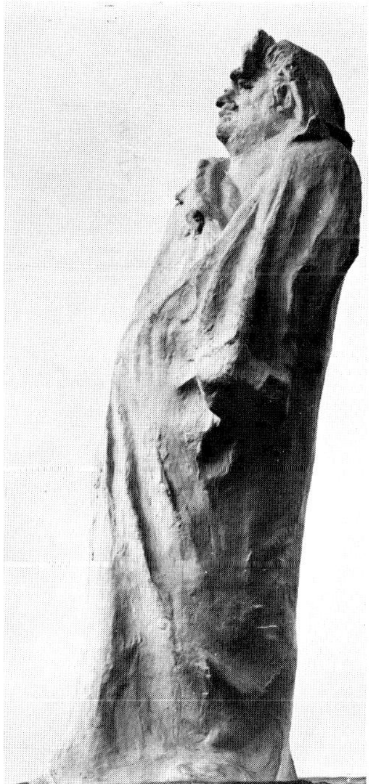

167 Auguste Rodin, *Balzac*
1891–98

166 Auguste Rodin, *Höllentor*, 1880–88

auch als eine Personifikation des schöpferischen Genius, des Akts der Schöpfung, bezeichnen. Daß Balzac eigentlich klein und dick war, kümmerte Rodin genausowenig wie die Tradition des Denkmals, die er mit seiner Figur durchbricht.
1898 im Salon ausgestellt, wurde der *Balzac* zur Zielscheibe beispielloser feindlicher Kritik. Die Organisation, die dem Künstler den Auftrag erteilt hatte, wollte das Werk nicht annehmen. Die große Freiheit, mit der Rodin den Kopf modelliert hatte, die arrogante Pose der Figur und der alles verhüllende Mantel – all das erschreckte das Publikum. Das Werk wurde »ägyptisch« genannt, ein merkwürdiges Beiwort, mit dem ausgedrückt werden sollte, daß es außerhalb der klassischen Tradition stand, der Rodins frühere Arbeiten doch anzugehören schienen.
Freilich hatte Rodin auch Verteidiger. Als 1900 eine große Retrospektive seines Werkes stattfand, war den Kennern klar, daß es Rodin gelungen war, die Plastik zu einer übermenschlichen, titanischen Kunst zu machen. Nach dieser Ausstellung versuchte er sich nicht mehr in ehrgeizigen Projekten, sondern widmete sich nur noch kleinen Arbeiten. Er schuf Porträtbüsten, die alles seit Bernini überragen, und unzählige feinfühlige Zeichnungen von Figuren in Bewegung. Rodin hatte sich zurückgezogen und das Feld anderen überlassen.
Es wird oft behauptet, Rodin habe die Skulptur erfunden oder sie als vergessene Kunst wiederentdeckt – mit einiger Berechtigung, wenn man bedenkt, wo die Bildhauerei stand, als Rodin auszustellen begann. Nicht, daß es in der Mitte des 19. Jahrhunderts nicht bewunderungswürdige Bildhauer gegeben hätte, doch erst Rodin machte die Skulptur wieder zu einer angesehenen Kunst. Baudelaire und seinen Zeitgenossen galt sie noch als langweilig und begrenzt in ihrer Ausdruckskraft. Allzuoft war sie eine bloß dekorative Beigabe zur Architektur oder ein Medium, in dem berühmte Persönlichkeiten verewigt wurden. Als ein Ausdrucksmittel für geistige Inhalte existierte sie so gut wie nicht.
Mit Rodin änderte sich das grundlegend. Junge Künstler, die sich fünfzig Jahre zuvor der Malerei zugewendet hätten, empfanden nun die Bildhauerei als die vielversprechendste Kunstform. Rodins Ruhm wegen strömten sie nach Paris, unter ihnen Epstein aus New York, Brancusi aus Rumänien, Lipchitz, Zadkine und Archipenko aus Rußland. Im ersten Viertel dieses Jahrhunderts kam es zu einer enorm schöpferischen Wiederbelebung im Bereich der Bildhauerei.
Zu seinen Lebzeiten hatte Rodin nur einen einzigen ernsthaften Rivalen, den Italiener Medardo Rosso (1858–1928), der fast sein ganzes Arbeitsleben in Paris verbrachte. Er war für Bewegung und Licht sensibel und nahm seine Themen aus dem Alltagsleben. Die *Konversation in einem Garten* von 1893 (Abb. 168) ist eine Momentaufnahme. Rosso wollte eigentlich, daß die Skulptur nur von einem Punkt aus und nur in der von ihm vorgeschriebenen Beleuchtung betrachtet werde. Daraus ergibt sich ein Paradoxon: Einerseits übertrug Rosso die Bedingungen der Malerei auf die Plastik, als hielte er deren Dreidimensionalität wie schon Baudelaire für ei-

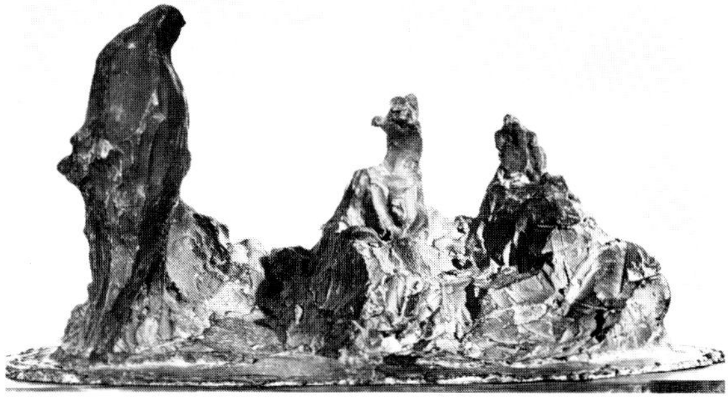

168 Medardo Rosso, *Konversation in einem Garten*, 1893

nen Nachteil. Andererseits gelang es ihm gerade dadurch, daß er die Stofflichkeit der Skulptur in Frage stellte, das dargestellte Thema mit dem Material zu verschmelzen, in dem es verkörpert wurde. Deswegen weist die *Konversation* Stellen auf, die nicht eindeutig abbildend sind. Man sieht nur modellierte Oberflächen. Mit einiger Berechtigung behauptete Rosso, Rodin hätte für den endgültigen Entwurf des *Balzac* Anleihen bei der männlichen Figur aus der *Konversation in einem Garten* gemacht. Aus Kummer darüber versank er in Untatigkeit, und in den letzten dreißig Jahren seines Lebens produzierte er nichts Neues mehr. Seine späten Werke führten zu einem hohen Abstraktionsgrad, er hatte den Ehrgeiz, in einzelnen Gesichtern von Frauen und Kindern nur einen Blick oder ein flüchtiges Lächeln einzufangen. Der *Kopf der Madame X* von 1896 läßt die Gesichtszüge im weichen Wachs versinken, die Physiognomie wird zu einem leeren, anonymen Zeichen. Der Gegensatz zum zerklüfteten Gesicht des zeitgleichen *Balzac* könnte größer nicht sein. Beide Skulpturen aber zeigen, wie nur ein kleiner Schritt weg vom Naturalismus zu einer enormen Steigerung in der Ausdruckskraft führen kann.
Die nächste Generation hatte es nicht viel leichter als Rosso, sich gegen das erdrückende Genie Rodin zu behaupten. Es waren oft Maler, die die interessantesten Skulpturen hervorbrachten. Von Renoir und Degas einmal abgesehen, verspürten die Impressionisten noch wenig Lust, sich an dreidimensionaler Kunst zu versuchen. Unter den späten Impressionisten war es allein Gauguin, ihm folgten Matisse, Derain und Picasso.
Gauguin war vor allem ein Künstler-Handwerker, der die Herausforderung jeden künstlerischen Mediums genoß und dessen spezifische Möglichkeiten sofort erkannte. Es machte ihn glücklich, wenn er schnitzen konnte, manchmal Gebrauchsgegenstände verschönern, manchmal kleine Figürchen aus Holz schneiden – wie ein alter Matrose, für den er gern gehalten wurde. Er modellierte fast hundert Schalen, gestaltete sie mit so viel Einfallsreichtum, daß er damit einen wichtigen Beitrag

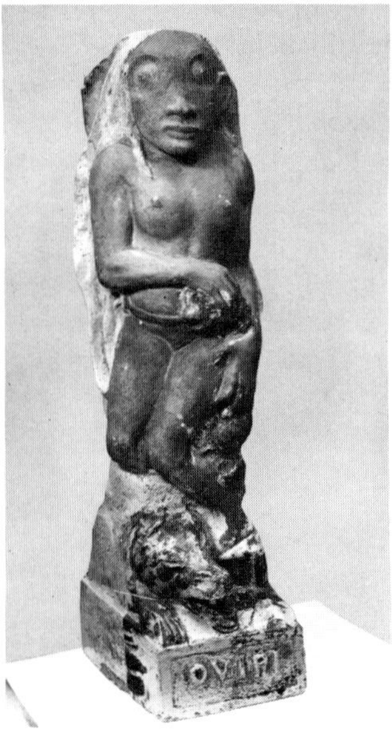

169 Paul Gauguin, *Der Wilde Oviri*, 1894/95

170 Aristide Maillol *Sitzende Nackte: Mittelmeer*, 1905

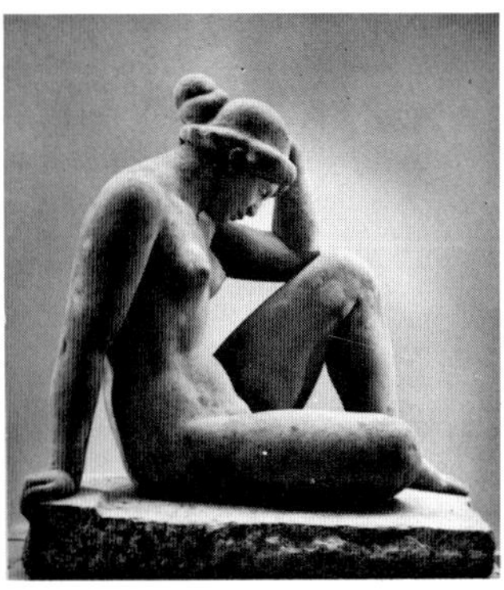

zur Kunst der Keramik leistete. Manche dieser Werke – das Holzrelief *Verliebe dich, und du wirst glücklich* von 1889 oder die Keramikfigur *Der Wilde Oviri* von 1894–95 (Abb. 169) drücken Gauguins ästhetische Philosophie genauso deutlich aus wie seine Bilder.

Der »Primitivismus« solcher Skulpturen war beeindruckend. Es hatte den Anschein, als ob die Bildhauerei nur durch Vorbilder außerhalb der westlichen Tradition wieder angeregt werden könnte. Am Ende seines Lebens bemerkte das auch Rodin, zu spät aber, um dies noch umsetzen zu können. Die Geschichte der modernen Kunst zwischen 1905 und 1920 ist die Geschichte westlicher Aneignung exotischer Einflüsse. Griechisch-archaisch und ägyptisch, assyrisch und orientalisch, zykladisch und paleolitisch, afrikanisch und polynesisch, präkolumbianisch und indianisch – die Grenzen der Skulptur wurden historisch und geographisch erweitert, eine Kultur nach der anderen wurde mit einbezogen. Das Ergebnis war eine extreme Bereicherung plastischer Möglichkeiten; eine beredsamere Kunst entstand.

Der Beginn dieser Entwicklung ist mit Maillols großer Skulptur *Sitzende Nackte* (Abb. 170) anzusetzen, die im Herbstsalon 1905 ausgestellt wurde. Aristide Maillol (1861–1944) war ein enger Freund Bonnards sowie Vuillards und Mitglied des Kreises um Gauguin. Er war zuerst Maler, wandte sich dann der Teppichweberei zu und schuf um 1900 kleine Statuetten aus Terrakotta. Die *Sitzende Nackte* war die erste Ausführung dieser Entwürfe in Lebensgröße. Nichts daran ist Rodins Werk entnommen, viel eher stehen sie Gauguins tahitianischen Frauen nahe. Später nannte Maillol seine Skulptur *Das Mittelmeer*. Zusammen mit Bonnards *Entführung der Europa* (Abb. 85) oder Matisse' gleichzeitig entstandenem *Luxus, Ruhe und Begierde* (Abb. 87) ist *Das Mittelmeer* ein Beispiel für den Klassizismus am Anfang des 20. Jahrhunderts.

Maillols Figur besteht aus einer Anordnung in sich ruhender, geschlossener Formen, es gibt keine Zacken und scharfen Ausbuchtungen wie bei Rodin: jedes Glied ist gerundet und harmonisch auf sich selbst bezogen. Man bemerkt die gründliche Auseinandersetzung mit archaischer und ägyptischer Plastik, die mit einem Verweis auf Michelangelos *Nacht* zusammenklingt. Die Skulptur hat Ähnlichkeit mit Renoirs Frauen, die Maillol in Werken wie *Die Badenden* (Abb. 35) bewunderte. Renoirs wenige Skulpturen entstanden jedoch erst, nachdem Maillol seinen Stil schon gefunden hatte.

Die meisten Arbeiten Maillols sind Variationen von *Das Mittelmeer* – in verschiedenen Haltungen zwar, aber mit derselben Botschaft. Diese weiblichen Akte sind ohne psychologischen Gehalt und vermitteln, abgesehen vielleicht von der allgemeinen Idee von Ruhe, Fruchtbarkeit und Harmonie zwischen Mann und Frau, keine symbolische Bedeutung. Als Maillol versuchte, konkreter zu werden, scheiterte er. Seine universellen Bilder der Weiblichkeit trieben die Bildhauerei weiter in Richtung Abstraktion wie die späten Köpfe Rossos. Seine Unwilligkeit zu experimentieren ist ein auffälliger Unterschied zwischen Maillol und den Maler-Bildhauern. In den ersten Jahren dieses Jahrhunderts setzte sich Matisse intensiv mit der Bildhauerei auseinander. Er behandelte sie aber immer nur als dreidimensionale Erweiterung seiner malerischen Interessen. Immer wenn ihm ein malerisches Problem unlösbar erschien oder ein Widerstand auftauchte, fand er es hilfreich, das Medium zu wechseln. Er schuf wie Maillol vor allem einzelne stehende oder ruhende weibliche Figuren. Auf der Suche nach einer rhythmischen Linie, wie sie die Figuren in Bildern wie *Joie de Vivre* (Abb. 88) auszeichnet, gab Matisse mit *Die Schlangenfrau* (Abb. 171) die anatomische Genauigkeit auf. Die Anfänge von Matisse' Plastik zeigen unübersehbare Anklänge an Rodin. In der deutlich sichtbaren Bearbeitung des Tons, den er in seinen Händen knetete, um die langgezogenen Formen der Figur zu erreichen, setzt sich Rodins freier Umgang mit dem Material fort. Afrikanischer Stammeskunst verdankt Matisse die Einsicht, daß der konzeptionelle Umgang mit einem Thema dem Künstler Erfindungs- und Improvisationsfreiheit gibt. In *Die Schlangenfrau* setzte er diese Erkenntnis um und arbei-

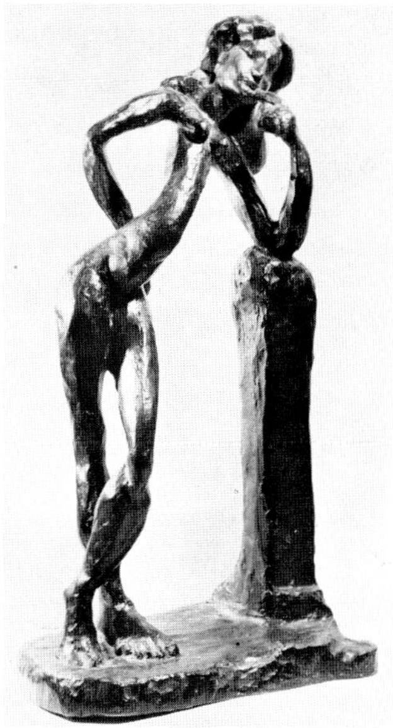

171 Henri Matisse,
Die Schlangenfrau, 1909

tete nur jene Teile des weiblichen Körpers heraus, die für sein ästhetisches Anliegen bedeutsam waren. Die Maler und Bildhauer nach Matisse konnten von ihm lernen, wie wichtig es ist, Dinge beiseite zu lassen und zu vereinfachen.

Auch Picasso wandte sich der Skulptur zu, wenn seine Experimente in der Malerei zu bestimmten Problemen führten. Als er den Kubismus erfunden hatte, dachte er auch über dessen skulpturale Umsetzung nach. Die Frage war, ob sich die Methode, dreidimensionalen Raum auf zweidimensionalen Flächen darzustellen, auch auf die Skulptur übertragen ließe. In seinem 1909 entstandenen *Frauenkopf* unterbrach er die ovale Oberfläche in der facettierten Manier kubistischer Malerei. Zunächst blieb diese Skulptur aber ein Einzelwerk, und erst nach der Erfindung der Collage 1912–1913 begann Picasso wieder, über die Bildhauerei nachzudenken. Er konstruierte Gitarren (Abb. 172) und andere Gegenstände, die man von kubistischen Stilleben kennt, und benutzte dazu Pappe, Holz, Blech, Papier und was ihm sonst noch in die Hände fiel. Mit der Verwendung dieser vergänglichen Materialien entsprach Picasso dem Aufruf Umberto Boccionis, der im Futuristischen Manifest vom April 1912 gefordert hatte, »Glas, Holz, Pappe, Zement, Pferdehaar, Leder, Stoff, Spiegel und Glühbirnen« einzusetzen. Allerdings erfüllten weder Picasso noch Boccioni jemals das Programm in seiner ganzen Bandbreite – die Benutzung von Spiegeln und Glühbirnen war erst ihren Enkeln vorbehalten. Doch die Forderungen allein setzten bereits vieles in Bewegung: Warum sollte der Bildhauer sich auf die traditionellen Methoden und Materialien beschränken? Konnte nicht letztlich jedes dreidimensionale Objekt als Skulptur betrachtet werden? Picassos Konstruktionen hatten großen Einfluß auf die Künstlerbewegung des revolutionären Rußland, die sich als Konstruktivismus bezeichnete. Bevor wir uns dieser Richtung zuwenden, wollen wir etwas zu Boccioni und den Geschehnissen in Paris sagen, wo sich ebenfalls große Veränderungen ankündigten.

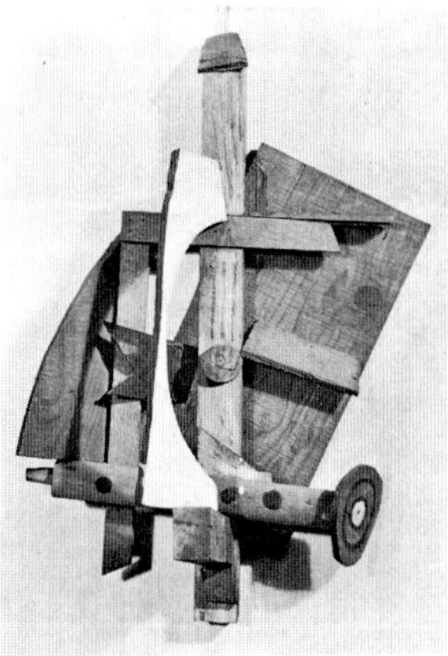

172 Pablo Picasso,
Konstruktion einer Gitarre, 1914

Auch Boccioni gehört zu den Malern, die sich an einem

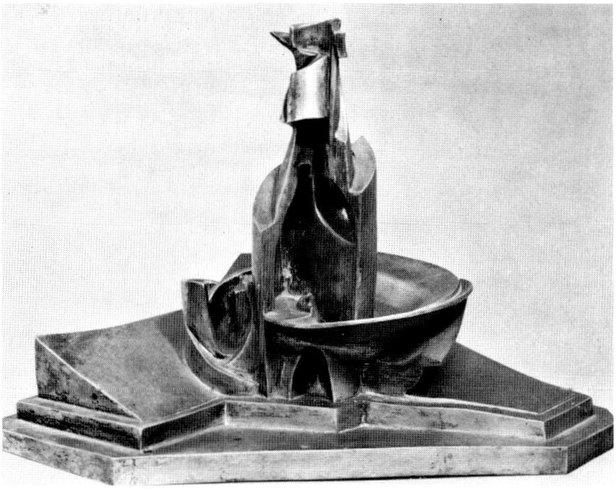

173 Umberto Boccioni, *Entwicklung einer Flasche im Raum*, 1912

problematischen Punkt ihrer Karriere der Skulptur zuwendeten. Er stellt den außergewöhnlichen und einzigartigen Fall eines Künstlers dar, der zuerst das Programm für eine Kunst entwarf und erst im Anschluß daran Werke herstellte, die seine Ideen illustrieren. Im Juni 1913, ein Jahr nach der Veröffentlichung seines Manifests, stellte Boccioni in Paris seine Skulpturen aus und wandte sich danach wieder der Malerei zu. Nur wenige seiner Objekte sind erhalten. Sie zeigen, daß es ihm nicht so sehr um die neuen Materialien ging, sondern vielmehr um das Hauptthema des Futurismus: die Bewegung. Um zu zeigen, daß es keine klare Trennung zwischen Körper und Raum gibt, versuchte er, bewegte Figuren in seltsam fließenden Formen darzustellen. Es liegt aber in der Natur der Dinge, daß Skulptur etwas Statisches ist, und letztendlich waren Boccionis Versuche, Figur und Raum zu verschmelzen, zum Scheitern verurteilt. Mit *Entwicklung einer Flasche im Raum* (Abb. 173) kam er seiner Idee, die Grenzen der Gegenstände aufzulösen, schon näher. Eigentlich ist Stilleben kein Gegenstand der Bildhauerei. Dies ermöglichte ihm, Flasche und Teller auf einem Tisch mit derselben Freiheit zu behandeln, mit der Matisse sich der Figur und Picasso der Gitarre angenähert hatte.
Mit solchen Gegenüberstellungen von Hohlem und Massivem, konkaven und konvexen Oberflächen, hat sich eine ganze Generation von Bildhauern beschäftigt, die zwischen 1910 und 1915 begann, den Facetteneffekt des analytischen Kubismus auf die Skulptur anzuwenden. Alexander Archipenko (1889–1964) war der erste, der Kopf und Körper einer Figur als Negativformen modellierte, um zu zeigen, daß Leere ihre eigene Form hat. Leider verfolgte Archipenko diese Idee nicht weiter, sondern fing an, »Skulptomalerei« herzustellen, Kreuzungen aus Realem und Phantastischem, und schließlich sogenannte »Medrano«-Figuren, die aus Holz, Glas und Draht gefertigt sind.

Raymond Duchamp Villon, dem Bruder von Marcel Duchamp (1876–1918) gelang es mit seiner 1914 entstandenen Arbeit, *Das Pferd,* mechanische und dynamische Elemente miteinander zu verbinden. Seine übrigen Arbeiten weisen ihn jedoch eher als unsicheren und eklektizistischen Künstler aus. So war es dem jüngsten Mitglied der Gruppe der kubistisch beeinflußten Bildhauer überlassen, die wahre Bedeutung dieses Stils für die Bildhauerei vorzuführen.

Jacques Lipchitz (1891–1973) stammte aus Litauen und freundete sich 1914 mit Picasso und Juan Gris an. Während der Kriegsjahre schuf er eine Serie von Badenden und Harlekins, die den synthetischen Kubismus eindrucksvoll in Skulptur übersetzen. Zwar kann das endgültige Resultat als menschliche Figur wahrgenommen werden, es ist aber deutlich, daß dem Künstler die abstrakten Formen wichtiger waren. Man hat den Eindruck, Lipchitz habe bestimmte regelmäßige Grundformen wie verschieden geformte Bauklötze benutzt, um daraus Figuren entstehen zu lassen. Dann entdeckte er, wie er aus gebogenen Metallbalken »transparente« Figuren zusammenfügen konnte. Mit diesem Verfahren gelang ihm eine überzeugende Weiterentwicklung von Matisse' *Schlangenfrau,* der die gleiche Idee einer vom Umriß her erarbeiteten Figur zugrunde liegt.

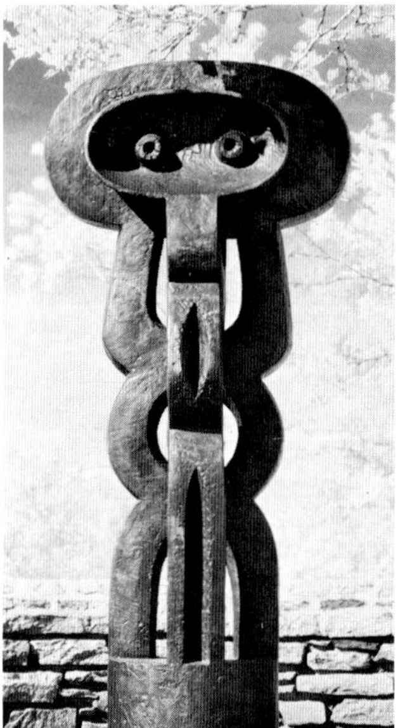

174 Jacques Lipchitz, *Figur,* 1926–30

Lipchitz' herausragendste Arbeit ist seine überlebensgroße *Figur* von 1926–1930 (Abb. 174). Sie gehört zu den wenigen Stücken monumentaler Skulptur, die im 20. Jahrhundert geschaffen wurden. Zunächst nur als dekorative Arbeit konzipiert, entwickelt sie eine unheilvolle, beunruhigende Präsenz. Ähnlich wie Picasso ließ sich auch Lipchitz von der surrealistischen Bewegung anregen, ohne ein Mitglied dieser Gruppe zu werden, und die *Figur* läßt unwillkürlich an Bilder aus dem Unterbewußten denken. Allerdings unterscheidet sie sich gerade darin von den meisten anderen Werken dieses Künstlers, denn seine späteren Skulpturen besitzen eher barocke Formen und mythologische Motive, so daß sie die Themen, die Lipchitz beschäftigten, nämlich Gewalt und Aggression, kaum noch zu transportieren vermögen. Es leuchtet ein, daß Lipchitz seine Bildsprache angesichts des Nationalsozialismus und der Judenverfolgung veränderte, aber Allegorien wie »Prometheus« und die »Opferung des Isaak« vermitteln heute kaum noch die Gefühle, die Lipchitz hineinlegen wollte.

Die radikalste Erweiterung der Formensprache war wohl der Konstruktivismus, der vor allem eine Erfindung Naum Gabos (1890–1977) und zu einem Teil auch seines Bruders Anton Pevsner (1886–1962) war. Gabos Kopfskulpturen von 1915/16 konstruieren diese Form auf radikal neue Weise, indem sie die Position des Kopfes im Raum nicht wie üblich durch die Oberfläche definieren, sondern durch eine Reihung von verschachtelten Ebenen, die einander im rechten Winkel durchdringen. Die Idee kam von der kubistischen Malerei, in der versucht wurde, die klare Unterscheidung zwischen Objekt und umgebendem Raum zu zerstören.

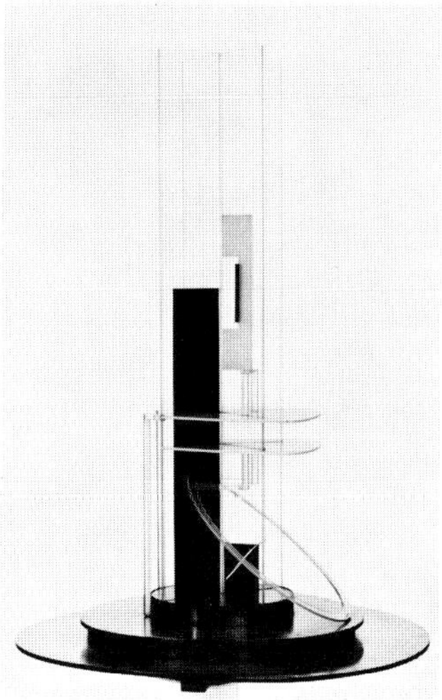

175 Naum Gabo, *Säule,* 1923

In der Atmosphäre des revolutionären Rußland wurde Gabos Werk abstrakter. Er sympathisierte mit der Idee, daß die Kunst der Gesellschaft dienen und nützlich sein soll. Der *Entwurf für eine Radiostation* von 1919 ist eine seltsame Mischung aus Kunst, Ingenieurstechnik und visionärer Architektur, wofür der Eiffelturm als Vorbild diente. In seinem 1920 veröffentlichten »Realistischen Manifest« erläuterte Gabo die konstruktivistischen Arbeiten, die er im selben Jahr erstmals ausgestellt hatte.

Im diesem Manifest entwickelte er die Gedanken der Kubisten zum Raum und die der Futuristen zur Bewegung weiter: Die Aufgabe der Kunst bestehe allein darin, die Darstellung von Raum und Zeit miteinander zu verbinden. Das statische Konzept der traditionellen dreidimensionalen Kunst der Bildhauerei, die an Massen und Volumen gebunden ist, verwirft er ebenso nachdrücklich wie die traditionellen Materialien. Gabo plädierte für die Verwendung der neuen Materialien des Maschinenzeitalters in der Bildhauerei. Er nannte sein Manifest »realistisch«, weil die neuen Kunstwerke in einem absoluten Sinn real sein und nichts anderes mehr als sich selbst darstellen sollten. Gabos frühe Konstruk-

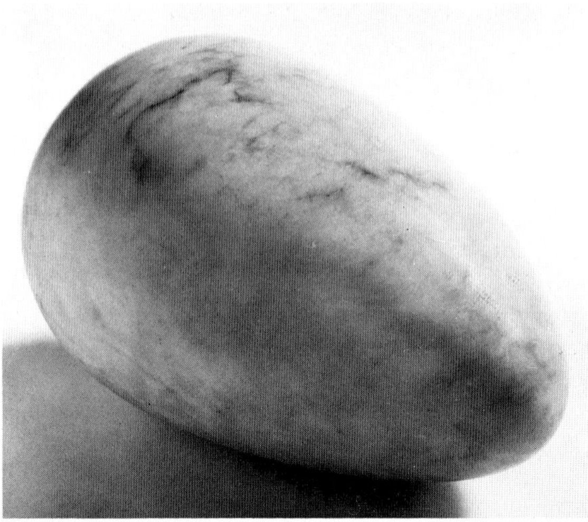

176 Constantin Brancusi,
Skulptur für Blinde, 1916

tionen (Abb. 175) sind abstrakt in dem Sinne wie Mondrians Gemälde nach 1916. Anders als Brancusis Werke sind sie nicht von der Natur abstrahiert und im Unterschied zu Arps Objekten frei von organischen Assoziationen. Daß sie keine praktische Funktion erfüllen, führte zu Gabos Schwierigkeiten mit den sowjetischen Machthabern und zu seiner Ausreise aus Rußland 1922. Obgleich seine Arbeiten deutlich auf die Architektur und die angewandte Kunst verweisen, war Gabo anders als Malewitsch nicht bereit, sich von der bildenden Kunst zu verabschieden.
Als Gabo 1922 eine kinetische Plastik aus einem vibrierenden Metallstäbchen schuf, merkte er, daß sich echte Bewegung nicht darstellen ließ, indem man sie in ein Kunstwerk integrierte. Bewegung mußte anders hergestellt werden, sie sollte ein Bestandteil der Erfahrung des Betrachters werden. Gabos konstruierte Figuren haben keine Vorder- oder Rückseite und erfordern, daß der Betrachter um sie herumläuft. Sie sind transparent, man kann direkt durch sie hindurchsehen. Gefertigt sind sie durchweg aus modernen Materialien, vor allem Glas, Metall, Kunststoffscheiben und -fibern. Gabos Skulpturen haben die Logik eines Modells, das eine wissenschaftliche Aussage belegen soll, und doch sind sie eindeutig Kunstwerke. Und obwohl sie keine Vorbilder in der Natur haben, stehen seine Objekte doch nicht im Gegensatz zu ihr, sondern bilden gleichsam eine Parallele zur natürlichen Welt. Gabo lebte in Deutschland, Frankreich und in England, bevor er sich 1947 in den USA niederließ. Seine Konstruktionen waren inspirierend und halfen eine neue Kunstform hervorzubringen, die genau zwischen Malerei und Skulptur angesiedelt ist, vorbehaltlos abstrakt und dennoch von nahezu klassischer Schönheit. An ihrer Entwicklung waren Künstler aus verschiedenen Ländern beteiligt, vor allem aber

aus England, den USA und Holland. Mary und Kenneth Martin, Victor Pasmore und Anthony Hill verarbeiteten in ihren dreidimensionalen Reliefs und freistehenden Konstruktionen den Raum auf eine architektonisch-rhythmische Weise, für die es keine Vorbilder in der Kunst gab.

Gabos Erfindung der Konstruktion gehört jedoch ungeachtet ihres enormen Einflusses auf die Bildhauer, nicht eigentlich in den Bereich der Skulptur. Auf diesem Gebiet ist fraglos Constantin Brancusi (1876–1957) die zentrale Figur. Er stammte aus Rumänien, lebte aber von 1904 bis zu seinem Tod in Paris. Wie für viele andere Künstler war auch für Brancusi Rodins *Balzac* der Beginn der modernen Skulptur, aber er wußte, daß er aus Rodins Schatten heraustreten mußte, um etwas zu erreichen. Sein künstlerisches Credo lautete: »Wichtig ist nicht die äußere Form, sondern das Wesen der Dinge.« Seine Skulptur versteht man am besten als eine Reihe von konzentrierten, verdichteten, magischen und zutiefst geheimnisvollen Formen. Brancusi ging in seiner Arbeit von Menschen- und Tierfiguren aus und vereinfachte sie Schritt für Schritt auf der Suche nach dem Wesentlichen. Der Hahn, der Vogel im Raum, der Fisch, der Seehund, die Schildkröte werden alle auf reine Formen reduziert, in denen sich ihr eigentliches Wesen spiegelt. Brancusis bevorzugte Materialien sind polierter Stein oder Bronze. Wenn er sich mit der menschlichen Figur beschäftigte, behandelte er nur einen Teil davon – den Rumpf, das Gesäß, den Kopf mit Schultern, den Kopf allein – und unterzog sie demselben Prozeß. Seine Auseinandersetzung mit dem Kopf begann mit der *Schlafenden Muse*, setzte sich fort mit abstrahierten Köpfen wie *Prometheus* und *Neugeborenes* und vollendete sich in den glatten ovalen Formen von *Skulptur für Blinde* (Abb. 176) und *Der Anfang der Welt*.

Wie die Titel schon ahnen lassen, hing Brancusi derselben mystischen Beziehung zur künstlerischen Erfahrung an, die wir schon bei Mondrian und Kandinsky beobachtet hatten. Auch er glaubte an die Weisheit des Ostens, und er entwarf seine Skulpturen als Meditati-

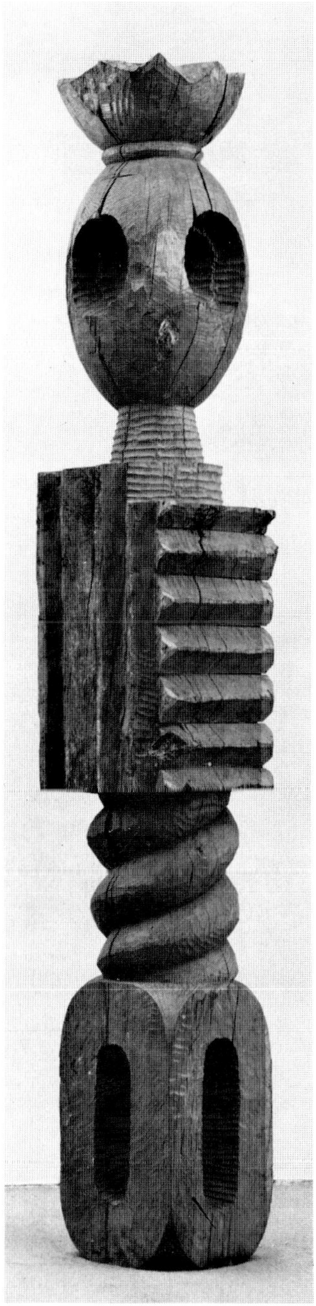

177 Constantin Brancusi, *Der König der Könige, Geist des Buddha*, 1920

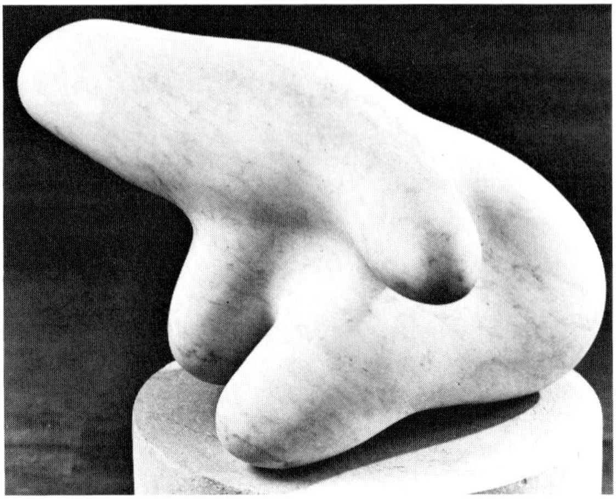

178 Jean Arp,
Menschliche Konkretion,
1934

ons- und Kontemplationsobjekte im doppelten Sinne: In ihnen steckt die Konzentration des Künstlers, aber sie laden auch den Betrachter ein, sich vor ihnen zu sammeln. Brancusis Interesse an der außereuropäischen Kunst war groß, wenn er auch ihren direkten Einfluß auf seine Objekte abstritt. Dennoch erinnern viele seiner Holzskulpturen deutlich an primitive Kunst, ohne daß man eine genaue Quelle angeben könnte. Der *König der Könige,* auch *Geist des Buddha* (Abb. 177) genannt, ist wie alle Holzarbeiten Brancusis von einer rohen Kraft, die in deutlichem Gegensatz zu der Verfeinerung von Bronze und poliertem Stein steht. Es handelt sich um eine Art Idol, das für einen Gott steht und göttliche Eigenschaften in sich trägt. Der Betrachter soll sich vor ihm in einen Zustand der Verehrung begeben, etwas, was vor Rodins *Balzac* kaum erwartet würde.
Am Ende seines Lebens erkannte Brancusi, daß Skulptur ebenso von ihrer Umgebung wie von ihrer Objekthaftigkeit lebt. 1937 reiste er nach Indien, um dort einen Meditationstempel zu entwerfen – ein Wasserbecken, das von aneinandergereihten Abgüssen seines *Vogel im Raum* umgeben ist und in dem das Streben nach Vollkommenheit und Versenkung ausgedrückt werden soll. In Tirgu-Jiu in seiner Heimat Rumänien legte Brancusi einen Garten an, für den er einen Steintisch und Schemel entwarf sowie ein monumentales Tor, das auf einem Kußmotiv basiert und die Vereinigung der Geschlechter symbolisiert. In seiner Mitte steht eine endlose Säule, die aufsteigt, um »das Gewölbe des Himmels zu füllen«.
Generationen von Bildhauern standen unter dem Eindruck Brancusis. Sogar vor 1914 übte er schon einen bedeutenden Einfluß auf Jacob Epstein (1880–1959) und Henri Gaudier-Brzeska (1891–1915) aus, die gemeinsam einen Neuanfang der Bildhauerei in England initiierten, der dann aber durch den Krieg ausgelöscht wur-

de. Brancusi war es auch, der den jungen Italiener Modigliani überredete, zwischen 1909 und 1914 die Malerei aufzugeben und sich der Bildhauerei zu widmen.
Die Werke von Jean Arp (1887–1966), der um 1930 seine flachen Reliefs zugunsten dreidimensionaler Arbeiten aufgab, lassen sofort an Brancusi denken. Dennoch gibt es beträchtliche Unterschiede. Arp glaubte, daß »Kunst eine Frucht ist, die im Menschen reift wie die Frucht an einem Baum oder wie ein Kind im Mutterleib«. In seinen bemalten Holzreliefs aus den zwanziger Jahren tauchen erstmals organische, aus der Natur abgeleitete Formen auf. Es ist bezeichnend, daß Arp seine Skulpturen als menschliche Verschmelzungen empfand und darauf bestand, daß sie nicht abstrakt seien (Abb. 178). Die Formen entstanden auf natürliche Art, denn der Künstler überließ sich den Kräften unbewußter Anregungen. Das Endresultat erinnert an die menschliche Figur, weil unsere Wahrnehmung darauf trainiert ist, jedes auch noch so abstrakte Objekt in bezug auf uns selbst zu deuten. Selbst ein Pfahl im Boden erscheint uns unweigerlich als eine Art von Gegenüber. Arp wollte diesen körperlichen Bezug verdeutlichen, der unsere Wahrnehmung eines plastischen Werks weitgehend unbewußt steuert, so daß wir Objektformen mit den Formen unserer eigenen Körper identifizieren.
Arps Tätigkeit als Bildhauer begann erst im zweiten Teil seiner Karriere, als er seine Verbindungen zu den Surrealisten gelöst hatte. Seine Skulpturen können zwar als Stufe auf dem Weg zu völliger Abstraktion gelten, sind aber zugleich noch vom Surrealismus und dessen Beschäftigung mit dem Unbewußten sowie der Rolle des Zufalls im kreativen Prozeß angeregt. Allerdings beschränkt sich Arps Surrealismus

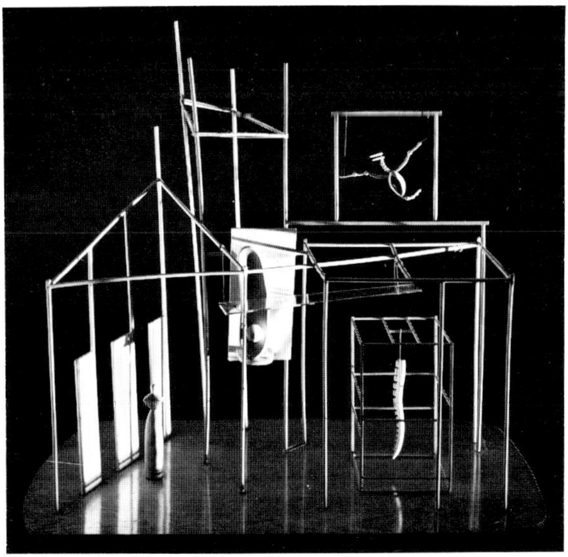

179 Alberto Giacometti, *Der Palast um vier Uhr morgens*, 1932

nur auf gewisse Motive: Weil er die Natur als eine Heilkraft betrachtete, schloß Arp die Darstellung von Gewalt und Aggression, die in vielen surrealistischen Bildern eine große Rolle spielt, aus seinen Werken aus.

Andere Bildhauer kamen der Idee der französischen Surrealisten näher. In einigen frühen Arbeiten übersetzte Alberto Giacometti (1901–1966) Traumbilder in Skulptur. *Der Palast um vier Uhr morgens* (Abb. 179) ist die klarste und komplexeste davon: eine kleinformatige Konstruktion, die er an einem Tag aus Resten von Holz, Draht und Schnur zusammenbaute, nachdem ihn die Idee schon monatelang beschäftigt hatte. Das Werk ist beunruhigend: so eindrücklich für uns, wie der Traum für Giacometti gewesen sein muß. Implizit stellt es das ganze Wesen von Skulptur in Frage, indem es sie hier zu etwas Dramatischem macht, zu einer eingefrorenen Szene aus einem Theaterstück.

Eine andere Arbeit von Giacometti mit dem Titel *Frau mit durchschnittener Kehle* (1932) zeigt eine erschütternde Ansammlung von Körperteilen. *Hände halten die Leere, oder das unsichtbare Objekt* (1934) ist eine stilisierte, schreckerfüllte Figur, die André Breton sehr bewunderte. Giacometti war lange Zeit nicht in der Lage, an Skulpturen zu arbeiten. Erst mit seinen ausgedünnten Figuren der vierziger und fünfziger Jahre, die bereits als skulpturelle Zeugnisse einer existentialistischen Weltsicht erwähnt wurden, fand er wieder zur Bildhauerei zurück.

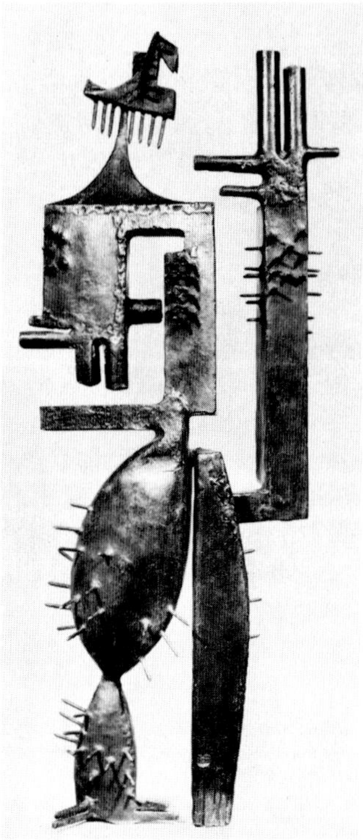

180 Julio Gonzalez, *Kaktus-Mann Nr. 2*, 1939

An der Bildhauerei der Zwischenkriegszeit wird deutlich, daß sich der Surrealismus, wenn er zu eng interpretiert wurde, für die Plastik nicht eignete. Zwar führte er zu einmaligen Beispielen wie Marcel Duchamps Ready-Mades oder Meret Oppenheims *Pelztasse* von 1936, aber es war nicht klar, wohin solche Ideen weiterentwickelt werden konnten. Als fruchtbarer erwies sich hingegen die Entdeckung des Surrealismus, daß dem »Objet trouvé« eine geheimnisvolle Kraft innewohnt, etwa wenn ausrangierte Maschinenteile oder Baumwurzeln von einem Künstler gefunden und in unerwartetem Kontext integriert wurden. Eigentlich mußte man kein Künstler

sein, um das zu können, und deshalb erreichten surrealistische Objekte auch nur dann den Status eines Kunstwerks, wenn sie in Gemälden abgebildet wurden.
Als sich Picasso in den späten zwanziger Jahren wieder der Skulptur zuwandte, war auch er von surrealistischen Ideen beeinflußt. Wie oben erwähnt, können manche seiner Gemälde eigentlich Bilder von Skulpturen genannt werden (vgl. Abb. 152). Der Kontakt mit einem spanischen Landsmann, dem Bildhauer Julio Gonzalez (1876–1942), regte Picasso dazu an, mit geschweißtem Metall zu experimentieren. Die Widerspenstigkeit des vom Schrottplatz besorgten Materials bestimmte die Form der daraus zusammengesetzten Skulpturen.
Welche Anteile von Gonzalez und welche von Picasso in die Entwicklung der Metallskulptur eingingen, ist schwer zu bestimmen. Die Verwendung von Fundstücken könnte möglicherweise ganz auf Gonzalez zurückgehen, Picasso aber hat vorgeführt, wie wunderbar sich solche Zusammenstellungen von Metallteilen für metamorphische Skulpturen eigneten. Gonzalez' *Kaktus-Mann* von 1939 (Abb. 180) läßt sich sowohl als menschliche Figur als auch als Kaktus lesen, und ähnlich assoziationsreiche Metaphern findet man im Werk beider Männer.
Picasso war jedoch, kaum überraschend, der erfindungsreichere von beiden. Aus ausrangierten Fahrradteilen, Gartengeräten, Kinderspielzeug und ähnlichem ließ er alle möglichen Tiere und Vögel entstehen, indem er wenig mehr tat, als die Fundstücke zusammenzufügen (Abb. 181). In diesen Arbeiten steckt viel Humor, aber auch ein gewisses Maß an Arroganz. In den sechziger Jahren war er der metamorphischen Erfindungen müde geworden und ging dazu über, aus ausgeschnittenem und bemaltem Blech Köpfe und Körper zu machen. Manche davon waren zur vergrößerten Ausführung gedacht. Picasso machte seit 1930 eigentlich aus allem, was ihm in die Hände fiel, Skulpturen: aus Sand, Papiertüten, Spielzeugautos, Drahtgeflecht, Knochen, Kieselsteinen. Dazu kommen konventionellere Arbeiten aus Gips, die in Bronze gegossen wurden, und eine

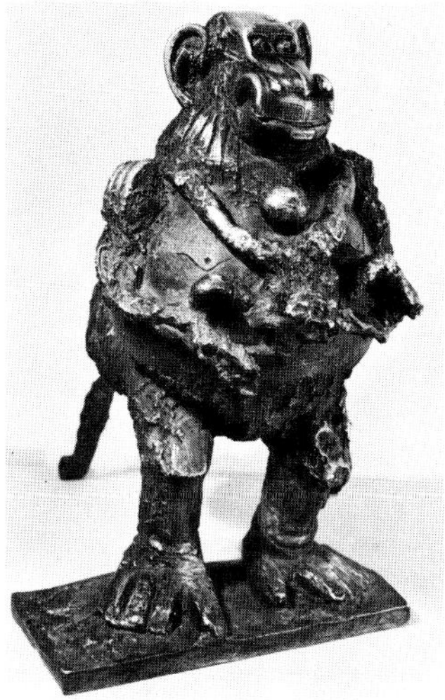

181 Pablo Picasso,
Pavianmutter und ihr Kleines,
1951

enorme Anzahl an Keramikarbeiten – obwohl letztere eigentlich mehr zur Malerei als zur Skulptur gehören. Die unglaubliche Produktivität und der atemberaubende Erfindungsreichtum dieses Mannes sind in der Geschichte der Kunst beispiellos, und wenige seiner Zeitgenossen waren versucht, Picasso nachzuahmen, selbst wenn sie das Temperament und die Vitalität gehabt hätten. Allerdings ist Leichthändigkeit häufig auch mit einer gewissen Oberflächlichkeit verbunden, und Produktivität nicht immer ein Zeichen von Genie. Brancusi hat in seinem ganzen Leben weniger Arbeiten vollendet als Picasso in wenigen Monaten.
Picasso und Brancusi waren richtungweisend für die künstlerische Entwicklung von Henry Moore (1898–1986), der mehr als jeder andere Künstler für die Fortsetzung zentraler Traditionen von Skulptur steht. Moore war nie wirklich innovativ, aber er hatte eine enorme Begabung dafür, alle Wege, die einem Bildhauer im 20. Jahrhundert offenstanden, zu erkunden. Ob es sich nun um archaische oder primitive Kunst handelt, Rodin oder Michelangelo, Arp oder Gabo, die Moore verarbeitete: seine Handschrift ist immer unverkennbar. Moore besaß die Fähigkeit, seine Skulpturen rundherum interessant zu gestalten, egal, von welchem Standpunkt aus man sie betrachtet – Sinn für dreidimensionale Formen, der nur den größten Bildhauern gegeben ist. Von Brancusi hatte er die wichtigsten Grundvoraussetzun-

182 Henry Moore, *Liegende,* 1938

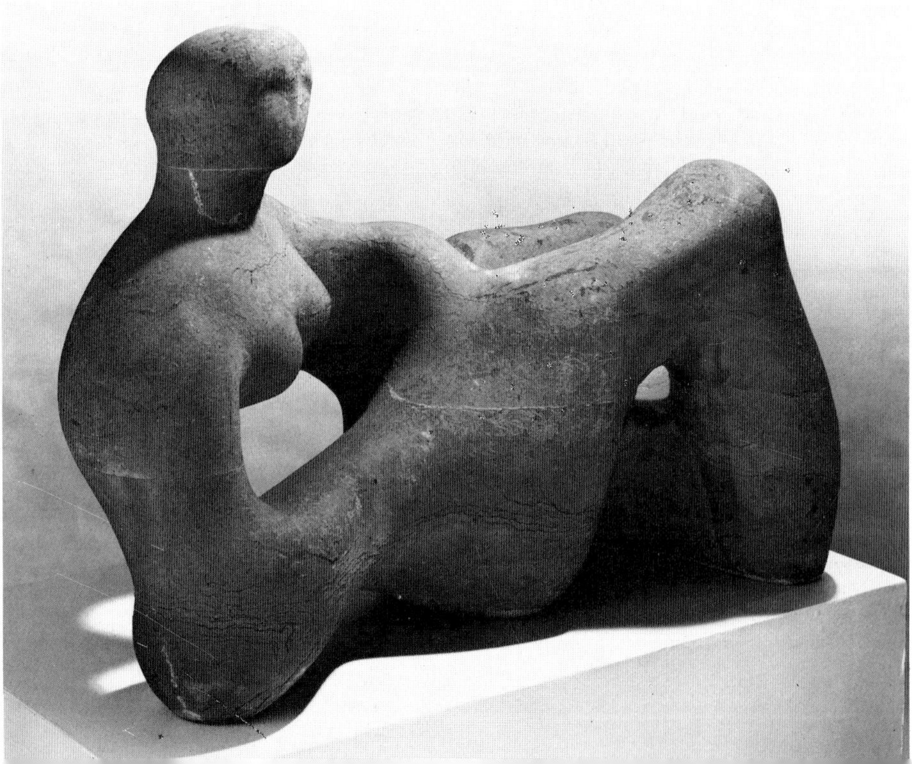

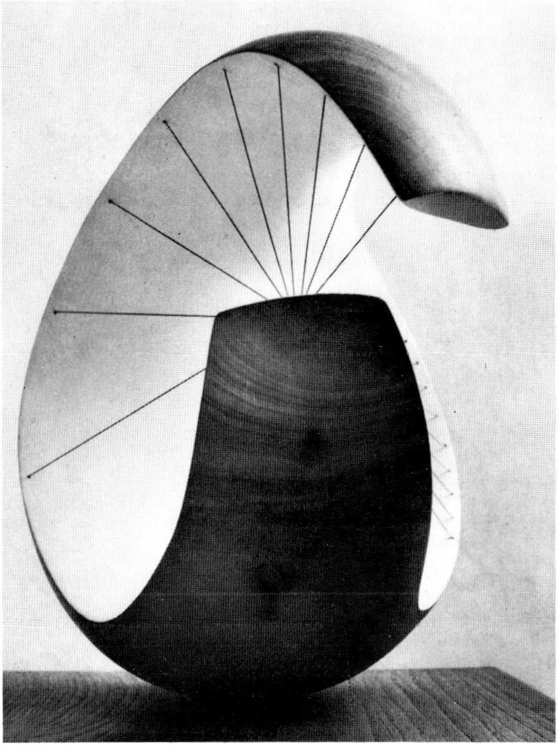

183 Barbara Hepworth, *Welle*, 1943/44

gen für seine Skulpturen gelernt: »Formbewußtsein« und »das Weglassen aller überflüssigen Oberflächenstrukturen«, wie Moore selbst es nannte. Picasso und die Surrealisten hatten ihn etwas über bildhauerische Metaphern gelehrt.

Moores zentrales Motiv ist die weibliche Figur, meistens in liegender Haltung, manchmal aber auch stehend oder sitzend, und oft ein Kind haltend. Dieses Bild versteht sich als archetypisch – zeitlos und zur Verehrung einladend. Es ist, als ob der Künstler uns dazu bringen wollte, uns vor den Eigenschaften zu verbeugen, die auch in den einfachsten und primitivsten Gesellschaften die Rolle der Frau ausmachen. Moore will den menschlichen Körper würdigen und übertreibt manche Teile, an den Frauenfiguren betont er das Mütterliche und Gebärende. Durch metaphorische Anspielungen auf Wurzeln und Knochen suggeriert er sowohl organisches Wachstum als auch Landschaftsformen und möchte damit zeigen, daß Frauen ein Teil der natürlichen Ordnung sind.

Alle diese Assoziationen finden sich in der *Liegenden* (Abb. 182). Sie ist weniger die naturalistische Darstellung eine Frau als eine Art Erdgöttin. Die Vertiefungen

und Einbuchtungen der Skulptur lassen an Höhlen denken, die Schutz bieten, oder auch an Körperöffnungen und die umschließende Wärme der Gebärmutter. Sie rufen vorgeburtliche Erfahrungen und vergessene Erinnerungen an das Gesäugtwerden wach und sprechen gelegentlich, wie manche Werke Arps und Picassos, das Unterbewußte an. Moores Skulpturen legen es indes nicht bewußt auf diese Wirkung an: Seine Kunst ist die Ausarbeitung persönlicher Obsessionen, die allerdings jeden anspricht, weil allgemeinmenschliche Erfahrungen darin eingegangen sind.
Hin und wieder arbeitete Moore auch an abstrakten Skulpturen, wenn er sich auch nie ganz von den Körperformen löste. Darin besteht auch ein wesentlicher Unterschied zu den Arbeiten von Barbara Hepworth (1903–1975), deren Name häufig mit seinem verbunden wird. Es stimmt wohl, daß beide formal vergleichbare Perioden durchliefen, daß sie sich der Skulptur als Schnitzer und nicht als Modellierer näherten sowie häufig Gebrauch von Landschaftsmetaphern machten (worin der spezifisch englische Beitrag zur Skulptur besteht). Aber Hepworth ist Brancusi viel direkter verpflichtet als Moore, und sie ist auch revolutionärer als er. Sie ist eine der ersten Bildhauer überhaupt, die abstrakte Skulpturen schufen. Wie ihr Ehemann Ben Nicholson hatte sie von Mondrian gelernt, daß es ein elementares bildhauerisches Vokabular gibt, das ebenso gültig ist wie das Formeninventar der neoplastischen Malerei. Ihre geometrischen Formen der dreißiger Jahre erinnern sehr an Brancusis Abstraktionen, ohne aber von der menschlichen Figur auszugehen.
Viele von Hepworths späten Skulpturen sind Reaktionen auf die Landschaft von West-Cornwall, wo sie seit 1939 lebte. *Die Welle* von 1943 bis 1944 (Abb. 183) ist eine in sich geschlossene, aus Platanenholz geschnitzte Form, deren Inneres blau angemalt und von Fäden durchzogen ist. Trotz aller Formstrenge macht der Titel deutlich, daß Assoziationen durchaus gewollt sind. Dabei geht es weniger um die explizite Darstellung einer Welle als vielmehr darum, daß das Objekt ein räumliches Gespür für eine sich brechenden Welle vermitteln und ähnliche Reaktionen hervorrufen will, wie der Mensch sie vor der Bewegung des Meeres verspürt, mit allem, was sich daraus an poetischen und symbolischen Einfällen ergibt.
Hepworths häufig verwendete vertikale Formen sind oft als Metaphern für den Menschen in der Landschaft gesehen worden. Aber sie sind weder vom menschlichen Körper abgeleitet noch organisch im Sinne Arps oder Moores – vielmehr gehören sie einem Ideal reiner Schönheit klassischen Ursprungs an.
Hepworths Einführung von gemalter Farbe an Skulpturen wirkte sehr überraschend und individuell, hat aber inzwischen weite Verbreitung gefunden. Ihr Interesse am Schnitzen hingegen wurde von jüngeren Künstlern kaum aufgegriffen. Auch die zweite traditionelle Methode der Bildhauerei, das Modellieren, hat bei jungen Künstlern wenig Interesse ausgelöst. Der Gebrauch von geschweißtem Metall, der von Picasso und Gonzalez eingeführt und dann von den Amerikanern Alexander Calder und David Smith fortgeführt wurde, eignete sich besser für den Geschmack

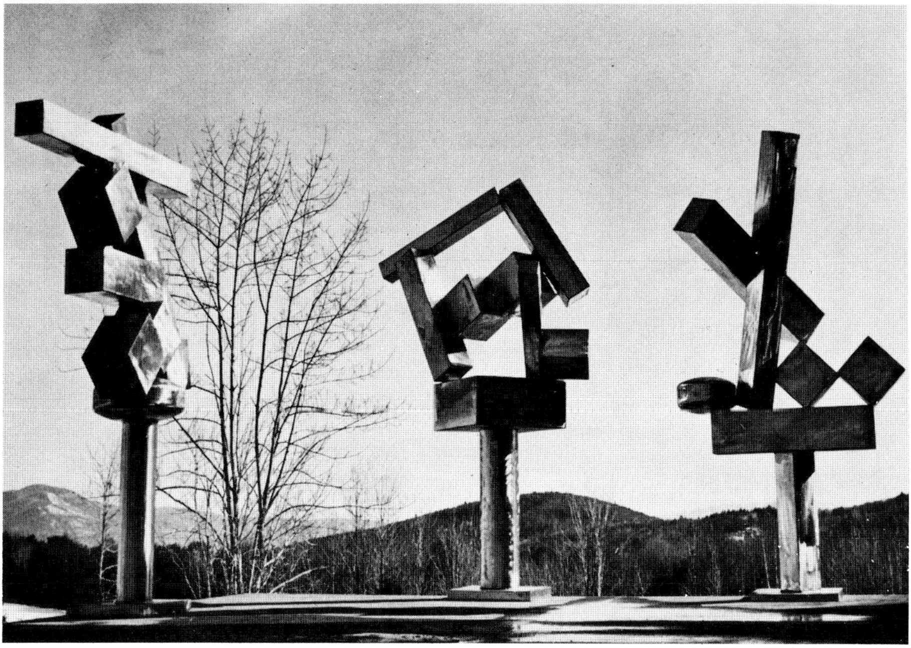

184 David Smith, *Cubi XIX, XVII und XVIII,* 1963/64

der Bildhauer des 20. Jahrhunderts. Calders Mobiles – Konstruktionen aus flachen Formen, die durch Draht und Schnüre in ein Gleichgewicht gebracht werden und sich sanft in der Luft bewegen – sind eine höchst originelle Erfindung und Variante der kinetischen Skulptur, die Spielerisches mit Tiefsinnigem verbindet.
Bedeutender noch war David Smith, der einzige amerikanische Bildhauer, dessen Errungenschaften dem vergleichbar sind, was die Abstrakten Expressionisten für die Malerei leisteten. Seine frühen Arbeiten sind von der surrealistischen Suche nach einer Kunst aus Träumen und Phantasie geprägt, seine große Leistung aber ist die Serie von *Cubi* (Abb. 184), die er am Ende seines Lebens schuf. Es sind abstrakte vertikale, aus Edelstahlteilen zusammengeschweißte Konstruktionen, die eine perfekte formale Einheit bilden. Da sie alle von einem Punkt aus balanciert und getragen werden, erinnern sie an stehende Figuren, in denen man unvermeidlich ein Gegenüber zu verspüren meint.
Die Entwicklung der Bildhauerei in der Generation nach Giacometti, Moore, Hepworth und Smith kann in ein paar Sätzen dargestellt werden. In manchen Bereichen vereinten sich die Künste, wie wir bei der Assemblage gesehen haben, wo Malerei in raumgreifende Dimensionen übergeht, oder im Fall der Konzeptkunst, die das Kunstobjekt insgesamt abschaffen möchte. Besonders einflußreich war Brancusis

Vorbild seiner Auflösung des skulpturalen Objekts, die er im Park von Tirgu-Jiu demonstriert hatte. Heute können Skulpturen auf dem Boden liegen, aus verschiedenen, manchmal sogar räumlich getrennten Einzelteilen bestehen oder sich sehr einfacher Formen im Reihungsprinzip bedienen.
Immer häufiger greift die moderne Plastik auch zu monumentalen Maßen, und sei es auch nur, um sich der Neigung des Betrachters zu widersetzen, selbst in einem abstrakten Werk noch etwas Menschliches zu erkennen. Diesem Zweck dient auch die Verwendung von Kunststoffmaterialien, mit denen es möglich wurde, gänzlich neue Formen zu schaffen. Die skulpturale Sprache ist weiterhin im Wandel begriffen. Rodins Neubeginn hat ungeahnte Kreativität erzeugt und die Plastik zu einer der großen Kunstformen des 20. Jahrhunderts gemacht.

185 Charles Garnier, *Opernhaus*, Paris, 1861–74

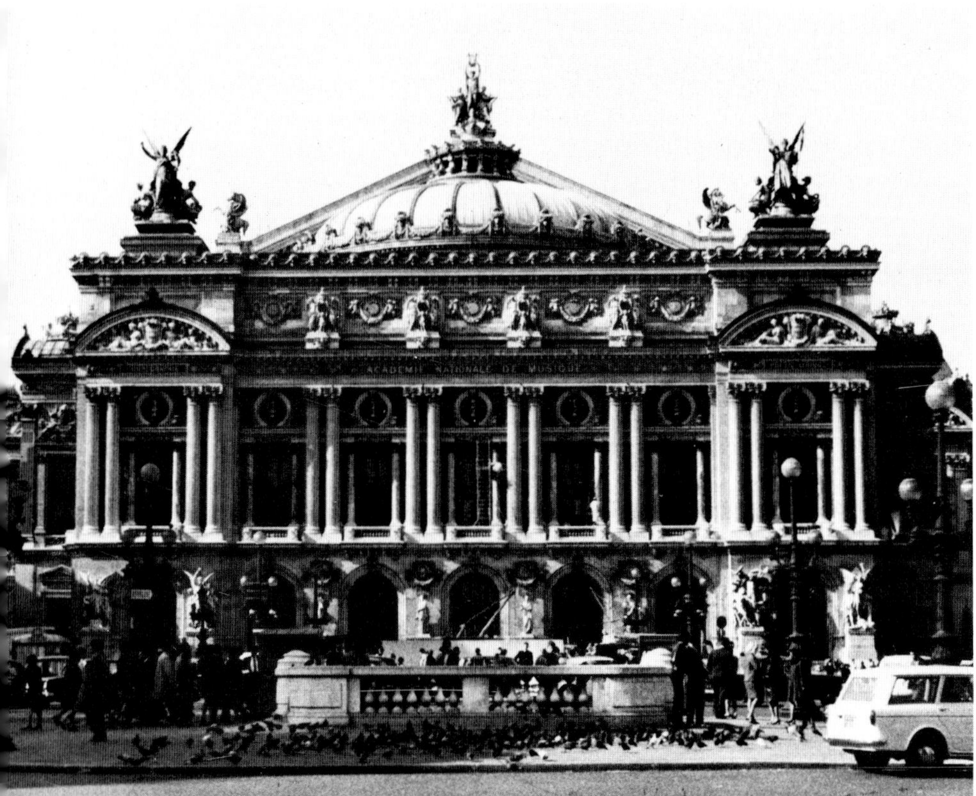

11 Die Architektur

Als der Salon des Refusés 1863 seine Türen erstmals öffnete, stand Paris im Begriff, sich schneller und radikaler zu verändern als jemals zuvor in seiner Geschichte. Napoleon III. hatte, um einen befürchteten Volksaufstand in Paris zu verhindern, den Präfekten des Departements Seine, Baron Haussmann (1809–1891), beauftragt, das Gesicht der Metropole einschneidend zu verändern. Das Ergebnis war die uns heute vertraute Anlage der von breiten Boulevards durchzogenen und umgebenen Stadt. An den neu angelegten Boulevards wurden ganze Straßenblöcke mit Geschäften, Bürogebäuden und Wohnhäusern hochgezogen. An den Hauptkreuzungen entstanden neugotische Kirchen und prächtige öffentliche Gebäude. Eines der auffälligsten Bauwerke war die von 1861 bis 1874 errichtete prunkvolle neue Oper (Abb. 185) nach den Entwürfen von Charles Garnier (1825–1898). In ihr hat sich der Geist des Second Empire – selbstbewußt, prahlerisch, auffällig – geradezu exemplarisch verkörpert. Garniers neobarocker Stil entsprach dem Geschmack der Epoche und galt für ein Gebäude, das der Oper als barocker Kunstform schlechthin gewidmet war, zweifellos als angemessene Entscheidung.
Im Verlauf des 19. Jahrhunderts entstanden in ganz Europa monumentale öffentliche Gebäude, um den Bedürfnissen einer in tiefgreifendem kommerziellen und industriellen Wandel befindlichen Gesellschaft gerecht zu werden. Plötzlich wurden Parlamentsgebäude, Rathäuser, Bauten für die Verwaltung und Regierung, Justizpaläste, Börsen, Theater und Opernhäuser, Bibliotheken, Museen, Hotels, Bahnhöfe, Wohnviertel, Fabriken und Kaufhäuser erforderlich – und für keine dieser Bauten gab es historische Vorbilder, an die man hätte anknüpfen können.
Einige dieser neuen Gebäudetypen wurden von Ingenieuren entworfen: In London baute Thomas Telford von 1824 bis 1828 St. Katherine's Dock; der Gärtner Joseph Paxton entwarf für die Londoner Weltausstellung 1851 den Kristallpalast und I. K. Brunel 1854 die Glas- und Eisenkonstruktion für das Dach von Paddington Station. Die Bautechnik, damals noch von der Architektur unterschieden, erreichte ihren Höhepunkt mit der Weltausstellung 1889 in Paris mit der großen Stahl- und Glaskonstruktion der Maschinenhalle und dem Eiffelturm. Gustave Eiffel (1832–1923) hatte die Eisengitterkonstruktion in seinem Hauptbetätigungsfeld, dem Brückenbau, eingeführt und diese neue Bauweise hier erstmals auf die dreidimensionale Fläche übertragen. Der Eiffelturm sollte zur Inspiration für die Generation Delaunays, Gabos und Le Corbusiers werden.

Die Architekten dieser Zeit, noch ganz dem historischen Denken verhaftet, suchten nach einem angemessenen Stil für ihre neuen Bauten und unterwarfen sich dabei häufig nationalen Traditionen: In Paris entstand ab 1851 der Louvre im Stil der französischen Renaissance; der Justizpalast in Brüssel (1862–1883) im Stil des flämischen Barock, und in England wurden Charles Barry und A. W. Pugin damit beauftragt, die Houses of Parliament im gotischen Stil des Elisabethanischen Zeitalters wiederzuerrichten. Die am häufigsten imitierten Stilrichtungen waren die klassische Antike, die Gotik und die italienische Renaissance, also Epochen eines Goldenen Zeitalters, mit dem die Menschen sich nur allzugern identifizierten. Beispiele für diese Architektur sind Gottfried Sempers im Stil der Neorenaissance errichtetes Opernhaus in Dresden (1838–1841), das »klassische« Capitol in Washington (1855–1865) und das gotische Parlamentsgebäude in Budapest (1888–1902), um nur einige zu nennen.
Der eklektizistische Historismus in der Architektur der Jahrhundertmitte wurde nicht nur hingenommen, sondern galt überdies als Tugend: »Wir wollen in der Architektur keinen Stil«, formulierte Ruskin in »The Seven Lamps of Architecture« (1849). »Die bereits bekannten Formen der Architektur genügen uns vollauf ...« Doch selbst innerhalb dieser Konventionen gab es noch genügend Raum für Gestaltung und Originalität, wie etwa an den Entwürfen William Butterfields (1819–1900) für die Kirche All Saints' in Margaret Street in London zu sehen ist, mit deren Bau 1849 begonnen wurde. Eine wirklich neue Architektur entwickelte sich im Viktorianischen Zeitalter indes erst unter den Anhängern seines gleichermaßen ideenreichen Zeitgenossen George Edmund Street (1824–1881).
Es hat sich eingebürgert, die Anfänge der Architekturrevolution auf William Morris (1834–1896) zu datieren, obwohl auch andere Ausgangspunkte denkbar wären. Von Rossettis Überzeugung inspiriert, daß jeder Mensch ein Künstler sei, hatte sich Morris schon in seiner Jugend gemeinsam mit Edward Burne-Jones, dem er in lebenslanger Freundschaft verbunden blieb, der Kunst verschrieben. Von der Malerei wandte er sich bald ab und konzentrierte sich auf die Architektur, die ihm wiederum als Betätigungsfeld zu eng definiert war, denn als Sozialreformer war ihm an einer umfassenden und grundlegenden Veränderung der Lebensbedingungen des Menschen gelegen. Mit Hilfe eines Kollegen in George Edward Streets Architekturbüro, Philip Webb (1831–1915), begann er seine Vorstellungen im Bau eines eigenen Hauses, des Red House in Bexley Heath, zu verwirklichen. Unter rein architektonischen Gesichtspunkten ist das *Red House* (1859) (Abb. 186) nicht einmal sonderlich originell. Webb orientierte sich an der volkstümlichen Landhaus- und Pfarrhausarchitektur, die Butterfield bereits mit größerer Originalität behandelt hatte. Neu am Red House war vielmehr Morris' Auffassung, daß das Haus als ein einheitliches Ganzes anzusehen sei, für das die Innengestaltung und das Innendekor ebenso relevant ist wie das Äußere.

Da es keine Möbel gab, die seiner Vorstellung entsprachen, gründete Morris eine Firma, um eigene Entwürfe zu verwirklichen. Die zeitgenössische Innenausstattung sah er aufgrund der Expansion der maschinellen Produktionsmethoden als minderwertig an; seine Stoffe, Tapeten, Stoffmuster, Möbel und Eisenarbeiten wurden alle in Handarbeit hergestellt. Die 1888 ins Leben gerufene »Arts and Craft Society« führte seine Arbeit fort, wobei sie von der ablehnenden Einstellung zur industriellen Massenproduktion teilweise abrückte, um Gegenstände mit gutem Design auch für eine größere Käuferschicht erschwinglich zu machen.

Aus diesem Umfeld der von Architekten gebauten Einzelhäuser für die Mittelschicht entwickelte sich allmählich ein neues Denken in der Architektur. Philip Webbs Zeitgenosse Richard Norman Shaw (1831–1912) löste sich mit seiner 1876 begonnenen Realisierung der Gartenstadt Bedford Park in Westlondon, einem der frühesten Beispiele dieser Wohnform, allmählich vom Historismus. Die jüngere Architektengeneration entwickelte diese Ansätze weiter: Edwin Lutyens' (1869–1944) Wohnhäuser in Surrey und die Gartenstadt in Hampstead von 1908 sind dafür Beispiele oder C. F. A. Voyseys (1857–1941) Privathäuser, die funktional, in einem anonymen Stil errichtet sind und in denen der Entwurf der Innenräume häufig die Außenansicht bestimmt.

Zwei Architekten, deren Werk in gewisser Berührung mit dieser Entwicklung der englischen Privathausarchitektur steht, zogen um die Jahrhundertwende radikale Konsequenzen aus diesen Ideen: Frank Lloyd Wright und Charles Rennie Mackintosh. Auf dem europäischen Festland hatte man die Bedeutung der englischen »Arts and Craft«-Bewegung bereits erkannt, namentlich in Brüssel, wo sie Anfang der neunziger Jahre zeitgleich mit den Werken der französischen nachimpressionistischen Kunst rezipiert wurde. Aus der Verknüpfung dieser Kunst und der englischen »Arts and Craft«-Bewegung entwickelte sich eine Bewegung gegen den Historismus, für die sich die Bezeichnung »Art nouveau« oder Jugendstil durchgesetzt hat.

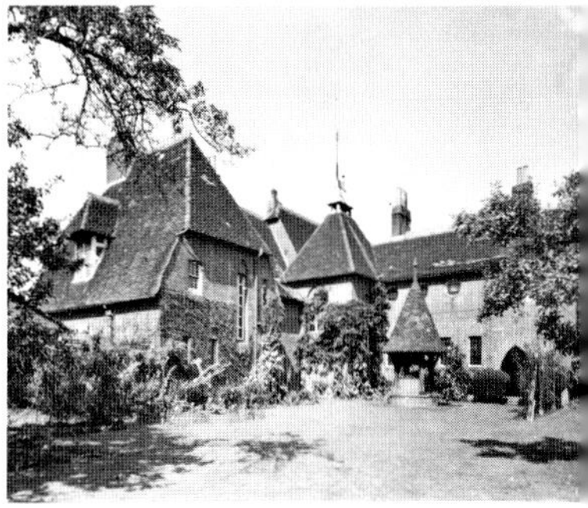

186 Philip Webb, *The Red House,* Bexley Heath, Kent, 1859.

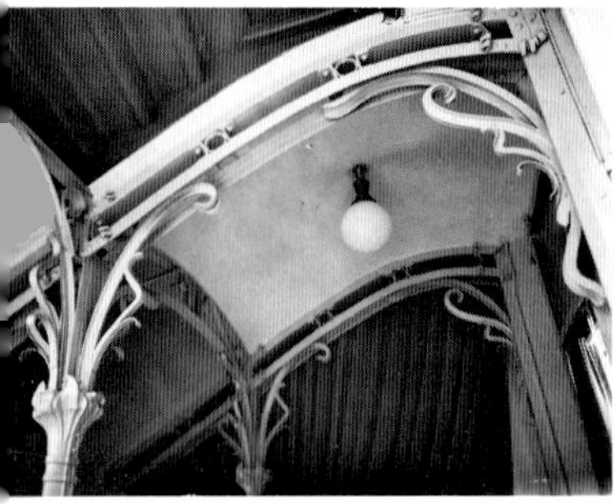

187 Victor Horta, *Hôtel Tassel*, Brüssel (Innenansicht), 1892

Das erste architektonische Beispiel dieser zunächst in der angewandten Kunst entwickelten Stilrichtung ist das von Victor Horta (1861–1947) entworfene *Hôtel Tassel* in Brüssel (1892; (Abb. 187)). Die symmetrische Außenfassade gibt die fließende Innenstruktur nur flüchtig zu erkennen, wo ein großer Treppenaufgang Zugang zu Zimmern auf zueinander verschobenen Ebenen ermöglicht. Hortas Fassade zeigt unverkleidete Stahlprofile, die in Säulen, Balkonen und Handläufen zu ornamentalen Formen geschwungen sind. Besonders häufig benutzte er die für den Jugendstil typischen Schnörkel, die sich auch in Wanddekoration und Teppichen wiederholen. Dieses Muster gleicht organisch gewachsenen Formen, die an rankende Pflanzen oder Flammen erinnern. Der Belgier Henry van de Velde (1863–1957) repräsentiert in noch stärkerem Maße die neue Richtung. Nach einem Studium der Malerei fertigte er zunächst Möbelentwürfe an und errichtete 1895 für seine Familie *Haus Bloemenwerf* in Uccle bei Brüssel (Abb. 188). Mehr noch als Morris' *Red House* war van de Veldes Haus ein Gesamtkonzept, bei dem der Bauherr auch die Einrichtung entwarf. Ondulierende Linien und ein freier Umgang mit unterschiedlichsten Materialien charakterisieren van de Veldes frühen Stil. Durch den Auftrag, vier Ausstattungen für das Geschäft »L'Art nouveau« in Paris (1896) anzufertigen, ist sein Name aufs engste mit der gleichnamigen Bewegung verknüpft.

Doch es ist fraglich, ob Art nouveau – oder der Jugendstil – mehr war als ein origineller Dekorationsstil, der sich von den historischen Traditionen gelöst hatte. Wenngleich er asymmetrische Formen und einen bisher unbekannten Materialreichtum einführte, stand er letztlich nicht im Widerspruch zu Ruskins Überzeugung, daß »die Architektur sich hauptsächlich der Verzierung widmet«. Der Jugendstil nimmt zwar mit seiner Verwischung der Grenzen zwischen Architektur und Kunsthandwerk die Bauhaus-Maxime vorweg: »Architekten, Bildhauer, Maler, wir alle müssen zum Handwerk zurück!«, doch eine Grundlage für die moderne Architektur liefert er deswegen noch nicht.

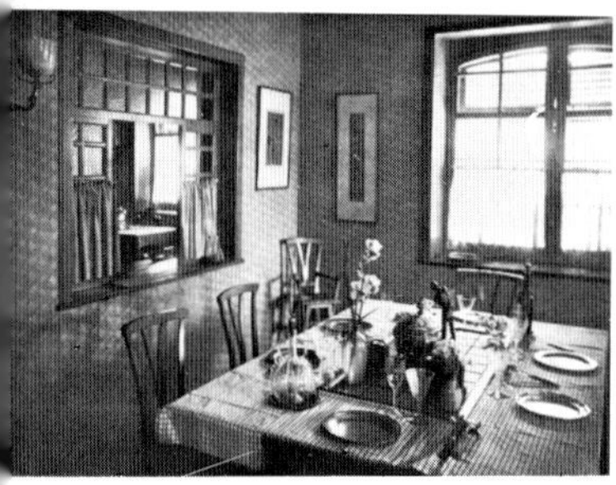

188 Henry van de Velde, *Haus Bloemenwerf*, Uccle/ Brüssel (Innenansicht), 1895

Unbezweifelbar besteht die Leistung der Jugendstilbewegung darin, daß sie den Boden bereitete, auf dem sich einzelne, originelle Talente entfalten konnten. Das zeigt sich besonders deutlich an der von Antoni Gaudí (1852–1926) weitergebauten Kirche Sagrada Familia in Barcelona. Die im neugotischen Stil begonnene Kirche stattete Gaudí mit strukturellen und ornamentalen »biologischen« Formen aus. Die Arbeiten an der Sagrada Familia dauerten bis zu seinem Tode an, und immer wieder fügte er neue Elemente hinzu, die seinen variationsreichen Umgang mit Baumaterialien – insbesondere Ziegel und Keramikkacheln – und seine Ästhetik der geschwungenen Linie demonstrieren. In seinen Säkularbauten, wie etwa in der von 1905 bis 1910 erbauten *Casa Milà* (Abb. 189) sind Jugendstilelemente nicht nur als Oberflächendekoration eingesetzt, sondern plastisch auf den Baukörper selbst übertragen. Die Durchformung weckt vielfältige Assoziationen im Bereich des Organischen. Da der Casa Milà eine raffinierte, statisch-tektonische Ordnung zugrunde liegt, vereint sie rationale und phantastische Elemente.

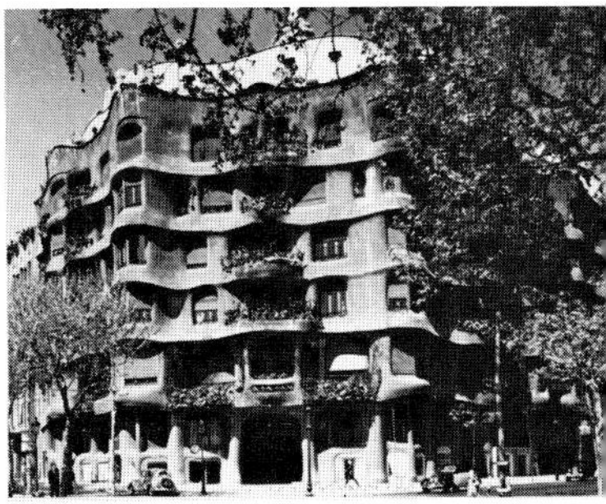

189 Antoni Gaudí, *Casa Milà*, Barcelona, 1905–10

Von den Architekten, die zu der Art-nouveau-Bewegung gehörten, wurde vor allem der Schotte Charles Rennie Mackintosh (1868–1928) ein Wegbereiter der Moderne. Sein erster Bauabschnitt fur die Erweiterung der *School of Arts* in Glasgow (1897–1909) (Abb. 190), für den sich historische Vorbilder kaum nennen lassen, war sehr einflußreich und wirkt selbst heute noch modern. Die Fassade ist klar unterteilt und plastisch durchgeformt. Viele ihrer Merkmale sind zukunftsweisend: ein subtiles Spiel von Symmetrie und Asymmetrie, Leere und Masse, von Vertikalen und Horizontalen, insbesondere in den Fensterachsen, bestimmt die Komposition.

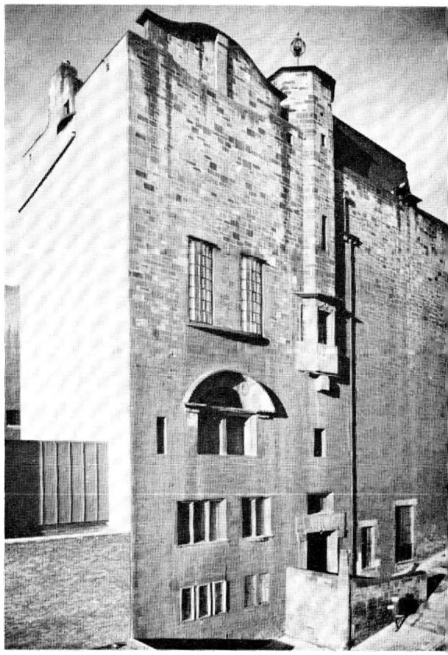

190 Charles Rennie Mackintosh, *Glasgow School of Art*, Glasgow 1897–1909 (Ostfassade, 1897–99)

Mackintosh interessierte sich für die dekorativen Künste ebensosehr wie für die Architektur und entwarf auch die Inneneinrichtung seiner Gebäude. Im Laufe von nur einem Jahrzehnt – von 1897 bis 1907 – entwickelte sich sein Stils von einem ornamentalen, an keltische Formen erinnerndes Vokabular zu einer kargen, geradlinigen

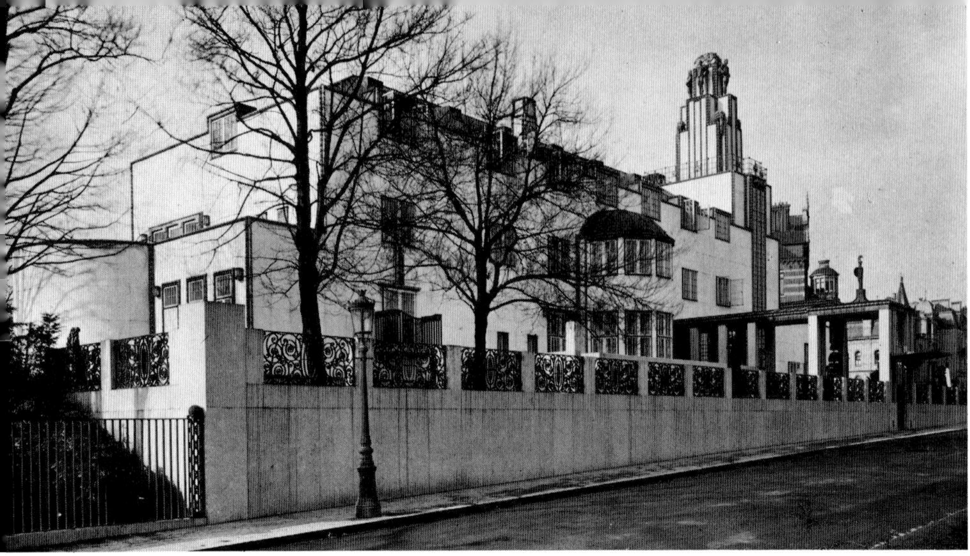

191 Josef Hoffmann, *Palais Stoclet,* Brüssel, 1905

Formsprache. Seine Innenraumgestaltung ist mit ihrer Verschachtelung kubischer Formen, die ornamentlos und von Licht durchflutet sind, eine Vorwegnahme modernen Designs.

Darin besteht auch seine Ähnlichkeit mit den oben erwähnten Bauten C. F. A. Voyseys. Beide Architekten gewannen um die Jahrhundertwende durch die Veröffentlichung von Hermann Muthesius' »Das englische Haus« (1904/05) großen Einfluß in Deutschland und Österreich. Mit dem von Muthesius gegründeten »Deutschen Werkbund« nimmt die moderne Bewegung in Deutschland ihren Anfang, und in Wien entwickelten Otto Wagner (1841–1918) und seine Schüler Josef Olbrich (1867–1908), Adolf Loos (1870–1933) und Josef Hoffmann (1870–1956) ganz ähnliche Gedanken wie die britischen Architekten. Wagner war der Überzeugung, daß sich die Form eines Gebäudes von ganz allein aus seiner Funktion, seinem Verwendungszweck zu ergeben habe. Dieses Prinzip verwirklichte er in schlichten, horizontal ausgerichteten, ornamentalen Bauten, in denen die Materialien ungeschmückt eingesetzt wurden.

Wagners Schüler gründeten gemeinsam mit dem Maler Gustav Klimt 1897 eine avantgardistische Ausstellungsgesellschaft, die Wiener Sezession. In gewisser Hinsicht das Pendant zur belgischen und französischen Art-nouveau-Bewegung. In Wien stand allerdings sehr schnell das Element des Ornamentalen zur Disposition. In Hoffmanns eleganten Bauten wie dem für den Brüsseler Bankier *Stoclet* gebauten Stadtpalais (1905) (Abb. 191) verbindet sich ein schlichter, einfacher Entwurf mit einer nahezu schwelgerisch-luxuriösen, von Klimt mit exquisiten Details gestalteten Inneneinrichtung, die dem Grundentwurf widerspricht. Hoffmanns Zeitgenosse Adolf Loos reagierte darauf mit der Forderung, das dekorative Ornament habe aus der Architektur zu verschwinden, weil es die Wahrheit eines Gebäudes verstelle. Seinen puristischen Grundsatz führte er in dem 1908 unter dem Titel »Ornament und Verbrechen« veröffentlichten Aufsatz aus und setzte ihn in dem 1910 erbauten *Haus Steiner* um, einem vollkommen schmucklosen Stahlbetonkubus.

Josef Olbrich, der Dritte im Bunde dieser Wiener Architekten, starb zu früh, als daß ihm Zeit zur Ausarbeitung seiner Vorstellungen geblieben wäre. Seine Bauten für den Großherzog Ernst Ludwig von Hessen auf der Mathildenhöhe in Darmstadt markieren den Wechsel von der Art nouveau zur expressionistischen Architektur. Der Expressionismus läßt sich mit seiner stärkeren Betonung des persönlichen Ausdrucks in der Architektur als eine romantische Phase bezeichnen, die bis Anfang der zwanziger Jahre dominierte, um dann von einer klassischen Bewegung abgelöst zu werden, dem neuen »Internationalen Stil«. Die führenden Köpfe dieser Zwischenphase sind Peter Behrens und Frank Lloyd Wright. Behrens (1868–1940) begann wie Morris und van de Velde als Maler und lieferte mit der Errichtung seines eigenen Wohnhauses seine erste Arbeit als Architekt. Er gehörte mit Olbrich zu der vom Großherzog Ernst Ludwig von Hessen gegründeten Künstlerkolonie in Darmstadt. Behrens' Haus ist, wie alle seine architektonischen Entwürfe, von einem funktionalen Stil beherrscht. Behrens arbeitete nicht nur als Architekt, sondern entwarf seit 1907 für die AEG in Berlin neben Wohnanlagen für die Arbeiter und Fabrikgebäuden – namentlich die AEG-Turbinenfabrik von 1908/09 (Abb. 193) – auch das Produktdesign und die Verpackungen des Konzerns. Damit vollbrachte Behrens bahnbrechende Leistungen in einem sich gerade erst entwickelnden Zweig, dem Industriedesign, in dem für maschinell gefertigte Produkte ein ästhetischer Maßstab entwickelt wurde.

Behrens hatte enormen Einfluß in seinem Bereich, und

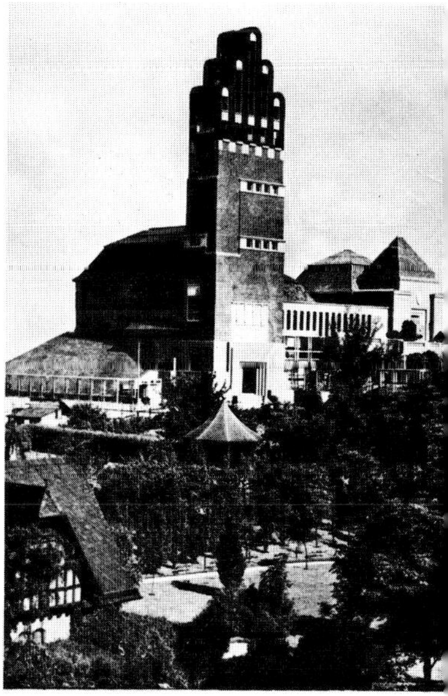

192 Josef Olbrich, *Hochzeitsturm*, Darmstadt, 1907

jene drei Architekten, mit deren Namen der Internationale Stil verbunden ist – Walter Gropius, Mies van der Rohe und Le Corbusier –, arbeiteten zwischen 1907 und 1911 zeitweise in seinem Berliner Büro.
Der zweite Begründer der modernen Architektur neben Behrens ist Frank Lloyd Wright (1869–1959). Seine Arbeiten drangen erst mit der 1910/11 bei Wasmuth in Berlin erscheinenden Buchdokumentation seines Werkes ins Bewußtsein der europäischen Architekten, denn bis dahin war die amerikanische Entwicklung in der Architektur nahezu unabhängig von der europäischen verlaufen. Einer der ganz wenigen, die in Verbindung mit den Amerikanern gestanden hatten, war Adolf Loos, der als junger Mann in den Staaten gearbeitet und dort die originellen Bauten von Louis Sullivan (1856–1924) in Chicago kennengelernt hatte.
Wright betrachtete sich völlig zu Recht als geistigen Erben Sullivans, in dessen Chicagoer Büro er von 1888 bis 1893 arbeitete. In diese Zeit fielen die großen Stahlskelettbauten für Hochhäuser, für die Sullivan einen organisch-ornamentalen Stil entwickelt hatte. Wright hingegen baute vornehmlich für eine wohlhabende Klientel Privathäuser, was ihn in die Nähe der englischen Bautheorie und -praxis rückt. Mit Ruskin teilte er die Ansicht, daß Natur und Gebäude eine kreative Verbindung miteinander eingehen müßten und sich dies auf verschiedenste Weise erreichen ließe: etwa durch Imitation organischer Formen, Verwendung natürlicher Materialien oder durch die Aufhebung der Dichotomie zwischen Natur und Gebäude. Voysey und Lutyens hatten ganz ähnliche Auffassungen, aber Wright konnte seine Ideen in den weiten Ebenen des Mittleren Westens und dank experimentierfreudiger Auftraggeber mit größerer Radikalität durchsetzen. Besonders gut gelang ihm das in einer Reihe sogenannter »Präriehäuser«, mit deren Bau er 1900 begonnen hatte und als deren originellstes das Robie House von 1909 gilt.
Das *Robie House* in Chicago (Abb. 194) gehörte zu den neuesten Werken Wrights. Es hatte ein exotisches, an die japanische Architektur erinnerndes Aussehen und mit der europäischen Architektur kaum etwas gemeinsam. Mit seinen ausgreifenden flachen Walmdächern und den durchgehenden Fensterbändern entfaltet es eine horizontale Erstreckung. Kein Ornament lenkt von der plastischen Durchformung des Gebäudes ab. Das Haus ist eine Komposition aus ineinandergreifenden Schichten, die den Grundriß durchkreuzen. Die einzelnen Wohnzonen fließen ineinander und sind auf verschiedenen Ebenen angeordnet, wodurch der Aspekt der räumlichen Offenheit weiter betont wird. Wrights Neuerungen stehen in einer interessanten Wechselbeziehung zur kubistischen Malerei dieser Zeit.
Innovativ war auch Wrights Verwendung von Stahlbeton und technischen Errungenschaften für die funktionellen Anforderungen des Wohnens wie Beleuchtung, Heizung und Sanitäranlagen. Die jungen europäischen Architekten zeigten sich ebenfalls stark beeindruckt von Wrights *Bürohaus Larkin* von 1904 in Buffalo, New York, in dem er originelle Lösungen für diese technischen Probleme fand.

Nach 1910 geriet Wrights Einfluß zumindest in Europa ins Abseits und wurde von der Entwicklung des Internationalen Stils in den zwanziger Jahren verdrängt. Wie schon bei Mackintosh gewinnt man den Eindruck, als habe er zwar einen Beitrag zur Erneuerung geleistet, sei aber dann von der Entwicklung überrannt worden. Doch verfolgte Wright seine visionäre Idee eines universellen organischen Bauens weiterhin mit großer Hartnäckigkeit. Und Mitte der dreißiger Jahre begann dann auch seine letzte, außerordentlich erfolgreiche Schaffensperiode, zu der das *Kaufmann House*, Haus *Falling Water* in Bear Run, Pennsylvania (1936), das *Verwaltungsgebäude S. C. Johnson & Son* in Racine, Wisconsin (1936–1939), sein eigener Winterwohnsitz in der Wüste, *Taliesin West* (1938), das *Florida Southern College* (ab 1938) in Lakeland und das *Guggenheim Museum* (Entwurf 1943–1946; ausgeführt 1956–1959) (Abb. 195) gehören.

Neben seinem Interesse an horizontal erstreckten Gebäuden mit linearen Formen begann Wright mit Kreisen, Spiralen und Winkeln von dreißig Grad zu experimentieren. Vor allem die Helixform faszinierte ihn, die dann auch die Grundform für den Bau des Guggenheim Museums lieferte. In ihr verbanden sich zwei Aspekte, die Wright wichtig waren: Es war eine organische Form, und sie drückte eine in der Schwebe gehaltene, elastische Spannung aus.

Obschon Wright Schüler und Epigonen gefunden hat, ist er letztlich mit seinem ausgefallenen Talent und seiner ausgeprägt individuellen Bauweise ein Einzelgänger geblieben. Insofern kann er als Antipode von Walter Gropius gelten, dessen Bauwerke einen hohen Grad an Anonymität besitzen, der aber einen unschätzbaren Einfluß auf andere ausgeübt hat.

Walter Gropius (1883–1969) wuchs in einer Architektenfamilie auf und erhielt seine Ausbildung in Peter Behrens' Architekturbüro. Das erklärt sein schon früh entwickeltes Interesse am Industriedesign, das ihm 1915 die Berufung zum Professor der Hochschule für Bildende Kunst und der Kunstgewerbeschule nach Wei-

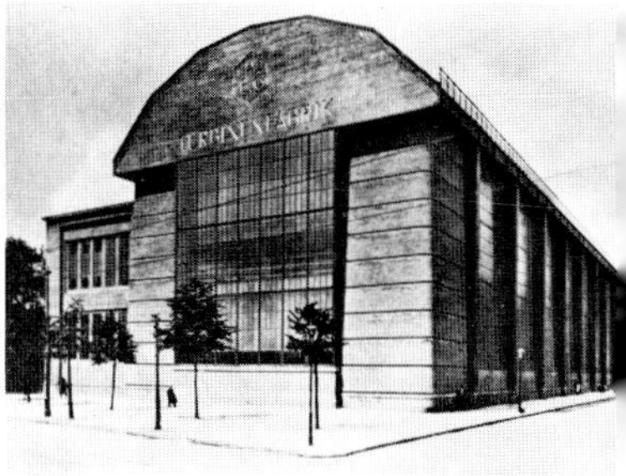

193 Peter Behrens, *AEG-Turbinenfabrik*, Berlin, 1908/09

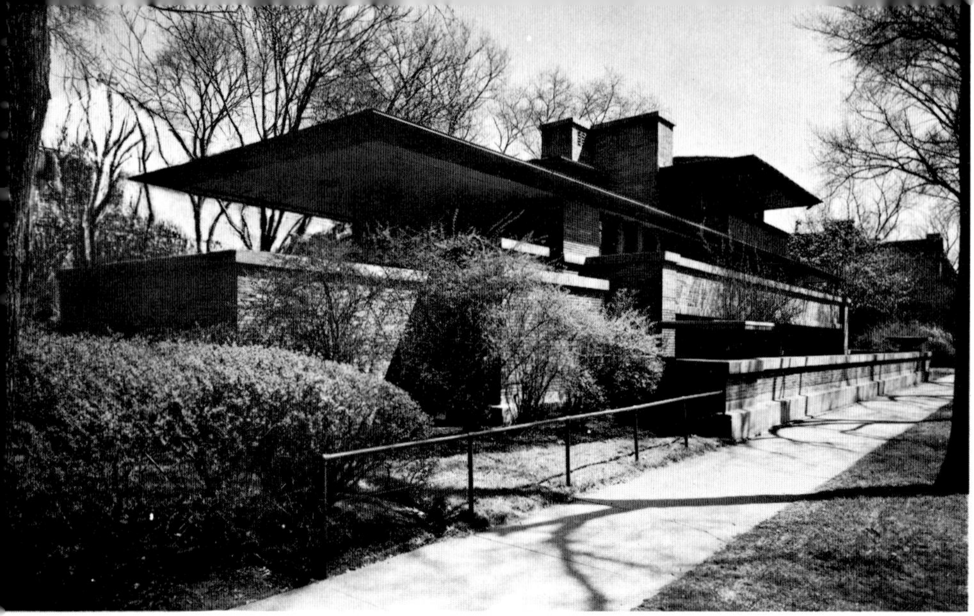

194 Frank Lloyd Wright, *Robie House,* Chicago, 1909

mar einbrachte. Seine erste Amtshandlung bestand darin, die beiden Institute mit dem von Morris übernommenen Argument zusammenzulegen, daß zwischen Kunst und Kunsthandwerk kein Unterschied bestehe. Ganz im Gegensatz zu Morris begegnete Gropius den modernen industriellen Fertigungsverfahren nicht mit Unbehagen, sondern betrachtete die maschinelle Produktion als eine fortschrittliche Erweiterung des Handwerks. Nach der Fusion benannte er die Hochschule in »Staatliches Bauhaus Weimar« um, womit er nachdrücklich betonte, daß hier sämtliche Zweige vereint waren, die am Bau eines Hauses beteiligt sind. Prägend für diesen Gedanken war wiederum das *Red House*.
Die Bauhaus-Studenten mußten zunächst einen Vorkurs belegen, der sich zu gleichen Teilen aus Form- und Werklehre zusammensetzte. Danach konnten sie sich nach eigenem Ermessen schwerpunktmäßig auf graphische Gestaltung, Textilkunde, Möbelbau, Metallarbeiten oder später auch auf Architektur verlegen, erstaunlicherweise aber nicht auf die bildende Kunst, obgleich Künstler wie Kandinsky und Klee dem Lehrkörper angehörten. Die Spezialisierung war zwar zugelassen, aber der Lehrplan legte großen Wert auf die Verbindungen des jeweiligen Gebiets zu allen anderen Zweigen. Die besten Bauhaus-Schüler, darunter Namen wie Laszlo Moholy-Nagy (1895–1946), Marcel Breuer (1902–1981) und Max Bill (geb. 1908), sind denn auch durchweg erstaunlich vielseitige Talente gewesen.

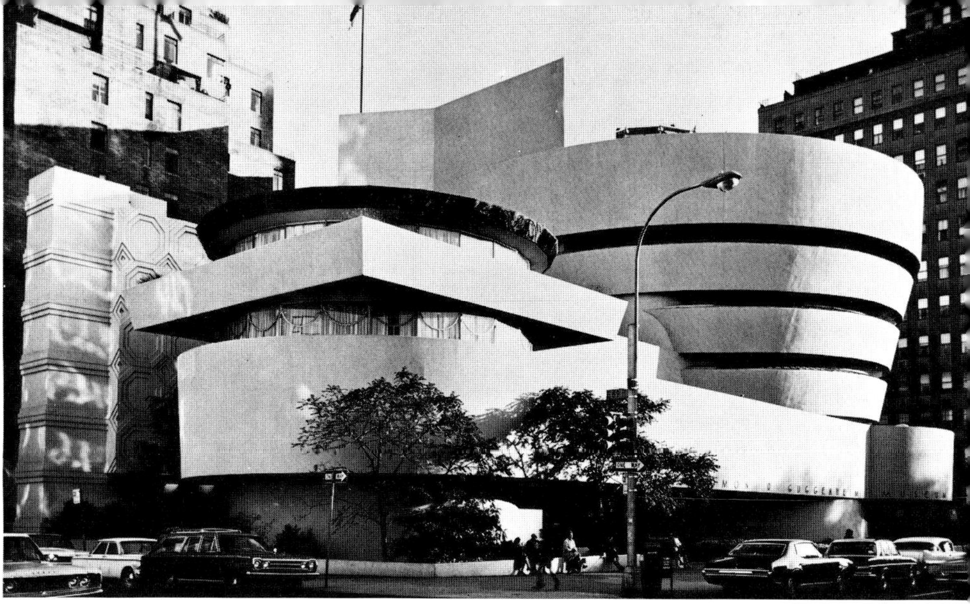

195 Frank Lloyd Wright, *Solomon R. Guggenheim Museum,* New York, Entwurf 1943–46, ausgeführt 1956–59

Die enorme Wirkungsgeschichte des Bauhauses sollte nicht vergessen machen, daß es während der vierzehn Jahre seines Bestehens tiefgreifende Veränderungen und Entwicklungen durchlief und seinen heute mit ihm gleichgesetzten Stil nicht von vornherein ausgeprägt hatte. In seinen Weimarer Anfängen war das Bauhaus durchaus Teil des deutschen Expressionismus, wie schon sein grundlegendes Motto – »die Schaffung eines neuen Menschen« – bekundet. Gropius' frühe Fabrikgebäude bestehen zwar schon aus innovativen Bausubstanzen wie Glas und Stahl, sind aber mit ihren deutlichen Anklängen an Wright und Behrens entschieden den Tendenzen ihrer Zeit verhaftet.

Von den umwälzenden Entwürfen der jungen Architekten aus dieser Zeit konnten nur sehr wenige ausgeführt werden, und von den realisierten Vorhaben dürfte der 1920 von Erich Mendelsohn (1887–1953) entworfene *Einsteinturm* des Observatoriums in Potsdam (Abb. 196) wohl zu den spektakulärsten gehören. Im Unterschied zu Olbrichs Hochzeitsturm in Darmstadt (Abb. 192) hat Mendelsohns Turm einen plastisch-modulierten, organisch wirkenden Baukörper, der – für ein Observatorium angemessen – eher einem Geschöpf der Nacht als des Tages ähnelt. Der Einsteinturm ist einer der wenigen ausgeführten phantastisch-visionären Entwürfe. Noch origineller und prophetischer in seinen Entwürfen als Mendelsohn war der Berliner Architekt Mies van der Rohe (1886–1969). Zu seinen außergewöhnlichen

Arbeiten gehören die Pläne zu zwei Hochhäusern aus Glas über dreieckigen und gebogenen Grundrissen; der Entwurf für ein Bürogebäude mit ungebrochenen, um den gesamten Bau verlaufenden Fensterbändern und für zwei Landhäuser, die eine offenere Raumbehandlung zeigten als alle anderen zeitgenössischen Bauten. Keines dieser Projekte, die als Idealentwürfe konzipiert waren, wurde jedoch ausgeführt, und wahrscheinlich sah Mies van der Rohe ihre Zeit auch noch nicht für gekommen. Wie Gropius träumte er von einer neuen Gesellschaftsordnung. Anfang der zwanziger Jahre war er aktives Mitglied der extremen Linken, und sein 1926 errichtetes, später von den Nationalsozialisten zerstörtes Denkmal für Karl Liebknecht und Rosa Luxemburg dürfte mit seinen horizontal angeordneten Ziegelplatten wohl als das größte Grabdenkmal des 20. Jahrhunderts gelten.

Mies, der eher zu klassischen Lösungen neigte, drängte es weg von der expressionistischen Phantasiearchitektur und hin zu einer betont strengen Formensprache. Entscheidend für diese Entwicklung in der Architektur war der Einfluß der bildenden Kunst, denn erst unter den vom De Stijl und den russischen Konstruktivisten übernommenen Prinzipien gelang Mies van der Rohe der entscheidende Schritt. Und dieselben Einflüsse setzen auch das Bauhaus erst auf seinen nachexpressionistischen, »modernen« Weg.

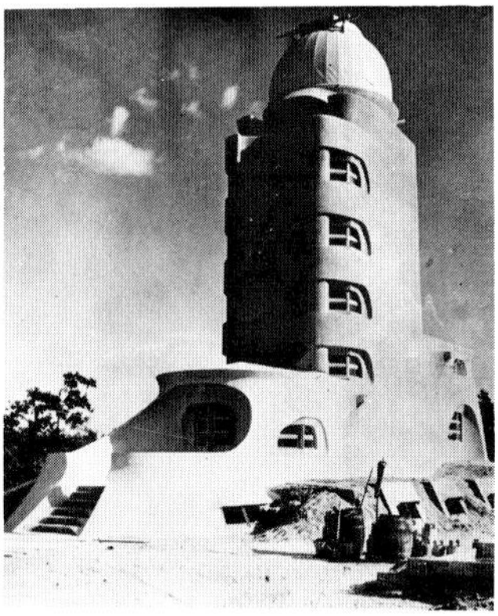

196 Erich Mendelsohn, *Einsteinturm*, Observatorium, Potsdam, 1920

Wie wir bereits dargelegt haben, berief sich die Bewegung De Stijl auf Mondrians Bilder, die wiederum vom Kubismus geprägt waren. Die Formulierung des Stijls als eines sowohl auf die Gestaltung als auch auf die Architektur anwendbaren ästhetischen Prinzips ist hauptsächlich das Werk des Theoretikers Theo van Doesburg (1883–1931). Das Gebäude, das wohl als die reinste Verkörperung der De-Stijl-Ideologie gelten kann – *Haus Schröder* in Utrecht (1924) (Abb. 197) –, stammt allerdings nicht von dem wohl bedeutendsten Architekten der Gruppe, dem Holländer J. J. P. Oud (1890–1963), sondern von Gerrit Thomas Rietveld (1888–1964). Die Prinzipien der Stijl-Malerei – nämlich die Beschrän-

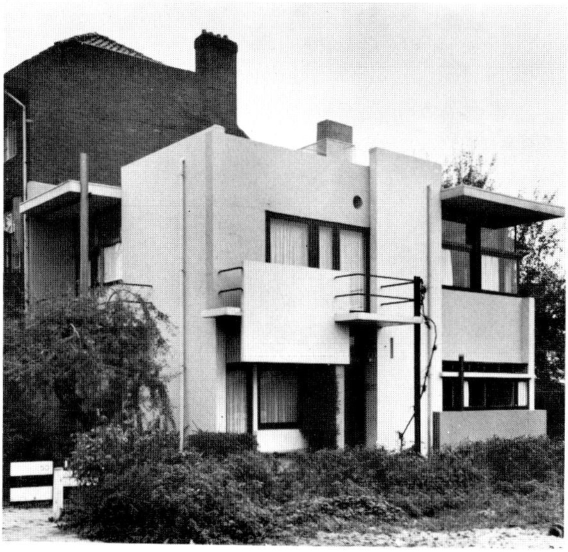

197 Gevrit Thomas Rietveld, *Haus Schröder*, Utrecht, 1924

kung auf drei Primärfarben, auf das Rechteck und auf die drei Nichtfarben Schwarz, Grau und Weiß – sind hier auf die Architektur übertragen. Das Haus wird als ein System von zusammenhängenden Flächen begriffen, die im rechten Winkel aufeinandertreffen; an den Fassaden fehlen hervorstehende Simse sowie jeder andere Schmuck, und an Stelle des traditionellen holländischen Backsteins wird glatter Stahlbeton verwendet. Die kubische Form ist von monumentalen Öffnungen durchbrochen, die einen Einblick in das Innere gewähren.

Die zweite progressive Richtung, der Konstruktivismus, ergänzte die Stijl-Bewegung und verband sich 1922, als immer mehr russische Avantgardisten vor dem reaktionären Regime aus ihrer Heimat flohen, weitgehend mit ihr. Die ursprünglich im Bereich der Plastik entwickelten Merkmale des Konstruktivismus – Artikulation von Raum, Einführung des zeitlichen Moments, Verwendung neuer Materialien – ließen sich ohne weiteres auf die Architektur übertragen. Im nachrevolutionären Rußland galten alle herkömmlichen Kunstformen als überholt, und die progressiven Künstler suchten nach einer neuen, umfassenden Bildsprache. Gabo, Malewitsch, Wladimir Tatlin (1885–1953) und El Lissitzky (1890–1941), die führenden Köpfe der revolutionären Kunstbewegung, waren zwar alle auf verschiedenen Gebieten tätig, konzentrierten sich jedoch eher auf die angewandte als auf die bildende Kunst. Bei Malewitsch setzte sich diese Tendenz in ihrer radikalen Konsequenz durch, dem Verzicht auf die Malerei überhaupt. Bevor er die künstlerische Arbeit insgesamt aufgab, entstanden von 1924 bis 1926 dreidimensionale Modelle der suprematistischen »Architektona« (Abb. 198), die spätere Gebäude bereits vorwegnehmen. Lissitzky, einem der kreativsten Konstruktivisten, der sich von 1922 bis 1928 in Holland und Deutschland aufhielt, ist es weitgehend zu verdanken, daß die konstruktivistischen Ideen in den Westen gelangten. Er trat sowohl mit Mies als auch mit Gropius in Kontakt und entwickelte in enger Zusammenarbeit mit van Doesburg das Konzept einer Maschinenästhetik, die zum Vorbild für Gebäude erhoben wurde.

Aus diesem reichen Ideengemisch entwickelte sich schließlich eine wirklich »modern« zu nennende Architektur. Im Vergleich zur Bewegung des 19. Jahrhunderts galt sie ihren ersten Vertretern nicht als Stilrichtung, sondern als eine Bauweise, die in Zukunft dauerhaft gültig bleiben würde und im Unterschied zum Jugendstil oder Expressionismus keine nationalen Merkmale aufwies. Gropius nannte diesen Stil in seiner Lehrbuchsammlung mit Beispielen des neuen Wohnens »Internationale Architektur«, und dieses Adjektiv wurde zur Bezeichnung des neuen Stils insgesamt. Eines der ersten Beispiele für diesen »Internationalen Stil« ist das von Gropius selbst erbaute neue Bauhaus (1925–1926) (Abb. 199) in Dessau, einer aufgeschlossenen Industriestadt, wo sich die Schule, wegen politischer Schwierigkeiten aus Weimar verdrängt, ansiedelte. Der Umzug bot Gropius die Möglichkeit, das Programm der »Hochschule für Gestaltung« in entscheidenden Zügen deutlich zu machen: Der Bau besteht aus drei Haupttrakten, dem Ateliergebäude, dem Berufs-

198 Kasimir Malewitsch, *Planit: freistehende Form im Raum (suprematistische Komposition)*, 1924–26

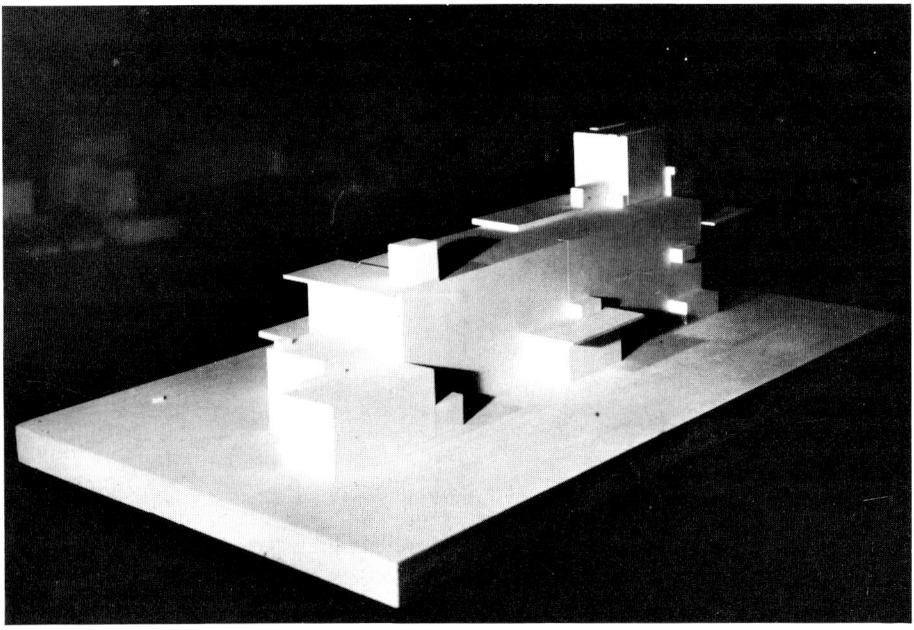

schultrakt und dem Werkstattflügel. Die beiden letzten Flügel sind durch eine zweigeschossige Brücke, in der die Verwaltung untergebracht ist, miteinander verbunden. Der aus Stahlbeton konstruierte Werkstattflügel ruht auf zurückgesetzten Säulen, die Gropius ermöglichten, die gesamte Fassade mit einer durchgezogenen Glasfassade (curtain wall) zu versehen, möglicherweise seine größte stilistische Neuerung.

Sein Rücktritt aus dem Bauhaus 1928 verschaffte Gropius mehr Zeit, als freier Architekt zu arbeiten. Einer seiner ersten Aufträge war der Entwurf von Teilen der Wohnsiedlung Siemensstadt in Berlin. Für die »internationalen« Architekten mit ihrem sozialrevolutionären Gedankengut war von Anfang an die Schaffung von Wohnraum für die untersten Einkommensschichten ein dringliches Anliegen. Mies van der Rohe – der als Gropius' Nachfolger dem Bauhaus bis zu dessen Schließung durch die Nationalsozialisten im Jahre 1933 vorstand – hatte bereits 1927 als künstlerischer Leiter die Ausstellung »Neues Wohnen« auf dem Weißenhof in Stuttgart mit organisiert.

Auf den ersten Blick unterscheiden sich Mies van der Rohes Apartmenthäuser in der *Weißenhofsiedlung* von 1927 (Abb. 200) nicht sonderlich von heutigen Wohnanlagen. Doch bei näherem Hinsehen enthüllen sich die beiden Merkmale, die Mies' herausragende Leistung darstellen: Sein Proportionsgefühl und die enorme, sich bis ins kleinste Detail fortsetzende Genauigkeit. Beide Züge treten auch an den

199 Walter Gropius, *Bauhaus*, Dessau, 1925/26

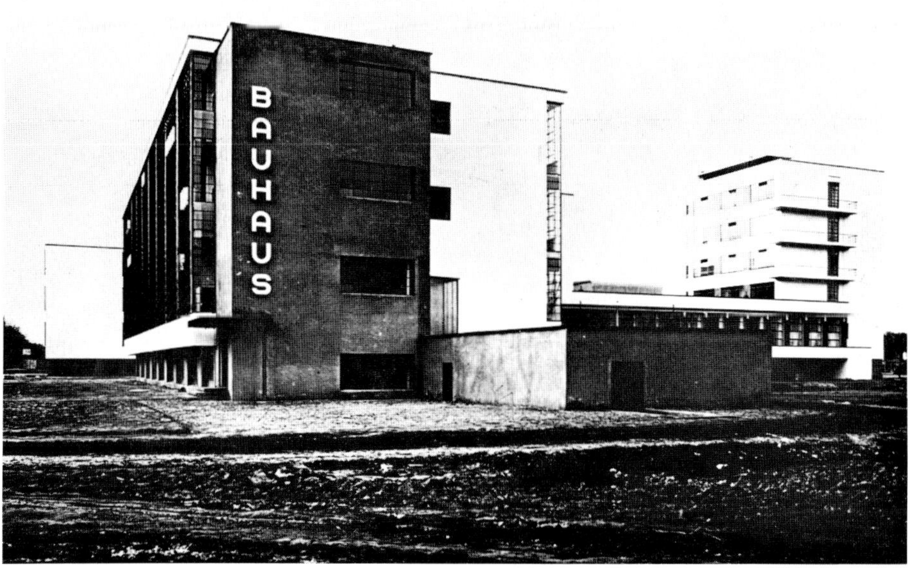

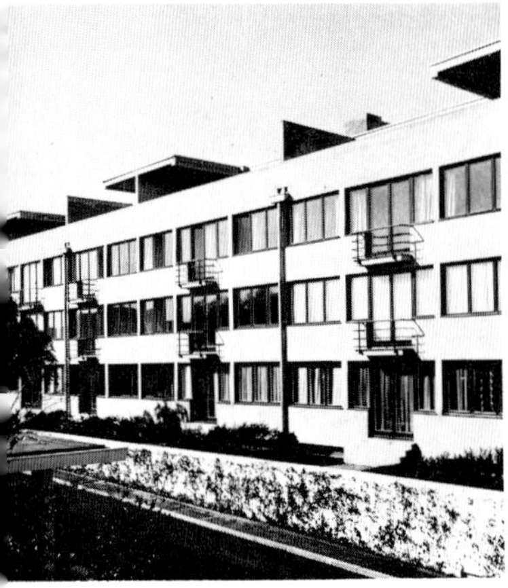

200 Ludwig Mies van der Rohe, *Siedlung Weißenhof, Apartmenthaus*, Stuttgart, 1927

folgenden größeren Bauaufträgen deutlich zutage: Zunächst am *Deutschen Pavillon* auf der Weltausstellung in Barcelona 1929 mit der extrem einfachen temporären Struktur eines Flachdachs aus Stahlbetonplatten, die auf kreuzförmigen chromverkleideten Pfeilern ruhen, und einem Innenraum, der durch rechtwinklig aufeinanderstoßende Glas- und Travertinwände unterteilt ist. Die Eleganz des Innenraums ist in dem ebenfalls von Mies entworfenen geschwungenen Stahlrohrsessel – dem sogenannten *Barcelona-Stuhl* – exemplarisch verkörpert. Der Höhepunkt von Mies van der Rohes europäischer Phase jedoch ist das *Haus Tugendhat* in Brünn (1930) (Abb. 201). Der Eingangsbereich der Villa, die an einem steil abfallenden Hang gebaut ist, liegt auf Straßenhöhenniveau, der langgezogene Wohnbereich zur Gartenseite hin. Für seine wohlhabenden Klienten konnte Mies alle Einzelheiten, darunter auch Teile des Mobiliars, eigens anfertigen lassen und verzichtete in diesem Fall auf maschinelle Herstellung und Standardisierung. Die Villa Tugendhat bietet einen interessanten Vergleich mit der *Villa Savoie* in Poissy (1929–1931) (Abb. 202) von Le Corbusier (eigentlich Charles-Edouard Jeanneret, 1887–1965). Auch er verwendete Beton, eine Flachdachkonstruktion und Fensterbänder, die bis an die Ecken des Gebäudes verlaufen. Le Corbusiers Haus steht allerdings auf Stelzen – »pilotis« –, die den Wohn-

201 Ludwig Mies van der Rohe, *Haus Tugendhat*, Brünn, 1930

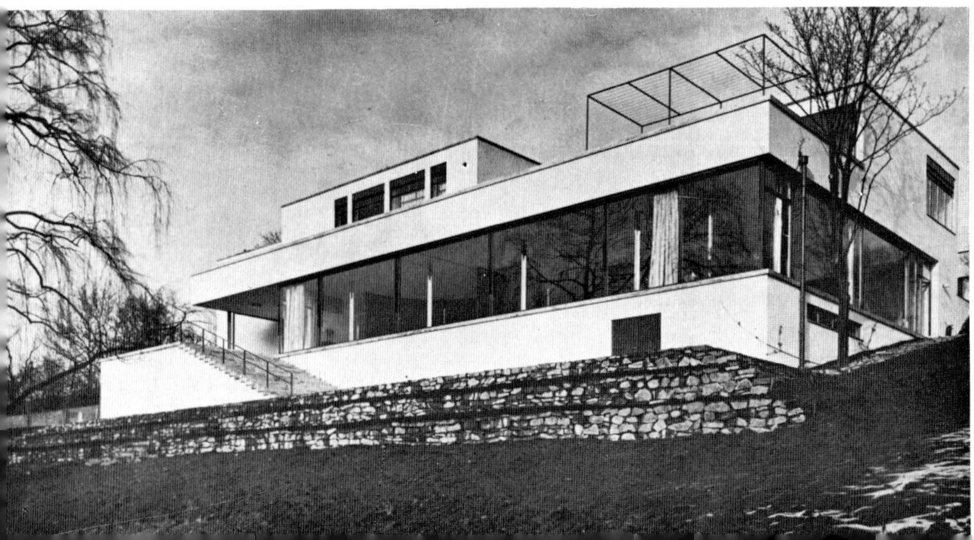

bereich vom Boden lösen und dem Raum erlauben, unter und durch das Gebäude zu fließen. Die Formgebung, ebenso simpel wie bei Mies, zeigt die klare lineare Aufteilung und die eleganten Proportionen des internationalen Stils.
Le Corbusiers Werdegang bis zu diesem Zeitpunkt faßt die Entwicklung der modernen Architektur zusammen. In der Schweiz geboren, wurde er zunächst von der Art nouveau geprägt und erlangte dann während seiner Wanderjahre über die Begegnungen mit Hoffmann in Wien, Tony Garnier (1869–1948) in Lyon, Auguste Perret (1874–1954) in Paris und Behrens in Berlin umfassende Kenntnisse moderner Tendenzen in der Architektur. Die französischen Architekten waren in ihrer Generation die einfallsreichsten Vertreter der neuen Architektur: Perret hatte etwa die vielfältigen Verwendungsweisen von Beton als Baumaterial für völlig neue Strukturen erprobt und Garnier mit seinem visionären Projekt der *Cité Industrielle* (1901–1904) den ersten Entwurf dieser Art geliefert. Durch Behrens erwachte Le Corbusiers Interesse am Industriedesign und an der Nutzbarmachung von Massenproduktionstechniken für den Wohnungsbau. Diese Gedanken führten ihn im Laufe der Zeit zu seiner berühmten Definition des Hauses als »Wohnmaschine«.
Doch Le Corbusier bezog sich für die Neuformulierung der Architektur nicht nur auf die Ingenieurskunst, sondern auch auf die Malerei. Als er sich 1917 in Paris niederließ, begann er selbst zu malen und sich theoretisch mit der Malerei auseinanderzusetzen. Wie wir bereits sahen, entstand der Purismus als Gegenreaktion zu dem überdekorativen und allzu individualistischen Kubismus jener Zeit. In seiner Zeitschrift »L'Esprit Nouveau« veröffentlichte Le Corbusier seine »Warnung an die Architekten«, die später in Buchform als »Vers une architecture« (1923) erschien. Darin proklamiert er die Anwendung der einfachen geometrischen Formen der Kubisten und die Übertragung der kubistischen Behandlung von Licht, Raum und Zeit auf die Architektur. Entscheidende Merkmale dieser Architektur waren

202 Le Corbusier, *Villa Savoie,* Poissy, 1929–31

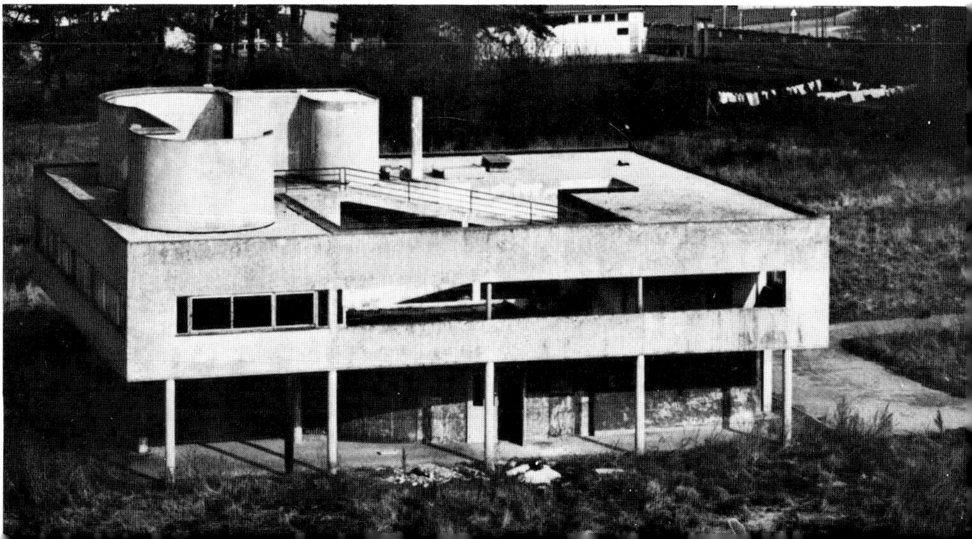

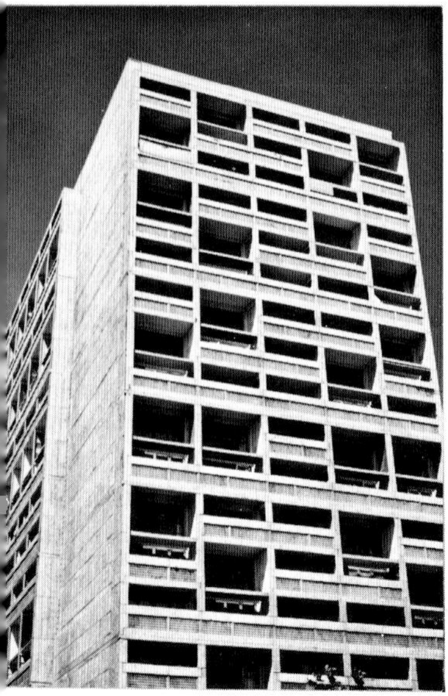

203 Le Corbusier,
Unité d'Habitation, Marseille,
1947–52

schlichte, undekorierte Oberflächen, die keine Anklänge an stilistische Epochen aufweisen sollten. Häuser sollten wie Maschinen entworfen und unter Verwendung standardisierter Industrieprodukte gebaut werden.

Le Corbusier entwickelte im Hinblick auf das schnelle Wachstum der Großstädte neue städtebauliche Vorstellungen. Darin bedachte er bereits Rationalisierungsmethoden für das immer drängendere Verkehrsproblem und die Konzentrierung von Wohnraum in Hochhaussiedlungen, die von Parklandschaften umgeben sind. Erst viele Jahre später, etwa in der nach dem Krieg errichteten *Unité d'Habitation* in Marseille (1947–1952) (Abb. 203) und ähnlichen Wohnblocks in Nantes (1952–1957) und Berlin, konnten diese Vorstellungen realisiert werden. Jede dieser Siedlungsblöcke bestand aus mehreren hundert zweistöckigen Wohnhäusern, die nach Le Corbusiers Konstruktionssystem »Le Modulor« gebaut worden waren, dessen Maße sich am Goldenen Schnitt orientierten. In den zwanziger Jahren baute Le Corbusier, ebenso wie Mies, nur einige Privathäuser für wohlhabende Klienten und Ausstellungspavillons. Auch im folgenden Jahrzehnt konnte er außer der *Maison Suisse* in der Cité Universitaire in Paris kaum seine Vorhaben verwirklichen. Le Corbusier entwarf in Zusammenarbeit mit brasilianischen Architekten wie Lúcio Costa und Oscar Niemeyer in Brasilien das *Ministeriumsgebäude* (1936–1945), arbeitete in Nordafrika, in Tokio und beteiligte sich an der Gesamtplanung der neuen Hauptstadt des indischen Punjab, Chandigarh (ab 1950).

Gropius emigrierte 1934 wie Mendelsohn nach England, wo er gemeinsam mit Maxwell Fry (geb. 1899) Privathäuser und das College in Impington, Cambridgeshire (1936), entwarf. 1937 erhielt er einen Lehrauftrag in Harvard, wo er bis zu seinem Tode unterrichtete. Mies van der Rohe emigrierte 1937 aus Berlin direkt in die Vereinigten Staaten und ließ sich in Chicago nieder, wo er zunächst am Illinois Institute of Technology unterrichtete, für das er ab 1940 auch einen neuen Campus entwarf.

In diesen neuen Zentren fernab von ihren Ursprungsländern konnte die Entwicklung der modernen Architektur in den dreißiger und vierziger Jahren fortgeführt werden. Obgleich Mies und Gropius zunächst auf alles andere als günstige Umstände trafen, hatten sie schon recht bald einflußreiche Anhänger in Amerika, die wie Philip Johnson (geb. 1906) viel dafür taten, daß sich ihr Ruf in einer ihnen lange Zeit eher feindselig gesinnten Gesellschaft verbreitete. Gropius' Überzeugung, daß Teamarbeit ein äußerst wichtiger Faktor für die Architektur sei, ließ ihn 1945 zum Mitbegründer der Architects' Collaborative (TAC) werden. Mies' Bauten hingegen behielten ihre ausgeprägt persönliche Note bei, die ihn unverkennbar der klassischen Tradition zugehörig machen. Das bronzeverkleidete *Seagram Building* in New York (1858) (Abb 204) kann als endgültige Lösung für Hochhausbauten gelten; es wächst als langgestreckte Platte aus einer Platzanlage heraus. Mies' karger Stil, der sich in seiner Maxime »weniger ist mehr« zusammenfassen läßt, führt zu einer gewissen Wiederholung und Einfallslosigkeit in seinen späten Werken. Die Nationalgalerie in Berlin (1968), ein transparenter Glaskubus auf einem Betonsockel, ist ein rein an der Architektur, nicht an seiner Funktion orientiertes Gebäude, das doktrinär einer Idee folgt und darin Frank Lloyd Wrights Entwurf für das Guggenheim Museum in New York ähnelt.

In Le Corbusiers späten Bauten setzt sich ein eher romantisches Temperament durch, das wieder nach jener künstlerischen Selbstverwirklichung zu streben scheint, die Mies und Gropius ablehnten. Das heißt nicht, Le Corbusier hätte seine früheren Grundsätze aufgegeben, aber er differenzierte und erweiterte seine Formensprache. So ließe sich behaupten, die Wallfahrtskirche *Notre-Dame du Haut* in Ronchamp (1950–1954) (Abb. 205) sei nur eine weitere Umsetzung seines Gedankens, die Funktion eines Gebäudes müsse dessen Form bestimmen. Doch verfehlte man damit Corbusiers eigentliches Anliegen: Er gestaltet hier bewußt eine irrational angelegte Skulptur mit gewölbten Oberflächen und ohne rechte Winkel. Die Kirche gleicht eher einem

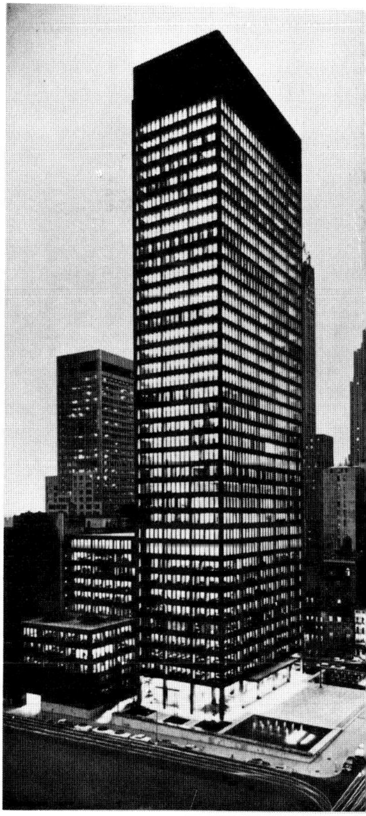

204 Ludwig Mies van der Rohe, *Seagram Building*, New York, 1958

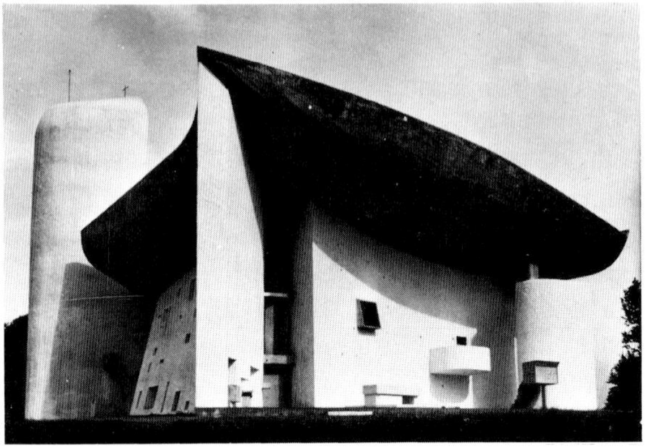

205 Le Corbusier,
Notre Dame du Haut,
Ronchamp, 1950–54

lebenden Organismus als einer Maschine und suggeriert damit unwillkürlich das religiöse Mysterium.

Diese Abschwächung des internationalen Stils findet bereits in dem Finnen Alvar Aalto (1898–1976), dem wohl innovativsten Architekten seiner Generation, einen Vorläufer. Er übernahm zwar wesentliche Glaubenssätze des Internationalen Stils, interpretierte sie jedoch auf frische und undogmatische Weise um. Bei ihm tritt die Beziehung von Architektur und Natur wieder stärker in den Vordergrund, was ähnlich wie bei Wright zur Verwendung natürlicher Materialien und naturnaher, organischer Formen führte. Aaltos Entwicklung verläuft in verschiedenen Phasen: Die *Bibliothek in Viipuri* (1927–1935) und das *Sanatorium in Paimio* (1929–1933) fallen in seine frühe »weiße« Phase; das *Rathaus in Säynätsalo* (1950–1952) gehört der mittleren »roten« Periode mit der Vorliebe für Ziegelbau an und die *Kirche in Vuoksenniska* (1956–1958) (Abb. 206) seiner späten »weißen« Periode.

Der Rationalismus der frühen modernen Architektur erhält bei Aalto eine poetische, beinahe mysteriöse, persönliche Handschrift. Wenn die einzelnen Teile der Kirche in Vuoksenniska auch nicht in einer klar definierten Beziehung zueinander stehen, so bilden sie doch ein organisches Ganzes. Die absolute Klarheit von Mies' Gebäuden wird hier zugunsten einer Gestaltung zurückgewiesen, die eine ganze Bandbreite verschiedener Interpretationsmöglichkeiten zuläßt. Manche Formen sind nicht ausdrücklich durchgeführt, sondern lediglich angedeutet, Materialien werden nicht allein unter dem Aspekt ihrer natürlichen Eigenschaften, sondern auch ihrer Assoziationspotentiale wegen eingeführt: Dafür steht etwa der Gebrauch von Backstein in der roten Periode, der das Licht in einer Weise bricht, die an die Facettierung des Pinselduktus von Cézanne erinnert.

Aaltos Arbeiten verdeutlichen am anschaulichsten, wie stark der Internationale Stil allmählich nationale Ausprägungen erhielt. Gunnar Asplund (1885–1940) und Arne Jacobsen (1902–1971) sind Repräsentanten der skandinavischen Architektur; Giuseppe Terragni (1904–1942) und Gio Ponti (1891–1979) setzen die neue Architektur in Italien um; Kenzo Tange (geb. 1913) in Japan; Carlos Villanueva (1900–1975) in Venezuela; Lúcio Costa (geb. 1902) und Oscar Niemeyer in Brasilien; Denis Lasdun (geb. 1914) in England; Richard Neutra (1892–1970), Philip Johnson (geb. 1906), Eero Saarinen (1910–1961) und Gordon Bunshaft (geb. 1909) als Mitglieder der Skidmore-Owings-Merrill-Gruppe in den Staaten: Sie alle haben originelle und individuelle Beiträge zur Architektur geleistet, ohne sie aber in demselben Maße zu revolutionieren wie ihre um wenige Jahre älteren Kollegen Wright, Le Corbusier und Mies.

Ende der fünfziger und sechziger Jahre schien die Architektur auf große Veränderungen zu warten, ohne recht zu wissen, woher sie sich ergeben sollten. Und wie immer in solchen Phasen, suchten sich die Architekten Anregungen auf anderen Gebieten – in der Ingenieurskunst und der Malerei. Mit einer ungewöhnlich einfallsreichen Verwendung von Stahlbeton, die er mit einem ausgeprägten Gespür für den Rhythmus natürlicher Formen kombiniert, hat sich Pier Luigi Nervi (1891–1979) etwa mit Ausstellungsgebäuden, Flugzeughallen, Bahnhöfen und lichtdurchfluteten Sporthallen einen Namen gemacht. Mit vergleichbarer Originalität, wenngleich ästhetisch weniger überzeugend, entwarf der Amerikaner Richard Buckminster Fuller (1895–1983) 1927 das »Dymaxion-Haus« – eine veritable Wohnmaschine – und die geodätische Kuppel, in der Stabtragwerke aus leichtem Material in Polyederform möglichst große Räume in möglichst schneller Bauzeit möglichst billig umschließen sollten.

Die neueren Entwicklungen in der Malerei – der abstrakte Expressionismus, L'art brut, Pop Art – haben sich ebenfalls in der Architektur niedergeschlagen, auch wenn die praktizierenden Architekten sich dessen nicht immer bewußt sein mögen. Das beste Beispiel dafür ist der sogenannte Brutalismus, eine Tendenz unter briti-

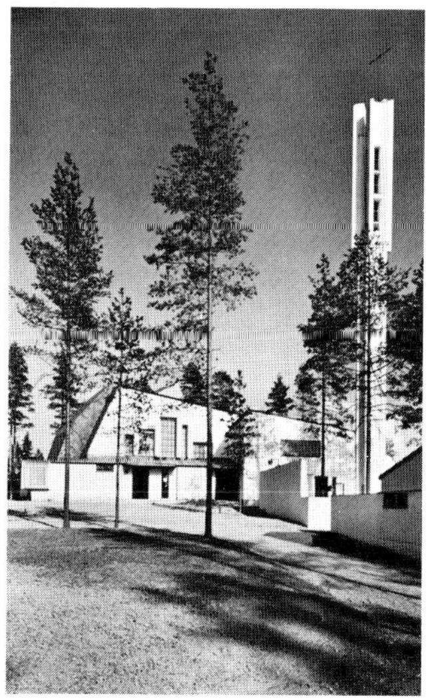

206 Alvar Aalto, *Kirche in Vuoksenniska*, Imatra, Finnland, 1956–58

schen Architekten Ende der fünfziger Jahre, die sich erstmals in der von Alison (geb. 1929) und Peter Smithson (geb. 1923) entworfenen *Hunstanton School* (1954) Ausdruck verschaffte und sich noch deutlicher in den Gebäuden von James Stirling (1926–1995), etwa in dessen Trakt für die Ingenieurswissenschaften an der Universitär Leicester (1964) (Abb. 207), bekundet. Die Funktion des Gebäudes bestimmt hier in bisher unbekannter Radikalität auch dessen Form und setzt sich darin fort. Neue Wege schlägt auch der Amerikaner Louis Kahn (1901–1974), angefangen bei der *Yale University Art Gallery* (1952–1954), mit seinem Spätwerk ein. Die dramatischen Türme des *Richards Building* an der Universität Philadelphia (1958–1960) sind mehr als nur die erfolgreiche Synthese von Wrights, Mies van der Rohes und Le Corbusiers Architektur. Paul Rudolph (geb. 1918), neben dem in China geborenen Ioh Ming Pei (geb. 1917) wohl einer der bedeutendsten amerikanischen Architekten seiner Generation, fordert eine »neue Freiheit« für die Architektur, um einen kreativen Eklektizismus zu rechtfertigen.

Für die zeitgenössische Architektur gilt jedoch dasselbe wie für die zeitgenössische Malerei: Wir stehen ihr zu nahe, um uns ein abschließendes Urteil erlauben zu können. Die Stellung, die den gegenwärtig führenden Kunstschaffenden in der Geschichte der Kunst zukommt, kann erst von zukünftigen Generationen bestimmt werden.

207 James Stirling, *Ingenieurstrakt,* Universität Leicester, 1963/64

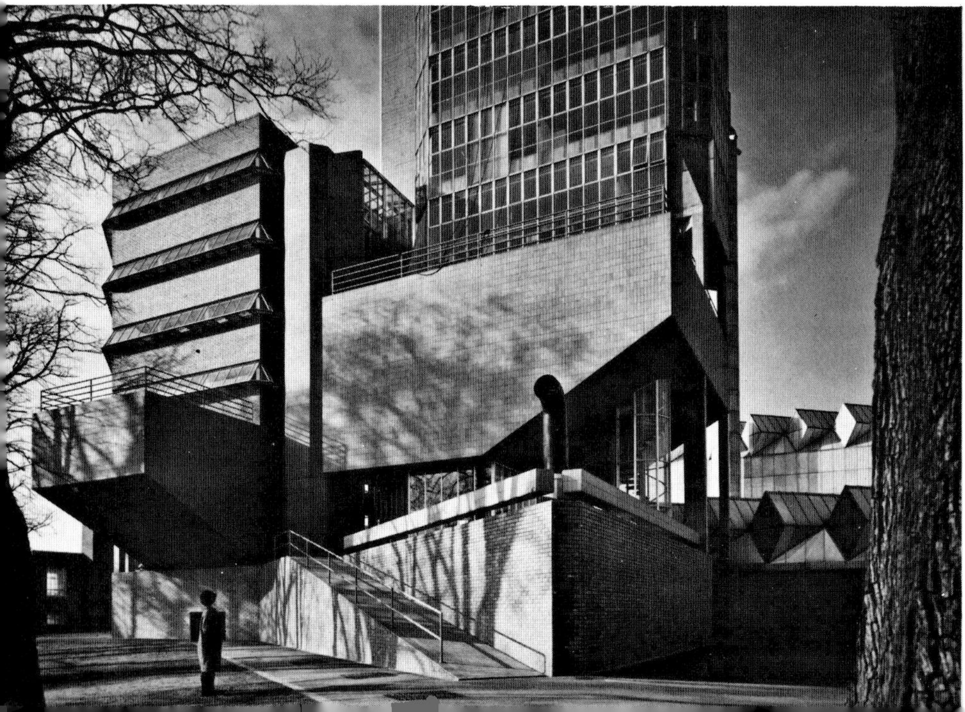

Abbildungsverzeichnis

Die Maße, Höhe x Breite, sind in cm angegeben.

Der Fischfang, 1860/61. Öl auf Leinwand, 77 x 123. Metropolitan Museum of Art, New York. **3** *Atelier eines spanischen Malers*, 1860. Öl auf Leinwand, 46 x 38. Collection Galerie Lorenceau, Paris. **4** *Der alte Musiker*, 1862. Öl auf Leinwand, 187 x 248. National Gallery of Washington D. C. (Chester Dale Collections, 1962). **6** *Die Musik in den Tuilerien*, 1862. Öl auf Leinwand, 76 x 118. National Gallery, London. **7** *Olympia*, 1863. Öl auf Leinwand, 130 x 190. Musée d'Orsay, Paris. **8** *Der Balkon*, 1868/69. Öl auf Leinwand, 170 x 125. Musée du Louvre, Paris. **9** *Das Frühstück im Atelier*, 1869. Öl auf Leinwand, 118 x 154. Bayerische Staatsgemäldesammlung, München. **10** *Die Erschießung Kaiser Maximilians von Mexiko*, 1867. Öl auf Leinwand, 252 x 305. Städtische Kunsthalle, Mannheim. **11** *Am Strand von Boulogne*, 1869. Öl auf Leinwand, 33 x 65. Virginia Museum of Fine Arts, Virginia (Sammlung Mr. and Mrs. Paul Mellon). **12** *Bar aux Folies-Bergère*, 1882. Öl auf Leinwand, 96 x 130. Courtauld Institut, London. **13**

Marc, Franz (1880–1916) *Tierschicksale*, 1913. Öl auf Leinwand, 195 x 264. Kunstmuseum, Basel. **101**

Masson, André (1896–1987) *Schlacht der Fische*, 1927. Öl, Sand und Bleistift auf Leinwand, 37 x 73. Museum of Modern Art, New York. **155**

Matisse, Henri (1869–1954) *Carmelina*, 1903. Öl auf Leinwand, 82 x 60. Museum of Fine Arts, Boston (Arthur Gordon Tompkins Residuary Fund. **86** *Luxus, Stille und Wollust,(Luxe, Calme et Volupté*) 1904/05. Öl auf Leinwand, 174 x 238. Privatsammlung, Paris. **87** *Lebensfreude (Joie de Vivre)*, 1905/06. Öl auf Leinwand, 175 x 240. The Barnes Foundation, Merion. **88** *Bildnis mit grünem Streifen*, 1905. Öl auf Leinwand, 40 x 32. Statens Museum for Kunst, Kopenhagen (Sammlung J. Rump). **89** *Die Familie des Malers*, 1911. Öl auf Leinwand, 143 x 194. Eremitage, St. Petersburg. **90** *Erinnerung an Ozeanien (Souvenir d'Océanie)*, 1953. Gouache und Bleistift auf geschnittenem Papier und Karton, auf Leinwand, 285 x 287. Sammlung Museum of Modern Art, New York (Stiftung Mrs. Simon Guggenheim) *Die Schlangenfrau*, 1909. Bronze, Höhe 57 cm. Museum of Art, Baltimore. **171**

Mendelsohn, Erich (1887–1953) *Einsteinturm*, Observatorium, Potsdam, 1920. **196**

Mies van der Rohe, Ludwig (1886–1969) *Siedlung Weißenhof, Apartmenthaus*, Stuttgart, 1927. **200** *Haus Tugendhat*, Brünn, 1930. **201** *Seagram Building*, New York, 1958. **204**

Millais, Sir John Everett (1829–1869) *Herbstlaub*, 1856. Öl auf Leinwand, 104 x 74. City Art Galleries, Manchester. **70**

Millet, Jean François (1814–1875) *Der Sämann*, 1850. Öl auf Leinwand, 101 x 88. Museum of Fine Arts, Boston (Sammlung Quincy Adams Shaw). **59**

Miró, Joan (1893–1983) *Person, die einen Stein nach einem Vogel wirft*, 1926. Öl auf Leinwand, 74 x 92. Museum of Modern Art, New York. **154** *Gemälde*, 1933. Öl auf Leinwand, 130 x 162. Kunstmuseum, Bern. **156**

Modigliani, Amedeo (1884–1920) *Jacques Lipchitz und seine Frau*, 1916. Öl auf Leinwand, 80 x 54. Art Institute Chicago (Stiftung Helen Birch Bartlett) **95**

Moore, Henry (1898–1986) *Liegende*, 1938. Stein, 120 x 133 x 74. Tate Gallery, London. **182**

Mondrian, Piet (1872–1944) *Evolution Triptychon*, 1910/11. Öl auf Leinwand, 178 x 85. Gemeentemuseum, Den Haag. **133** *Tableau Nr. 1*, 1913. Öl auf Leinwand, 96 x 64. Rijksmuseum Kröller Müller, Otterlo. **134** *Komposition Nr. 10: Pier und Meer*, 1915. Öl auf Leinwand, 85 x 108. Rijksmuseum Kröller-Müller, Otterlo. **135** *Komposition in Rot, Gelb und Blau*, 1921. Öl auf Leinwand, 80 x 50. Gemeentemuseum, Den Haag. **136** *Komposition mit Blau und Gelb*, 1932. Öl auf Leinwand, 42 x 33. Philadelphia Museum of Art (Sammlung A. E. Gallatin). **137** *Broadway Boogie-Woogie*, 1942/43. Öl auf Leinwand, 127 x 127. Museum of Modern Art, New York. **139**

Monet, Claude (1840–1926) *Frauen im Garten*, 1866/67. Öl auf Leinwand, 255 x 205. Musée d'Orsay, Paris. **14** *Frühstück im Freien*, Fragment, 1865/66. Öl auf Leinwand, 418 x 150. Louvre, Paris. **15** *La Grenouillère*, 1869. Öl auf Leinwand, 75 x 99. Metropolitan Museum of Art, New York (Nachlaß Mrs. H. O. Havemeyer, 1929). **17** *Die Mohnblumen*, 1873. Öl auf Leinwand, 50 x 65. Musée d'Orsay, Paris. **19** *Sturm bei der Belle-Ile*, 1886. Öl auf Leinwand, 65 x 81. Louvre, Paris. **20** *Rouen: Kathedrale bei Sonnenaufgang*, 1894. Öl auf Leinwand, 99 x 64. National Museum of Wales, Cardiff. **21** *Seerosen*, Ausschnitt, Musée de l'Orangerie, Paris. **22** *Seerosen*, Gesamtansicht, um 1916. Öl auf Leinwand, jeweils 197 x 425. Musée de l'Orangerie, Paris. **23**

Moreau, Gustave (1826–1898) *Das thrakische Mädchen, das den Kopf von Orpheus trägt*, 1865. Öl auf Leinwand, 154 x 100. Musée du Louvre, Paris. **79**

Munch, Edvard (1863–1944) *Tanz des Lebens*, 1899/1900. Öl auf Leinwand, 125 x 190. Nationalgalerie, Oslo. **80**

Nicholson, Ben (1894–1982) *Weißes Relief*, 1935. Öl auf Karton, 102 x 167. Tate Gallery, London. **140**

Nolde, Emil (1867–1956) *Das Abendmahl*, 1909. Öl auf Leinwand, 86 x 107. Statens Museum for Kunst, Kopenhagen (Stiftung Ada und Emil Nolde). **98**

Olbrich, Josef (1867–1908) *Hochzeitsturm*, Darmstadt, 1907. **192**

Ozenfant, Amédée (1886–1966) *Thermoskanne, Gitarre, Glas und Flasche auf einem grauen Tisch*, 1920. Öl auf Leinwand, 81 x 101. Kunstmuseum, Basel. **120**

Picasso, Pablo (1881–1973) *Das Leben*, 1903. Öl auf Leinwand, 197 x 128. Museum of Art, Cleveland (Schenkung Hanna Fund, 1945). **102** *Die Seiltänzerfamilie*, 1905. Öl auf Leinwand, 213 x 229. National Gallery of Art, Washington D. C. **103** *Dryade*, 1908. Öl auf Leinwand, 188 x 107. Eremitage, St. Petersburg. **106** *Mädchen mit Mandoline*, 1910. Öl auf Leinwand, 100 x 73. Privatbesitz, New York. **107** *Les Demoiselles d'Avignon*, 1906/07. Öl auf Leinwand, 244 x 234. Museum of Modern Art, New York (Vermächtnis Lillie P. Bliss). **109** *Der Mandolinenspieler*, 1911. Öl auf Leinwand, 100 x 69. Sammlung M. F. Graindorge, Liège. **110** *Sitzende Frau*, 1913. Öl auf Leinwand, 146 x 97. Sammlung Dr. Ingeborg Eichmann. **111** *Stilleben mit Rohrstuhl*, 1912. Öl und gewachste Leinwand auf Leinwand geklebt, 27 x 35. Sammlung des Künstlers. **112** *Femme et enfant an bord de la mer (Mutter und*

Kind am Meeresufer), 1921. Öl auf Leinwand, 144 x 163. Art Institute, Chicago (Stiftung Mary und Leigh Block; Maymar Corporation; Mrs. Maurice L. Rothschild, Mr. und Mrs. Edwin E. Hokin, Hertle Stiftung). **121** *Guernica,* 1937. Öl auf Leinwand, 351 x 872. Museum of Modern Art, New York (Dauerleihgabe des Künstlers) **122** *Entwurf für ein Denkmal: Das Baden,* 1927. Kohlezeichnung, 30 x 22. Musée Picasso, Paris. **152** *Konstruktion einer Gitarre,* 1914. Holz, Höhe 60 cm. Musée Picasso, Paris. **172** *Pavianmutter und ihr Kleines,* 1951. Bronze, Höhe 54 cm. Museum of Modern Art, New York (Stiftung Mrs. Simon Guggenheim). **181**

Pissarro, Camille (1830–1903) *La Côte de Jallais, Pontoise,* 1867. Öl auf Leinwand, 87 x 120. Metropolitan Museum of Art, New York (Vermächtnis William Church Osborn, 1951) **28** *Straße nach Voisins,* 1872. Öl auf Leinwand, 45 x 55. Musée du Louvre, Paris. **29**

Pollock, Jackson (1912–1956) *Nummer I,* 1948. Öl auf Leinwand, 173 x 265. Museum of Modern Art, New York. **159**

Puvis de Chavannes, Pierre (1824–1898) *Le Pays Doux,* 1882 (kleine Version). Öl auf Leinwand, 26 x 48. Yale University Art Gallery (Stiftung Abbey). **45** *Der arme Fischer,* 1881. Öl auf Leinwand, 155 x 192. Musée du Louvre, Paris. **76**

Reinhardt, Ad (1913–1967) *Abstract Painting, Blue,* 1952. Öl auf Leinwand, 75 x 28. Museum of Art, Carnegie Institute, Pittsburgh. **141**

Redon, Odilon (1840–1916) *Sumpfblume,* 1885. Kohle auf Papier, 49 x 33. Rijksmuseum Kröller Müller, Otterlo. **77** *Der Narr (oder Intuition),* 1877. Kohle auf Papier, 39 x 33. Sammlung René Malamond, Zürich. **78**

Renoir, Pierre Auguste (1841–1919) *Lise mit Sonnenschirm,* 1867. Öl auf Leinwand, 106 x 80. Folkwang Museum, Essen. **16** *La Grenouillère,* 1869. Öl auf Leinwand, 66 x 81. Nationalmuseum, Stockholm. **18** *Die Loge,* 1874. Öl auf Leinwand, 80 x 64. Courtauld Institute, London. **33** *Le Moulin de la Galette,* 1876. Öl auf Leinwand, 131 x 175. Musée du Louvre, Paris. **34** *Badende,* 1885–87. Öl auf Leinwand, 116 x 170. Philadelphia Museum of Art (Sammlung Mr. und Mrs. Carroll S. Tyson) **35** *Gabrielle mit einer Rose,* 1911. Öl auf Leinwand, 56 x 47. Musée du Louvre, Paris. **36**

Rietveld, Gerrit Thomas (1888–1964) *Haus Schröder,* Utrecht, 1924. **197**

Rodin, Auguste (1840–1917) *Das eherne Zeitalter,* 1876. Bronze, 176 x 60 x 60, Musée Rodin, Paris. **165**. *Höllentor,* 1880–88. Bronze, 680 x 400 x 85. Musée Rodin, Paris. **166** *Balzac,* 1891–98. Gips, 300 x 120 x 120. Musée Rodin, Paris. **167**

Rossetti, Dante Gabriel (1828–1882) *Ecce Ancilla Domini,* 1850. Leinwand auf Holz, 72 x 42. Tate Gallery, London. **71** *Beata Beatrice,* 1863/64. Öl auf Leinwand, 86 x 66. Tate Gallery, London. **72**

Rosso, Medardo (1858–1928) *Konversation in einem Garten,* 1893. Bronze, 33 x 67 x 41. Galleria Nazionale d'Arte Moderne, Rom. **168**

Rothko, Mark (1903–1970) *Two Openings in Black over Wine,* 1958. Öl auf Leinwand, 226 x 381. Tate Gallery, London. **142**

Rouault, Georges (1871–1958) *Der alte Clown,* 1917. Öl auf Leinwand, 102 x 76. Collection Niarchos, Paris. **97**

Rousseau, Henri (1844–1910) *Schlafende Zigeunerin,* 1897. Öl auf Leinwand, 130 x 201. Museum of Modern Art, New York (Schenkung Mrs. Simon Guggenheim). **92**

Schwitters, Kurt (1887–1948) *Merz 83,* Zeichnung F, 1920. Collage aus Packpapier, Prospekten und Eisenbahnbillets, 15 x 12. Museum of Modern Art, New York (Vermächtnis Katherine S. Dreier) **150**

Seurat, Georges (1859–1891) *Mann mit Hacke,* 1884. Öl auf Leinwand, 47 x 56. Solomon R. Guggenheim Museum, New York. **42** *Kopf eines jungen Mannes* (Detail von Abb. 46). **43** *Porträt der Mutter des Künstlers,* 1882/83. Conté crayon auf Ingres-Papier, 33 x 24. Metropolitan Museum of Art, New York (Vermächtnis Joseph Pulitzer) **44** *Badeplatz in Asnières,* 1883/84. Öl auf Leinwand, 201 x 301. National Gallery, London. **46** *Ein Sonntagnachmittag auf der Ile de la Grande Jatte,* 1884/85. Öl auf Leinwand, 206 x 305. Art Institute of Chicago (Sammlung zum Gedächtnis an Helen Birch Bartlett) **47** *Les Poseuses (Die Modelle),* 1888. Öl auf Leinwand, 188 x 251. Barnes Foundation, Merion, Pennsylvania. **48** *Der Zirkus,* 1890/91. Öl auf Leinwand, 186 x 152. Musée du Louvre, Paris. **50**

Smith, David (1906–1965) *Cubi XIX, XVII und XVIII,* 1963/64. Edelstahl, Höhe 274, 294, 288 cm. Marlborough Gallery, New York. **184**

Soutine, Chaim (1894–1943) *Landschaft bei Ceret,* um 1920. Öl auf Leinwand, 61 x 84. Tate Gallery, London. **96**

Staël, Nicolas de (1914–1955) *Dächer,* 1952. Öl auf Leinwand, 200 x 150. Musée National d'Art Moderne, Paris. **162**

Stirling, James (1926–1995) *Ingenieurstrakt,* Universität Leicester, 1963/64. **207**

Tobey, Mark (1890–1976) *Am Rande des August,* 1953. Kasein auf Malkarton, 122 x 71. Museum of Modern Art, New York. **161**

Toulouse-Lautrec, Henri de (1864–1901) *Im Bett,* 1892–95. Papier auf Holz, 54 x 71. Musée du Louvre, Paris. **82**

Velde, Henry van de (1863–1957) *Haus Bloemenwerf,* Uccle, Brüssel (Innenansicht), 1895. **188**

Vlaminck, Maurice (1876–1958) *Paysage d'Orage,* 1927. Öl auf Leinwand, 80 x 100. Musée National d'Art Moderne, Paris. **93**

Vuillard, Edouard (1868–1940) *Interieur in l'Etang-la-Ville,* 1893. Öl auf Pappe, 35 x 37. Smith College Museum of Art, Northampton, Mass. **81**

Webb, Philip (1831–1915) *The Red House,* Bexley Hill, Kent, 1859. **186**

Whistler, James Abbot McNeill (1834–1903) *Mädchen in Weiß,* 1862. Öl auf Leinwand, 215 x 108. National Gallery of Art, Washington D. C. (Sammlung Harrie Whittemore) **69** *Drei Figuren: Rosa und Grau,* 1867/68. Öl auf Leinwand, 139 x 186. Tate Gallery, London. **73** *Nocturno in Blau und Silber: Cremorne Lights,* um 1870. Öl auf Leinwand, 50 x 75. Tate Gallery, London. **75**

Wright, Frank Lloyd (1869–1959) *Robie House,* Chicago, 1909. **194** *Solomon R. Guggenheim Museum,* New York, Entwurf 1943–46, ausgeführt 1956–59. **195**

Namenregister